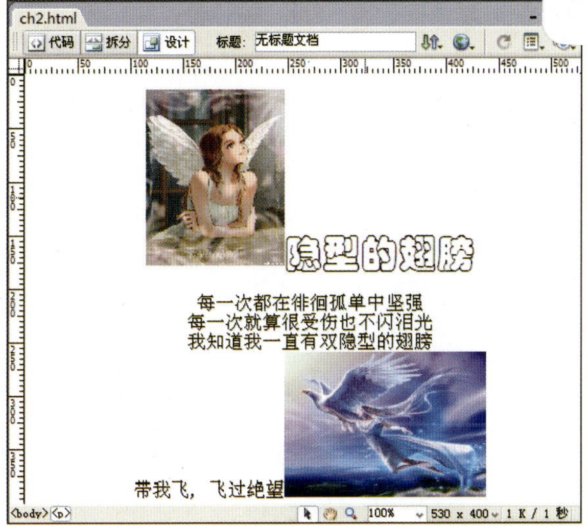

图 2-1　任务设计效果图

图 2-37　在“花店”主页中插入图像元素

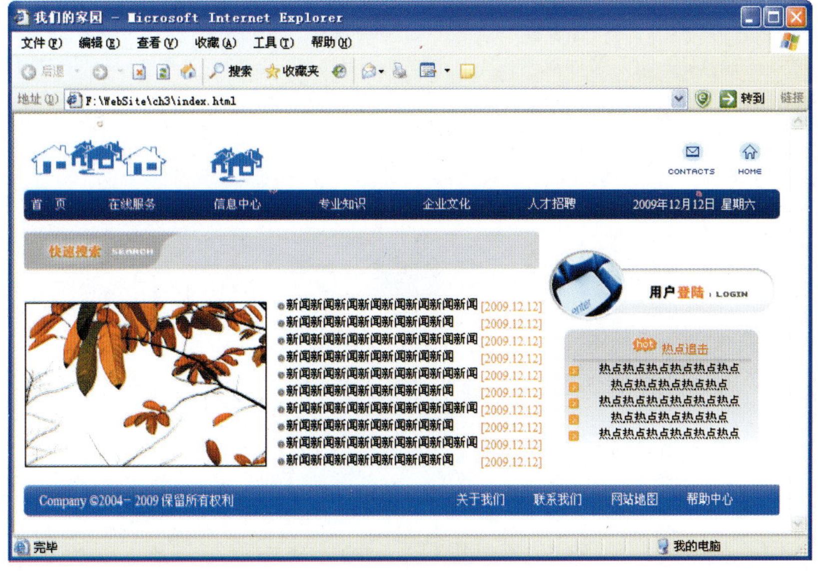

图 3-1　任务设计效果图

图 3-23 美洋洋花店主页

图 4-1 任务设计效果图

图 4-26 花的结构

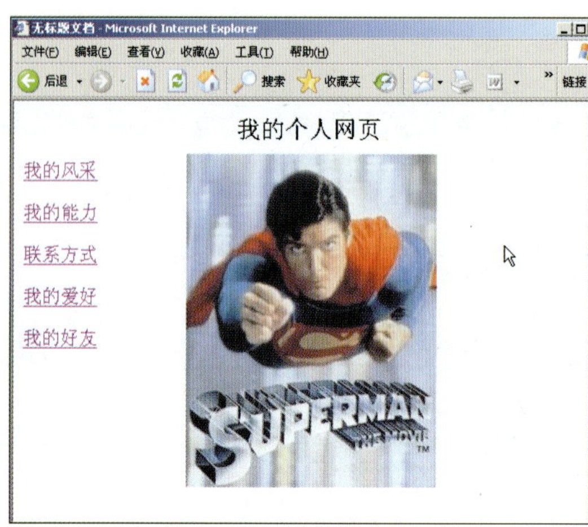

图 6-1 任务设计效果图

图 6-38 “花店”主页框架效果图

图 7-1 任务设计效果图

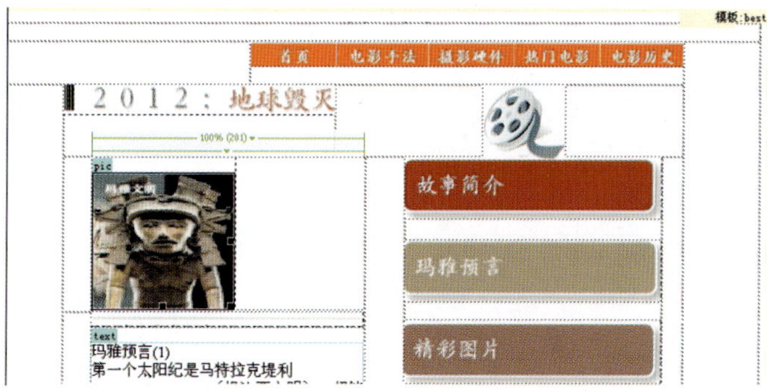

图 7-39 best2.html 玛雅预言网页

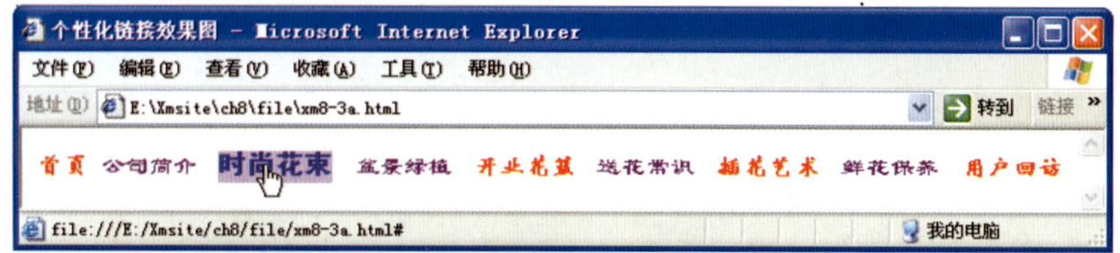

图 8-1　任务设计效果图

图 12-2　Bk.asp 博客首页

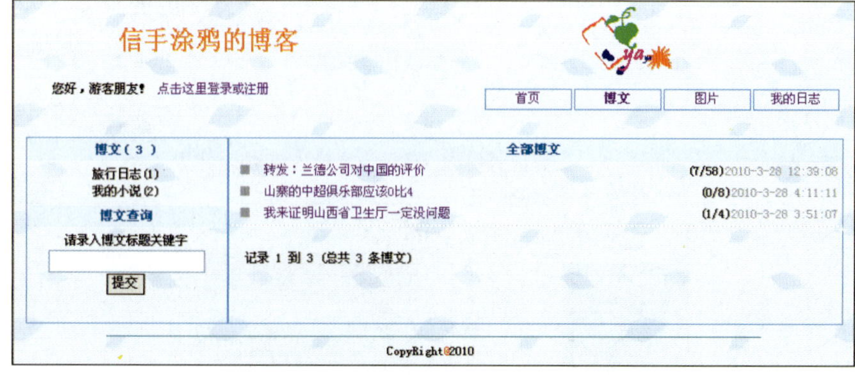

图 12-3　博文页面 Bklist.asp

中等职业学校信息技术规划教材

贵州大学全国重点建设职教师资培养培训基地　组编

Dreamweaver CS3 网页制作实用教程

丛书主编　杨云江
主编　梁瀚松　肖　丽
副主编　卢道海　陈远阳　徐晓宏　张松青

清华大学出版社
北京

内容简介

本书介绍了网站、网页的基础知识，用 Dreamweaver CS3 编辑网页元素，用表格和框架布局网页，为网页应用交互与表单，用模板、库、CSS 样式表规范制作网页，利用 ASP 开发平台制作动态网站，最后给出了一个建立个人博客的综合实训。

本书内容丰富，浅显易懂，理论阐述适当，采用项目结合任务驱动法，重点讲述实践性内容，着重培养学习者使用 Dreamweaver CS3 的能力。操作步骤讲解细致，图文并茂，符合中等职业学校学生的学习特点。在每章后面都配有针对性的上机实训题和习题，可以加深读者对学习内容的理解和掌握。

本书可以作为中等职业学校信息类、计算机类、电子商务类等专业"网页制作"课程的教材，也可以作为网页制作相关工作人员的培训教材和自学读物。

图书在版编目（CIP）数据

Dreamweaver CS3 网页制作实用教程/梁瀚松，肖丽主编．—北京：清华大学出版社，2010.9
（中等职业学校信息技术规划教材）
ISBN 978-7-302-23460-9

Ⅰ.①D…　Ⅱ.①梁…②肖…　Ⅲ.①主页制作—图形软件，Dreamweaver CS3—专业学校—教材　Ⅳ.①TP393.092

中国版本图书馆 CIP 数据核字(2010)第 154323 号

责任编辑：帅志清　张　弛
责任校对：刘　静
责任印制：沈　露

出版发行：清华大学出版社
　　网　　址：http://www.tup.com.cn，http://www.wqbook.com
　　地　　址：北京清华大学学研大厦 A 座　　　邮　　编：100084
　　社 总 机：010-62770175　　　邮　　购：010-62786544
　　投稿与读者服务：010-62776969，c-service@tup.tsinghua.edu.cn
　　质 量 反 馈：010-62772015，zhiliang@tup.tsinghua.edu.cn
印 刷 者：北京市人民文学印刷厂
装 订 者：三河市李旗庄少明印装厂
经　　销：全国新华书店
开　　本：185mm×260mm　**印　张**：17.25　**插　页**：2　**字　　数**：422 千字
版　　次：2010 年 9 月第 1 版　　**印　　次**：2012 年 8 月第 2 次印刷
印　　数：4001～5500
定　　价：23.50 元

产品编号：036521-01

中等职业学校信息技术规划教材

编审委员会

罗和平　湖南省长沙市工商职业中专学校校长
戚韶梅　广州市天河职业高级中学校长
覃伟良　广西省梧州市长洲职业学校党支部书记
任贵明　河北省涉县职业技术教育中心校长
侍颖辉　江苏省连云港工贸高等职业技术学校教研主任
宋远前　广东省茂名市第一职业技术学校校长
万光亮　贵州省三穗县职业教育培训中心校长
王　勇　重庆五一技师学院副校长
王向东　广东省广州市花都区经济贸易职业技术学校副校长
温明剑　广东省梅州城西职业技术学校教务主任
吴新国　湖南省冷水江市高级技工学校副校长
徐　宇　黑龙江哈尔滨市旅游职业学校校长
杨稚桓　湖南省湘西民族财会学校副校长
叶国坚　广东省惠州市博罗中等专业学校校长
张华超　河北省冀州市职教中心校长
张晓辉　海南省三亚技工学校副校长
张燕玲　广东省梅州市高级技工学校副校长
张振忠　河北省沧州市职教中心校长
赵　炜　云南省贸易经济学校副校长
朱　琦　山西省工业管理学校校长

丛书序

PREFACE

近几年来，党和国家在重视高等教育的同时，给予了职业教育更多的关注。2002年和2005年国务院先后两次召开了全国职业教育工作会议，强调要坚持大力发展职业教育。2005年下发的《国务院关于大力发展职业教育的决定》，更加明确了要把职业教育作为经济社会发展的重要基础和教育工作的战略重点。胡锦涛总书记、温家宝总理等党和国家领导人多次对加强职业教育工作做出重要指示。党中央、国务院关于职业教育工作的一系列重要指示、方针和政策，体现了对职业教育的高度重视，为职业教育指明了发展方向。

中等职业教育是职业教育的重要组成部分。由于中等职业学校着重于学生技能的培养，学生的动手能力较强，因此其毕业生越来越受到各行各业的欢迎和关注，就业率连续几年都保持在90%以上，从而促使中等职业教育呈快速增长的趋势。近年来，中等职业学校的招生规模不断扩大，从2007年起，全国中等职业学校的年招生人数均在800万以上，在校生人数达2000多万。

教育部副部长鲁昕强调，中等职业教育不仅要继续扩大招生规模，而且要以提高质量为核心，加强改革创新，而教材改革是改革创新的重点之一。根据这一精神，我们依托贵州大学职业技术学院、贵州大学全国重点建设职教师资培养培训基地，组织了来自全国十多个省(市、区)、数十所中等职业学校的一线骨干教师，经过精心策划、充分酝酿，并在广泛征求意见的基础上，编写了这套《中等职业学校信息技术规划教材》，以期为推动中等职业教育教材改革做出积极而有益的实践。

按照中等职业教育新的教学方法、教学模式及特点，我们在总结传统教材编写模式及特点的基础上，对“项目—任务驱动”的教材模式进行了拓展，以“项目＋任务导入＋知识点＋任务实施＋上机实训＋课外练习”的模式作为本套丛书的主要编写模式，如《Flash CS4动画制作教程》、《计算机应用基础教程》等教材都采用了这种编写模式；但也有针对以实用案例导入进行教学的“项目—案例导入”结构的拓展模式，即“项目＋案例导入＋知识点＋案例分析与实施＋上机实训＋课外练习”的编写模式，如《电子商务实用教程》、《网络营销实用教程》等教材采用的就是这种编写模式。

每本教材最后所附的“英文缩略词汇”，列出了教材中出现的英文缩写词汇的英文全文及中文含义，另外还附有“常用专业术语注释”，对教材中主要的专业术语进行了注释。这两个附录对于初学者以及中职学生理解教材的内容是十分有用的。

每本教材的主编、副主编及参编作者都是来自中等职业学校的一线骨干教师，他们长期从事相关课程的教学工作及教学经验的总结研究工作，具有丰富的中等职业教育教学经验和实践指导经验，本套丛书正是这些教师多年教学经验和心得体会的结晶。此外，本套丛书由多名专家、学者以及多所中等职业学校领导组成丛书编审委员会，负责对教材的目录、结构、内容和质量进行指导和审查，以确保教材的编写质量。

希望本套丛书的出版，能为中等职业教育尽微薄之力，更希望能给中等职业学校的教师和学生带来新的感受和帮助。

贵州大学名誉校长、博士生导师
丛书编委会名誉主任 李祥

2010 年 3 月

前言 FOREWORD

随着信息技术的飞速发展，信息化、网络化彻底改变了传统的工作方式和生活方式。网络和网站已经成为现代生活、工作的重要平台。数字化生存不仅需要现代人掌握使用网络的基础能力，更加需要以网络技术、信息技术为依托的开拓能力。

本书正是为了让学生学习和掌握制作网页、开发网站而编写。本书以“熟练操作 Dreamweaver CS3，掌握网页制作和网站开发”为目标，以网页的基本编辑（元素、布局、交互）、批量制作（模板、库、CSS 样式）、搭建 ASP 开发平台开发动态网站为主要内容讲述 Dreamweaver CS3 在网页制作与网站开发等方面的应用。

本书具有下列特色。

特色之一：本书采用“项目任务驱动法”的拓展模式，即“项目＋任务导入＋知识点＋任务实施＋上机实训＋课外练习”的结构进行编写。

特色之二：本书充分考虑中职学生的水平能力和特点，理论知识以“够用”为度，强调趣味性、实用性、针对性和可操作性。以精心设计实例的具体制作吸引学生的学习兴趣，着重培养学生的实际动手能力，让学生在完成具体实践操作的同时，逐步领会相关知识，从而掌握相关技能和技巧，做到举一反三，融会贯通。

特色之三：本书内容翔实，图文并茂，对每个知识点都给出了针对性的实例及相应的操作任务实施步骤，操作步骤详细、设计思想新颖。在每章后面都配有针对性的上机实训题和习题，既可以加深读者对学习内容的理解和掌握，又开拓了设计思维。

特色之四：在本书的文前插入了彩色图片，将本书中最具特色、最具代表的图片（任务导入的设计效果图以及上机实训中的效果图）以彩插方式展现在读者面前，增加了本书的可读性、趣味性和可操作性。

本书由广州市天河职业高级中学的梁瀚松老师和云南省贸易经济学校的肖丽老师任主编。由广东省广州市番禺区岭东职业技术学校的卢道海老师、广西广播电视学校的陈远阳老师、广州市天河职业高级中学的徐晓宏老师和湖南省冷水江市高级技工学校张松青老师担任副主编。参编的老师有：陈炜、陈毅轩、邓鸿卿、丁倩、韩成山、韩俊松、韩晓明、呼树园、黄彩、黄丽芳、黄皖毅、杜中全、黎明、梁强、廖锦锋、林昌思、林昌旭、林志东、刘爱香、刘长起、刘寅光、龙家生、石海涛、石晓玉、汤雪琼、唐连三、王秋阁、王小琼、温明剑、冼豪源、肖青、谢文杰、谢维林、徐雅琴、于建军、袁仁明、曾德纯、曾延松、张才荣、张成城、张建军、张静、张伟、赵丹、郑向前、周云华、朱丽敏(说明：参编老师按姓名的汉语拼音字母顺序排列)。

由于作者水平有限，书中难免存在疏漏和错误之处，恳请广大读者不吝赐教。

编　者

2010 年 7 月

目 录 CONTENTS

网站基础

生活在网络时代，不管是工作、学习，还是休闲、娱乐；不管是团购、淘宝，还是商务、贸易；不管是物流、快递，还是资讯科技，我们无时无刻不在感受着网络带来的便利。提供这些信息、资源和服务的正是互联网上数以亿计的各式各样的网站。

本章主要内容

- 网页、网站、超链接、URL 的概念；
- 网站开发流程介绍；
- 创建和管理网站；
- 创建和编辑首页。

能力培养目标

通过本章的学习，使学生初步了解和掌握网站、网页的基本知识、网页的基本结构、网页开发及网站建设的工具。

1.1 任务导入与问题思考

1.1.1 任务导入——访问“搜狐”网站

当今世界是网络的世界，人们的生活已离不开网络。通常人们通过浏览器浏览网页、查询信息、了解世界。

在 IE 浏览器的地址栏中输入“搜狐”网站的网址 http://www.sohu.com，即进入“搜狐”网站的主页，如图 1-1 所示。

仔细观察图 1-1，很多的文字内容下面都有一条下划线，这就是所谓的“超链接”。当鼠标移到超链接文本上时，鼠标指针会变成一个小手形状；当单击超链接文本时，就会转到与超链接相关的网页或网站上。

在图 1-1 所示的“搜狐”网站主页上，单击“新闻”链接，进入“搜狐新闻”网页页面，如图 1-2 所示。如果要转到其他栏目查看相关的新闻，只需单击相应的超链接即可。

图 1-1 “搜狐”网站主页

图 1-2 “搜狐新闻”页面

1.1.2 问题与思考

从上面的任务导入你想到了什么？

- 问题 1：在 IE 浏览器中输入了一个网址为什么就能调出一个网页？
- 问题 2：如图 1-1 所示的网页是怎么设计出来的？
- 问题 3：为什么在“搜狐”网站主页上单击“新闻”超链接就能进入“搜狐新闻”网页页面？

以上提出了如何设计网页、如何建立网站、如何访问网站、如何在网页中设计超链接等问题。

当我们畅游在无限的互联网时，是否曾想过互联网的来历？丰富多彩的网页又是什么时候才有的？通过本书的学习，我们可以了解一个网络时代的诞生、发展，还可以自己动手创建丰富多彩的网页和网站。

1.2 知 识 点

1.2.1 设计网页和网站的预备知识

1. WWW 简介

蒂姆·伯纳斯-李(Tim Berners-Lee)是万维网(World Wide Web,Web、WWW、3W)的发明人,也是万维网联盟 W3C 的发起人,被誉为"万维网之父"。1990 年伯纳斯—李在 NeXT 系统上开发出世界上第一个网页服务器 Httpd 和第一个客户端浏览编辑程序 World Wide Web。同年 12 月,欧洲粒子物理研究所(CERN)首次启动了万维网并成立了全球第一个 WWW 网站 info. cern. ch,万维网从此得到广泛应用。

WWW 是由"统一资源定位符"(Uniform Resource Locator,URL,俗称网址)标识的资源空间。这些资源通过超文本传输协议(Hyper Text Transfer Protocol,HTTP)传送,使用者通过输入网址或者单击链接来获取资源。

2. 服务器与浏览器

Web 服务器(Web Server)使用超文本标记语言(Hyper Text Markup Language,HTML)描述网络的资源,创建网页,供 Web 浏览器访问。通过网页中的超链接,整合分布在网络中的海量资源,用户可以一站式地获取他们想要的信息。此外用户还可以通过表单,填写并提交数据给服务器上的应用程序,通过关联的数据库获取、编辑和发布信息。

Web 浏览器(Web Browser)用于获取和显示网站内容,在 Web 浏览器中输入网址,通过 HTTP 等协议与 Web 服务器交互,获取网页中的超媒体(Hypermedia)。浏览器除支持 HTML 外,还支持广泛的格式(如 JPEG、PNG、GIF 等),还能扩展支持众多的插件(Plug-ins)。设计者可以在网页中嵌入图像、动画、视频、声音等多媒体内容。

3. 超链接与 URL

超链接(Hyperlink)是网页中指向一个目标的连接关系,这个目标可以是网页、网页中的具体位置、图片、邮件地址、文件、应用程序等。按照使用对象的不同可分为文本链接、图像链接、邮件链接、锚点链接、多媒体链接、空链接等。失效的链接称为死链接,在网站的编辑和使用中要尽量避免。

URL 是统一资源定位符,用作网络上站点、网页等的完整路径,是互联网上标准的资源地址。URL 的一般格式为(带方括号[]的部分为可选项):

```
Protocol://Hostname[:Port]/Path/[;Parameters][?Query]# Fragment
协议://主机名[:端口号]/路径/[;参数][?查询]#信息片段
```

例如,1993 年伯纳斯—李浏览器的快照 http://info. cern. ch/NextBrowser1. html。

4. HTML 与 XML

HTML(Hyper Text Markup Language,超文本标记语言)是构成网页文档的主要语言,是目前网络上应用最广泛的语言。HTML 文件是由 HTML 标记组成的描述性文本文件,HTML 标记用来描述文字、图形、动画、声音、表格、链接等。

XML(Extensible Markup Language,可扩展标记语言)与 HTML 都是标准通用标记语

言。XML 是 Internet 环境中跨平台的、依赖于内容的技术，是当前处理结构化文档信息的有力工具。

XML 与 HTML 的主要区别：XML 是用来存储数据的，重在数据本身；而 HTML 是用来定义数据的，重在数据的显示模式。

5. IP 地址

IP 地址是连接互联网上主机(Host)地址的标识。一个 IP 地址由网络号和主机号两部分组成，网络号用于识别一个逻辑网络，主机号用于识别这个逻辑网络中的主机。常用的 IP 地址由 32 位二进制数组成，通常将 IP 地址分为四个字节，分别转换成十进制数，数值之间用点号分隔，例如：

二进制：11000000.10101000.00000001.01100100

十进制：192.168.1.100

IP 地址分为 A、B、C、D、E 5 类，D 类和 E 类保留供特殊用途使用。IP 地址的分类与规模如表 1-1 所示。

表 1-1　IP 地址的分类与规模

类　别	第 1 组数值	网络地址长度	最大主机数	适用网络规模
A	0～126	1 个字节	16 777 214	大型网络
B	128～191	2 个字节	65 534	中型网络
C	192～223	3 个字节	254	小型网络
D	224～239			组播地址
E	240～255			测试地址

6. 域名与 DNS

由于 IP 地址难以识别和记忆，通常采用与之对应的域名来标识互联网上的主机，例如，百度网站可用域名 http://www.baidu.com 访问，也可用 IP 地址 http://202.108.22.5 进行访问。值得注意的是，一个域名对应一个 IP 地址，而一个 IP 地址可以对应多个域名，或者没有域名。

域名(Domain Name)是由一串容易记忆的、用点分隔的名字组成的名称，用于标识互联网上的主机或主机组。域名的管理采用逐级授权，顶级域将其管理的域划分成二级域名，并授权给其下属的管理机构，二级域再向下划分成三级域……例如，www.tsinghua.edu.cn 中的 cn 是顶级域，edu 是二级域，tsinghua 是三级域。

顶级域有地理域和机构域两类。地理域通常分配给除美国外的其他国家或地区，如 cn 代表中国，hk 代表中国香港。机构域以机构性质划分，如 com 代表营利性商业机构，edu 代表教育机构，org 代表非营利机构，net 代表网络机构等。域名需要向域名管理机构申请，目前能申请到的是二级域名、三级域名、中文域名。

DNS(Domain Name System，域名系统)是进行域名解析的服务器，负责把域名转换成计算机能够识别的 IP 地址。将申请到的域名提交给互联网服务提供商(Internet Service Provider，ISP)作域名解析，绑定公网 IP 地址。在浏览器上输入的网址通过网卡设置的

DNS 服务器，提交给域名解析系统解析，就能找到域名对应的 IP 地址，从而建立客户端与服务器之间的连接。

1.2.2　初识网页与网站

1. 什么是网页、网站

网页（Web Page）是构成网站的基本元素，可简单看成是网站中的“页”，通过网页浏览器来查看。常见的网页文件扩展名有.html、.htm、.asp、.aspx、.php、.jsp 等。

网站（Web Site）是指在互联网上，根据一定的规则，使用 HTML 等工具制作的用于展示特定内容的相关网页的集合。网站是一个信息发布、沟通、服务的平台，人们通过网页浏览器来访问网站，获取、发布和交换信息，享受网站提供的服务。

网站由网址、网站空间和网站源程序三部分构成。网址，一般使用域名地址，此外还可使用公网 IP 地址；网站空间由专门的独立服务器或租用的虚拟主机承担；网站源程序存放在网站空间里面，表现为网站前台和网站后台。

2. 网站开发流程

不管是为了彰显个性，还是承担一项商业任务，在网站开发中遵循一套成熟的规则，都可降低开发难度、节约成本。下面简单介绍网站的开发流程，如图 1-3 所示。

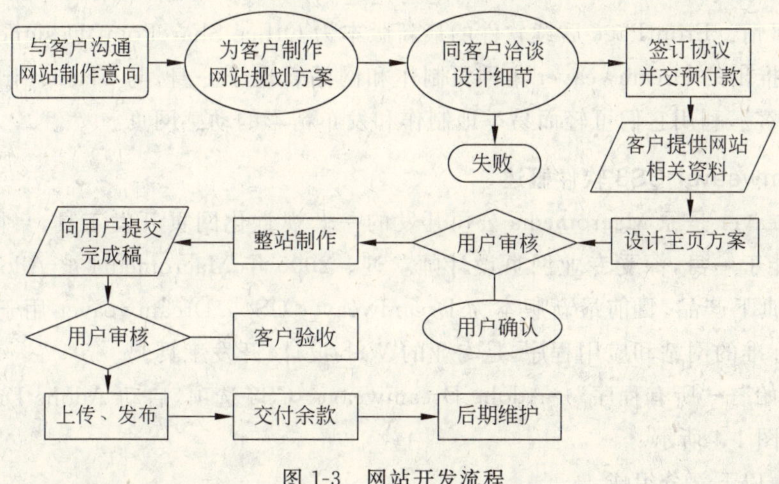

图 1-3　网站开发流程

最具有挑战性的是开始。首先我们得拜访客户，有时候客户就是自己。自主开发一个个性化的网站，难度并不亚于商业开发。

- 做网站的目的是什么？
- 想在网上提供什么信息？
- 来浏览网站的是些什么人？有他们的年龄、性别、住址的统计数据吗？
- 竞争对手是谁？优势是什么？

拜访客户的时候通常会聊到这些问题，我们需要更准确地了解客户的想法和期望，以及与此相关的更全面的现实条件和工作任务，这就是用户需求。与客户一起理清这些条件和任务的过程就是需求分析。根据需求分析提出完整的解决方案，就是设计的实现形式、实现方法和实现过程。一旦确立了网站开发任务，设计就要通过制作变成现实，并交付使用。我们将学习如何设计和制作网站,将用户需求通过网站变成现实。

3. 常见网站平台

网站由网址、网站空间和网站源程序三部分构成。在编写和测试简单的静态网页时,可以用本机的 IP 地址和主机名作测试网址;用文本编辑器、字处理软件来编写网页内容;存储网页的本地硬盘作为网站空间;采用系统捆绑的 IE 浏览器来浏览测试。如此简易的条件不太可能编写出丰富多彩的网页,因此,需要一个能发布和管理网站的 Web 服务器来提供信息服务。

常用的 Web 服务器有微软公司的 Internet 信息服务器(IIS)提供的万维网服务。此外还有 Apache 服务器,它是自由软件,由 Apache 软件基金会(ASF)开发维护,以简单、快速、性能稳定、跨平台等特点广泛运行在各种计算机平台上,是世界上最流行的 Web 服务器之一。

1.2.3 网页制作软件

1. 常用网页制作软件

大多数网页是 HTML 标记语言编写的文本文档,使用简单的文本编辑器就能编写。随着微软公司推出 Personal Web Server(PWS)和 FrontPage,初学者编辑和发布网页成为触手可及的事情。FrontPage 后续软件的最新版本为 Office SharePoint Designer 2007。原 Macromedia 推出的 Dreamweaver 集网页制作和网站管理于一身,与 Flash、Firework 并称为"网页三剑客",利用它们可轻而易举地制作和发布精彩的动感网页。

2. Dreamweaver CS3 软件概述

Dreamweaver 是原 Macromedia 公司开发的一套视觉化网页开发工具,集网页制作和网站管理功能于一身,深受专业网页设计师欢迎。2005 年 Macromedia 被 Adobe 并购后,成为 Adobe 旗下产品,目前最新版本为 Dreamweaver CS4。Dreamweaver 用于设计、开发和维护基于标准的网站和应用程序,是专业的 Web 设计、开发工具。

选择"开始"→"所有程序"→Adobe Dreamweaver CS3 选项,启动 Adobe Dreamweaver CS3 软件,如图 1-4 所示。

主屏幕由以下部分组成。

- 标题栏:位于主屏幕顶端,用于窗口控制。
- 菜单栏:位于标题栏下方,菜单选项实现了软件所有的功能。
- 欢迎屏幕:打开 Dreamweaver 时显示,用于打开最近的项目或者新建项目。
- 面板组:用于调整网页对象的属性。常用的面板组有"插入"、"属性"、CSS、"应用程序"、"标签检查器"、"文件"等。
- 文档窗口:打开或者新建一个项目后出现,是编辑和设计网页的核心场所,如图 1-5 所示。

文档窗口主要由以下部分组成。

- 文档标题栏:Untitled-1*,用"标签"显示网页文档。在此右击弹出快捷菜单,可进行新建、打开、关闭、保存等文档操作。

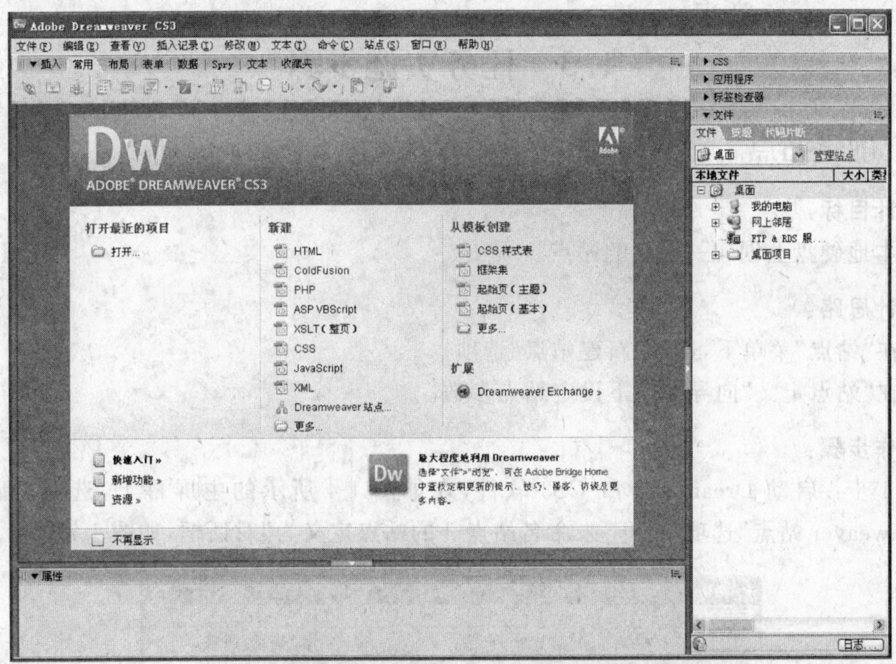

图 1-4　Adobe Dreamweaver CS3 主屏幕

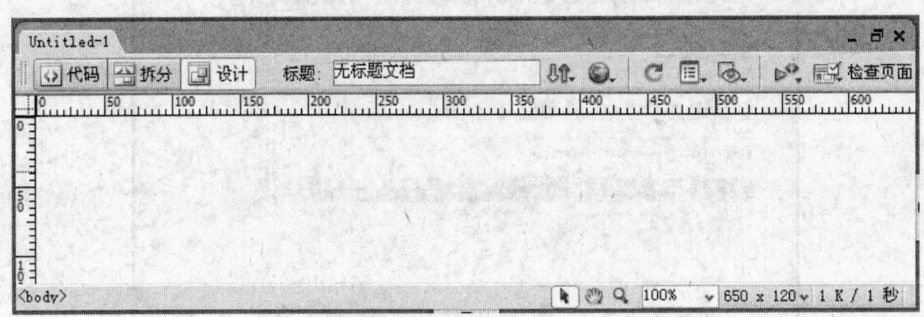

图 1-5　文档窗口

■ 文档工具栏：包含视图、标题、视图选项、检查页面、调试等工具，如图 1-6 所示。

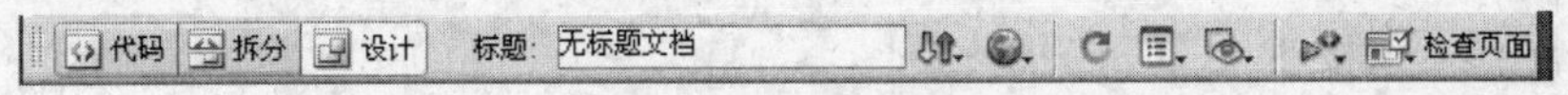

图 1-6　文档工具栏

视图有“代码”、“拆分”、“设计”3 种模式，通常使用“设计”视图；按工具按钮在浏览器中预览/调试，预览之前需要保存文档。

■ 标尺：包含横向标尺和纵向标尺，单位一般采用像素。与网格和辅助线配合，可对编辑区中的网页对象进行精确定位。

■ 状态栏：显示当前对象的标签、缩放比例、编辑区的大小、文档大小、估计的加载时间等。

Dreamweaver 的操作与 Windows 下的大多数应用程序一样，可以通过鼠标拖动、快捷菜单、快捷键、菜单、面板组来完成，熟练掌握这些方法可以节约时间，提高效率。

1.3 任务实施步骤

1.3.1 创建站点

设计目标：

在本地硬盘上创建一个新的站点。

设计思路：

- 在“站点”菜单下，选择“新建站点”选项；
- 在“站点定义”向导帮助下设定站点参数。

操作步骤：

第 1 步：启动 Dreamweaver CS3 软件，在如图 1-4 所示的主屏幕下，选择“新建”→“Dreamweaver 站点”选项，打开“未命名站点 2 的站点定义为”对话框，如图 1-7 所示。

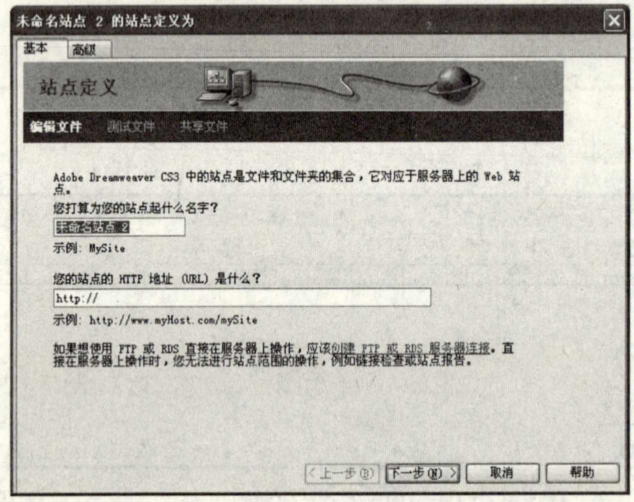

图 1-7 “未命名站点 2 的站点定义为”对话框

第 2 步：在“您打算为您的站点起什么名字？”文本框中输入“我的学习站点”，如图 1-8 所示，单击 下一步(N) 按钮。

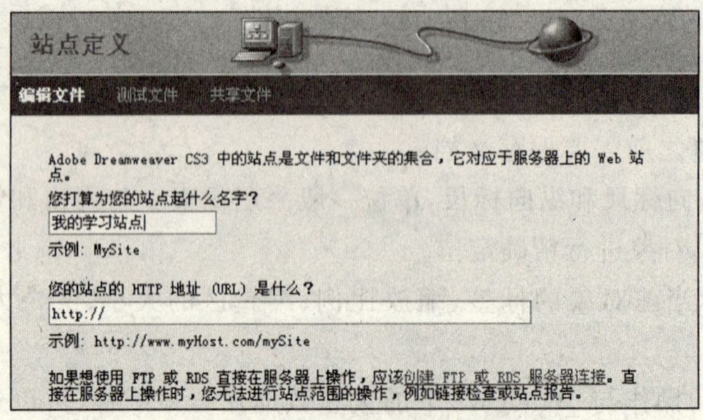

图 1-8 “我的学习站点”网站

第 3 步：将“您是否打算使用服务器技术……?”选中“否，我不想使用服务器技术。”单选按钮，如图 1-9 所示，单击[下一步(N) >]按钮。

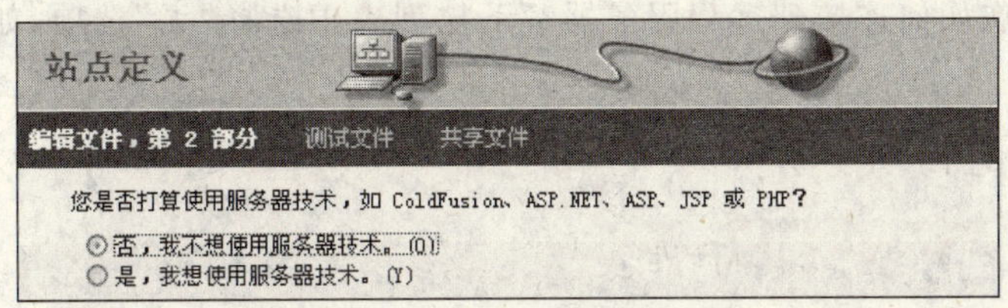

图 1-9　是否使用服务器技术

第 4 步：将“在开发过程中，您打算如何使用您的文件?”选中“编辑我的计算机上的本地副本，完成后再上传到服务器(推荐)”单选按钮；在“您将把文件存储在计算机上的什么位置?”文本框后单击按钮打开“选择站点 我的学习站点 的本地根文件夹：”对话框，单击“我的电脑”图标，选择“本地磁盘(F:)”、WebSite、ch1 文件夹，如图 1-10 所示，单击[选择(S)]按钮完成本地根文件夹的选择，或者直接输入 F:\WebSite\ch1\，如图 1-11 所示，单击[下一步(N) >]按钮。

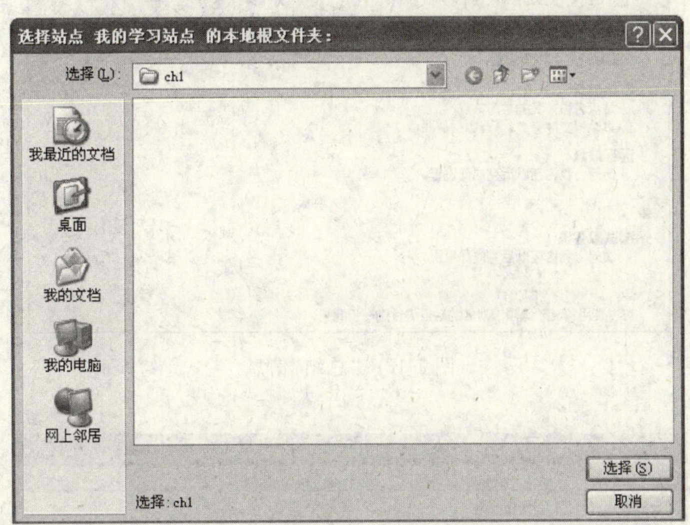

图 1-10　选择站点的本地根文件夹

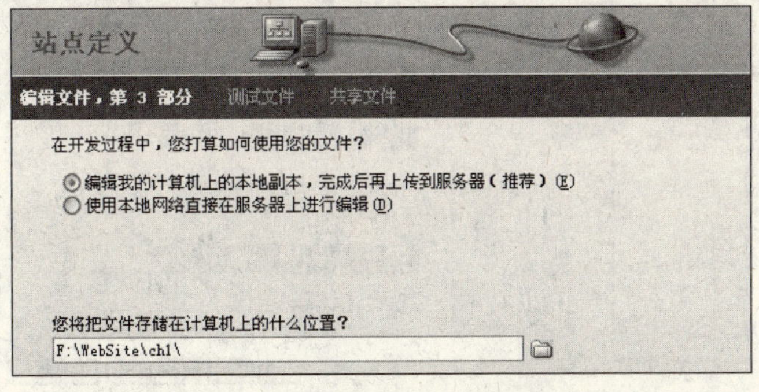

图 1-11　如何使用您的文件

说明：在选择上述文件夹之前，先在本地磁盘相应位置创建该文件夹；此外也可以自行创建与自己习惯相适应的文件夹，作为本地根文件夹。

第 5 步：在"您如何连接到远程服务器？"下拉列表中选择"无"选项，如图 1-12 所示，单击[下一步(N) >]按钮。

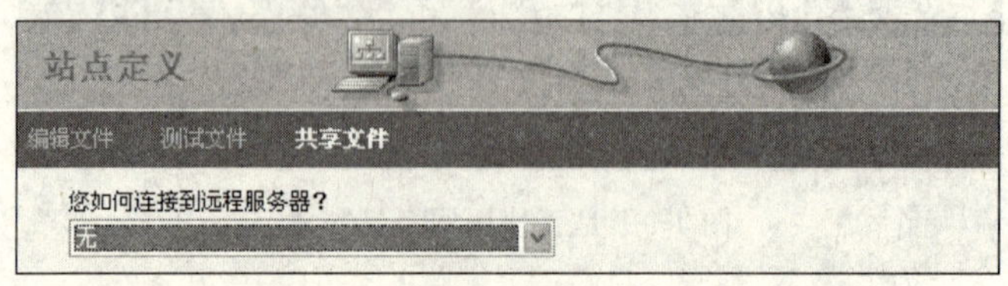

图 1-12　如何连接到远程服务器

说明：在此先不考虑网站发布的情况，我们将在后面学习如何发布网站。

第 6 步：查看总结信息，如图 1-13 所示。打开"高级"选项卡，在"分类"列表框中选择"本地信息"，查看"本地信息"设置，如图 1-14 所示，单击[确定]按钮完成站点定义。

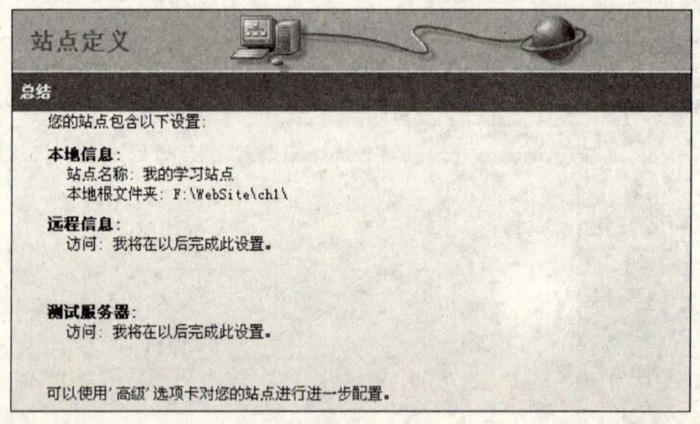

图 1-13　"总结"信息

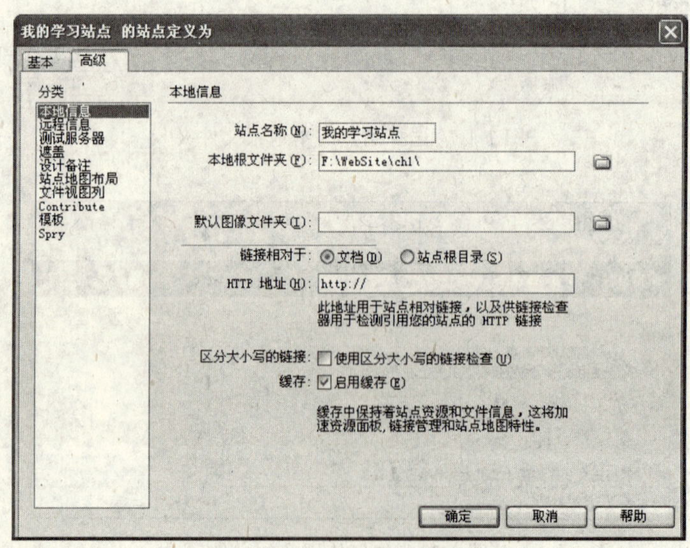

图 1-14　"本地信息"参数设置

1.3.2 Dreamweaver CS3 新建首页

设计目标：

利用 Dreamweaver CS3 自带的布局模板快速新建个人主页。

设计思路：

- 在“新建文档”对话框中，选择“布局”选项；
- 在网页中插入日期；
- 更改网页的标题。

设计效果：

个人首页效果如图 1-18 所示。

操作步骤：

第 1 步：在打开 Dreamweaver CS3 软件时出现欢迎屏幕，如图 1-4 所示，选择“更多...”选项，打开“新建文档”对话框，如图 1-15 所示。

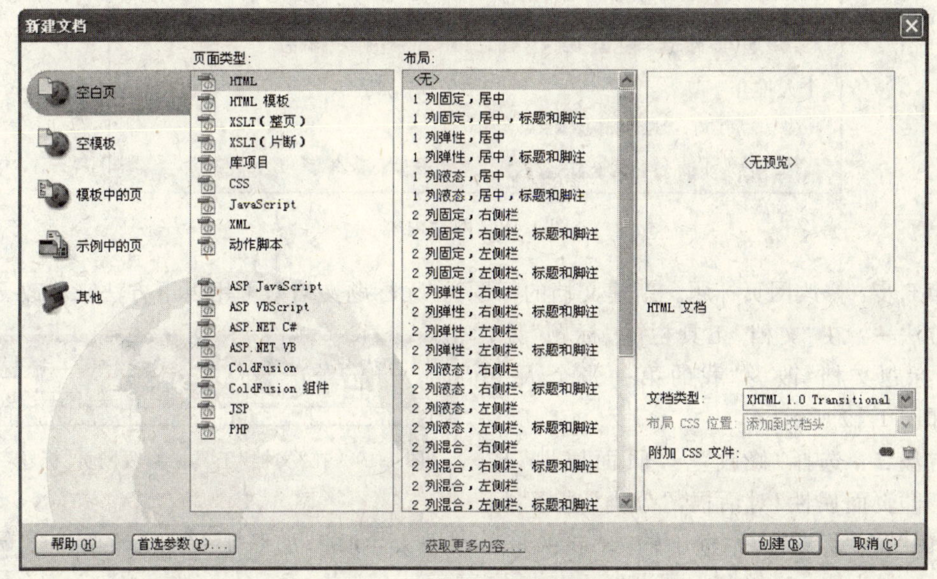

图 1-15　“新建文档”对话框

第 2 步：在“页面类型”列表框中选择 HTML，“布局”选择“1 列固定，居中，标题和脚注”，如图 1-16 所示，单击 创建(R) 按钮。

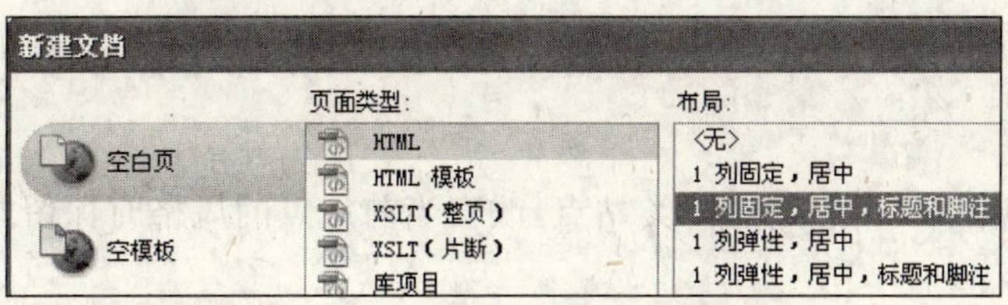

图 1-16　空白页的页面类型和布局

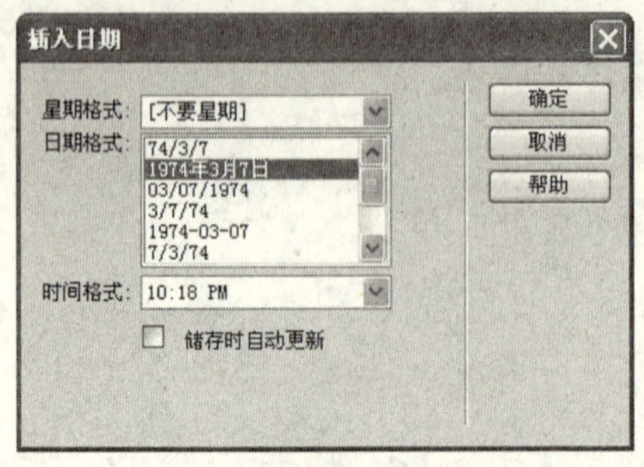

图 1-17 “插入日期”对话框

第 3 步：编辑网页内容。将“标题”改成“我的学习网站”，“主要内容”改成“我的第一张个人主页”，“H2 级别的标题”改成“个人推介”，“脚注”改成“与我联系”，具体的内容根据自己的情况拟定。

第 4 步：在网页内容中适当的位置插入当前的日期和时间。执行“插入记录”→“日期”命令，打开“插入日期”对话框，“星期格式”选择“[不要星期]”，“日期格式”选择“1974 年 3 月 7 日”，“时间格式”选择 10:18 PM，如图 1-16 所示，单击 确定 按钮。完成的效果如图 1-17 所示。

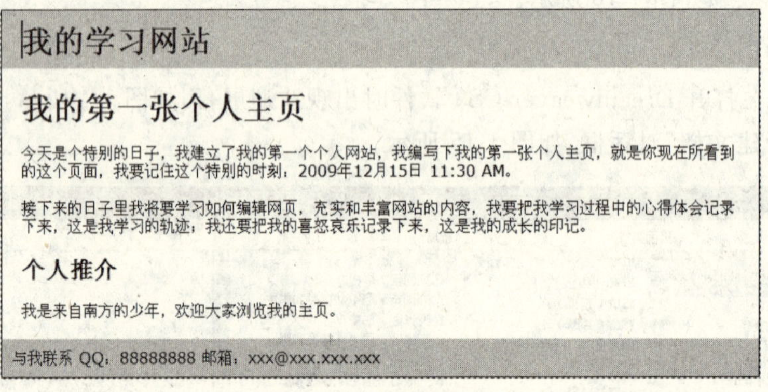

图 1-18 网站内容

第 5 步：修改网页标题。新建文档的标题为“无标题文档”，可用以下方法来修改。

方法一：在“文档”工具栏的“标题”处，将“无标题文档”改为“我的第一张个人主页”，如图 1-19 所示。

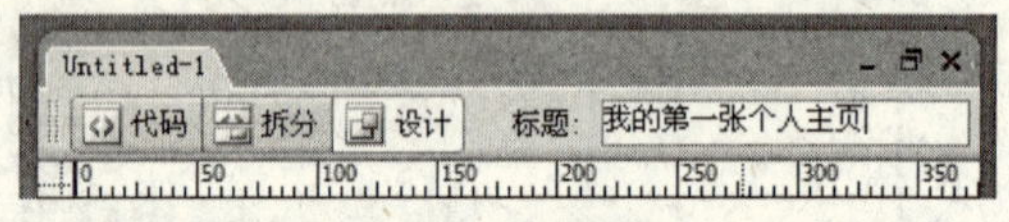

图 1-19 在“文档”工具栏修改网页“标题”

方法二：选择“修改”→“页面属性”选项，打开“页面属性”对话框，“分类”选择“标题/编码”，在“标题”文本框中输入“我的第一张个人主页”，如图 1-20 所示，单击 确定 按钮。

第 6 步：选择“文件”→“另存为”选项，打开“另存为”对话框，将“文件名”改成 index.html，单击 保存(S) 按钮。

第 7 步：按 F12 键在 Internet Explorer 浏览器中预览，如图 1-21 所示。

1.3.3 Dreamweaver CS3 管理站点

设计目标：

在网页设计过程中，快速创建同类站点，改变当前站点的风格时保留站点备份。

设计思路：

- 在“管理站点”对话框中，选定要备份的站点，单击“复制”按钮；
- 在“管理站点”对话框中，选定要导出的站点，单击“导出”按钮；

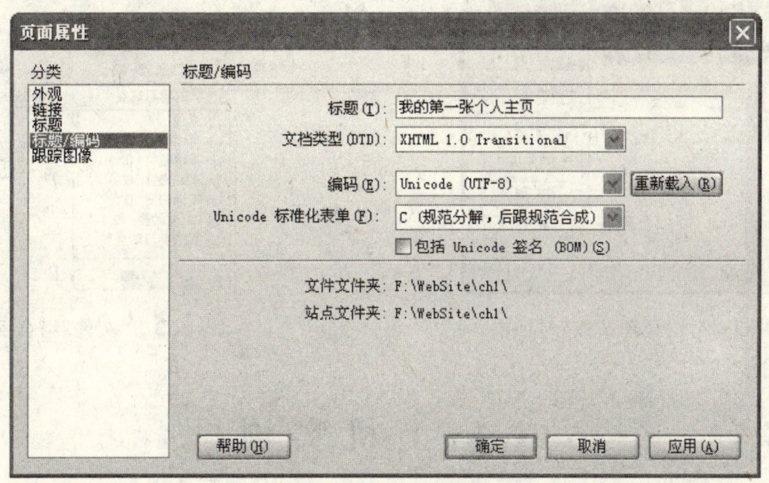

图 1-20　在“页面属性”对话框中修改网页“标题”

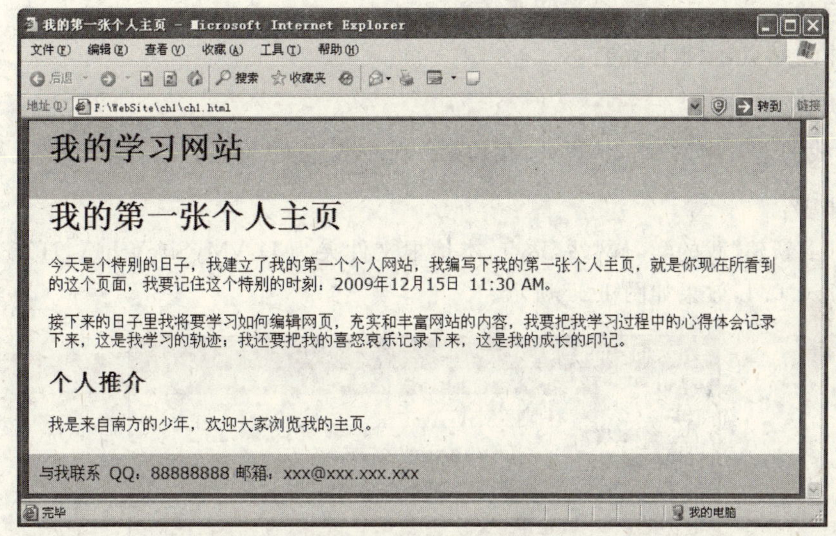

图 1-21　在 Internet Explorer 浏览器中预览

■ 在“管理站点”对话框中，单击“导入”按钮，选择要导入的站点。

操作步骤：

第 1 步：选择“站点”→“管理站点”选项，打开“管理站点”对话框，如图 1-22 所示；或者打开“文件”面板下的“文件”选项卡，在下拉列表框中选择“管理站点”，如图 1-23 所示。

第 2 步：选择“我的学习站点”，单击[复制(P)...]按钮。

第 3 步：选择“我的学习站点”，单击[导出(E)...]按钮，打开“导出站点”对话框，选择保存路径，单击[保存(S)]按钮。

第 4 步：单击[导入(I)...]按钮，打开“导入站点”对话框，选定站点定义文件，单击[打开(O)]按钮。

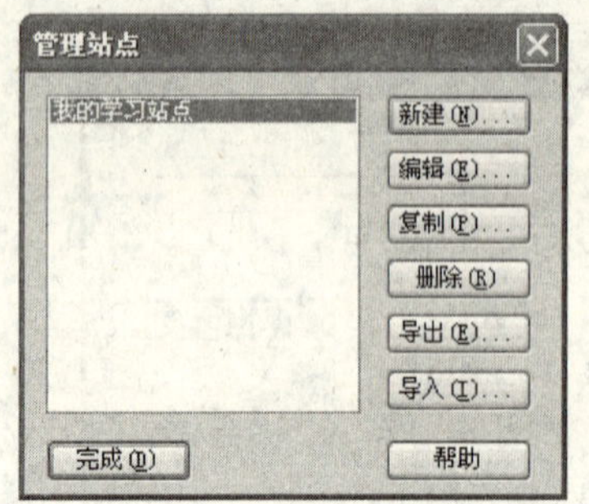

图 1-22 “管理站点”对话框

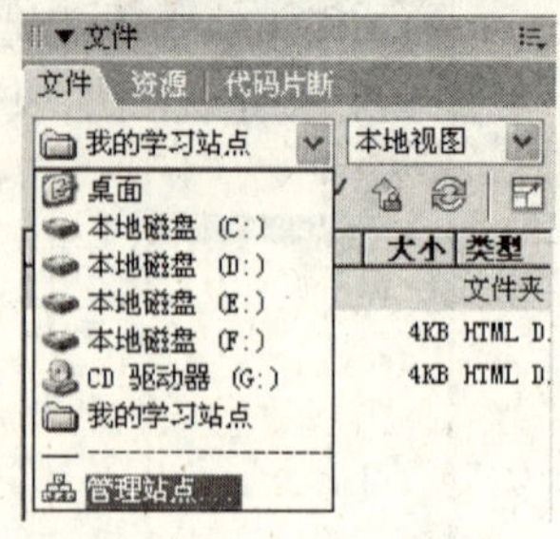

图 1-23 “文件”组合面板

1.4 上机实训

实训 1.1 新建“我的学习网站”站点

实训目的：

创建本地站点，编辑网站首页。

实训内容：

新建“我的学习网站”站点，设计“我的第一张个人主页”网页。

实训步骤：

第 1 步：新建“我的学习网站”站点，本地根文件夹为 D:\MySite\ch1\，HTTP 地址为 http://127.0.0.1，效果如图 1-24 所示。

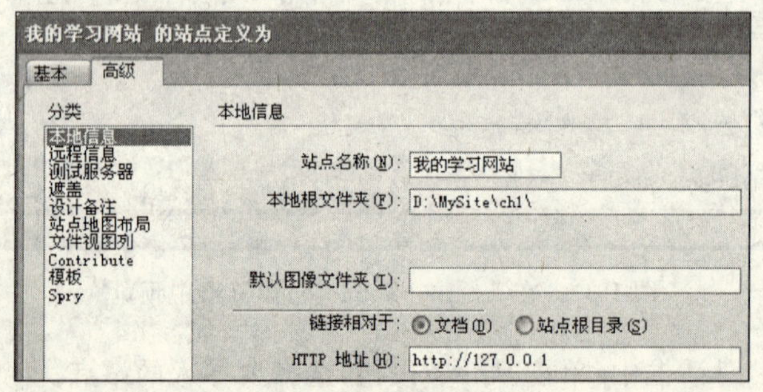

图 1-24 “我的学习网站”站点

第 2 步：新建“我的第一张个人主页”文档，使用 Dreamweaver 预设的布局，编辑标题、脚注和建站感言，保存为 index.html，效果如图 1-21 所示。

实训 1.2 创建“花店”站点

实训目的：

创建本地站点，编辑网站首页。

实训内容：

新建“花店”站点，编辑“花店”首页。

实训步骤：

第 1 步：在 D:\MySite\下新建文件夹，重命名为 Myy，将素材光盘下的 ch1 文件夹复制到 Myy 文件夹下。

第 2 步：新建站点，站点名称为“美洋洋花店”，本地根文件夹为 D:\MySite\Myy\。

第 3 步：选择 index. html，将网页“标题”改成“欢迎光临美洋洋花店！”，如图 1-25 所示。

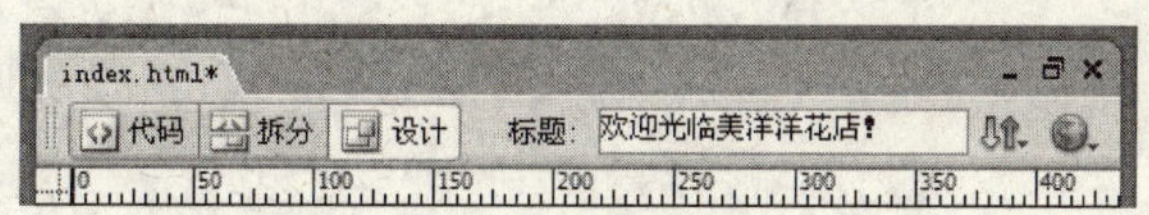

图 1-25　网页标题

第 4 步：保存网页文档，按 F12 键进行预览。

1.5　知识总结与回顾

1.5.1　回顾学习要点

- 怎样创建一个网站？
- 怎样创建首页？

1.5.2　学习要点参考

- 删除一个站点，并没有删除本地根文件夹；导出站点定义，并没有导出站点内容。
- 在给网站内部文件和文件夹命名时，应该使用简短、意思清晰的英文或者拼音与数字的组合，例如 images、img、pic、tupian 表示文件夹用于存储图片文件。

习　　题

1. (　　)即“互联网”，它是目前全球最大的、开放的计算机互联网络，也是大量的信息资源的集合。

2. (　　)是构成网页文档的主要语言，是目前网络上应用最为广泛的语言。

3. DNS(Domain Name System，域名系统)是进行(　　)的服务器，负责把域名转换成计算机能够识别的 IP 地址。

4. (　　)是构成网站的基本元素。网站由(　　)(　　)和(　　)三部分构成。

5. Dreamweaver 是(　　)旗下的产品，与(　　)和(　　)并成“网页三剑客”。

6. Dreamweaver 中的文档可以显示为 3 种视图：(　　)、“拆分”、(　　)。

添加网页元素

Dreamweaver 中的网页元素主要有文本、图像、动画及多媒体等，一个网页除了包含文字信息外，还包含多种网页元素来使得网页更加生动和引人注目。本章学习在网页中插入、编辑和修改这些元素。

本章主要内容

- 文本的插入、编辑及属性设置；
- 图像的插入及属性设置；
- Flash 文本的插入及属性设置；
- 插入 Shockwave 影片及属性设置；
- 特殊元素的插入及属性设置。

能力培养目标

通过本章学习，要求学生熟练掌握网页基本组成元素，能够动手设计出简单、漂亮的网页。

2.1　任务导入与问题思考

2.1.1　任务导入——设计五彩缤纷的网页

仔细观察一张网页，网页的内容是由文字、图片、动画、声音、表格等元素组成的，文字又有字号、字体、颜色的不同。只有这样五彩缤纷的网页，才具有活力，才能吸引网民的眼球。

这里涉及的是网页的美化问题，也叫做网页的修饰，或网页的效果设计。

为此，我们在这里导入的任务，就是设计一张具有如图 2-1 所示效果的网页。

2.1.2　问题与思考

网页要生动形象地将信息传达给读者，除了有文本文字外，还要有图像、声音、动画及影片等其他网页元素。那么如何添加文本文字、图像、声音、动画及影片等元素呢？如何设置它们的属性以达到我们想要的大小、位置等显示方式呢？这就是本章要介绍的主要内容。

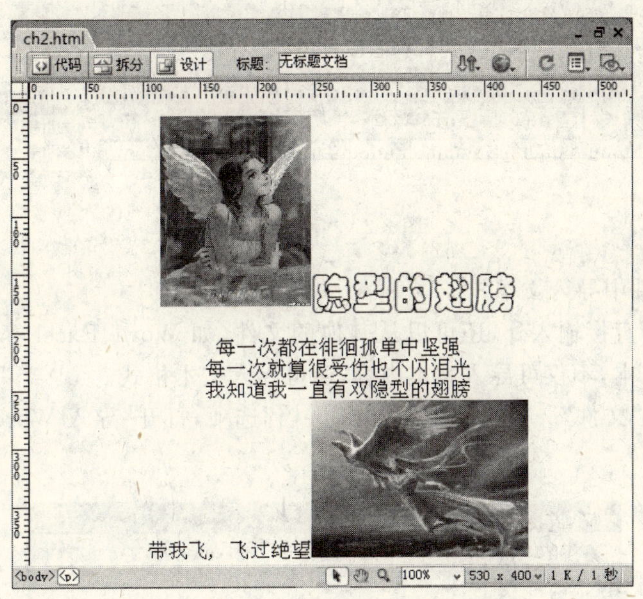

图 2-1　任务设计效果图

2.2 知 识 点

2.2.1 网页基本元素

1. 网页文本元素

文字是网页中最基本的元素，文本元素的添加主要有直接输入和从外部文件导入两种方法。

1）在 Dreamweaver 中直接输入文本

在 Dreamweaver 中输入文本与在字处理软件中输入文本方法基本相同，在 Dreamweaver 的文档设计窗口中会有一个闪烁的光标，这是当前文本的插入点，新输入的文本将出现在插入点之后。

在网页中输入文本时需要注意文本中的空格、文本的段落以及换行问题。

- 在插入网页文本时，按 Enter 键，插入一个段落标记，这时文本新起一段。
- 当按 Shift＋Enter 组合键时，插入一个换行符，这时文本新起一行。
- 在 HTML 中，默认情况下只允许字符之间包含一个空格。无论按多少次空格键都只能插入一个空格，若要在文档中添加多个连续的空格，可采取以下方法。

方法一：在“插入”面板中的“文本”工具栏中单击右侧的下三角按钮，打开“字符”菜单，选择“不换行空格”选项，如图 2-2 所示。

方法二：选择“插入记录”→HTML→“特殊字符”→“不换行空格”选项。

方法三：按 Ctrl＋Shift＋空格组合键。

说明：选择“编辑”→“首选参数”选项，在“首选参数”对话框中的“常规”类别中选中“允许多个连续空格”复选框，单击“确定”按钮，即可在文档中用空格键连续输入多个空格。

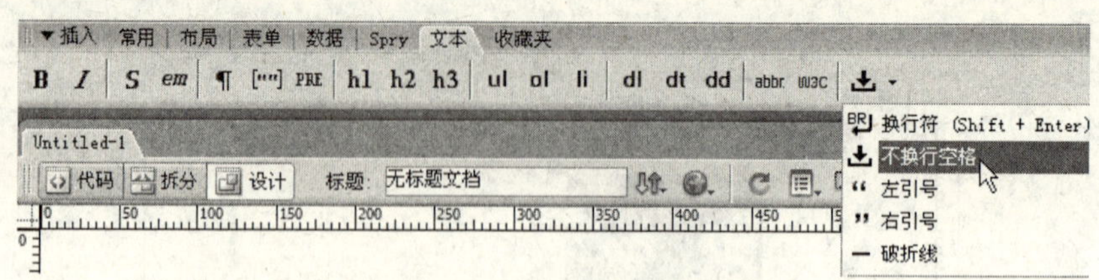

图 2-2 “字符”菜单

2）从外部文件中导入文本

在网页中除了直接输入外，还可以从其他的文件(如 Word、Excel 等)中导入文本。从外部文件中导入文本，不仅可导入文本内容，还可导入文本格式。

第 1 步：选择“文件”→“导入”→“Word 文档”选项，打开“导入 Word 文档”对话框，如图 2-3 所示。

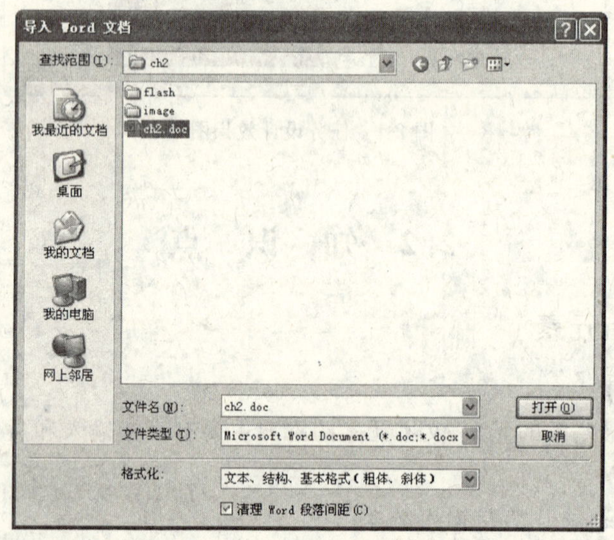

图 2-3 “导入 Word 文档”对话框

第 2 步：选择需要导入的文件，在“格式化”下拉列表框中选择“文本、结构、基本格式”选项，单击“打开”按钮，将该 Word 文档中的内容连同格式导入到了当前的网页文档中。

在“导入 Word 文档”对话框的“格式化”下拉列表中，共有四种方式，如图 2-4 所示。

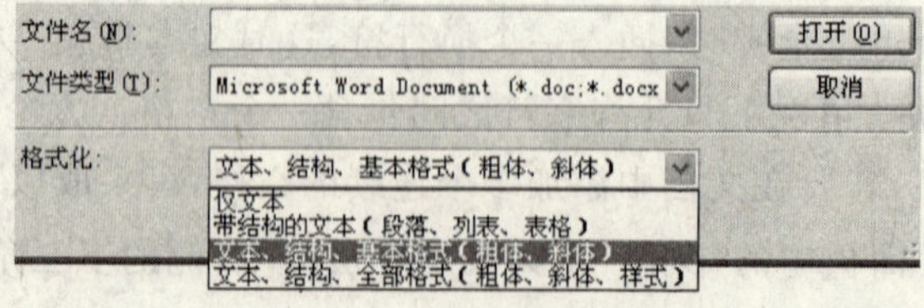

图 2-4 “格式化”下拉列表

- 仅文本：仅导入 Word 文档中的文本内容，不导入文本的格式。
- 带结构的文本(段落、列表、表格)：导入文本并保留结构，但不保留如粗体、斜体等基本格式设置。

- 文本、结构、基本格式(粗体、斜体)：导入结构化并带简单 HTML 格式的文本(如段落和表格以及带有 b、i、u、strong 等标记的格式化文本)。
- 文本、结构、全部样式(粗体、斜体、样式)：导入文本并保留所有结构、HTML 格式设置和 CSS 样式。

这种从外部文件中导入文本的功能提供了另外一种制作网页的方式：先在 Word 中对文字、图像等进行排版，再将其导入到 Dreamweaver 中，从而快速、方便地创建网页。

3) 设置网页中的文本属性

在设计窗口中添加文字后，可以对其字体、大小、颜色等相关属性进行设置调整。选中网页中需要设置的文本，"属性"面板自动切换成文本对应的"属性"面板，如图 2-5 所示。

图 2-5　文本的"属性"面板

面板中各项含义说明如下。

- 格式：可设置所选文本(一般是标题文本)的段落样式，下拉列表中有多种标题样式供选择。
- 字体：可设置所选文本的字体。若下拉列表中没有显示要设的字体，可选择下拉列表中的"编辑字体列表"选项，打开"编辑字体列表"对话框进行设置。
- 大小：设置所选文本的字体大小。可打开下拉列表进行选择，也可直接输入数值，默认单位为磅。
- 样式：此框中显示了用户所设置的样式，可对所选文本进行套用。
- B：设置文本加粗。
- I：设置文本为斜体。
- ：对齐按钮，四个按钮依次用来设置文本的左对齐、居中对齐、右对齐和两端对齐。
- ：用于设置所选文本的颜色，单击左边的下三角按钮，在弹出的拾色器中选择颜色；也可直接在右边的文本框中输入如 #00FF00 形式的 RGB 颜色代码。
- ：定义项目符号、编号及文本缩进。
- 页面属性...：单击该按钮可打开"页面属性"对话框。
- 链接：指定文本的超级链接。

2. 网页图像元素

1) 网页中图像的格式

图像在网页中通常起到画龙点睛的作用，它能装饰网页，表现个人的情调和风格。但在网页上加入太多的图片，会影响浏览的速度，从而导致用户失去耐心而离开页面。网页中可以使用的图像文件包括 GIF、JPEG 和 PNG 三种格式。

- GIF 格式：最多使用 256 种颜色，具有文件小、下载速度快、可以制作动画、支持透明背景等优势。GIF 图像最适合显示色调不连续或具有大面积单一颜色的图像，如导航条、徽标等。
- JPEG 格式：一种应用广泛的有损压缩图像格式，支持 24bit 真彩色，在获得较高的压缩率的同时能展现生动的图像。一般来说，图像压缩比越大图像质量越差，适当的压缩比既能得到较小的文件尺寸又能保持较好的画质。
- PNG 格式：Macromedia Fireworks 固有的文件格式，融合了 GIF 格式和 JPEG 格式的优点，既具有 GIF 透明显示的特点，又具有 JPEG 图像的丰富色彩，是 Dreamweaver 中最匹配的图像格式。

2）在网页中插入图像

方法一：选择“插入记录”→“图像”选项，打开“选择图像源文件”对话框。

方法二：单击“常用”工具栏中的 右侧的下三角按钮，在下拉菜单中执行“图像”命令，打开“选择图像源文件”对话框。

在“选择图像源文件”对话框中查找并选中图片文件，单击两次“确定”按钮插入图片。

3）设置图像的属性

选中网页中的图像，在“属性”面板中可以查看并修改其属性，如图 2-6 所示。

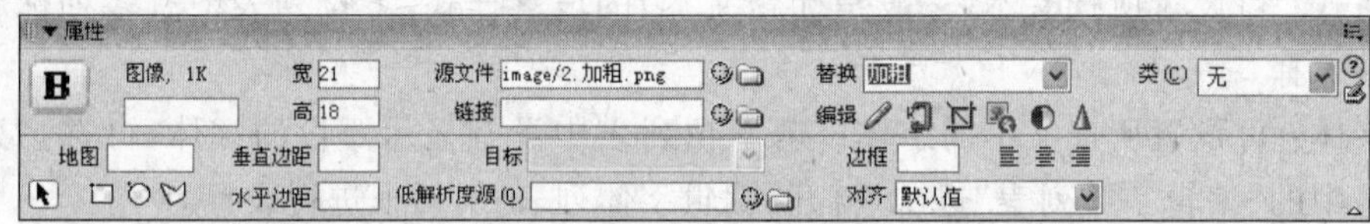

图 2-6　图像的“属性”面板

其主要属性说明如下。

- 宽：指定图像的宽度，单位为像素。
- 高：指定图像的高度，单位为像素。

说明：通过改变“宽”和“高”的数值，可以改变图像在网页中显示区域的大小，但不会改变图像文件（不能缩短图像的下载时间）。为了不使图像在缩放过程中变形失真，在实际应用中一般使用图形编辑软件先制作好图像素材，再插入网页中。

- 源文件：指定图像的源文件，可单击右侧的“浏览文件” 按钮选择源文件，也可直接在文本框内输入图像文件的路径。
- 链接：指定图像的超级链接。
- 目标：指定链接页面的显示位置。
- 垂直边距：沿图像的垂直方向在顶部和底部添加边距（以像素为单位），可调整图像与其他对象在垂直方向的距离。
- 水平边距：沿图像的水平方向在左侧和右侧添加边距（以像素为单位），可调整图像与其他对象在水平方向的距离。
- 边框：为图像添加边框，单位为像素，图像默认为无边框。
- 对齐：用于设置同一行上图像和文本的对齐方式，有以下 9 个选项。
  - 默认值：通常指定基线对齐（根据浏览器的不同，默认值也会有所不同）。

- 基线或底部：将文本的基线与选定对象的底部对齐。
- 顶端：将图像的顶端与当前行中最高项(图像或文本)的顶端对齐。
- 居中：将图像的中部与当前行的基线对齐。
- 文本上方：将图像的顶端与文本行中最高字符的顶端对齐。
- 绝对居中：将图像的中部与当前行中文本的中部对齐。
- 绝对底部：将图像的底部与文本行的底部对齐。
- 左对齐：将所选图像放置在左边，文本在图像的右侧换行。
- 右对齐：将所选图像放置在右边，文本在对象的左侧换行。

■ 编辑：用“外部编辑器”首选参数中指定的图像编辑器编辑选定的图像。

■ 优化：可以将图像在 Fireworks 中优化为适合网页的格式。

■ 裁剪：可修剪图像的大小，从所选图像中删除不需要的区域。

■ 重新取样：可提高已调整的图像在新的大小和形状下的显示效果。

■ 亮度和对比度：可调整图像的亮度和对比度设置。

■ 锐化：可调整图像的锐化效果(清晰度)。

■ 映射：可以在图片上创建映射区，用来设置图像局部链接。

3. 网页多媒体元素

通过 Dreamweaver 可以在网页中插入多种媒体元素，如 Flash、Shockwave 影片、QuickTime、AVI、Java Applet、ActiveX 控件以及各种格式的音频文件。这里只介绍插入 Flash 和 Shockwave 影片。

1）在网页中插入 Flash 按钮

在 Dreamweaver 中可以直接创建、插入和修改 Flash 按钮。Flash 按钮是基于 Flash 模板的可更新按钮，可以自定义 Flash 按钮上的文本、背景及超级链接。

第 1 步：执行“插入记录”→“媒体”→“Flash 按钮”命令，打开“插入 Flash 按钮”对话框，如图 2-7 所示。其中各项含义说明如下。

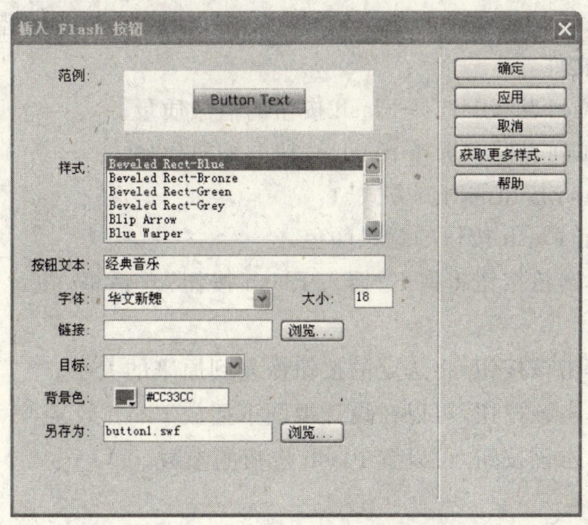

图 2-7 “插入 Flash 按钮”对话框

- 样式：列出了 Dreamweaver 中的样式类型，可通过上、下光标键在列表框中选择一种按钮的样式。
- 按钮文本：可输入按钮上的显示文本。
- 字体和大小：设置按钮文本的字体、字号。
- 链接：设置按钮要链接的网页或文件的路径和名称。
- 目标：设置链接页面的打开方式。
- 背景色：设置按钮的背景颜色。
- 另存为：将按钮保存为后缀名为.swf 的文件。

注意：在另存为.swf 文件时，保存路径和名称中不能含有中文，最好使保存的按钮文件与调用它的文档处在同一个根目录下，方便调用。

第 2 步：按照图 2-7 所示输入相关项目，插入的按钮效果如图 2-8 所示。

第 3 步：若要修改 Flash 按钮的属性，先选中按钮，文档窗口下方的“属性”面板变为 Flash 对象“属性”面板，如图 2-9 所示。

经典音乐

图 2-8 按钮效果

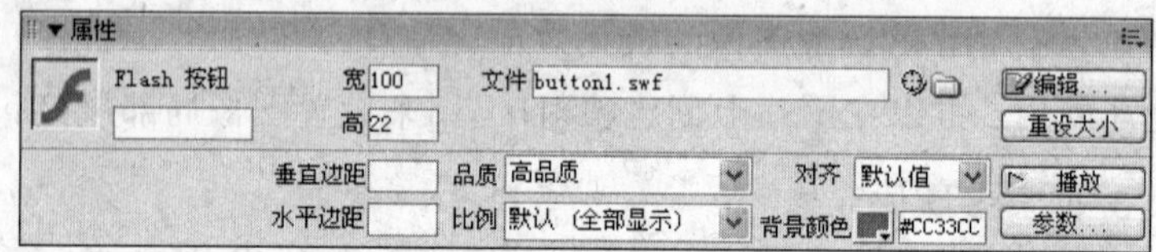

图 2-9 Flash 按钮“属性”面板

面板中各项含义说明如下。

- Flash 按钮：在文本框中输入该 Flash 按钮的名称。
- 宽：设置按钮的宽度，默认单位为像素。
- 高：设置按钮的高度。
- 垂直边距：设置 Flash 按钮上边和下边的边距。
- 水平边距：设置 Flash 按钮左边和右边的边距。
- 文件：设置 Flash 按钮文件的路径。可直接在文本框中输入路径，也可单击右侧的文件夹图标选取文件。
- 品质：可在下拉列表框中选择 Flash 按钮的播放质量。
- 比例：可在下拉列表框中选择 Flash 按钮的缩放比例。
- 对齐：设置 Flash 按钮的对齐方式。
- 背景颜色：设定 Flash 按钮的背景颜色。
- [编辑...]：单击该按钮将弹出“插入 Flash 按钮”对话框，在对话框中可编辑 Flash 按钮。
- [重设大小]：单击该按钮，将选定的按钮恢复到原来的大小。
- [播放]：单击该按钮，可以在设计视图下播放 Flash 效果。
- [参数...]：单击该按钮，可设置 Flash 按钮的参数。

2）插入 Flash 文本

Dreamweaver 中允许创建和插入只包含文本的 Flash 动画——Flash 文本，方法说明如下。

第 1 步：执行“插入记录”→“媒体”→“Flash 文本”命令，打开“插入 Flash 文本”对话框，如图 2-10 所示。

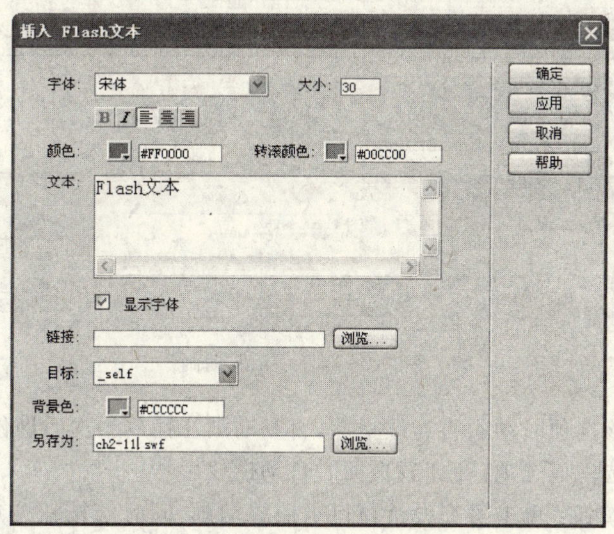

图 2-10　"插入 Flash 文本"对话框

其中各项含义说明如下。

■ 字体：指定 Flash 文本的字体。

■ 大小：指定 Flash 文本的大小。

■ B I ≡ ≡ ≡：设置 Flash 文本的字型和对齐方式。

■ 颜色：指定 Flash 文本的显示颜色。

■ 转滚颜色：指定文本的翻转颜色。其作用是在浏览状态下，鼠标指向 Flash 文本对象时，Flash 文本颜色变为转滚颜色。

■ 文本：在此框中可输入文本内容。

■ 背景色：设置 Flash 文本的背景颜色。

■ 另存为：设置 Flash 文本动画的保存路径及文件名。

第 2 步：按图中参数设置后，Flash 文本效果如图 2-11 所示，保存文件。

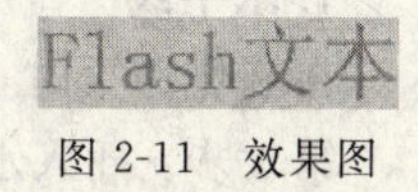

图 2-11　效果图

第 3 步：按 F12 键浏览网页，将鼠标指向 Flash 文本，文字颜色由红色变为绿色。

Flash 文本的修改方法与 Flash 按钮的修改方法相同。

3）插入 Flash 动画

Flash 动画文件后缀名为.swf，在 Dreamweaver 中可直接插入 Flash 动画。

第 1 步：将光标置于要插入动画的位置，执行"插入记录"→"媒体"→"Flash"命令，打开"选择文件"对话框。

第 2 步：在"选择文件"对话框中选择本地站点下的.swf 文件。

第 3 步：单击"确定"按钮，即可在页面中插入一个 Flash 占位符，如图 2-12 所示。

第 4 步：保存文档，按 F12 键预览播放效果。

插入 Flash 动画后，选中插入的 Flash 对象，其"属性"面板如图 2-12 所示，面板中各项含义说明如下。

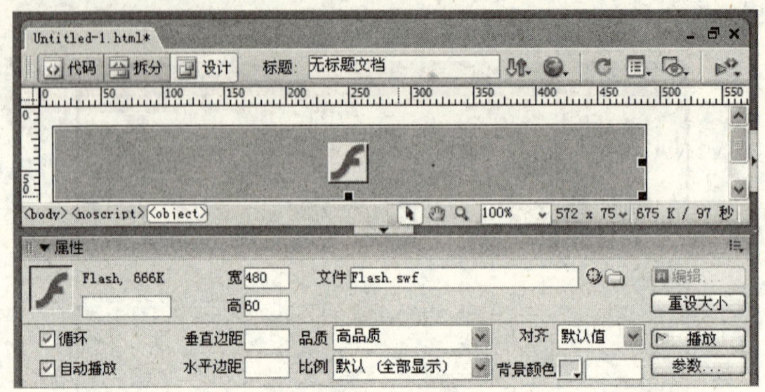

图 2-12　插入 Flash 动画

- 循环：选中该选项时动画将连续播放，否则动画在播放一次后即停止。
- 自动播放：选中该选项，在加载页面时自动播放影片。
- [播放]按钮：单击可在设计窗口中播放动画，同时该按钮变成[停止]，单击[停止]按钮，可停止播放动画。
- 品质：可从中选择动画播放的图像质量。
- 比例：确定如何在指定的宽度和高度的框中显示动画。
  - 默认值：设置显示整个动画。
  - 无边框：使动画适合设定的尺寸，无边框显示并维持原始的纵横比。
  - 严格匹配：对动画进行缩放以适合设定的尺寸，而不管纵横比如何。

2.2.2 网页特殊元素

除了直接插入文本外，Dreamweaver 还可在网页中插入一些其他特殊元素，如水平线、页面修改时间、列表框等，以及使用键盘无法直接输入的特殊字符。

1. 水平线

在制作网页时，经常需要使用水平线来分隔版面。

第 1 步：插入水平线。将光标移到要插入的位置，执行“插入记录”→HTML→“水平线”命令，插入一条水平线。

第 2 步：设置水平线粗细。选中水平线，在“属性”面板中设置“高”为 1，这样水平线就变为高度为 1 像素的极细水平线。

第 3 步：设置水平线的宽度和对齐方式。在“属性”面板中设置“宽”为 400，使该水平线宽度为 400 像素，在“对齐”框中选择“居中对齐”，如图 2-13 所示。

图 2-13　水平线属性面板

说明：水平线的宽度和高度可以像素为单位，也可以页面尺寸百分比的形式来指定。

系统默认的水平线是灰颜色的，若要得到彩色的水平线，可通过下面的步骤实现。

第 4 步：设置水平线的颜色。单击“属性”面板中右侧的“快速标签编辑器”按钮，打开“编辑标签”文本框，输入“<hr color="#00FFFF" />”，如图 2-14 所示，则可将水平线的颜色改为青绿色。

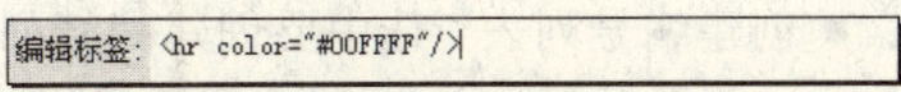

图 2-14　快速标签编辑器

2. 日期和时间

对网页作了更新后，通常加上更新时间作为标识。使用 Dreamweaver 可以方便快捷地在页面中插入当前日期和精确到分钟的时间。其方法如下。

方法一：执行“插入记录”→“日期”命令。

方法二：单击“插入”工具栏中的按钮。

3. 特殊字符

在网页中输入文字时，有时会遇到在键盘上没有的特殊字符，如版权符“©”、注册商标符“®”等，在 Dreamweaver 中，可采用以下方法插入。

方法一：单击“文本”工具栏中的按钮，弹出如图 2-15 所示的下拉菜单，选择所要插入的常用字符，如“版权符”©，“注册商标符”®等，也可选择“其他字符”选项，打开如图 2-16 所示的“插入其他字符”对话框，选择插入其他字符。

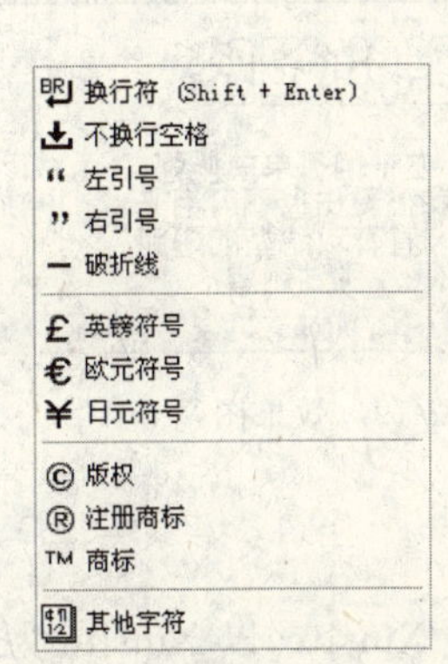

图 2-15　特殊字符下拉菜单

图 2-16　“插入其他字符”对话框

方法二：在菜单中选择“插入记录”→HTML→“特殊字符”→“其他字符”命令。

4. 插入列表项

在 Dreamweaver 中，可插入列表项。列表项分为项目列表和编号列表两种，前者用项目符号来标记无序的项目，后者则使用编号来记录项目的顺序。

在文档窗口中，可以使用现有文本或者新文本创建项目列表，利用“文本”工具栏中的相应按钮，可方便地插入列表项，如图 2-17 所示。

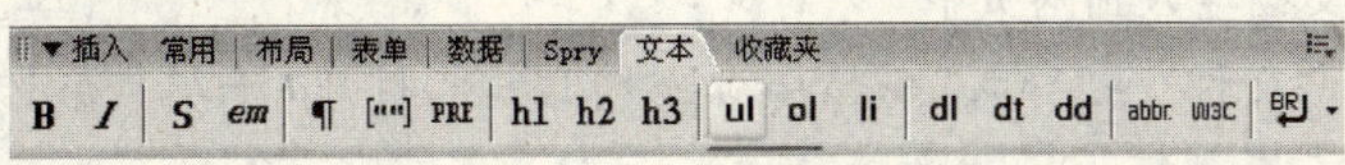

图 2-17　“文本”工具栏

■ 创建项目列表：选中要创建项目列表的段落，单击"文本"工具栏中的ul工具按钮。

■ 创建编号列表：选中要创建编号列表的段落，单击"文本"工具栏中的ol工具按钮。

2.3 任务实施步骤

2.3.1 添加网页文本

设计目标：

添加网页文本，并设置文本属性。

设计思路：

■ 用直接输入法添加网页文本；

■ 用导入文件法添加网页文本。

设计效果：

通过输入或导入文件的方法添加文本，网页如图 2-18 所示，设置文本的相关属性，使网页的效果如图 2-19 所示。

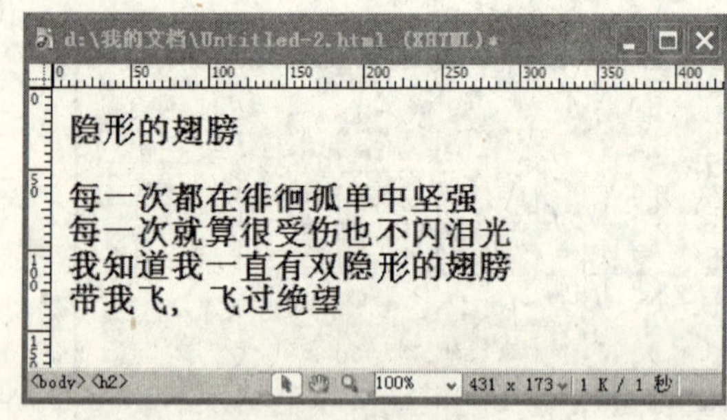

图 2-18 原图

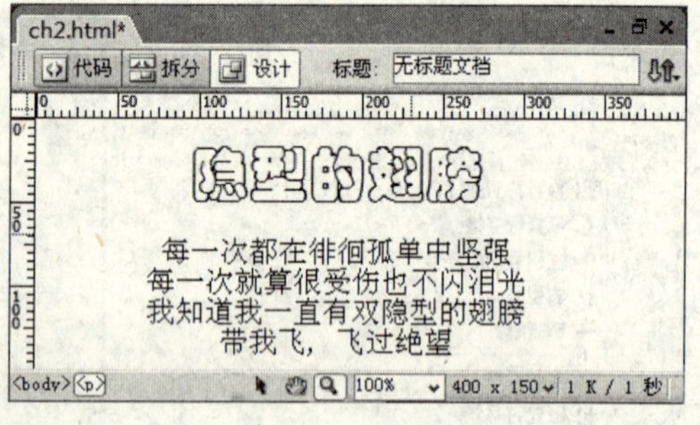

图 2-19 效果图

操作步骤：

第 1 步：启动 Dreamweaver 软件，在本地硬盘上新建文件夹 Xmsite，以 Xmsite 为站点根文件夹，创建"学习"站点。

第 2 步：新建"学习"站点下的 ch2/file/xm2-1. html 文档。

1）用键盘直接输入文本

第 3 步：在该文档的设计窗口中输入文字"隐形的翅膀"。

第 4 步：按 Enter 键，输入文字"每一次都在徘徊孤单中坚强"。

第 5 步：按 Shift＋Enter 组合键，输入文字"每一次就算很受伤也不闪泪光"；按 Shift＋Enter 组合键，输入"我知道我一直有双隐形的翅膀"等 3 行文字，效果如图 2-18 所示。

2）把 Word 文档导入到网页中

第 6 步：执行"文件"→"导入"→"Word 文档"命令，打开"导入 Word 文档"对话框，如图 2-20 所示。

第 7 步：选择 ch2/ch2. doc 文件，设置"格式化"为"文本、结构、基本格式"。

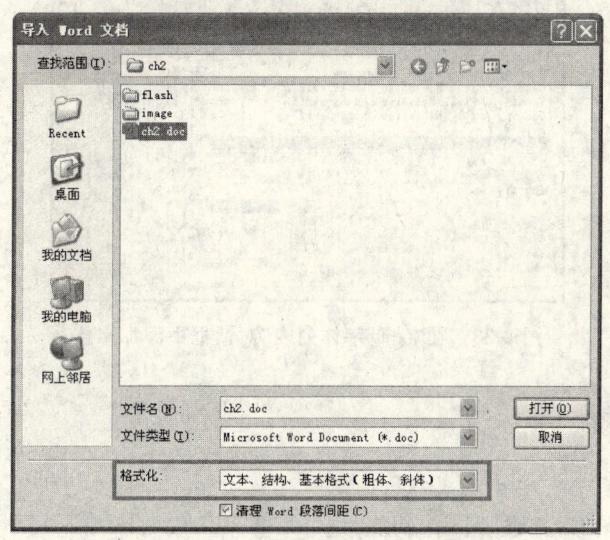

图 2-20　“导入 Word 文档”对话框

第 8 步：单击 打开(O) 按钮，将 Word 文档中的内容连同格式导入到了当前的网页文档中。

3）设置文本属性

第 9 步：选中标题“隐形的翅膀”，单击“属性”面板中“字体”右侧的下拉按钮，弹出如图 2-21 所示的“字体”下拉列表。

第 10 步：选择“编辑字体列表”，打开如图 2-22 所示的“编辑字体列表”对话框。

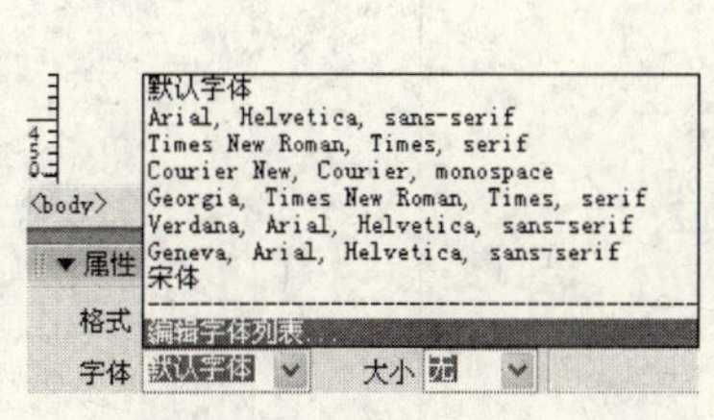

图 2-21　“字体”下拉列表

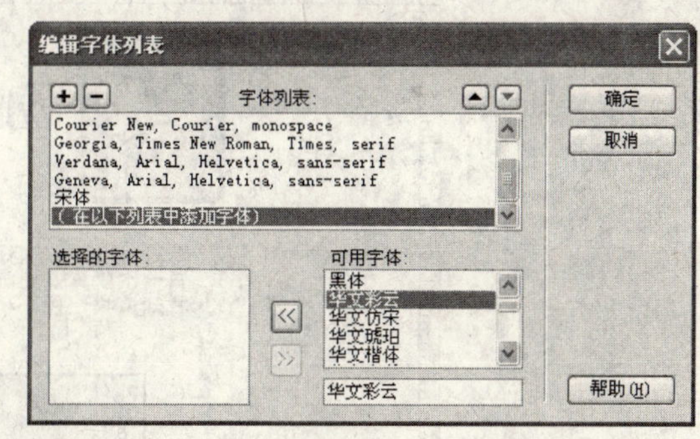

图 2-22　“编辑字体列表”对话框

第 11 步：在“可用字体”列表框中选中“华文彩云”，单击按钮，“华文彩云”字体即显示在“选择的字体”列表中，如图 2-23 所示。

第 12 步：单击 确定 按钮，“属性”面板中的“字体”中添加了“华文彩云”字体。

第 13 步：在“属性”面板中设置“字体”为“华文彩云”、“字号”为“36”、“居中对齐”。

第 14 步：选中后面几行文字，设置“字体”为“宋体”、“字号”为“18”、“居中对齐”，效果如图 2-19 所示。

第 15 步：保存文件。

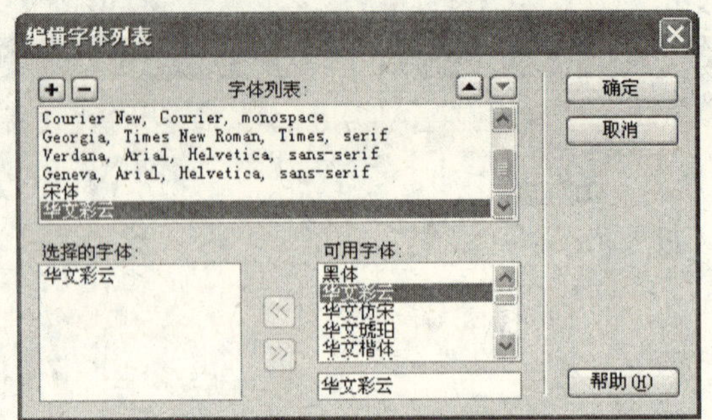

图 2-23　在“编辑字体列表”对话框中添加字体

2.3.2　添加图像

设计目标：

在网页中插入图像，并设置图像的属性。

设计思路：

- 在网页中插入图像；
- 设置图像在网页中的相关属性。

设计效果：

在网页中插入图像，并设置图像的属性，使网页的效果如图 2-24 所示。

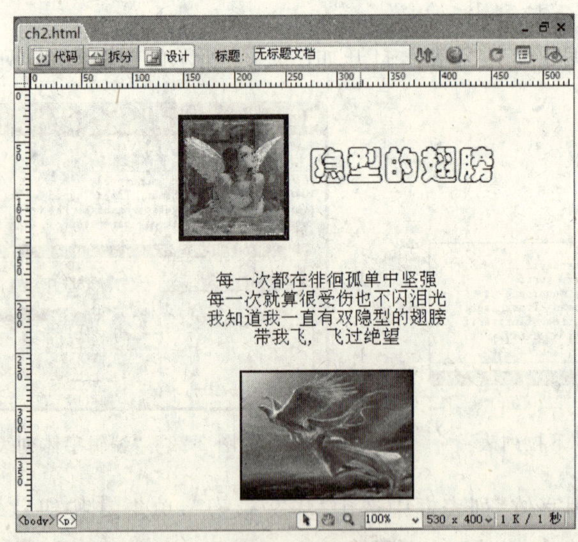

图 2-24　效果图

操作步骤：

第 1 步：在 Dreamweaver 中，打开“学习”站点下的 ch2/ch2.html 文档。

第 2 步：将光标移至要插入图像的位置，执行“插入记录”→“图像”命令，打开“选择图像源文件”对话框，如图 2-25 所示。

第 3 步：在对话框中选择要插入的图像文件 ch2/image/ch2-1.jpg。

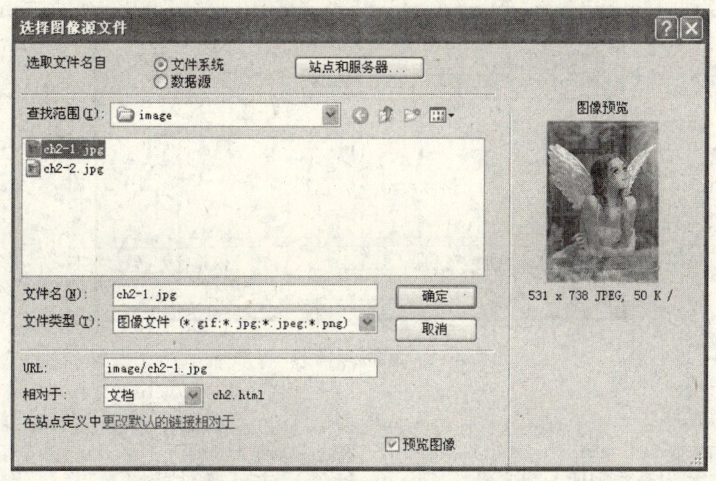

图 2-25　“选择图像源文件”对话框

第 4 步：单击 确定 按钮，弹出如图 2-26 所示的“图像标签辅助功能属性”对话框。在该对话框中，“替换文本”用于在只显示文本的浏览器或该图片不能正常显示时，代替图像显示的文本。在某些浏览器中，当鼠标指针滑过图像时也会显示该文本。

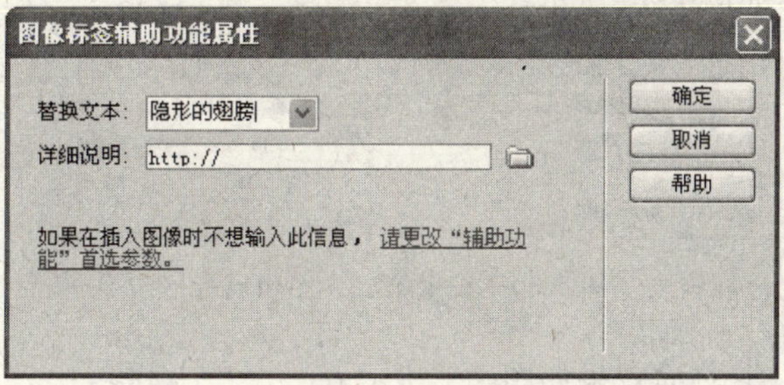

图 2-26　“图像标签辅助功能属性”对话框

第 5 步：输入图中所示的替换文本“隐形的翅膀”后，单击 确定 按钮，即可在网页中插入图像。

第 6 步：将光标置于文档的最后一段文字中，插入图像 chap2/image/ch2-2.jpg，效果如图 2-1 所示。

第 7 步：在插入图像时，如果图像文件不在站点文件夹中，则会弹出一个如图 2-27 所示的对话框，询问是否将文件复制到站点文件夹中，单击 是(Y) 按钮。

说明：若图像文件不存放在站点内，发布网站时会出现图像不能正常显示的情况。

第 8 步：随后出现如图 2-28 所示的“复制文件为”对话框，在对话框中选择图像保存位置(一般选择 image 文件夹)，单击 保存(S) 按钮。

第 9 步：选中第一个图像，在其“属性”面板的“对齐”下拉列表框中选择“居中”选项，“垂直边距”框中输入 10，“水平边距”框中输入 20，如图 2-29 所示。

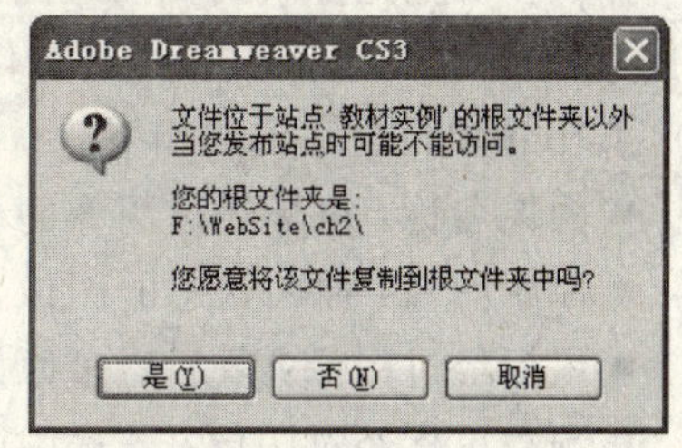

图 2-27　询问对话框

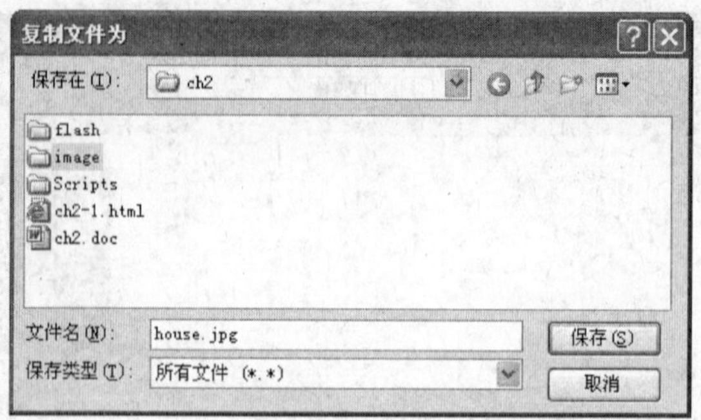

图 2-28 “复制文件为”对话框

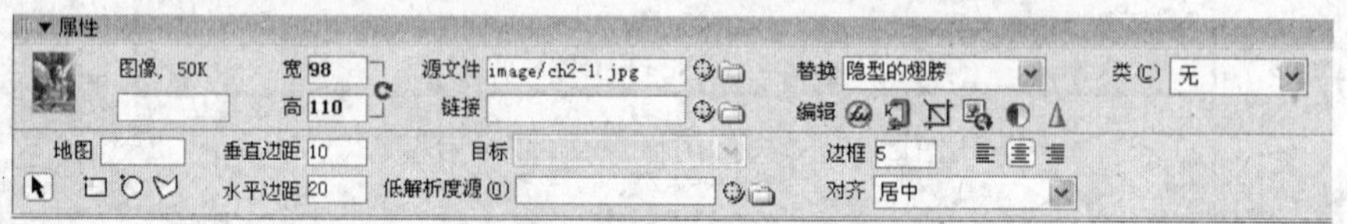

图 2-29 设置第一个图像属性

第 10 步：选中第二个图像，在其“属性”面板中设置“高”为 119、“宽”为“166”、“对齐”为“居中”、“边框”为“2”，如图 2-30 所示。

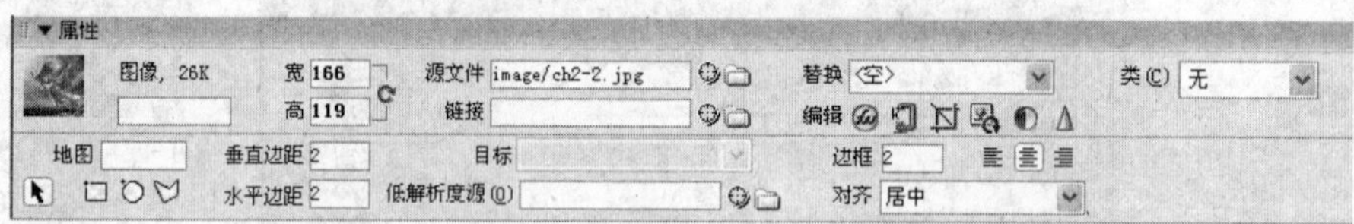

图 2-30 设置第二个图像属性

第 11 步：保存文档，页面效果如图 2-1 所示。

2.3.3 知识拓展：鼠标移动效果

鼠标经过图像是将两幅图放置在网页中的同一个位置，鼠标不在图像上时显示初始图像，当鼠标移动到图像上时显示另一张图像，使网页富有动感，并且还可以在图像上设置超级链接。

制作鼠标经过图像之前，首先将组成鼠标经过图像的两张图片准备好，通常这两张图像尺寸大小相同，图像内容不要有大的反差，只需在色彩和特效上稍作变化。

第 1 步：把光标放到要插入图像的位置，执行“插入记录”→“图像对象”→“鼠标经过图像”命令，打开“插入鼠标经过图像”对话框，如图 2-31 所示。

其中各项目含义说明如下。

- 图像名称：鼠标经过图像的名称。
- 原始图像：原始状态的图像，即鼠标指针不在图像上时显示的图像。
- 鼠标经过图像：鼠标经过原始图像时将变换显示的图像。
- 预载鼠标经过图像：若选中此项，则图像预先载入浏览器的缓存中，以便当用户将鼠标移动到图像时，图像变换不发生延迟。

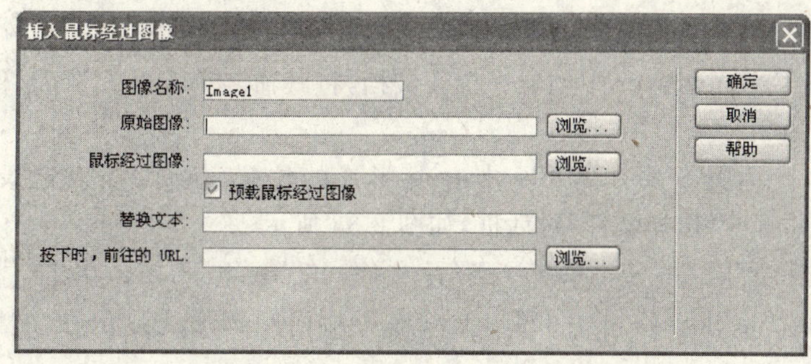

图 2-31　“插入鼠标经过图像”对话框

■ 替换文本：鼠标经过图像的说明文字。

■ 按下时，前往的 URL：用于设置单击图像时打开的文件路径。

第 2 步：单击“原始图像”右侧的 浏览... 按钮，选择 ch2/image/ch2-3a.jpg 文件作为原始图像文件。

第 3 步：单击“鼠标经过图像”右侧的 浏览... 按钮，选择 ch2/image/ch2-3b.jpg 文件作为鼠标经过图像文件。

第 4 步：在“替换文本”框中，输入替换文字“隐形的翅膀”(也可不输任何文字)。

第 5 步：在“按下时，前往的 URL”框中输入 #(空链接)；若要具体链接到一个网页文件，单击右侧的 浏览... 按钮，选择要链接的文件即可。

第 6 步：完成图 2-32 所示设置后，单击 确定 按钮，将插入一个鼠标经过图像，保存文件。

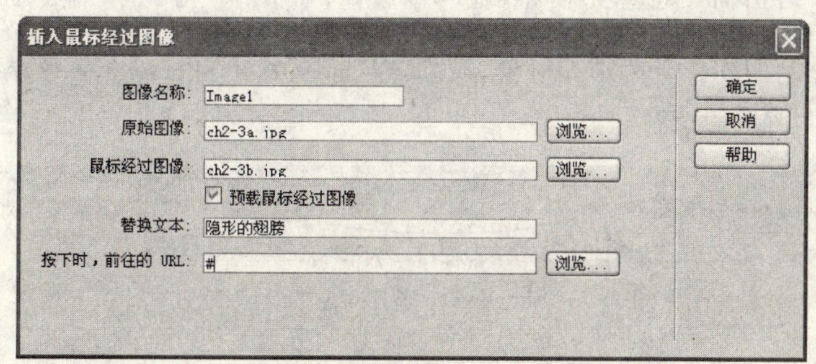

图 2-32　“插入鼠标经过图像”设置

第 7 步：按 F12 键预览网页，当鼠标指针位于图像上时，图像切换为另一张图像。

2.3.4　插入 Shockwave 影片

设计目标：

在网页中插入 Shockwave 影片，并设置 Shockwave 影片的属性。

设计思路：

■ 在网页中插入 Shockwave 影片；

■ 设置 Shockwave 影片在网页中的相关属性。

设计步骤：

第 1 步：在 Dreamweaver 中创建一个新文档，将其命名为 ch2-2.html，保存在“教材实例”站点下的 chap2 文件夹中。

第 2 步：将光标置于要插入 Shockwave 影片的位置，执行“插入记录”→“媒体”→Shockwave 命令，打开“选择文件”对话框，如图 2-33 所示。

第 3 步：选择要插入的 Shockwave 影片文件 ch2/flash/jd.dcr，单击 确定 按钮，即可在光标处插入 Shockwave 影片，Shockwave 影片以图标形式显示在文档中，如图 2-34 所示。

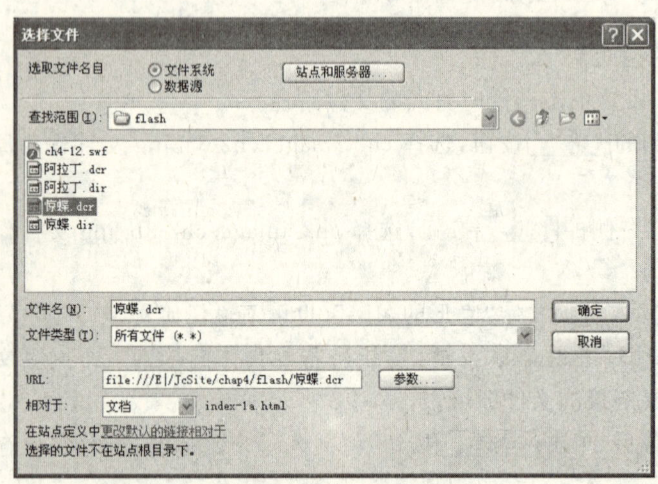

图 2-33 “选择文件”对话框

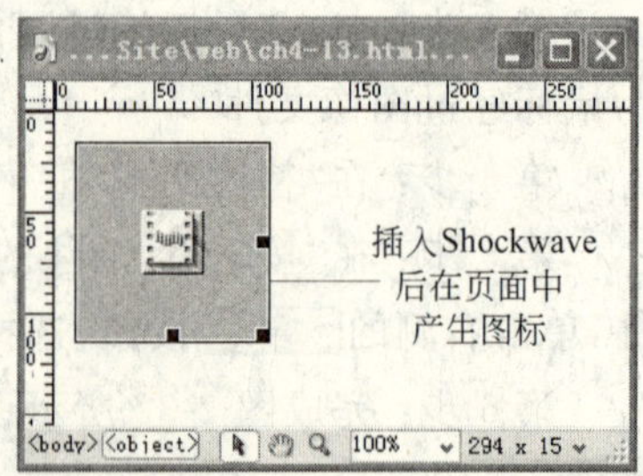

图 2-34 插入 Shockwave 影片

第 4 步：选中 Shockwave 影片对象，在“属性”面板中对 Shockwave 影片对象的宽度和高度做如图 2-35 所示的设置。

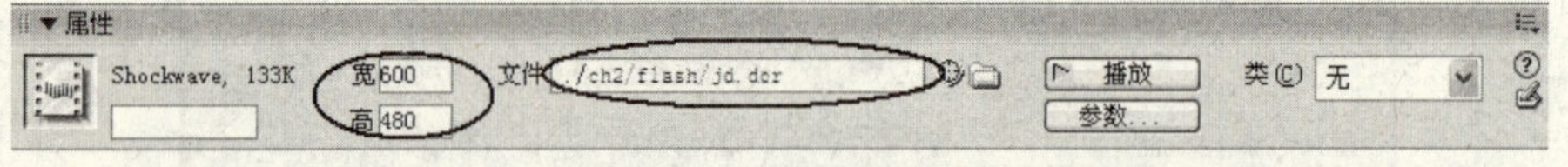

图 2-35 Shockwave 影片对象“属性”面板

第 5 步：保存，按 F12 键在浏览器中显示。

2.4 上机实训

实训 2.1 在“花店”主页中添加文本

实训目的：

为“花店”主页添加丰富的文本内容。

实训内容：

- 为“花店”主页添加文本内容；
- 设置网页文本的相关属性。

实训步骤：

第 1 步：以文件夹 huadian 创建“花店”站点，并从素材文件夹复制\huadian\ch2 到“花店”站点下。

第 2 步：在相应的表格内输入商品名称、价格、“订购鲜花”字样。

第 3 步：设置商品名称为粗体、居中对齐、大小为 14 像素、字体颜色为＃FF0099；设置价格格式为“居中对齐”、“大小”为“14”像素、“字体颜色”为“＃FA49AA”；设置“订购鲜花”为大小为“14”像素、字体颜色为“＃DA1084”。

效果图局部如图 2-36 所示。

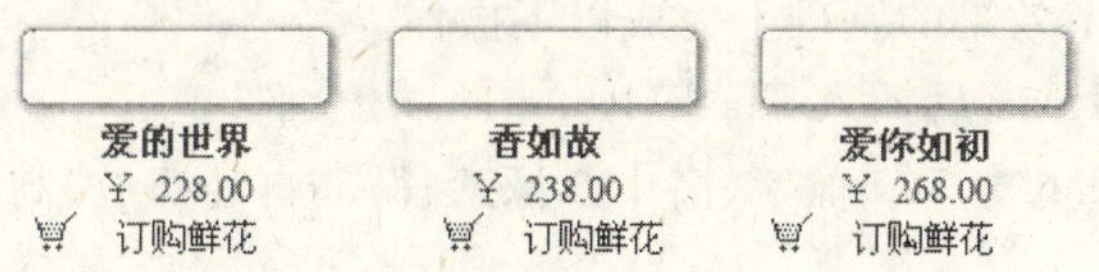

图 2-36　在“花店”主页中添加文本

实训 2.2　在“花店”主页中插入图像元素

实训目的：

在“花店”主页中插入商品图像。

实训内容：

- 为“花店”主页添加图片内容；
- 设置网页图片的相关属性。

实训步骤：

在完成 2.4.1 小节效果的基础上完成以下操作。

第 1 步：将“新品上市”图设为第 1 行的背景，将“精品推荐”图设置为第 6 行的背景，空白处设置 img/jtui_01.gif 为背景。

第 2 步：为每个商品插入对应的图片，在“订购鲜花”前插入购物车图片。

效果图局部如图 2-37 所示。

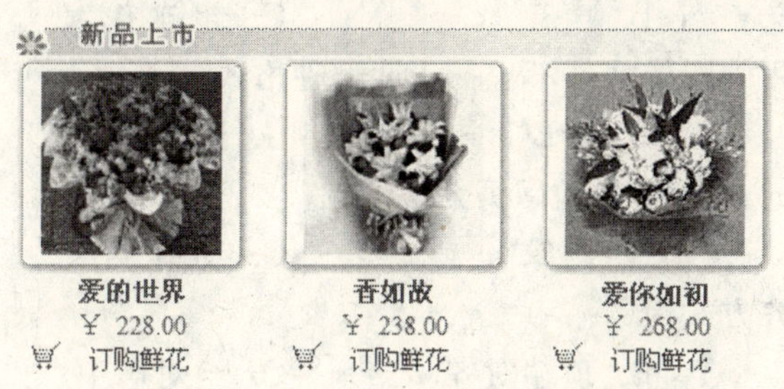

图 2-37　在“花店”主页中插入图像元素

实训 2.3 在“花店”主页中插入多媒体元素

实训目的：

在“花店”主页中插入 Flash 动画。

实训内容：

- 在“花店”主页中添加 Flash 动画；
- 设置 Flash 动画的相关参数。

实训步骤：

在完成 2.4.2 小节效果的基础上完成以下操作。

第 1 步：在网站 Logo 后插入 Flash\banan1.swf 文件。

第 2 步：设置 Flash 宽 560 像素、高 130 像素、循环自动播放、高品质。

2.5 知识总结与回顾

2.5.1 回顾学习要点

- 如何添加各种网页元素？
- 如何设置网页中各元素的属性？

2.5.2 学习要点参考

- 拖曳图像的同时按 Shift 键，可以按比例缩放图像。
- 图像占位符的作用是在设计阶段代替图像出现在其位置上的工具，不能代替图像出现在网页中，在保存网页时要将它替换为图像。
- 背景颜色位于最底层，其次是背景图像，在背景图像没有覆盖的区域，显示背景颜色。

习　题

1. 网页最基本的元素是(　　)。

   A. 文字　　B. 声音　　C. 超链接　　D. 动画

2. 网页中可以使用的图像文件不包括下面哪种格式(　　)。

   A. GIF　　B. JPEG　　C. PSD　　D. PNG

3. 下列属于 Dreamweaver 中的网页元素的有(　　)。(多选)

   A. 文本　　B. 图像　　C. 动画　　D. 多媒体

4. 图像默认的对齐方式为(　　)。

   A. 基线对齐　　B. 顶端对齐　　C. 绝对居中　　D. 右对齐

第3章

表格布局

表格(table)是按项目画成格子,以行、列方式组织单元格,以单元格承载文字或数字、图片等素材,方便地进行检索、引用、处理、定位等数据组织与呈现。它不仅在数据呈现上简洁直观,在网页布局上的应用更是出色。

本章主要内容

- 创建表格;
- 编辑表格;
- 使用表格进行网页布局。

能力培养目标

通过本章学习,要求学生熟练掌握网页表格的创建与编辑,能够使用表格设计出布局合理的网页。

3.1 任务导入与问题思考

3.1.1 任务导入——用表格布局网页

仔细观察一张网页,网页中的对象按照不同内容、功能,分布在网页不同的位置,既有网站的Logo、导航栏、联系方式与备案等信息,又有丰富的主题内容。只有这样条理清晰的网页,才能突出网站的主题,又方便用户操作。

这里涉及的是网页的布局问题,也叫做网页的版面设计。

为此,我们在这里导入的任务,就是用表格设计一张具有如图3-1所示效果的网页。

3.1.2 问题与思考

在网页中,我们总想表达最完整、最全面的构想,倾诉最充实、最丰盈的内容。如何在有限的屏幕空间中展示无限的创意与热情?在网页中大量地罗列素材,显然无法清晰地传达思想、体现数据的说服力。如何梳理、体现数据间的相互联系,如何有效地进行网页布局,我们需要更为简单、有效的方法。

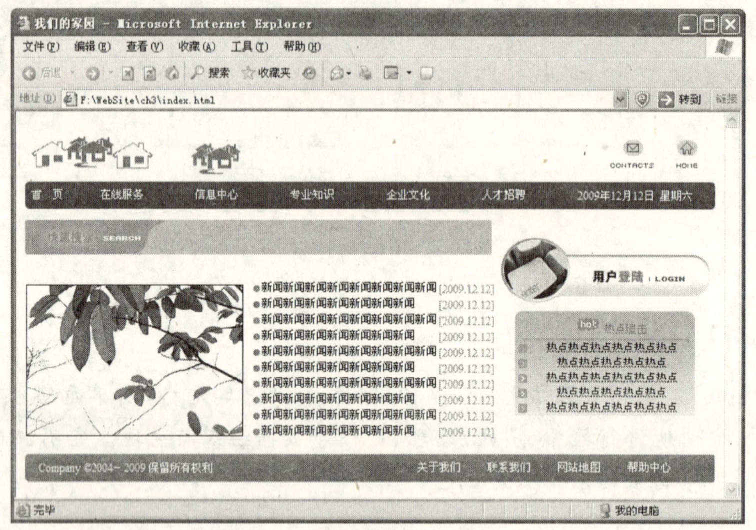

图 3-1 任务设计效果图

3.2 知 识 点

3.2.1 创建表格

1. 创建普通表格

1）创建表格

方法一：选择"插入"面板上的"常用"工具栏，单击工具按钮打开"表格"对话框。

方法二：选择"插入"面板上的"布局"工具栏，单击工具按钮打开"表格"对话框。

方法三：选择"插入记录(I)"→"表格(T)"选项，打开"表格"对话框。

方法四：按 Ctrl＋Alt＋T 组合键，打开"表格"对话框。

2）"表格"对话框介绍

"表格"对话框如图 3-2 所示。

"表格"对话框的各项属性说明如下。

- 表格宽度：设置表格的宽度，常用单位有"像素"和"百分比"。
  - 像素：采用此单位，表格宽度固定，适用于一般的数据表格和精确定位。
  - 百分比：以编辑窗口的宽度为 100%。在页面布局中，宽度为 100%的表格将填满整个网页窗口的完整宽度，灵活应用这一特性可以增强网页的适应性，让网页产生丰富的变化，不再受制于多元化的屏幕显示分辨率。
- 边框粗细：指表格外框的宽度，单位为像素，如图 3-3 所示。
- 单元格边距：在"属性"面板上称为"填充"，是单元格内容与边框之间的距离。如图 3-3 所示。
- 单元格间距：在"属性"面板上称为"间距"，是单元格与单元格、单元格与边框之间的距离，如图 3-3 所示。

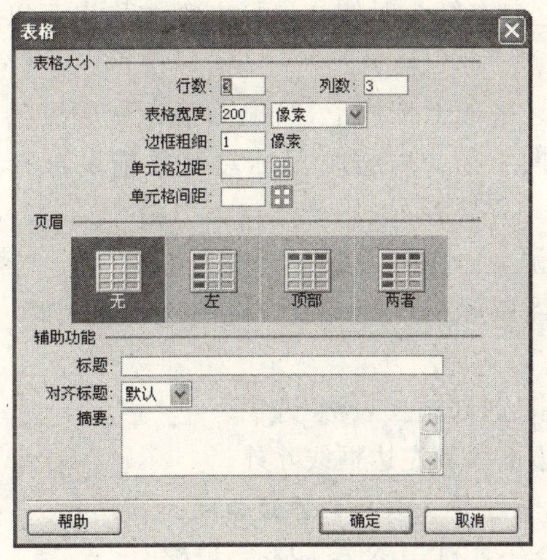

图 3-2 "表格"对话框

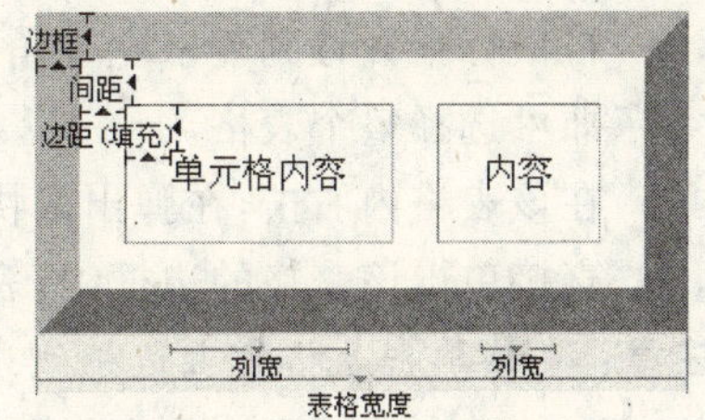

图 3-3 边框粗细、单元格边距与间距

2. 创建嵌套表格

嵌套表格就是在表格的单元格中,插入一个或多个表格。一般来说,最外层的表格主要用于页面布局,嵌套的表格用于组织信息。表格嵌套可以很容易地解决网页布局中定位错乱的问题,作为网页的基本元素,各种浏览器对表格布局都有很好的支持。浏览器需要完整地下载表格的内容才能开始描绘它们,表格里内容过多,容易造成浏览网页的速度迟缓。此外,即使是只有一个单元格的表格,它的代码"<table><tr><td>单元格内容</td></tr></table>"也由 3 对 HTML 标记组成,当嵌套表格中的某个 HTML 标记字符出错时就会引起 HTML 标记配对错误,从而破坏表格结构,让网页变得杂乱无章。尤其在代码视图下编辑嵌套表格时,一个不经意的错误就会引发制作人员的一场调试灾难。

3.2.2 编辑表格

表格的行列结构决定了操作对象有单元格、连续单元格、非连续单元格、行、列、整个表格,基本操作有表格元素的选择、拆分合并单元格、添加删除行和列以及表格的整体外观和单元格的个别化设置。

1. 表格元素的选择

- 单元格的选择:直接单击目标单元格,将光标置于当前格,进行下一步的操作,例如插入网页元素,或者设置单元格属性等。
- 连续单元格的选择如下。
  - 按住鼠标左键,从选择区块的起点单元格,沿对角线拖曳到对端终点单元格,拖曳方向不分上下左右。
  - 选择区块的起点单元格,按住 Shift 键,单击终点单元格。
- 非连续单元格的选择:按住 Ctrl 键,逐个单击需要选择的单元格;要取消某些单元格的选定状态,可按住 Ctrl 键再次单击要取消的单元格。
- 行的选择:将鼠标指针移到该行起始单元格的左边框线上,当鼠标指针变成黑色向右箭头时，单击即可选择该行。变成黑色向右箭头时按住鼠标左键并拖曳可以选择多行。

- 列的选择：将鼠标指针移到该列起始单元格的上框线上，当鼠标指针变成黑色向下箭头时，点击即可选择该列。变成黑色向下箭头时按住鼠标左键并拖曳可以选择多列。
- 单个表格的选择如下。
  - 将鼠标指针移到表格左上角边框上，当鼠标指针变成带表格的空心箭头时，单击即可选择整个表格。
  - 在该表格内右击，在弹出式快捷菜单中选择“选择表格”选项。
  - 直接单击该表格的边框线，表格的上边框线和左边框线除外。

注意：直接单击表格的上边框线是选择列，直接单击表格的左边框线是选择行。

  - 直接单击编辑窗口状态栏<body><table><tr><td>中的<table>标签。

多个表格的选择：在一个表格中选择连续数个单元格，按住 Shift 键，单击其他表格的单元格区域。

以上多个单元格的选择操作仅在同一表格内有效，无法跨表格操作，多个表格的选择仅仅在多个表格处于同一网页元素内才有效。要取消选定状态，只要单击选定区域以外的网页区域或其他网页元素即可。

2. 单元格的拆分与合并

1）单元格的拆分

第 1 步：选择需要拆分的单元格，打开“拆分单元格”对话框，如图 3-4 所示。有以下几种方法。

方法一：选择需要拆分的单元格右击，在弹出的快捷菜单中选择“拆分单元格”选项，打开“拆分单元格”对话框。

方法二：选择需要拆分的单元格，按 Ctrl＋Alt＋S 组合键，打开“拆分单元格”对话框。

方法三：选择需要拆分的单元格，单击“属性”面板上的按钮，打开“拆分单元格”对话框。

第 2 步：在“拆分单元格”对话框中，选中“行”单选按钮，输入“行数”为 2，单击 确定 按钮，如图 3-4 所示。

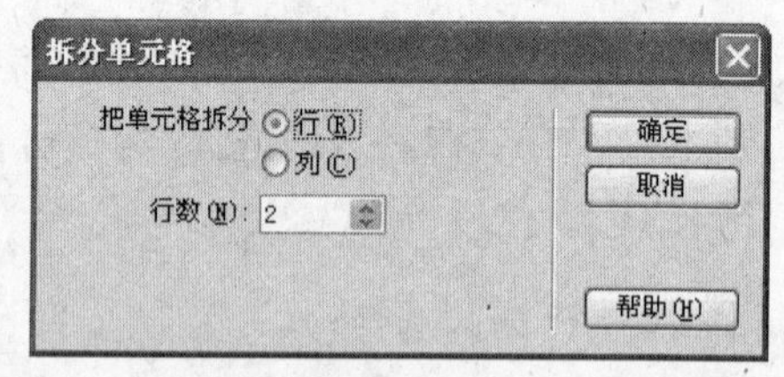

图 3-4 “拆分单元格”对话框

拆分单元格一次只能拆分成几行或者几列，拆分的行数和列数取值范围为 2～50。

2）单元格的合并

第 1 步：选中要合并的单元格，要合并的区域必须是连续的矩形区域。

第 2 步：单击“属性”面板上的按钮，或者按 Ctrl＋Alt＋M 组合键完成合并。

3. 行、列的添加与删除

1）添加一行

插入前如图 3-5 所示，插入一行后如图 3 6 所示，位置在所选单元格之上。

- 在添加行的位置选择任一单元格右击，在快捷菜单中选择“插入行”选项。

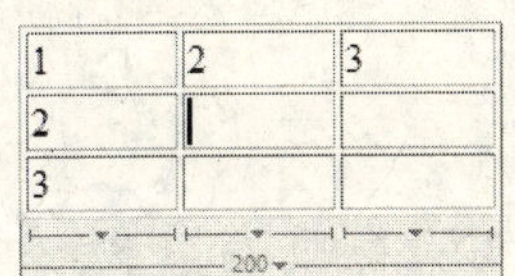

图 3-5 插入行列前

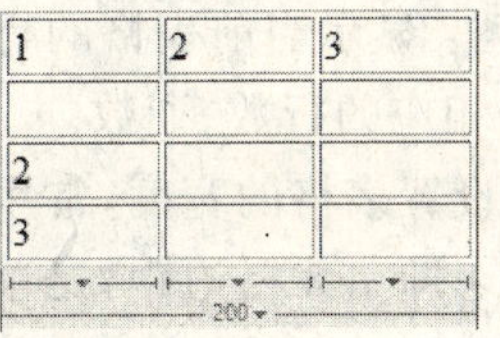

图 3-6 插入一行后

■ 在添加行的位置选择任一单元格，按 Ctrl＋M 组合键直接插入一行。

2）添加一列

方法与添加一行类似。

■ 在添加列的位置选择任一单元格右击，在快捷菜单中选择“插入列”选项。

■ 在添加列的位置选择任一单元格，按 Ctrl＋Shift＋A 组合键直接插入一列。

3）插入多行或者多列

在添加行（或列）的位置选择任一单元格右击，在快捷菜单中选择“插入行或列”选项，打开“插入行或列”对话框，如图 3-7 所示，“插入”选择“行”，输入“行数”为 2，“位置”默认为“所选之下”，单击 确定 按钮，结果如图 3-8 所示，插入的新行在所选的第二行之下。插入行数和列数的取值范围为 1～50。

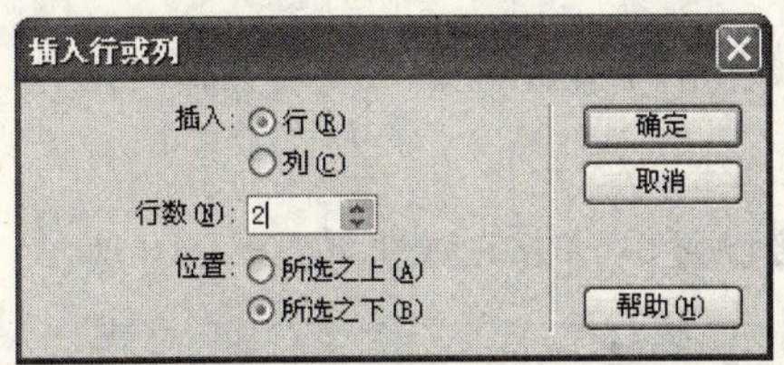

图 3-7 “插入行或列”对话框

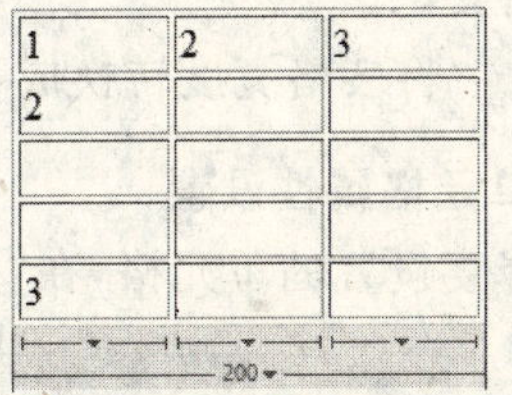

图 3-8 “所选之下”插入 2 行

4）删除一行

■ 在要删除的行中任一单元格上右击，在弹出的快捷菜单中选择“删除行”选项。

■ 单击要删除的行中任一单元格，按 Ctrl＋Shift＋M 组合键直接删除该行。

删除多行的操作与删除一行类似，即先选择要删除的多行，再用快捷菜单或者快捷键删除。

4. 表格属性设置

选择整个表格，在“属性”面板中直接设置表格的属性，如图 3-9 所示。

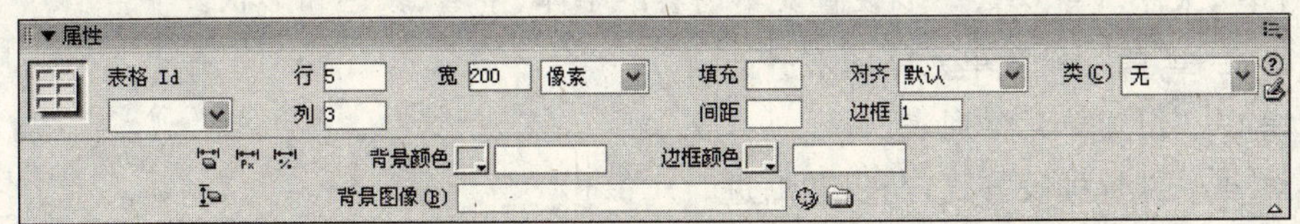

图 3-9 表格的“属性”面板

表格“属性”面板各属性说明如下。

■ 表格 Id：设置表格的名称，用于辨别同一网页里的不同表格。在编辑窗口状态栏显示为 <body><table#表格 Id>。一般来说，在同一个网页里表格 Id 是唯一的。

- 行、列：显示当前表格的行数、列数。增加或减少行数、列数，则在表格最后增加或者减少相应的行数、列数。
- 宽：设置表格的宽度，常用单位有“像素”和“百分比”。
- 填充：即单元格边距，是单元格内容与边框之间的距离。
- 间距：即单元格间距，是单元格与单元格、单元格与边框之间的距离。
- 边框：即边框粗细，指表格外框的宽度，单位为像素。
- 对齐：表格在其所在网页元素里的对齐方式，默认是左对齐。
- 类：附加在表格上的 CSS 样式表，参见第 8 章 CSS 样式表。默认为“无”。
- 背景颜色：设置表格的背景颜色，数值为＃开头的 6 位 16 进制数，例如默认背景色为白色＃FFFFFF。
- 边框颜色：设置表格的边框颜色，包括内框和外框。默认值为明暗灰度的立体边框。
- 背景图像：设置表格的背景图像，覆盖范围与背景颜色覆盖范围一致，都是除了表格边框以外的表格区域。
- 清除列宽按钮：清除列宽。取消列宽设置，列宽的大小随单元格的内容宽度自动调整。
- 清除行高按钮：清除行高。取消行高设置，行高的大小随单元格的内容高度自动调整。
- 转换成像素按钮：将表格宽度转换成像素。转换后表格宽度固定，不再跟随网页窗口的大小改变而变化。
- 转换成百分比按钮：将表格宽度转换成百分比。转换后，表格大小随网页窗口大小而变化。

5. 单元格属性设置

选择要设置的单元格，在“属性”面板中直接设置单元格的属性，如图 3-10 所示。

图 3-10　单元格的“属性”面板

单元格“属性”面板各属性说明如下。

- 格式：设置单元格文本内容的格式，默认为“无”。
- 样式：设置单元格的 CSS 样式，默认为“无”。
- CSS：打开 CSS 样式面板。
- 字体、大小、颜色按钮、B、I：设置文本内容的字体、字号、颜色和形状。
- 对齐按钮：设置单元格的对齐方式。
- 列表按钮：设置单元格列表。
- 缩进按钮：设置排版方式，凸出和缩进。
- 链接：设置文本内容的超链接。
- 水平、垂直：设置单元格的对齐方式。两者组合共有 9 种对齐方式。
- 宽、高：设置单元格的宽和高。
- 不换行：文本内容不换行，文本内容的宽度超过单元格列宽时，列宽随内容宽度自动增加。

■ 标题：将普通单元格转换为标题单元格（或称表头），"<td></td>"变为"<th></th>"。

■ 背景：设置单元格的背景图像，覆盖区域为单元格内框内的范围。

■ 背景颜色：设置单元格的背景颜色，覆盖范围与背景范围相同。

■ 边框：设置单元格内框的颜色。

3.3　任务实施步骤

3.3.1　制作细线表格

设计目标：

通过编辑课程表，掌握表格布局定位和表格的其他基本操作方法。

设计思路：

导入课程安排数据，通过学习时段的安排，完善个人学习周计划。

设计效果：

设计效果如图 3-12 所示。

操作步骤：

第 1 步：在 F:\WebSite\下新建文件夹 ch3，启动 Dreamweaver 软件，以 ch3 为站点根文件夹，创建“学习”站点，将光盘中素材目录下的 ch3 文件夹整个复制到“学习”站点的根文件夹下。

第 2 步：选择“文件”→“新建”选项，在“新建文档”对话框中选择“空白页”，设置“页面类型”为 HTML，“布局”为“〈无〉”。

第 3 步：选择“插入”面板上的“布局”工具栏，单击按钮打开“表格”对话框。

第 4 步：在对话框中，“行数”设为“3”，“列数”设为“3”，“表格宽度”设为“100%”，边框粗细、“单元格边距”、“单元格间距”均设为“0”，单击 确定 按钮。

第 5 步：将光标置于第 2 行第 2 列单元格，按 Ctrl＋Alt＋T 组合键打开“表格”对话框。

第 6 步：如图 3-11 所示，在对话框中，“行数”设为“7”，“列数”设为“6”，“表格宽度”设为“500”像素，“边框粗细”设为 1 像素，“单元格边距”和“单元格间距”留空，“标题”输入“课程表”，单击 确定 按钮。

第 7 步：如图 3-12 所示，在课程表中输入文字。

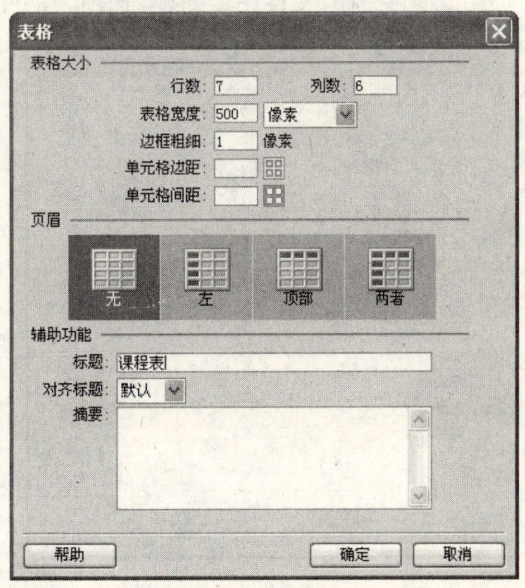

图 3-11　课程表表格属性设置

课程表

	星期一	星期二	星期三	星期四	星期五
1					
2					
3					
4					
5					
6					

图 3-12　课程表设计效果

第 8 步：选择“文件”→“保存”选项，保存为 week. html。

3.3.2　用表格布局“我们的家园”主页

设计目标：

掌握表格布局定位和表格的其他基本操作方法。

设计思路：

- 通过表格布局，进行栏目划分；
- 通过表格布局，进行图文混排。

设计效果：

“我们的家园”主页设计效果如图 3-1 所示。

操作步骤：

1）创建并设置布局表格

第 1 步：选择“站点”→“新建站点”选项，打开“未命名站点 的站点定义为”对话框，打开“高级”选项卡，“站点名称”输入“我们的家园”，“本地根文件夹”设为 F:\WebSite\ch3\，单击“确定”按钮，将素材光盘\ch3 下的内容复制到本地根文件夹。

第 2 步：选择“文件”→“新建”选项，打开“新建文档”对话框，选择“空白页”，设置“页面类型”为 HTML，“布局”为“＜无＞”，单击“创建”按钮。

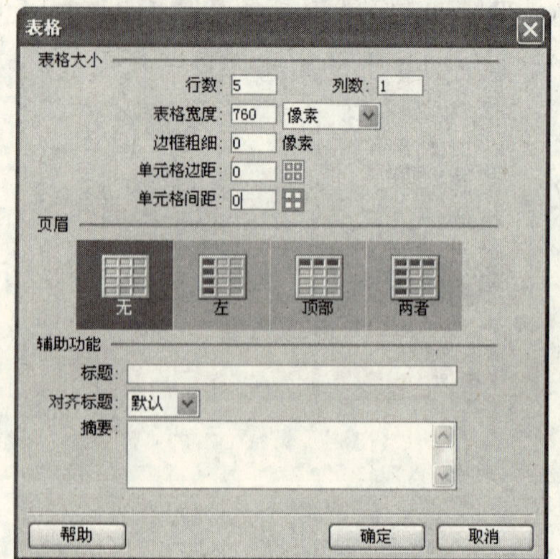

图 3-13　“表格”布局设置

第 3 步：将文档“标题”改成“我们的家园”，选择“修改”→“页面属性”选项，打开“页面属性”对话框，“分类”选择“外观”，设置页面字体“大小”为“12”像素，单击“确定”按钮。

第 4 步：选择“插入”面板下的“布局”工具栏，单击按钮打开“表格”对话框，设置 5 行、1 列，“表格宽度”为“760”像素，“边框粗细”、“单元格边距”、“单元格间距”均为 0，如图 3-13 所示，单击“确定”按钮。

2）创建并设置标题栏

第 5 步：在布局表格的第 1 行插入标题表格，1 行 2 列，设置“表格宽度”为 100%，

“边框粗细”、“单元格边距”、“单元格间距”均为 0，如图 3-14 所示，单击“确定”按钮。

第 6 步：单击文档编辑窗口属性栏的第 2 个<table>标签，设置“表格 Id”为“标题栏”，如图 3-15 所示。单击“标题栏”表格第 1 列，设置单元格“宽”为 640 像素，插入图片 image/logo. gif，在第 2 列插入图片 image/101. gif 和 image/102. gif，如图 3-16 所示。

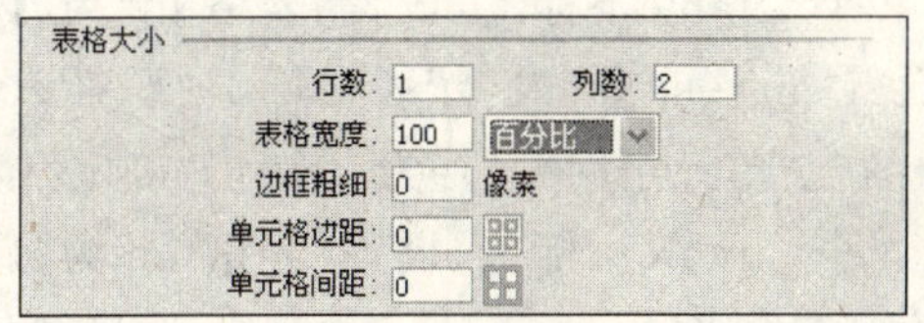

图 3-14　标题表格

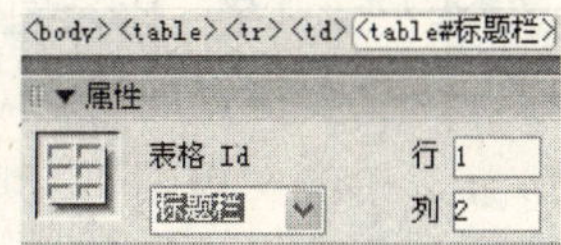

图 3-15　标题栏

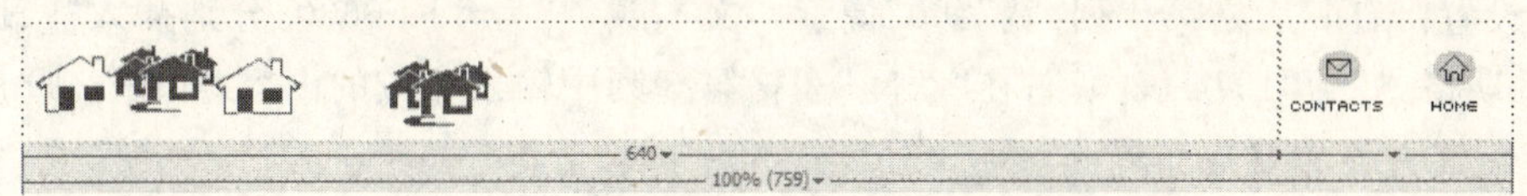

图 3-16　标题栏效果

3）创建并设置导航栏

第 7 步：在布局表格的第 2 行插入导航表格，1 行 9 列，设置“表格宽度”为 100%，“边框粗细”、“单元格边距”、“单元格间距”均为 0，单击“确定”按钮。

第 8 步：单击文档编辑窗口属性栏的第 2 个<table>标签，设置“表格 Id”为“导航栏”，“背景图像”为 image/nav_200. gif；设置“导航栏”表格第 1 列“宽”为“8”像素，“高”为“30”像素，“背景”为 image/nav_201. jpg，如图 3-17 所示。

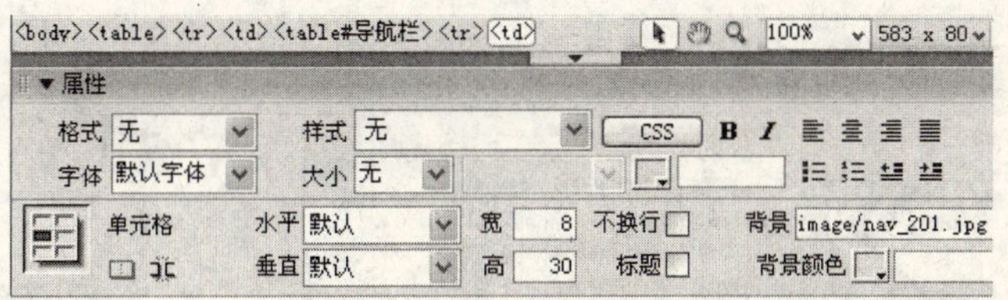

图 3-17　导航栏第 1 列属性

第 9 步：设置“导航栏”表格第 9 列“宽”为“10”像素，“高”为“30”像素，“背景”为 image/nav_202. jpg。

第 10 步：设置“导航栏”表格第 2 至 8 列的“文本颜色”为＃FFFFFF，分别输入“首页”、“在线服务”、“信息中心”、“ 专业知识”、“ 企业文化”、“人才招聘”等文字。

第 11 步：设置“导航栏”表格第 8 列“宽”为“140”像素，选择“插入记录”→“日期”选项打开“插入日期”对话框，设置“星期格式”为“星期四”，“日期格式”为“1974 年 3 月 7 日”，单击“确定”按钮，如图 3-18 所示。

图 3-18　导航栏效果

4）创建并设置内容布局表格

第 12 步：将布局表格的第 3 行拆分成 2 列，设置第 1 列“宽”520 像素，插入内容表格 2 行 1 列，设置“表格宽度”为 100％，“边框粗细”、“单元格边距”、“单元格间距”均为 0，单击“确定”按钮。

第 13 步：单击文档编辑窗口属性栏的第 2 个＜table＞标签，设置“表格 Id”为“内容”。单击“内容”表格第 1 行，插入图片 image/search. png；单击“内容”表格第 2 行，插入表格，10 行 4 列，设置“表格宽度”为 100％，“边框粗细”、“单元格间距”均为 0，单击“确定”按钮。

第 14 步：单击文档编辑窗口属性栏的第 3 个＜table＞标签，设置“表格 Id”为“新闻”，合并“新闻”表格的第 1 列，设置“宽”为 240 像素，插入图片 image/news. png，选择图片设置“边框”为 1；设置“新闻”表格第 2 列“宽”为“16”像素，右对齐，分别插入箭头图片 image/arr_01. gif；设置“新闻”表格第 4 列“宽”“60”像素，“文本颜色”为＃FF6600，分别插入“[日期]”，设置“日期格式”为“1974-03-07”；在“新闻”表格第 3 列中输入相应的内容，如图 3-19 所示。

5）创建并设置热点布局

第 15 步：单击布局表格的第 3 行第 2 列，居中对齐，插入图片 image/login. png，在图片后插入热点表格，6 行 2 列，设置“表格宽度”为“197”像素，“边框粗细”、“单元格间距”均为“0”，单击“确定”按钮。

第 16 步：单击文档编辑窗口属性栏的第 2 个＜table＞标签，设置“表格 Id”为“热点”，“背景图像”为 image/hot_bg. png。设置“热点”表格的第 1 列“宽”为 16 像素，插入箭头图片 image/arr_02. gif；设置“热点”表格的第 1 行第 2 列“高”为 30 像素，插入图片 image/hot. gif，输入“热点追击”，“文本颜色”为＃FF0000；在第 2 列其他行输入相应的内容，左对齐，如图 3-20 所示。

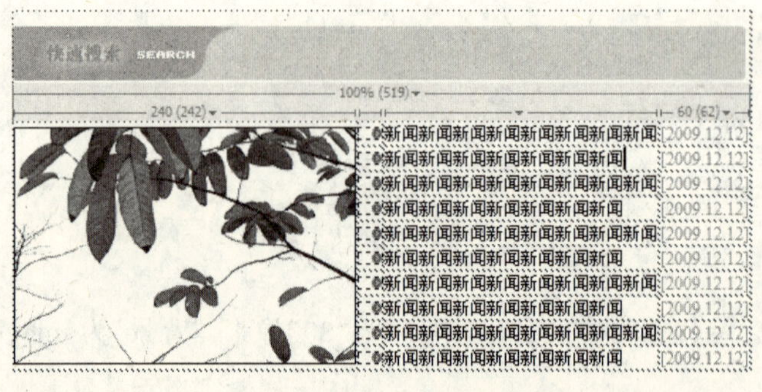

图 3-19　内容布局表格

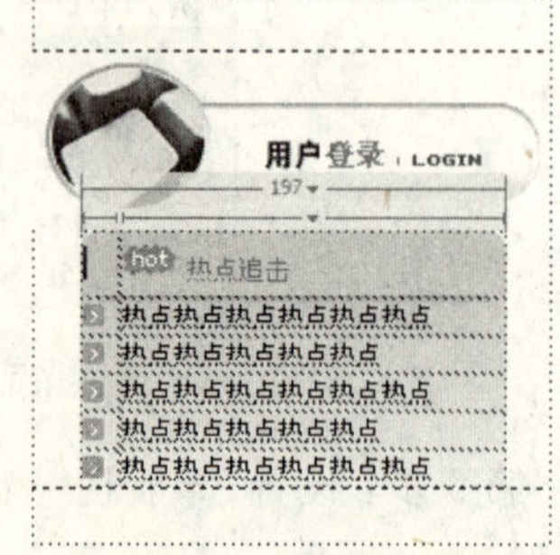

图 3-20　热点布局表格

6）创建并设置脚注

第 17 步：单击布局表格的第 5 行，插入标题表格，1 行 7 列，设置“表格宽度”为 100％，“边框粗细”、“单元格边距”、“单元格间距”均为“0”，单击“确定”按钮。

第 18 步：单击文档编辑窗口属性栏的第 2 个＜table＞标签，设置“表格 Id”为“脚注”，“背景图像”为 img/foot_00. gif；设置“脚注”表格第 1 列“宽”为“16”像素，“高”为“30”像素，“背景”为 img/foot_01. jpg；设置“脚注”表格第 7 列“宽”为“18”像素，“高”为“30”像素，“背景”为 img/foot_02. jpg；设置“脚注”表格第 2 列“宽”为“420”像素；设置“脚注”表格第 2 至 6 列的“文本颜色”为＃FFFFFF，输入相应的内容，如图 3-21 所示。

图 3-21　脚注布局表格

第 19 步：保存网页，文件名为 index. html，按 F12 键预览，效果如图 3-1 所示。

3.4　上机实训

实训 3.1　制作个性化的立体表格

实训目的：

制作个性化的立体表格，对表格进行结构修改和属性设置。

实训内容：

制作“我的学习周计划”网页，编辑表格的结构，设置表格的属性。

实训步骤：

第 1 步：在“学习”站点中添加“我的学习周计划”网页，文件名为 week. html。

第 2 步：表格放置在网页中央，设置表格宽为 500 像素，边框为 1 像素，单元格边距为 4 像素，单元格间距为 2 像素，单元格对齐方式为中部居中。

第 3 步：“早读”上方的单元格插入不换行空格，“英语”早读背景色为＃FFFF00，“自习”背景色为＃33FFCC。

完成效果如图 3-22 所示。

我的学习周计划

<table>
<tr><td></td><td>星期一</td><td>星期二</td><td>星期三</td><td>星期四</td><td>星期五</td></tr>
<tr><td>早读</td><td>英语</td><td>语文</td><td>英语</td><td>语文</td><td>英语</td></tr>
<tr><td>1</td><td colspan="5" rowspan="4">按课程表上课</td></tr>
<tr><td>2</td></tr>
<tr><td>3</td></tr>
<tr><td>4</td></tr>
<tr><td colspan="6">午休</td></tr>
<tr><td>5</td><td colspan="3" rowspan="2">按课程表上课</td><td rowspan="2">自习(机动)</td><td rowspan="2">按课程表上课</td></tr>
<tr><td>6</td></tr>
<tr><td colspan="6">课后活动</td></tr>
<tr><td>晚自习</td><td>数学</td><td>物理</td><td>化学</td><td>生物</td><td>地理</td></tr>
</table>

图 3-22　“我的学习周计划”网页效果

实训 3.2　用表格布局“花店”主页

实训目的：

使用表格对网页进行布局。

实训内容：

制作“花店”主页，使用表格进行布局，使用嵌套表格完成网页内容的排版。

实训步骤：

第 1 步：在 D:\MySite\下新建文件夹，重命名为 Myy，将素材光盘下的 ch3 文件夹复制到 Myy 文件夹下。

第 2 步：新建站点，站点名称为“美洋洋花店”，本地根文件夹为 D:\MySite\Myy\。

第 3 步：利用表格进行页面布局，设置表格居中，整体宽为 760 像素，第 1 列宽为 180 像素，第 2 列宽为 580 像素。

第 4 步：利用嵌套表格对“新品上市”和“精品推荐”进行排版。

完成效果如图 3-23 所示。

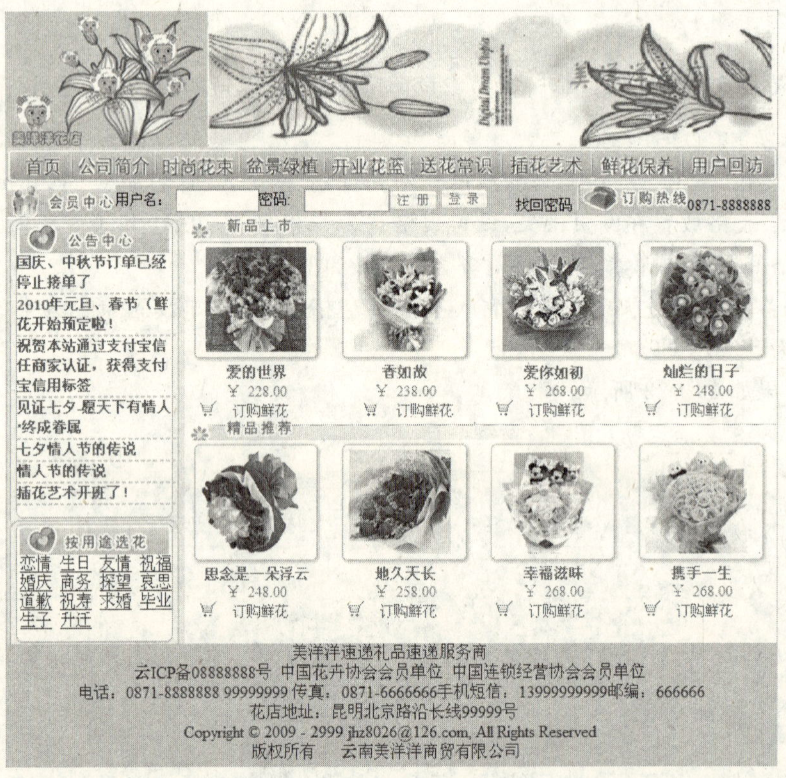

图 3-23 “美洋洋花店”主页

3.5 知识总结与回顾

3.5.1 回顾学习要点

- 怎样创建细线表格？
- 怎样用表格来进行布局？

3.5.2　学习要点参考

- 表格的合并和拆分不能滥用，否则会破坏表格的整体结构。
- 表格的嵌套不能过多，一般不超过 3 层，大的图片和内容尽量不要放在同一个表格里。
- 设置较小尺寸的单元格时，要将单元格中的空字符删除。

习　　题

1. 表格由行、(　　)和单元格组成。
2. 表格标题的标签是(　　)，<td></td>标签代表(　　)。
3. 表格的宽度单位可以设置为百分比，也可以设置为(　　)。
4. 表格“属性”面板上的“填充”是(　　)，是单元格内容与边框之间的距离。
5. 表格“属性”面板上的“间距”是(　　)与单元格、单元格与(　　)之间的距离。
6. 选择连续的单元格时，按(　　)键；选择非连续的单元格时，按(　　)键。

网页交互

超级链接是 WWW 技术的核心，是网页中最重要、最基本的元素之一。在网络中存在着众多的网站，每个网站中都有大量的页面，通常网站中的这些页面之间是可以相互跳转的，通过使用超级链接来实现。

本章主要内容

- 了解链接、路径与锚的使用；
- 掌握链接的设置方法；
- 学会使用特殊的链接；
- 学会使用常见的行为。

能力培养目标

通过本章学习，要求学生熟练掌握网页的交互方式，能够动手设计出与用户互动良好的网页。

4.1 任务导入与问题思考

4.1.1 任务导入——设计互动的网页

仔细观察一张网页，网页中的对象不是孤立的个体，而是通过关键词、上下文、分类等不同的形式与其他对象发生联系，用户的操作过程和结果使得这些联系产生了丰富多彩的变化。只有这样互动良好的网页，才会既能展现网站翔实的内涵，又能激发用户探寻的无穷乐趣。

这里涉及的是网页的交互问题，也叫做网页的交互设计。

为此，我们在这里导入任务，就是设计一张具有如图 4-1 所示效果的网页。

4.1.2 问题与思考

在上网的时候，打开收藏夹下的搜索引擎，输入要查找的内容，开始搜索就可以找到成

图 4-1　任务设计效果图

千上万条信息记录。只要单击就可以马上链接到拥有这些内容的网站。为什么我们可以在网页中自由穿梭？单击鼠标将会带我们去哪里呢？

4.2　知　识　点

4.2.1　超级链接

1. 初识超级链接

超级链接(Hyperlink,也叫超链接,简称链接)是网页中指向另一个目标的连接关系。这个目标可以是一个网页,也可以是网页上的不同位置,还可以是图片、电子邮件地址、文件,甚至是一个应用程序。当单击链接时就激活了它,浏览器捕捉到激活链接的信息后就转向链接的目标。通过链接,可以在网页上自由、有效、系统地组织网络资源;通过链接,可以与用户产生全方位的交互,改善用户的浏览体验。

一般情况下,当鼠标指针移到超链接上方时,会变成一只小手。多数文本链接在网页中显示为蓝色,访问后会改变颜色,提醒该超链接已经浏览过。

按照链接路径的不同,网页中的链接可分为内部链接、锚记链接和外部链接。

按照使用对象不同又可分为文本链接、图像链接、电子邮件链接、锚记链接、多媒体链接和空链接等。

使用 URL 来定位链接的目标时,根据链接与被链接文档之间的位置关系,URL 可作适当的精简。

- 绝对路径：包含服务协议的完整 URL(对于网页,通常使用 http://或 ftp://)。例如 http://www.tsinghua.edu.cn/qhdwzy/index.jsp,其中的 http://表示使用的协议为 HTTP。使用外部链接时,必须使用绝对路径。
- 文档相对路径：以当前文档所在位置为起点到被链接文档经过的路径,适用于创建本地链接。例如 ../abc/index.html,其中的 ..表示父文件夹。
- 站点根目录相对路径：从当前站点根目录开始的路径。例如/html/help.html,以斜杠/开头,表示站点根文件夹。

使用站点根目录相对路径时,在站点内移动包含根目录相对链接的文档,链接不会发生错误。只要链接的目标文档被移动,链接就会失效。

2. 创建普通链接

1）创建文本链接

创建文本链接的方法如下。

第 1 步：在网页上选择要添加链接的文本，这时属性面板变成文本“属性”面板，如图 4-2 所示。

图 4-2 文本“属性”面板

第 2 步：添加超级链接，可采用以下 7 种方法。

方法一：单击“属性”面板中的“浏览文件”按钮，在打开的“选择文件”对话框中选择目标文件。

方法二：在“属性”面板中的“链接”处直接输入目标的路径。

方法三：在“属性”面板中的“指向文件”按钮上按住鼠标左键，将指针拖曳到当前站点的本地文件上。

方法四：单击“插入”面板中“常用”工具栏下的按钮，打开“超级链接”对话框，如图 4-3 所示。单击“浏览”按钮，在打开的“选择文件”对话框中选择目标文件。

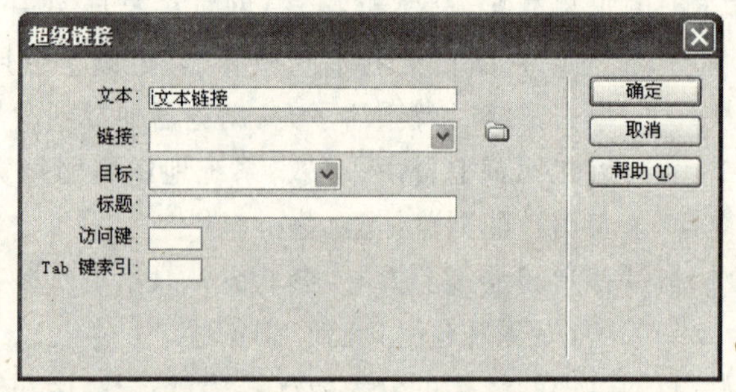

图 4-3 “超级链接”对话框

方法五：选择“插入记录”→“超级链接”选项，打开“超级链接”对话框，单击 “浏览” 按钮，在打开的“选择文件”对话框中选择目标文件。

方法六：选择“修改”→“创建链接”选项，在打开的“选择文件”对话框中选择目标文件。

方法七：按 Ctrl＋L 组合键，在打开的“选择文件”对话框中选择目标文件。

注意：*方法三必须要建立本地站点，并且本地站点上要存在目标文件才能使用。*

第 3 步：在“目标”下拉列表中选择目标文件打开的方式，有以下 4 个选项。

- _blank：在新窗口中打开目标文件。
- _parent：将目标文件载入父框架集或包含该链接的框架窗口。
- _self：将目标文件载入包含此链接的框架窗口。
- _top：将目标文件载入整个窗口并删除所有框架。

2）创建邮件链接

在网页中，当单击一个邮件链接时，系统会打开邮件发送程序，向指定的电子邮箱发送邮件，从而实现浏览者和网站所有者之间的信息交流。

创建邮件链接的方法说明如下。

第 1 步：将光标置于插入邮件链接的位置，或选择要添加电子邮件链接的文本。

第 2 步：创建电子邮件链接，常用方法如下。

方法一：单击“插入”面板中“常用”工具栏下的按钮，打开“电子邮件链接”对话框，在 E-Mail 文本框中输入接收方的 E-mail 地址，如图 4-4 所示，单击 确定 按钮。

图 4-4　“电子邮件链接”对话框

方法二：在“属性”面板中的“链接”处输入接收方的 E-mail 地址，如图 4-5 所示。

图 4-5　在“属性”面板中设置电子邮件链接

方法三：选择“插入记录”→“电子邮件链接”选项，打开“电子邮件链接”对话框，在 E-Mail 文本框中输入接收方的 E-mail 地址，单击 确定 按钮。

3）创建命名锚记

锚记，也叫锚点、书签。利用命名锚记可以跳转到同一页面或不同页面的标记位置。如果页面的内容超过显示屏幕的大小，为了方便用户在浏览时能快捷、方便地定位到用户需要的信息位置，可在页面的指定位置上设置锚记，通过一个转到锚记的链接，用户就可快速地跳转到锚记处了。

创建命名锚记包含两个步骤：创建命名锚记和创建指向该命名锚记的链接。

(1) 创建命名锚记

第 1 步：将光标置于要插入锚记的位置，一般放在一行或一段的起始部分。

第 2 步：单击“插入”面板下“常用”工具栏中的“命名锚记”按钮，打开“命名锚记”对话框，如图 4-6 所示。

图 4-6　“命名锚记”对话框

第 3 步：在“命名锚记”对话框的“锚记名称”文本框中输入锚记的名称，例如 note，如图 4-6 所示，单击 确定 按钮。

完成上述操作后，就在光标所在位置插入了一个“命名锚记”，如图 4-7 所示。

(2) 创建指向该命名锚记的链接

第 1 步：选择要链接到锚记的文字或图片。

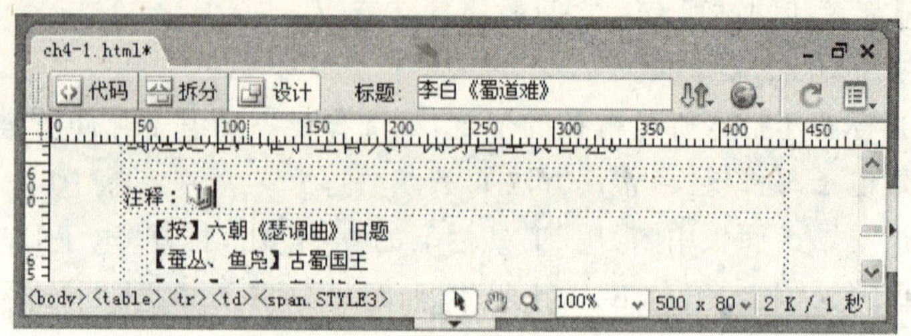

图 4-7　插入一个“命名锚记”

第 2 步：创建到锚记的链接，有以下几种方法。

方法一：在“属性”面板的“链接”处输入“＃note”，创建链接，如图 4-8 所示。

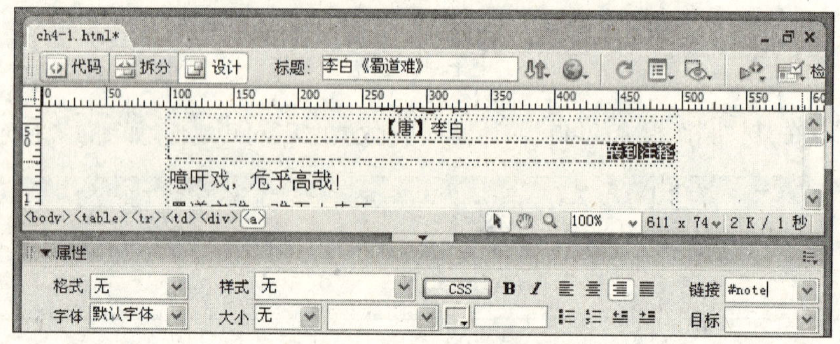

图 4-8　设置锚记链接

方法二：选择文字或图片后，按住 Shift 键，拖动鼠标指向锚记，自动创建链接。

方法三：按住“属性”面板上的“指向文件”按钮，拖动鼠标指向锚记，自动创建链接。

4）创建脚本链接

脚本链接是以脚本程序作为目标的链接，通过脚本链接可以实现一些特殊的功能，例如，弹出提示窗口、返回上一页、关闭浏览器等。常用的脚本语言有 VBScript、JavaScript 等。

创建脚本链接的方法如下。

第 1 步：选择要添加脚本链接的文本或图片。

第 2 步：在“属性”面板上的“链接”处输入“javascript:脚本语句;”。例如，

```
javascript:alert('欢迎您浏览我的网站！');        弹出提示信息
javascript:history.go(-1);                      返回上一个浏览页面
javascript:window.close();                      关闭当前窗口
```

3. 创建特殊链接

1）创建热点链接

图像地图是指在一个图像中创建特定的区域，即图像热点区域。为热点区域创建一个超级链接，单击热点区域，就会打开相应的链接目标。

创建热点链接的方法如下。

第 1 步：选定要添加热点区域的图像文件，“属性”面板如图 4-9 所示。

第 2 步：在“属性”面板上选择热点工具，创建热点区域。

图 4-9　图像/地图"属性"面板

创建不规则形状热点区域的方法如下。单击按钮，用鼠标沿着图像的轮廓依次单击，最后单击按钮完成。要调整热点区域的形状，先单击按钮，在需要调整的绿色节点上用鼠标将节点拖曳到适当的位置。矩形热点区域和椭圆形热点区域的创建方法比较简单，这里不再赘述。

第 3 步：在"属性"面板的"链接"处添加目标的路径，方法参照文本链接的创建。

说明：删除热点区域，只需用按钮选中要删除的区域，按 Delete 键即可。

图像/地图"属性"面板中有关项目的含义说明如下。

- 地图：用于输入本图像地图的名称。如果要在同一文档中创建多个图像地图，则每个图像地图的名称必须是唯一的。
- 链接：输入要链接到的文件路径，可以是网站内部链接，也可以是外部链接。
- 目标：设置目标文件打开的方式。
- 替换：用于输入对热点区域的说明。
- 热点工具：用于热点区域的创建、选择、调整。
  - ：指针热点工具，用于选取热点区域或调节区域形状。
  - ：创建矩形热点区域。
  - ：创建椭圆形热点区域。
  - ：创建不规则形状的热点区域。

2）创建导航条

导航条是建立网站经常使用的工具，一个友好的导航条能让用户快速了解网站的信息、服务和资源的分布情况。

创建导航条的方法说明如下。

第 1 步：将光标置于要插入导航条的位置，通常位于网站 Logo 下方。

第 2 步：选择"插入记录"→"图像对象"→"导航条"选项，打开"插入导航条"对话框。

第 3 步：在"插入导航条"对话框中，"项目名称"输入导航条元件标识，"状态图像"是默认状态下的图像，当鼠标悬停在导航项目上时显示"鼠标经过图像"的图像，"替换文本"设置提示文字，"按下时，前往的 URL"设置链接的目的地址，如图 4-10 所示。

第 4 步：单击"添加"按钮逐个添加导航条元件，最后单击确定按钮。

"插入导航条"对话框中，有关项目含义说明如下。

- 项目名称：用来标识导航条元件。
- 状态图像：默认状态下的图像内容。
- 鼠标经过图像：当鼠标悬停在导航条元件上时显示的图像内容。
- 按下图像：按下鼠标时显示的图像内容。

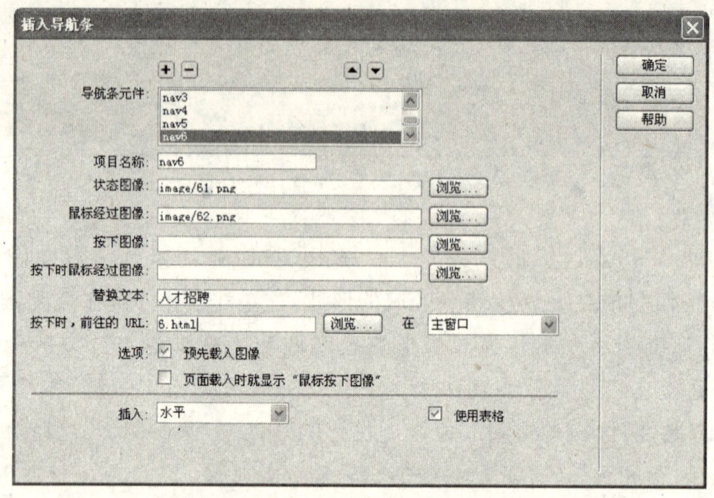

图 4-10 “插入导航条”对话框

- 替换文本：用工具提示文字说明导航项目。
- 按下时，前往的 URL：用来设置链接或跳转的目的地址。

4.2.2 行为

1. 什么是行为

行为最大的特点就是强大的网页交互功能，它能根据访问者鼠标的不同行为来让网页执行相应的操作或者相应的更改网页的内容。Dreamweaver 预置了很多行为(JavaScript 脚本)，使得在制作中不用编程就可实现一些程序行为，如验证表单、播放音乐等。

每一个行为都包含事件和行为两部分。事件是浏览器为每个网页元素定义的，是访问者对网页的基本操作，例如 onMouseOver 鼠标悬停、onClick 单击等。行为是指接受事件的网页应当执行的相应功能。例如，当访问者把鼠标移到网页中的一幅图片上的时候(事件)，该图片的内容变为另外一张图片(行为)。

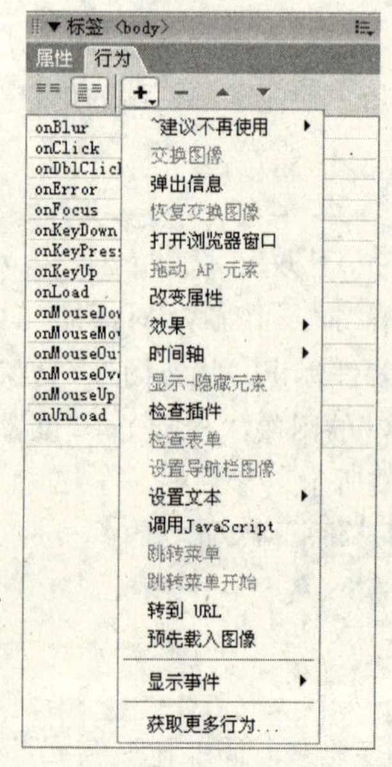

图 4-11 常用行为

打开“行为”面板的方法说明如下。

方法一：选择“窗口”→“行为”选项。

方法二：按 Ctrl+F4 组合键。

2. 添加常用行为

添加常用行为的方法说明如下。

第 1 步：选中要添加行为的对象，直接单击窗口中的网页元素，或者单击状态栏上的 HTML 标签，或者在代码视图中单击 HTML 标签。

第 2 步：选择“窗口”→“行为”选项，打开“行为”面板。

第 3 步：单击“添加行为按钮+”，从行为下拉菜单中选择一个行为，如图 4-11 所示。

第 4 步：选中有效行为菜单之后，将出现和所选行为相应的对话框，设置该行为的参数设置选项，单击 确定 按钮。

第 5 步：行为的默认事件将出现在“事件”列表中，如果事件不符合需要，可以从事件下拉列表中选取其他事件，如图 4-12 所示。

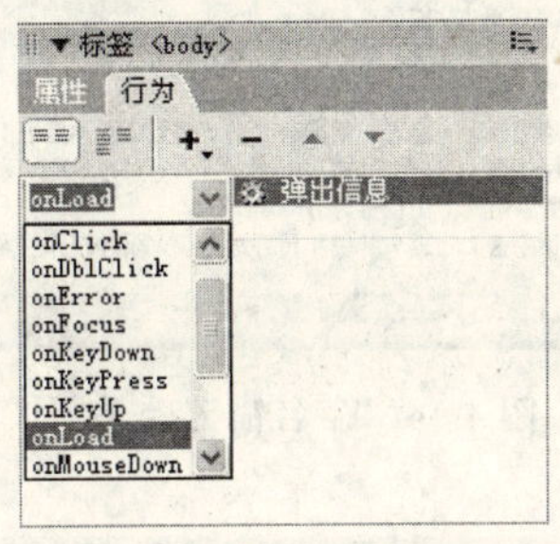

图 4-12　事件列表

4.3　任务实施步骤

4.3.1　为“学习”主页创建链接

设计目标：

通过命名锚记，在正文与注释之间切换，方便读者阅读理解。

设计思路：

- 在“插入”面板下的“常用”工具栏中，打开“命名锚记”对话框；
- 在“属性”面板下的“链接”下拉列表框创建链接。

设计效果：

效果如图 4-13 和图 4-14 所示。

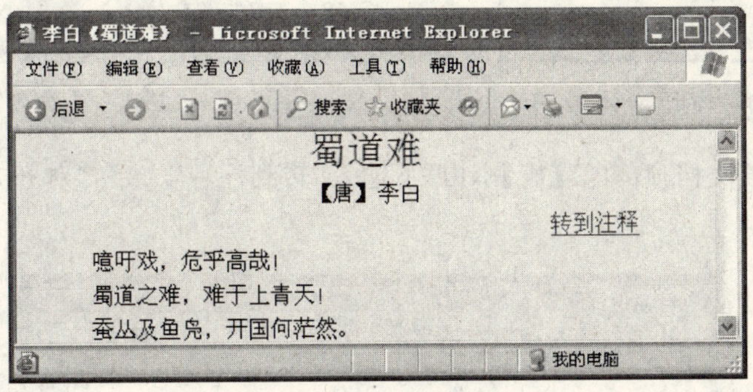

图 4-13　命名锚记效果图 1

操作步骤：

第 1 步：在 Dreamweaver CS3 中，打开“学习”站点下的 ch4/ch4-1. html 文档，将光标置于要插入锚记的位置，例如，文档中部“注释：”之后，如图 4-15 所示。

第 2 步：单击“插入”面板下“常用”工具栏中的“命名锚记”按钮，打开“命名锚记”对话框。

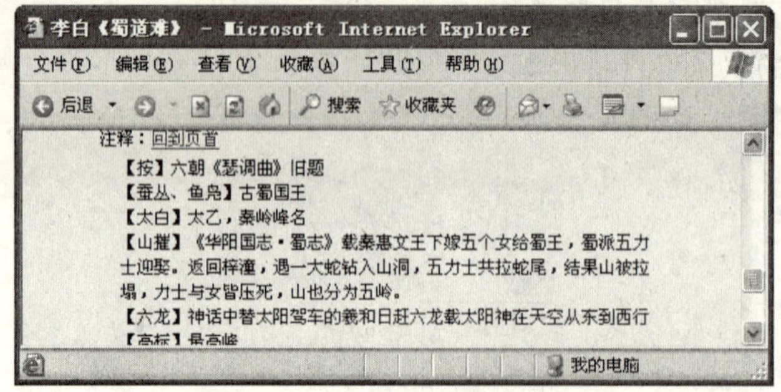

图 4-14　命名锚记效果图 2

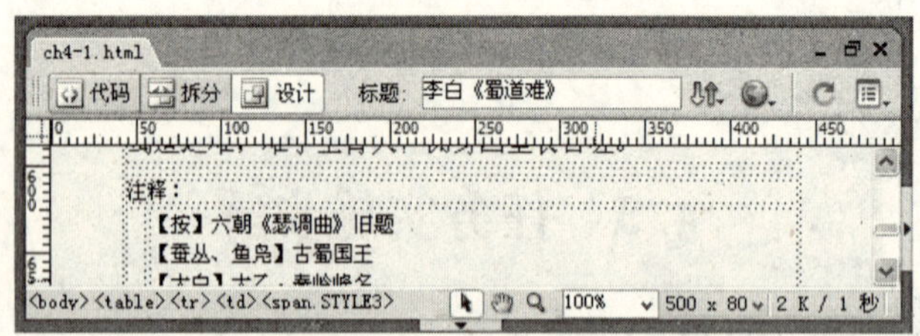

图 4-15　将光标置于插入位置

第 3 步：在“命名锚记”对话框的“锚记名称”文本框中输入 note，如图 4-16 所示。

第 4 步：单击 确定 按钮，关闭该对话框，就在光标所在位置插入了一个命名锚记，如图 4-17 所示。

图 4-16　“命名锚记”对话框

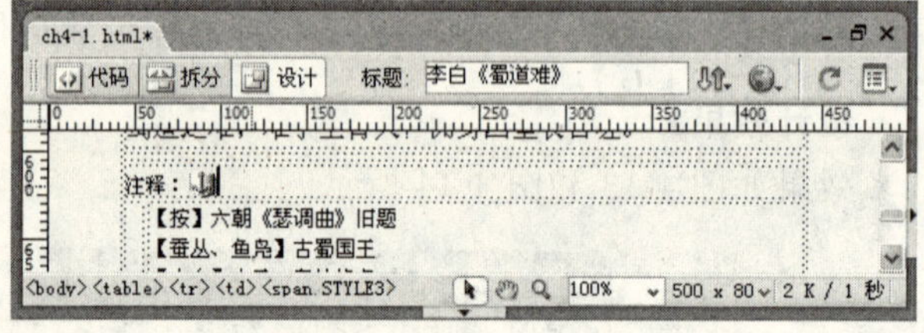

图 4-17　插入一个命名锚记

第 5 步：在该文档顶部的“【唐】李白”下输入“转到注释”文字，“对齐方式”为“右对齐”，如图 4-18 所示。

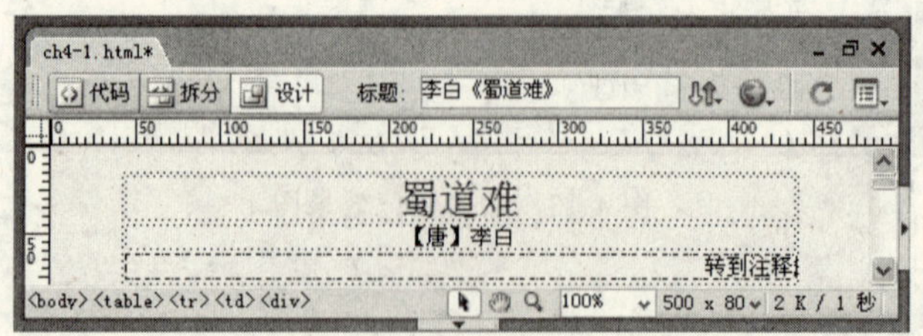

图 4-18　输入“转到注释”文字

第 6 步：选择 “转到注释”文字，在“属性”面板的“链接”处输入 #note，表示链接到网页中“锚记名称”为 note 的位置，如图 4-19 所示。

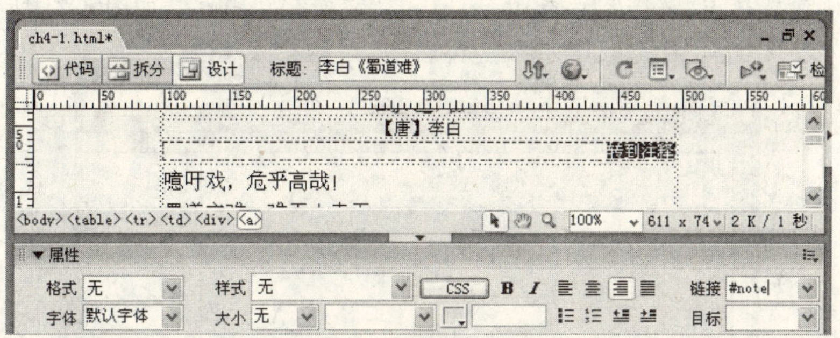

图 4-19　设置锚记链接

第 7 步：按 Ctrl+S 组合键保存，按 F12 键预览。在预览窗口中单击“转到注释”时，跳转到网页文档的注释部分。

第 8 步：用同样的方法在“蜀道难”后插入命名锚记 top。

第 9 步：在“注释”后输入：“回到页首”文字，在“回到页首”上设置锚记链接为＃top，如图 4-20 所示。

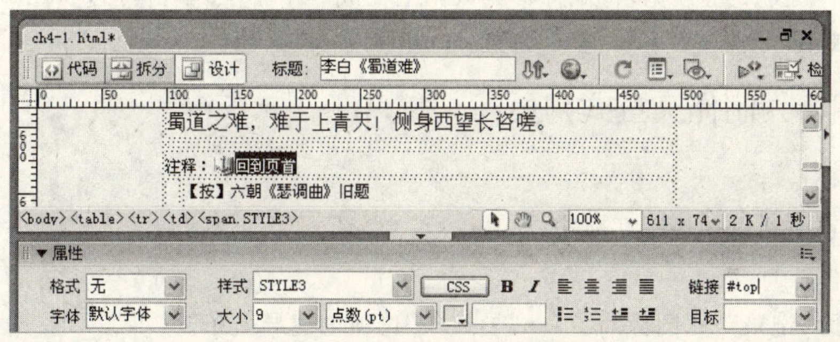

图 4-20　“回到页首”锚记链接

4.3.2　设置图像映射链接

设计目标：

根据图像内容创建从图像内容形状到目的的链接。

设计思路：

- 使用“属性”面板下的“热点工具”绘制热点区域；
- 创建热点区域到目的的链接。

设计效果：

效果如图 4-1 所示。

操作步骤：

第 1 步：打开“学习”站点下 ch4/ch4-3. html 文档，选中文档中的图片。

第 2 步：在“属性”面板中单击“椭圆形热点工具”按钮，用鼠标在图像中圈出太阳，在“属性”面板中设置热点“链接”为 sun. html，“替换”为“太阳”。

第 3 步：在“属性”面板中单击“椭圆形热点工具”按钮，用鼠标在图像中圈出彩虹，在

“属性”面板中设置热点“链接”为 rainbow. html,“替换”为“彩虹”,如图 4-21 所示。

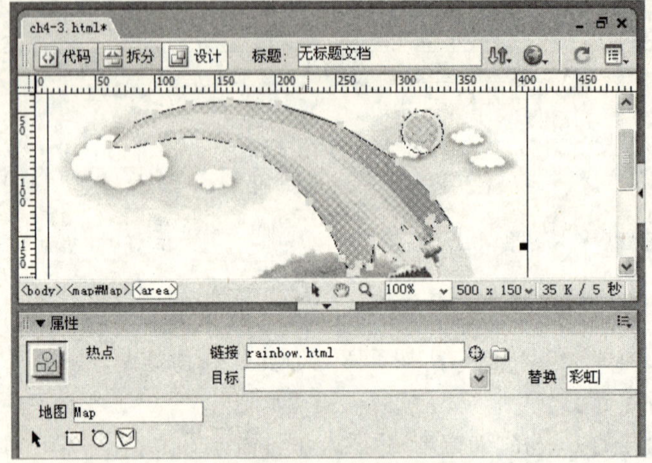

图 4-21 热点链接

第 4 步：按 F12 键预览,将鼠标移到太阳上变成一个小手,单击打开 sun. html 文档,将鼠标移到彩虹上变成一个小手,单击打开 rainbow. html 文档。

4.3.3 用行为制作交互式网页

设计目标：

通过图像创建个性化的导航条。

设计思路：

选择“插入记录”→“图像对象”→“导航条”选项创建导航条。

设计效果：

添加导航条,效果如图 4-22 所示。

图 4-22 导航条效果图

操作步骤：

第 1 步：新建一个 HTML 空白页,保存为 ch4-5. html。

第 2 步：选择“插入记录”→“图像对象”→“导航条”选项,打开“插入导航条”对话框。

第 3 步：在“插入导航条”对话框中,“项目名称”设为 nav1,“状态图像”为默认状态下的链接图像,单击[浏览...]按钮,选择 image/11. png,单击[确定]按钮。用以上方法将“鼠标经过图像”设为 image/12. png,“替换文本”处输入“首页”,“按下时,前往的 URL”设为 1. html。

第 4 步：单击[+]按钮添加一个导航条元件,“项目名称”设为 nav2,“状态图像”设为 image/21. png,“鼠标经过图像”设为 image/22. png,“替换文本”处输入“在线服务”,“按下时，前往的 URL”设为 2. html。反复添加导航条元件，“替换文本”分别为“信息中心”、“专业知识”、“企业文化”、“人才招聘”，如图 4-23 所示，单击 确定 按钮。

图 4-23 “插入导航条”对话框

第 5 步：选择导航条，单击状态栏上<body><table><tr><td><a><img#nav1>中的＜tr＞标签，“水平”设为“居中对齐”，“垂直”设为“底部”对齐，“高”设为“60”，如图 4-24 所示。单击状态栏上的＜table＞标签，宽设为“640”，“背景”设为 image/bg. png。

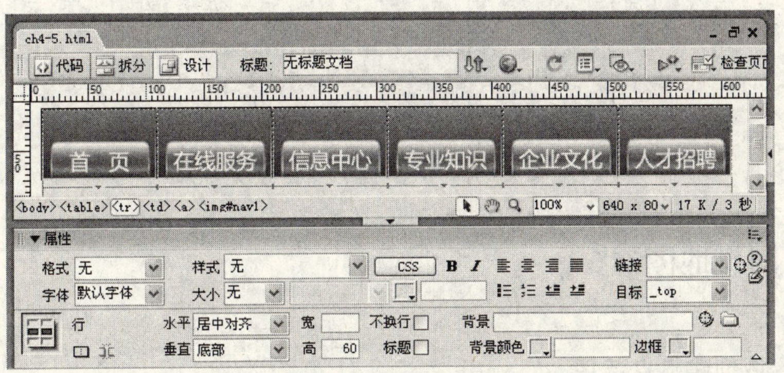

图 4-24 导航条外观

第 6 步：按 Ctrl+S 组合键保存，按 F12 键预览，效果如图 4-22 所示。

4.4 上机实训

实训 4.1 为“花店”主页创建链接

实训目的：

为网页创建链接，对链接进行相应的设置。

实训内容：

为“花店”主页创建导航链接、电子邮件链接、文本链接、图像链接、空链接。

实训步骤：

第 1 步：以文件夹 huadian 创建“花店”站点，并从素材文件夹复制\huadian\ch4 到“花店”站点下。

第 2 步：给导航栏设置链接，如“送花常识”链接到 file\ shcs. html；给联系邮箱设置邮件链接；给商品名称、“订购鲜花”、“购物车”图片设置空链接，效果如图 4-25 所示。

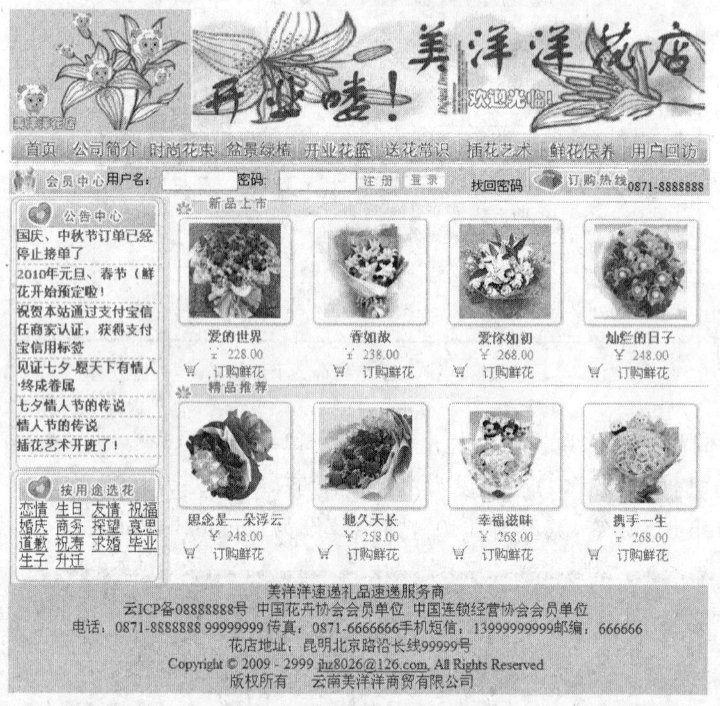

图 4-25 “花店”主页创建链接

实训 4.2 制作地图网页

实训目的：

为图像区域创建热点链接。

实训内容：

为花的结构图创建热点链接，说明雌蕊、雄蕊、花瓣、子房、花萼等结构。

实训步骤：

第 1 步：以文件夹 huadian 创建“花店”站点，并从素材文件夹复制\huadian\ch4 到“花店”站点下。

第 2 步：新建 jiegou. html 文档，插入 img\ flower. jpg，用多边形热点工具描绘雌蕊、雄蕊、花瓣、子房、花萼等形状，并将“替换文本”设置为各自的名称。

效果如图 4-26 所示。

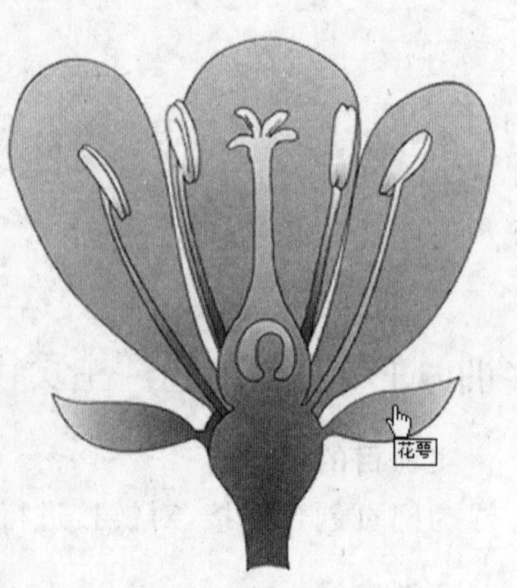

图 4-26 花的结构

实训 4.3　用行为制作导航条

实训目的：

为网页创建导航条。

实训内容：

为“花店”网站创建导航条，链接到相应的网页。

实训步骤：

第 1 步：以文件夹 huadian 创建“花店”站点，并从素材文件夹复制\huadian\ch4 到“花店”站点下。

第 2 步：插入导航条，依次加入下列导航条元件，“首页”、“公司简介”、“时尚花束”、“盆景绿植”、“开业花篮”、“送花常识”、“插花艺术”、“鲜花保养”、“用户回访”，效果如图 4-27 所示。

图 4-27　“花店”网站导航条

4.5　知识总结与回顾

4.5.1　回顾学习要点

■ 怎样创建文本链接、邮件链接？

■ 怎样创建热点链接？

■ 怎样创建导航条？

4.5.2　学习要点参考

■ 避免使用过多的链接，如果确实需要大量的链接可以尝试使用跳转菜单、动态链接等方式；

■ 页面较长时可以使用书签（锚记），这样能让浏览者方便地找到想要的信息；

■ 设置导航条能让浏览者快速了解网站的内容与服务，注意导航要清晰明了。

习　　题

一、填空题

1. 链接的路径分为(　　)、(　　)、(　　)三类。

2. 在页面属性对话框中可以设置文本链接的 4 种状态的颜色，分别是(　　)、(　　)、已访问链接、活动链接。

3. 锚记，也叫(　　)、(　　)，利用命名锚记可以跳转到同一页面或不同页面的标记位置。

4. 行为就是 Dreamweaver 提供的一段(　　)代码,它的基本元素有(　　)和(　　)。

二、选择题

1. 下面哪一项电子邮件链接是正确的(　　)。

   A. xxx@xxx.com　　B. xxx@.xxx　　C. xxx@com　　D. xxx.com.cn

2. 在[链接]列表框中输入(　　)可以创建空链接。

   A. @　　B. %　　C. #　　D. $

3. 要实现从某个页面的一个位置跳转到该页面的另一个位置,可以使用(　　)链接。

   A. 锚记　　B. 电子邮件　　C. 外部　　D. 表单

4. 表示打开一个新的浏览器窗口的是(　　)选项。

   A. [_blank]　　B. [_parent]　　C. [_selft]　　D. [_top]

5. 下面不是热点工具的是(　　)。

   A. 矩形热点工具　　B. 正方形热点工具

   C. 椭圆形热点工具　　D. 多边形热点工具

表单应用

表单是用户同服务器进行交互的工具，是动态网页的灵魂。通过表单可以将用户的信息发送到 Internet 的服务器上，供其处理，也可以帮助服务器从用户处收集信息。

本章主要内容

- 了解表单的使用；
- 掌握表单的设置方法；
- 学会使用表单进行数据采集与提交。

能力培养目标

通过本章学习，要求学生熟练掌握表单的设置，能够动手设计出与服务器数据处理紧密联系的网页。

5.1 任务导入与问题思考

5.1.1 任务导入——制作用户信息调查表

我们在网页上经常看到的留言本、调查表、登录界面和搜索接口等，都是一个个的表单。通过填写表单，并将其内容提交给网站，从而获取我们想要的信息或者服务。

这里涉及的是用户与网站交流信息的问题，也叫做网页的表单设计。

为此，我们在这里导入的任务，就是设计一张具有如图 5-1 所示效果的表单网页。

5.1.2 问题与思考

在网页中，如何进行客户信息的收集，如何把收集到的信息发送给服务器，服务器又如何把信息反馈给页面？

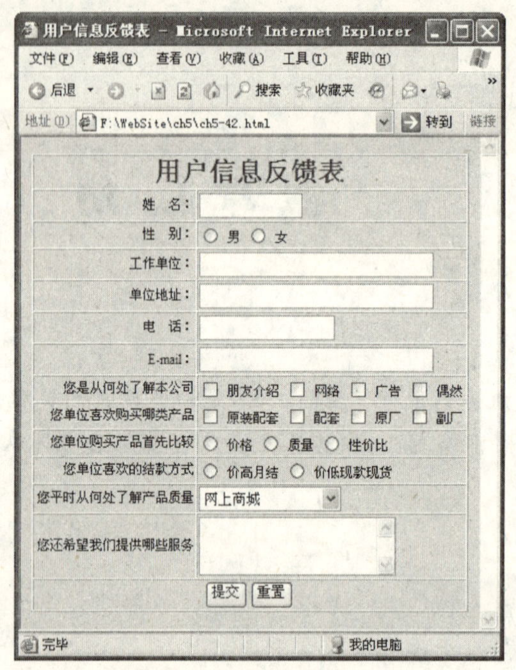

图 5-1 “用户信息反馈表”表单

5.2 知 识 点

5.2.1 关于表单

1. 了解表单

表单的主要功能是负责数据采集,我们在网页上经常看到的留言本、调查表、登录界面和搜索接口等都是表单。信息内容的多样化决定了表单元素的多样化,每个表单元素称为表单对象或表单控件。通常我们给每个表单对象添加一个标签,用来提示用户在这个表单对象中应该输入什么信息。

要完成从用户处收集信息的工作,仅仅使用表单对象是不够的,一个完整的表单应包含两部分,一个是在网页中进行描述的表单对象;另一个是处理程序,它可以是服务器端的应用程序,也可以是客户端的脚本,通过这些应用程序来实现对用户信息的处理。图 5-1 所示为一个典型的表单结构。

在如图 5-1 所示的用户信息调查表中,左边的文字是表单对象的标签,用来说明表单对象的用途;右边是各种表单对象,用来输入或选择信息。图中显示的对象有:文本框、单选按钮、复选框、列表/菜单和按钮。

表单的工作过程说明如下。

第 1 步:访问者在浏览有表单的页面时,填写必要的信息,然后单击“提交”按钮。

第 2 步:这些信息通过 Internet 传送到服务器上。

第 3 步:服务器上专门的程序对这些数据进行处理,如果有错误会返回错误信息,并要求纠正。

第 4 步：当数据完整无误后，服务器反馈一个提交成功信息。

2. 创建表单

任何表单对象，都必须插入表单之中，这样浏览器才能正确处理这些数据，因此在插入表单对象之前要先插入表单。

在网页中插入表单的步骤说明如下。

第 1 步：将光标置于文档窗口中要插入表单的位置。

第 2 步：插入表单，可采用下列两种方法。

方法一：选择“插入记录”→“表单”→“表单”选项，如图 5-2 所示。

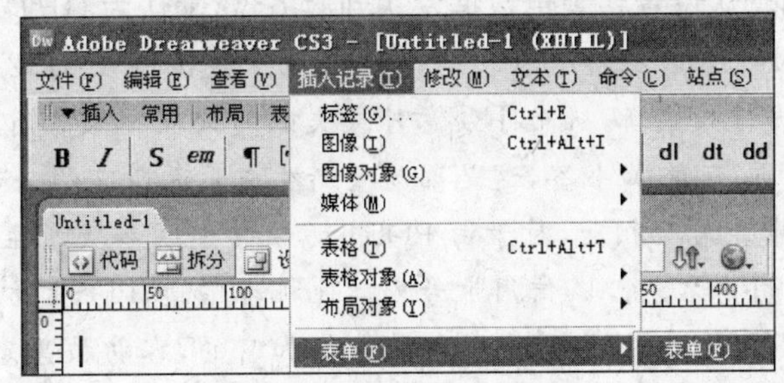

图 5-2　用菜单插入表单

方法二：在“插入”面板中选择“表单”工具栏，“表单”工具栏及各按钮如图 5-3 所示。在“表单”工具栏中单击按钮插入表单。

图 5-3　表单工具栏

在网页中插入的表单效果如图 5-4 所示。

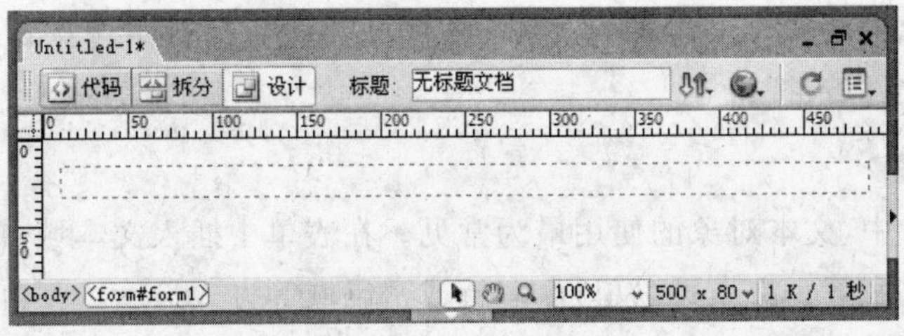

图 5-4　表单效果图

3. 表单属性设置

单击表单的红线虚框选中表单，可在“属性”面板上设置表单属性，如图 5-5 所示。

图 5-5　表单“属性”面板

“属性”面板中各项含义使用如下。

- 表单名称：在文本框中输入标识该表单的唯一名称，此名称必须与服务器要接收的表单名称一致。
- 动作：用来处理表单数据的动态页或程序，设置服务器端处理表单数据的文件源，一般是 CGI 或 ASP 程序的完整地址，也可以是 E-mail 地址。
- 方法：设置表单的提交方式。
  - POST：将在 HTTP 请求中嵌入表单数据。
  - GET：将值附加到请求该页面的 URL 中。
  - 默认：使用默认设置将表单数据发送到服务器，默认为 GET。

注意：不要使用 GET 方法发送长表单。URL 的长度限制在 8192 个字符以内，如果发送的数据量太大，数据将被截断，从而导致意外或失败的处理结果。对于由 GET 方法传递的参数所生成的动态页，可添加书签，这是因为重新生成页面所需的全部值都会包含在浏览器地址框中的 URL 中。与此相反，对于由 POST 方法传递的参数所生成的动态页，不可添加书签。如果要收集用户名、密码、信用卡号或其他机密信息，POST 方法看起来比 GET 方法更安全。但是，由 POST 方法发送的信息是未经加密的，容易被黑客获取。若要确保安全性，请通过安全的连接与安全的服务器相连。

- MIME 类型：指定服务器对数据进行处理的编码类型。默认设置为 application/x-www-form-urlencode，通常与 POST 方法协同使用。如果要创建文件上传域，选择 multipart/form-data。
- 目标：指定目标文档的打开位置。

说明：不设置表单的名称、动作、方法属性或设置错误，则表单内的数据不能提交到服务器。

5.2.2 插入表单对象

Dreamweaver 中的表单对象有文本域、复选框、单选按钮、单选按钮组、列表/菜单、跳转菜单、图像域、文件域、按钮等。

1. 插入文本域

在表单的设计中，文本对象的使用最为常见。在表单中插入文本域，输入的文本可以是任何类型的字母数字等。文本可以单行、多行或密码域等方式显示。

说明：在“表单”工具栏上有“文本字段”和“文本区域”两个相似对象。当在“属性”面板上设置文本字段对象的“类型”为“多行”时它就与文本区域对象一样。但在 HTML 标签中文本字段属于输入控件，文本区域属于文本编辑区控件。一般情况下我们指的文本域对象为文本字段。

插入文本域的操作步骤说明如下。

第 1 步：将光标置入表单内需要插入文本域的位置，输入文字“用户名：”。

第 2 步：选择“插入记录”→“表单”→“文本域”选项，或者在“插入”面板中选择“表单”工具栏，在“表单”工具栏中单击文本字段按钮[I]，打开“输入标签辅助功能属性”对话框，如图 5-6 所示。

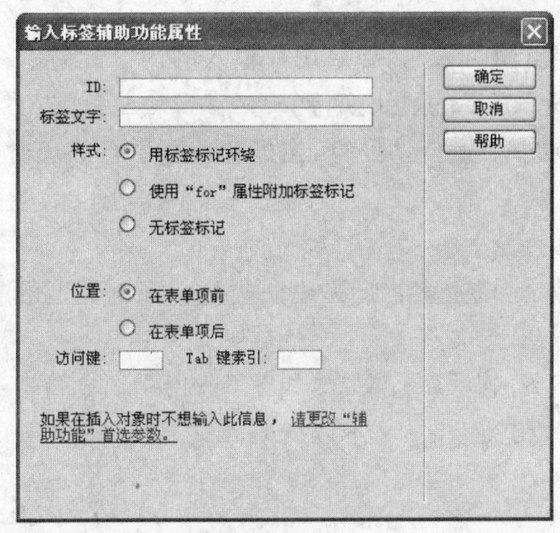

图 5-6 “输入标签辅助功能属性”对话框

说明：如果不是在表单内插入表单对象，那么插入表单对象时，系统会提示“是否添加表单标签?”，这时应单击 是(Y) 按钮。

第 3 步：在“输入标签辅助功能属性”对话框中单击 确定 按钮，效果如图 5-7 所示。

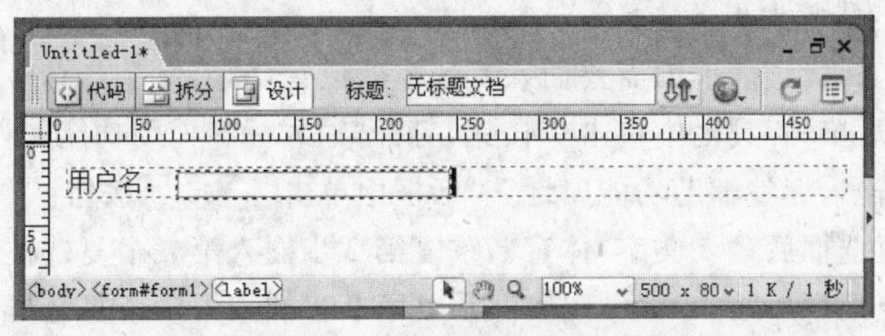

图 5-7 单行文本域效果图

第 4 步：单击选中文本域，在文本域“属性”面板中设置“字符宽度”为 20，“最多字符数”为 20，“类型”为“单行”，如图 5-8 所示。

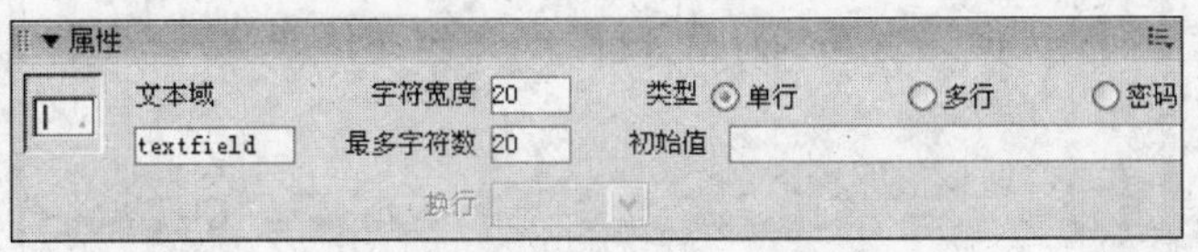

图 5-8 文本域“属性”面板

文本域“属性”面板中各项含义说明如下。

- 文本域：为该文本域指定一个名称。系统默认为 textfield。
- 字符宽度：设置域中最多可显示的字符数。
- 最多字符数：设置单行文本域或是密码文本域中最多可输入的字符数。如果该项空白，则表示用户可以输入任意长度的文本，如果输入字符长度超过“字符宽度”的数值，文本将滚动显示。
- 初始值：指在首次打开网页时该文本域显示的值。
- 换行：指当用户输入的信息较多，无法在定义的文本区域内显示时，如何显示用户输入的内容。

- 关：防止文本换行到下行。如果用户输入的内容超过文本区域的右边界，不会自动换行，必须按 Enter 键强制换行。
- 虚拟：在文本域中设置自动换行，当提交数据进行处理时，也对这些数据设置自动换行。
- 默认：同虚拟。

■ 类型：指定文本域为单行、多行还是密码类型。不同类型的"属性"面板也略有差异。

- 单行：用来输入单行文本。
- 多行：一般用于要显示多行文本，如图 5-9 所示。
- 密码：当选择密码类型时，文本以掩码形式显示，如图 5-10 所示。

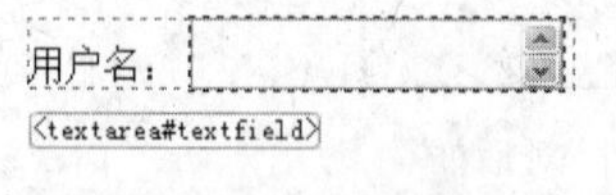

图 5-9　多行文本域效果图

图 5-10　密码域效果图

2. 插入复选框

复选框是允许用户在一组选项中选择任意多个适用的选项。

插入复选框的步骤如下。

第 1 步：将光标置于表单内需要插入复选框的位置，输入文字"爱好："。

第 2 步：在"表单"工具栏中单击☑按钮，打开"输入标签辅助功能属性"对话框。

第 3 步：在"输入标签辅助功能属性"对话框中单击[确定]按钮。

第 4 步：在复选框后输入文字"体育"，重复第 2 步插入第二个复选框。

第 5 步：在复选框后输入文字"唱歌"，重复第 2 步插入第三个复选框。

第 6 步：在复选框后输入文字"跳舞"，如图 5-11 所示。

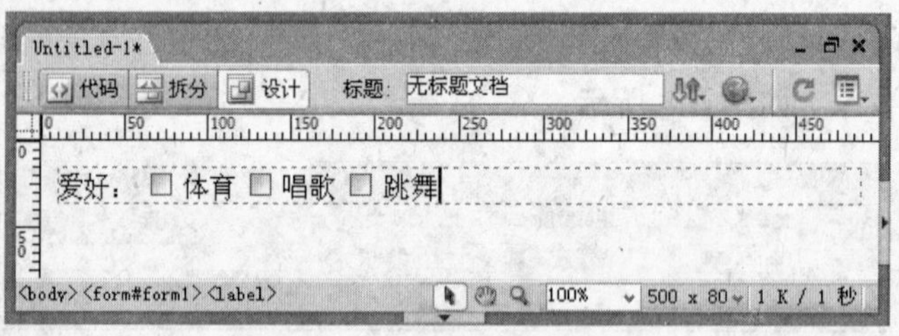

图 5-11　插入复选框

第 7 步：选中页面中的第一个复选框，在"属性"面板中设置"初始状态"为"已勾选"，如图 5-12 所示，效果如图 5-13 所示。

图 5-12　复选框"属性"面板

复选框"属性"面板中各项含义说明如下。

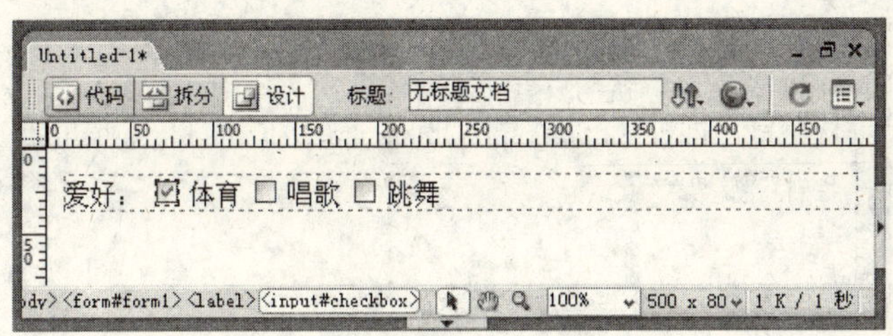

图 5-13 复选框效果图

- 复选框名称：为复选框指定一个名称。此名称是选中复选框后向服务器发送信息所用的唯一变量名。
- 选定值：设置在该复选框被选中时发送给服务器的内容。
- 初始状态：确定在浏览器中载入表单时，该复选框是否被选中。
- 类：将 CSS 样式应用于复选框。

3. 插入单选按钮

单选按钮代表互相排斥的选项。选择一组中的某个按钮，就会取消该组中的所有其他按钮的选择。例如，用户只能选择“男”和“女”其中之一。

插入单选按钮的步骤如下。

第 1 步：将光标置于表单内需要插入表单的位置，输入文字“性别：”。

第 2 步：在“表单”工具栏中单击按钮，打开“输入标签辅助功能属性”对话框。

第 3 步：在“输入标签辅助功能属性”对话框中单击 确定 按钮。

第 4 步：输入文字“男”，用同样的方法插入第二个单选按钮，输入文字“女”，效果如图 5-14 所示。

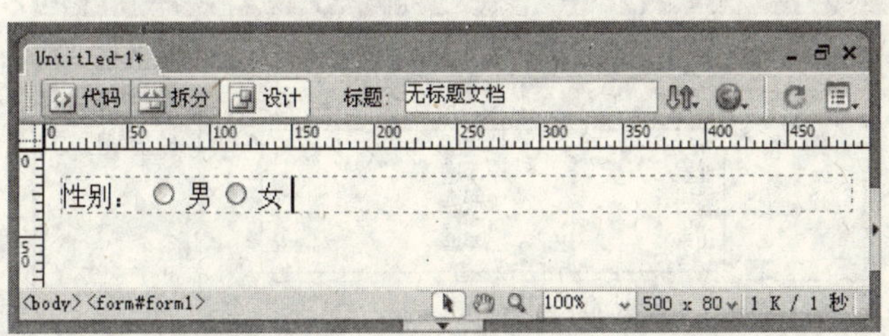

图 5-14 插入单选按钮

第 5 步：单击页面中的第一个单选按钮，在“属性”面板上设置“初始状态”为“已勾选”，“属性”面板如图 5-15 所示，效果如图 5-16 所示。

图 5-15 单选按钮“属性”面板

单选按钮“属性”面板中各项含义如下。

- 单选按钮：按钮名称，要保证该组按钮为互斥选项必须使用同一名称。默认情况下插入的单选按钮名称都是相同的。

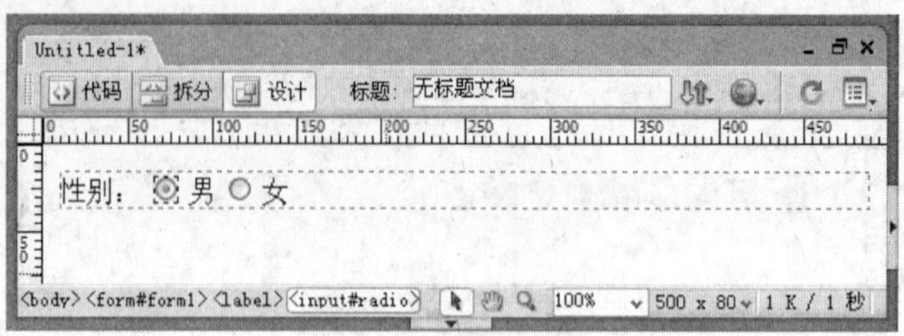

图 5-16　单选按钮效果图

- 选定值：设置在该单选按钮被选中时发送给服务器的值。例如，输入“男”，表示用户选择该单选按钮时，发送给服务器的值为“男”。
- 初始状态：确定在浏览器中载入表单时，该单选按钮是否被选中。
- 类：可以将 CSS 样式应用于对象。

4. 插入单选按钮组

单选按钮组是插入共享同一名称的单选按钮的集合。

插入单选按钮组的步骤如下。

第 1 步：将光标置于表单内需要插入单选按钮组的位置，单击“表单”工具栏的工具按钮，打开“输入标签辅助功能属性”对话框。

第 2 步：在“输入标签辅助功能属性”对话框中单击 确定 按钮。

第 3 步：在弹出的“单选按钮组”对话框中设置“名称”为 an，单击“标签”项下的第一个“单选”按钮把它改为“北京”，把第二个“单选”按钮改为“天津”，然后单击按钮增加两个项目把它们改为“武汉”和“山东”，设置完成后对话框如图 5-17 所示，最后单击 确定 按钮。

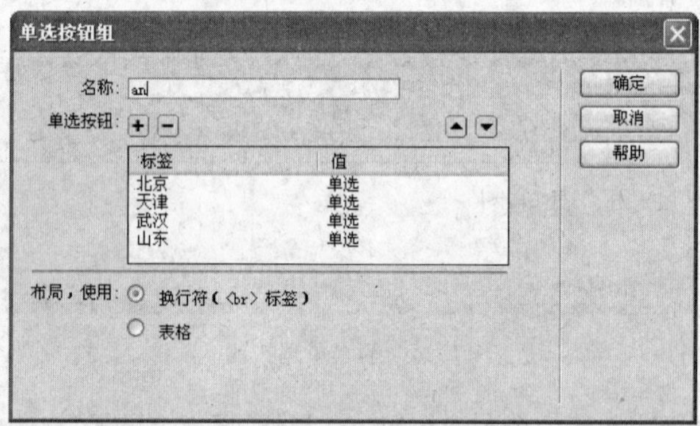

图 5-17　在“单选按钮组”对话框中设置内容

单选按钮组对话框中各项含义说明如下。

- 名称：单选按钮组的名称。此名称是向服务器发送信息所用的唯一变量名。
- ：在下方的列表框中添加一个单选按钮。
- ：在下方的列表框中删除一个单选按钮。
- ：单击使选项的位置向上移动一行。
- ：单击使选项的位置向下移动一行。
- 布局，使用：选择单选按钮的布局是使用换行符还是使用表格。如图 5-18 所示为换行符效果图，如图 5-19 所示为表格效果图。

○ 北京
○ 天津
○ 武汉
○ 山东
<body><form#form1><p><label>

图 5-18　换行符效果

图 5-19　表格效果

5. 插入列表/菜单

列表/菜单可以在列表中创建用户选项。“列表”选项在列表框中显示选项值，并允许用户在列表中选择多个选项。“菜单”选项在弹出式菜单中显示选项值，只允许用户选择一个选项。

插入列表/菜单的步骤如下。

第 1 步：将光标置于表单内需要插入列表/菜单的位置，输入文字“品牌选择：”。

第 2 步：在“表单”工具栏中单击按钮，打开“输入标签辅助功能属性”对话框。

第 3 步：在“输入标签辅助功能属性”对话框中单击 确定 按钮。

第 4 步：双击所插入的对象，在列表/菜单的“属性”面板，单击 列表值... 按钮打开“列表值”对话框，在“项目标签”下输入文字“湖北三环离合器”，单击 + 按钮添加一个项目标签，输入文字“东风贝洱水箱”，如图 5-20 所示，单击 确定 按钮，“属性”面板的设置如图 5-21 所示。

图 5-20　“列表值”对话框

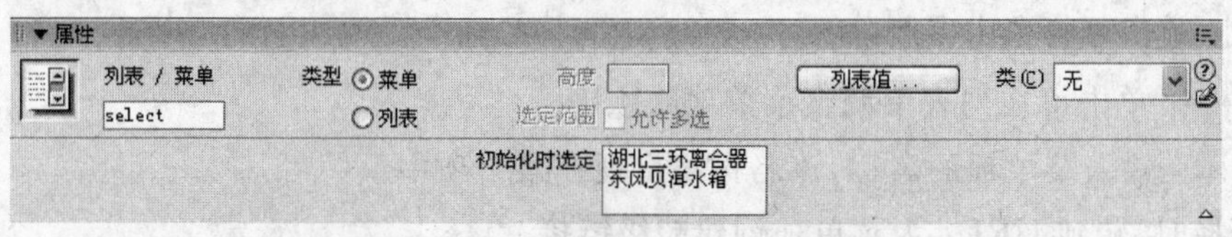

图 5-21　列表/菜单“属性”面板

列表/菜单“属性”面板中各项含义说明如下。

- 列表/菜单：为该对象指定一个唯一的名称。
- 类型：指定对象是弹出菜单还是列表框。
- 列表值：单击打开一个对话框，在对话框中单击 +、− 按钮可增加或删除列表项。
- 类：将 CSS 样式应用于对象。

选择“类型”为“列表”时会出现下列选项。

- 高度：设置菜单中显示的项目数。
- 选定范围：指定用户是否可以从列表中选择多个项。

菜单和列表的效果如图 5-22 和 5-23 所示。

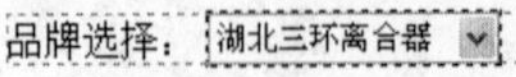

品牌选择：湖北三环离合器

图 5-22　菜单效果图

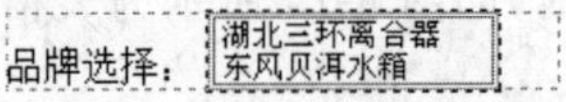

品牌选择：湖北三环离合器 东风贝洱水箱

图 5-23　列表效果图

6. 插入跳转菜单

跳转菜单是一个带有导航功能的下拉菜单，它既可以做站外导航，也可以做站内导航。插入跳转菜单的步骤如下。

第 1 步：将光标置于表单内需要插入跳转菜单的位置，输入文字“友情链接：”。

第 2 步：在“表单”工具栏中单击按钮，打开“插入跳转菜单”对话框，如图 5-24 所示。

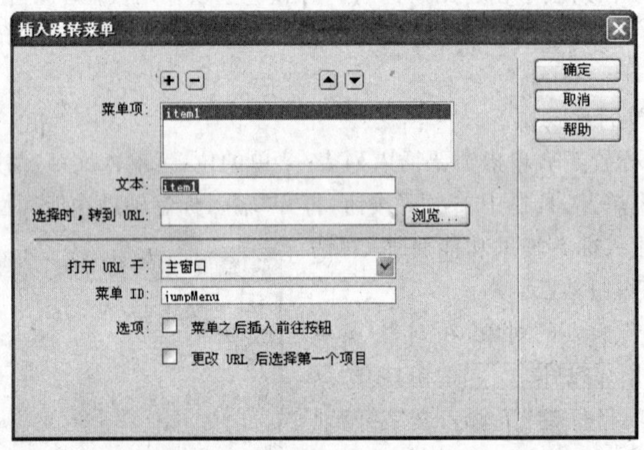

图 5-24　“插入跳转菜单”对话框

对话框中各项含义说明如下。

- [+]：单击可添加一个菜单项。
- [-]：单击可将选中项删除。
- [▲][▼]：单击可在列表中调整菜单项的顺序。
- 文本：输入菜单项的名称，该名称将出现在菜单项中。
- 选择时，转到 URL：为菜单项创建超级链接。
- 打开 URL 于：选择文件的打开位置。
  - 主窗口：在同一窗口中打开文件。
  - 框架：在所选框架中打开文件。
- 菜单 ID：输入跳转菜单的名称。
- 菜单之后插入前往按钮：选中此复选框可添加一个“前往”按钮。

第 3 步：在“插入跳转菜单”对话框中，将“文本”后面的 item1 改为“中国汽车网”，在“选择时，转到 URL：”的后面输入文字 http://www.chinacars.com。

第 4 步：单击对话框中[+]按钮两次，添加两个菜单项。将“文本”后面的内容分别改为“雪铁龙中国”和“网上车市”，在“选择时，转到 URL：”的后面分别输入文字 http://www.citroen.com.cn 和 http://www.cheshi.com.cn，完成后的对话框如图 5-25 所示。

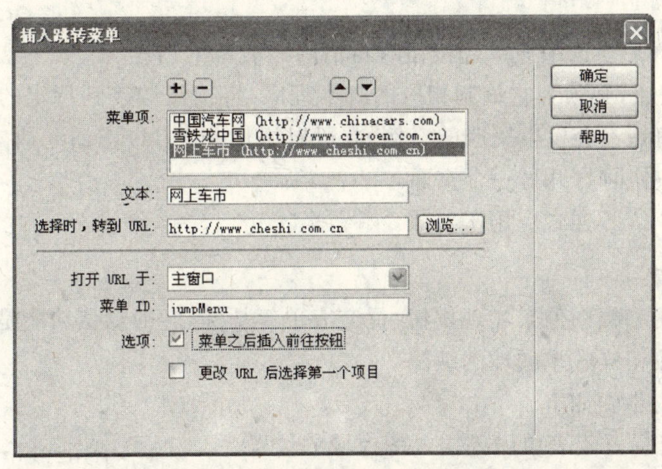

图 5-25　设置完成后的"插入跳转菜单"对话框

第 5 步：单击 确定 按钮，效果如图 5-26 所示。

友情链接: 中国汽车网 前往

图 5-26　跳转菜单效果图

"跳转菜单"与"列表/菜单"的属性面板相同。

7. 插入按钮

按钮用于控制表单的操作。使用按钮可将表单数据提交到服务器，或者重置该表单。用户可以为按钮添加自定义名称或标签，或使用预定义的"提交"或"重置"标签。

插入按钮的步骤如下。

第 1 步：将光标置于表单内需要插入按钮的位置。

第 2 步：在"表单"工具栏中单击按钮，打开"输入标签辅助功能属性"对话框。

第 3 步：在"输入标签辅助功能属性"对话框中单击 确定 按钮，网页效果如图 5-27 所示。

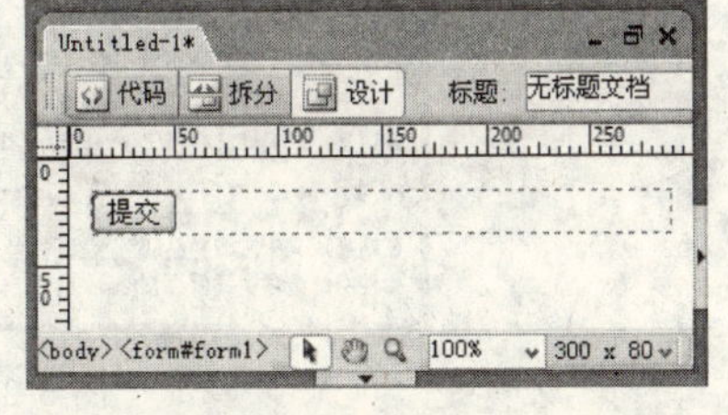

图 5-27　按钮效果图

第 4 步：选中按钮对象，其"属性"面板如图 5-28 所示。

图 5-28　按钮"属性"面板

按钮"属性"面板中各项含义说明如下。

- 按钮名称：为该按钮指定一个名称。
- 值：设置按钮上显示的文字，默认值为"提交"。
- 动作：确定单击该按钮时发生的动作。
  - 提交表单：该单选按钮将提交表单数据到表单 Action 属性中指定的动态页或

程序。

- 重设表单：当选中该单选按钮时将清除该表单的内容。

■ 无：命令按钮，必须为它编制相应的脚本程序，将按钮链接到特定的函数，否则，选中该单选按钮是不会发生反应的。例如，可以添加一个 JavaScript 脚本，使得当用户选中该单选按钮时打开另一个页面。

■ 类：可以将 CSS 样式应用于对象。

8. 插入图像域

图像域可以用一幅图像来实现按钮、提交表单等功能，它的默认功能是提交表单。图像域的出现弥补了按钮样式单调性的缺陷。

插入图像域的步骤如下。

第 1 步：将光标置于表单内要插入图像域的位置。

第 2 步：在"表单"工具栏中单击按钮，打开"选择图像源文件"对话框。

第 3 步：在"选择图像源文件"对话框中选择要作为按钮的图像文件，如素材下的 ch5\image\h1.png，如图 5-29 所示。

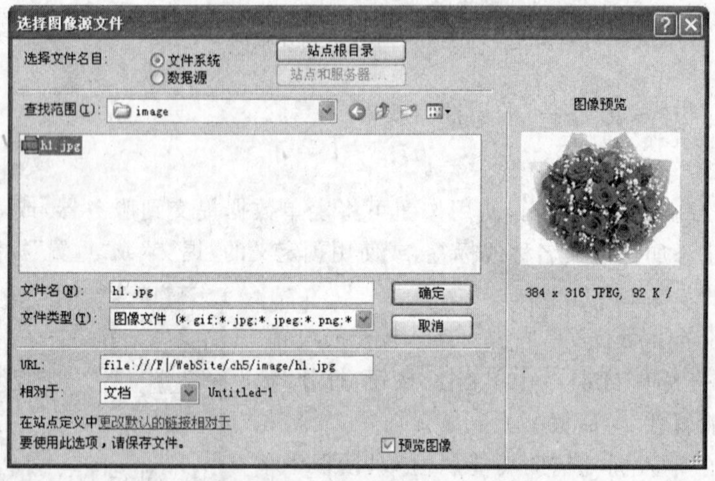

图 5-29 "选择图像源文件"对话框

第 4 步：单击 确定 按钮，在弹出的"输入标签辅助功能属性"对话框中单击 确定 按钮。

第 5 步：选中页面中的图像域对象对其属性进行设置，如图 5-30 所示，效果如图 5-31 所示。

图 5-30 图像域"属性"面板

图像域"属性"面板中各项含义说明如下。

■ 图像区域：给图像指定名称。

■ 源文件：图像的文件地址。单击文件夹图标，在硬盘上选择一个图像文件。

图 5-31　图像域效果图

- 替换：指定替代图像的文本。在浏览器中，当鼠标指针经过图像时，会显示输入的文本。
- 对齐：图像的对齐方式。
- 编辑图像：启动默认的图像编辑器并打开该图像文件进行编辑。
- 类：将 CSS 样式应用于对象。

9. 插入标签

1）表单标签<form>

格式：

```
<form>…</form>
```

作用：用来创建一个表单。

属性说明如下。

name：定义表单名称。

action：指明处理表单的程序的位置。

method：该属性用于定义编译和发送表单数据的方法，其值可以为 get 或 post。

post 方法：将在 HTTP 请求中嵌入表单数据。

get 方法：将值附加到请求该页面的 URL 中。

默认方法：使用浏览器的默认设置将表单数据发送到服务器。通常，默认方法为 get。

例如，<form name="form1" method="post" action="login.asp">语句的意思是用 post 方法将 form1 表单提交给 login.asp。当用户提交表单时，服务器将执行 login.asp 的 ASP 程序。

2）输入控件标签<input>

格式：

```
<input>
```

在 HTML 中表单对象由三个控件来定义，分别是输入控件、选择控件和文本编辑区控件。

表单中的文本框、复选框、单选按钮、按钮等表单对象由<input>标签来定义，主要通过设置<input>标签的 type 属性来定义它是属于哪个对象。

属性说明如下。

name：设定<input>标签名称，值为字符串。

type：设定标签类型，值为 text、password、radio、checkbox、hidden、File、submit、button、reset、image 中的一个。

text：当 type 属性值为 text 时，定义一个单行文本框。

password：当 type 属性值为 password 时，定义一个单行密码框。

radio：当 type 属性值为 radio 时，定义一个单选按钮。

checkbox：当 type 属性值为 checkbox 时，定义一个复选框。

hidden：当 type 属性值为 hidden 时，定义一个隐藏框。

file：当 type 属性值为 file 时，定义一个文件框。

submit：当 type 属性值为 submit 时，定义一个提交按钮。

button：当 type 属性值为 button 时，定义一个普通按钮。

reset：当 type 属性值为 reset 时，定义一个重置按钮。

image：当 type 属性值为 image 时，定义一个图像域。

value：服务器接收的信息。

例如，插入一个名字为 textfield、提交值为“文本框”的单行的文本框的代码为：

```
<input  name="textfield"  type="text"  value="文本框">。
```

3）选择控件标签<select>

格式：

```
<select>
    <option>…</option>
    <option>…</option>
…
</select>
```

作用：创建下拉菜单或下拉列表。

<select>标签的属性说明如下。

name：设定<select>的名称。

size：用于控制浏览器显示列表框的行数。如果小于实际项目数会有滚动条出现。

multiple：用于控制是否允许用户对列表框中的选项进行多选。

<option>标签的属性说明如下。

selected：用于表示当前选项在初始状态下是否被选中。有此项说明该选项被选中，没有则说明该项未被选中。

value：该属性用于设置当前选项对应的初始值。

4）文本编辑区控件标签<textarea>

格式：

```
<textarea>…</textarea>
```

作用：创建多行文本框。

属性说明如下。

name：用于设置多行文本框的名称。

rows：行数，设置多行文本框的高度。

cols：列数，设置多行文本框的宽度。

wrap：控制多行文本框中文字自动换行的方式，其值可为 off(不换行)、physical(物理换行)和 virtual(虚拟换行)。

5.3　任务实施步骤

5.3.1　制作登录页面

设计目标：

用表单元素设计登录页面。

设计思路：

- 选择菜单栏“插入记录”→“表单”中的各种选项进行制作；
- 用“插入”面板的“表单”工具栏中各按钮进行制作。

设计效果：

设计效果如图 5-32 所示。

图 5-32　用户登录效果图

操作步骤：

第 1 步：在 Dreamweaver 中新建一个文档，保存为 ch5\file\ch5-1.html。

第 2 步：在页面中插入一个宽度为 200、2 行 1 列的表格，并设置“表格 ID”为 tabel1，“背景颜色”为＃EDD6F1。

第 3 步：在标签选择器中选中第一个 td，在“属性”面板中设置“高度”为 38、“背景”为 ch5/img/4.gif。输入文字“用户登录”，设置文字的“大小”为“18 像素”，加粗，“颜色”值为＃9F0034，“垂直”为“底部”，并单击“居中”按钮。

说明：标签选择器位于“文档”窗口底部的状态栏中并显示一系列标签，如图 5-33 所示。

第 4 步：将光标置入第 2 行中，单击“表单”工具栏中的按钮插入表单，效果如图 5-34 所示。

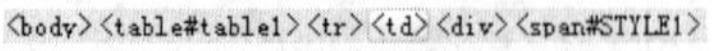

<body><table#table1><tr><td><div><span#STYLE1>

图 5-33　标签选择器

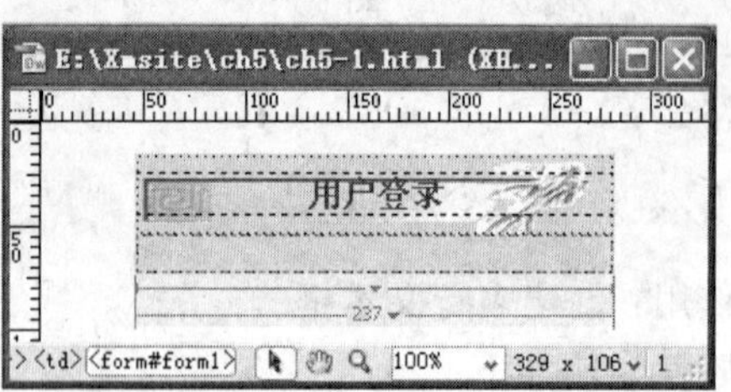

图 5-34　在单元格内插入表单

第 5 步：选中表单设置其属性，“表单名称”为 loginform，“动作”为 login.asp，“方法”为 post，如图 5-35 所示。

图 5-35　表单“属性”面板

第 6 步：将光标置入表单内，插入一个 4 行 2 列、宽度为 100％的表格，设置“表格 ID”为 tabel2，效果如图 5-36 所示。 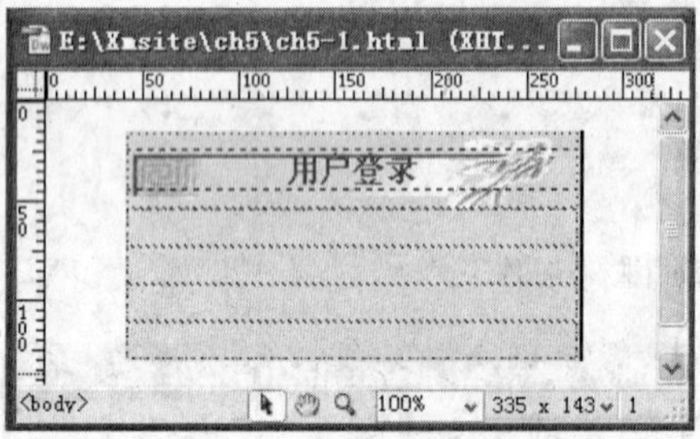

图 5-36　在表单内嵌入表格效果图

第 7 步：选中 tabel2 的第 1 列，设置单元格宽度为 100 像素，“属性”面板如图 5-37 所示。

第 8 步：将光标置入 tabel2 的第 1 行第 1 列输入文字“用户名：”，在第 1 行第 2 列插入文本域，选中文本域设置“字符宽度”为 12，“最多字符数”为 16，类型为“单行”，如图 5-38 所示。

第 9 步：同样的方法在第 2 行第 1 列输入文字“密码：”，在第 2 行第 2 列插入文本域，设置“字符宽度”为 16，“最多字符数”为 16，“类型”为“密码”，如图 5-39 所示。

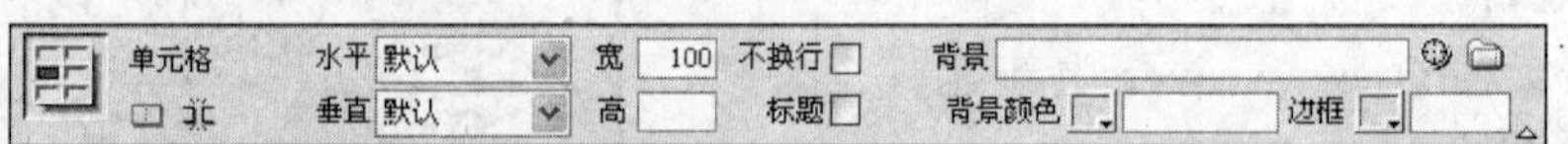

图 5-37　单元格“属性”面板

图 5-38　设置文本域属性

图 5-39　设置密码域属性

第 10 步：将光标置入第 3 行第 1 列插入按钮并设置“值”为“登录”。在第 3 行第 2 列插入按钮并设置“值”为“清除”。

第 11 步：在第 4 行第 1 列输入文字“新用户注册”，在第 4 行第 2 列输入文字“忘记密码”。

第 12 步：按 Ctrl＋S 组合键保存网页，按 F12 键预览，效果如图 5-32 所示。

5.3.2 制作新用户注册页面

设计目标：

用表单元素设计新用户注册页面。

设计思路：

- 插入表单，在表单中嵌入表格；
- 用“插入”面板的“表单”工具栏中各按钮进行制作。

设计效果：

设计效果如图 5-40 所示。

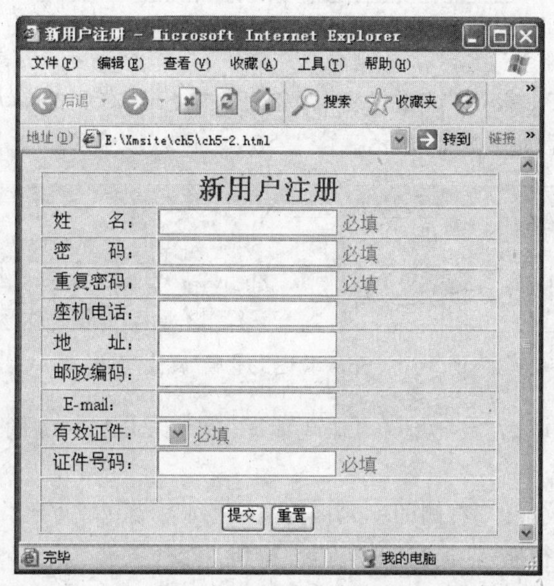

图 5-40　“新用户注册”效果图

操作步骤：

第 1 步：在 Dreamweaver 中新建一个文档，保存为 ch5\file\ch5-2.html。

第 2 步：在页面中，单击“表单”工具栏的□按钮插入表单。

第 3 步：将光标置入表单内，插入一个宽度为 400 像素、12 行 2 列、边框为 1、填充为 0、间距为 0 的表格。

第 4 步：选中第 1 列，设置单元格宽度为 200 像素。

第 5 步：选中第 1 行的两列，单击“属性”面板上的“合并□”按钮，如图 5-41 所示。

第 6 步：用同样的方法，合并第 12 行的两列。

第 7 步：按照图 5-42 所示在相应的单元格内输入文字，设置字体和颜色。

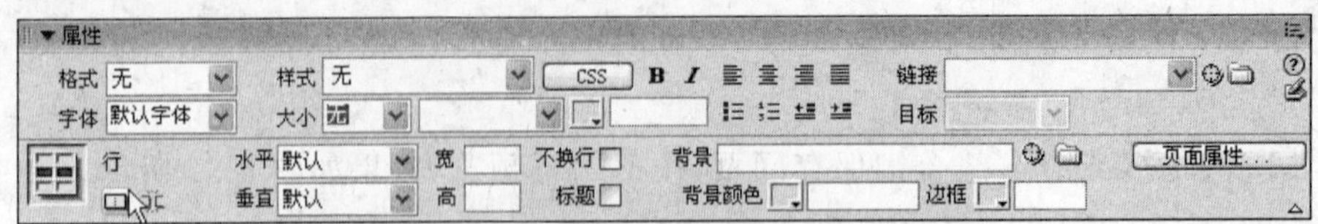

图 5-41　设置单元格“属性”面板

新用户注册	
姓　　名:	
密　　码:	
重复密码:	
座机电话:	
地　　址:	
邮政编码:	
E-mail:	
有效证件:	
证件号码:	

图 5-42　输入文字后的效果图

第 8 步：在“姓名”、“密码”、“重复密码”和“证件号码”右侧的单元格内分别插入“Spry 验证文本域”对象，设置如图 5-43 所示。

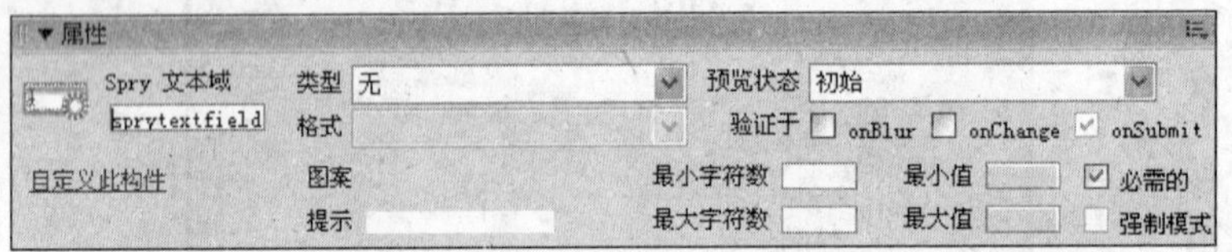

图 5-43　Spry 验证文本域“属性”面板

第 9 步：在“座机电话”、“地址”、“邮政编码”和“E-mail”右侧的单元格内分别插入文本域。

第 10 步：在“有效证件”右侧的单元格内插入“列表/菜单”对象。

第 11 步：最后一行插入“提交”和“重置”按钮。

第 12 步：单击“保存”按钮，按 F12 键浏览网页。

5.4　上机实训

实训 5.1　制作新客户登记页面

实训目的：

制作客户登记表单。

实训内容：

制作“新客户登记”页面，并对“姓名”和“地址”进行必要的校验。

实训步骤：

第 1 步：按照图 5-44 所示制作新客户登记页面。

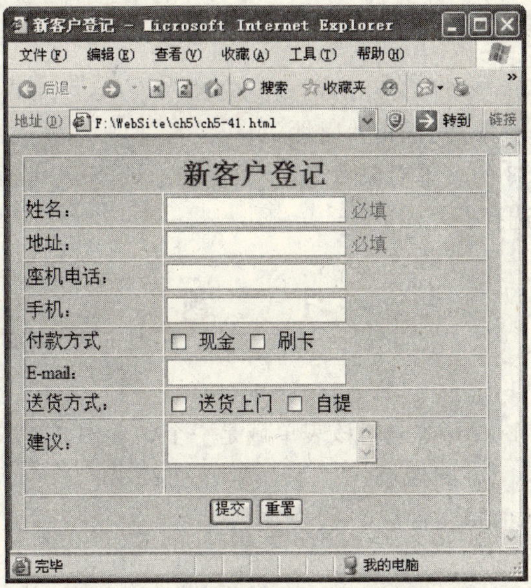

图 5-44　“新客户登记”页面效果图

第 2 步：在“姓名”、“地址”后面插入“Spry 验证文本域”对象，设置为“必填”。

效果如图 5-44 所示。

实训 5.2　制作信息反馈页面

实训目的：

制作信息反馈表单。

实训内容：

制作信息反馈页面，根据信息反馈的条目设置表单的属性。

实训步骤：

第 1 步：按照图 5-1 所示制作“用户信息反馈表”页面。

第 2 步：设置“您是从何处了解本公司”为 how，“您单位喜欢购买哪类产品”为 which，“您单位购买产品首先比较”为 first，“您单位喜欢的结款方式”为 balance，“您平时从何处了解产品质量”为 where，“您还希望我们提供哪些服务”为 suggest。

第 3 步：将“网上商城”设置为默认值。

效果如图 5-1 所示。

5.5　知识总结与回顾

5.5.1　回顾学习要点

- 如何设计与用户交互的网页？
- Dreamweaver CS3 的表单新对象有哪些？

5.5.2 学习要点参考

- 使用表单对象设计与用户交互的网页。先插入表单,然后再根据需要在合适的地方插入相应的表单对象,设置相关属性。
- Dreamweaver CS3 的表单对象有 Spry 验证文本域、Spry 验证文本区域、Spry 验证复选框、Spry 验证选择。

习　题

一、选择题

1. 源代码"type="button""表明该表单域是一个(　　)。

   A. 文本域　　B. 图像域　　C. 单选按钮　　D. 按钮

2. 下列哪一项表示的是文件域(　　)。

   A. type="hidden"　　B. type="text"

   C. type="checkbox"　　D. type="file"

3. 下列哪一项表示的不是按钮(　　)。

   A. type="submit"　　B. type="reset"

   C. type="image"　　D. type="button"

4. 下列关于各表单域的描述不正确的一项是(　　)。

   A. 单选按钮一般以两个或者两个以上的形式出现

   B. 复选框在表单中一般都不是单独出现的,都是多个复选框同时使用

   C. 图片域可以用来代替按钮的作用

   D. 我们可以在菜单域中选择多项信息

5. 具有超级链接功能的表单对象是(　　)。

   A. 按钮　　B. 跳转菜单　　C. 列表　　D. 复选框

二、简答题

1. 常用的表单对象有哪些?
2. 表单对象有哪几个对象的标签属于选择控件?哪几个对象的标签属于输入控件?

第 6 章

使用框架布局网页

在 Dreamweaver 中，通过框架可以将一个浏览器窗口划分为多个区域，每个区域都可以显示不同的网页，还可以通过单击一个框架中的链接来控制另一个框架的内容。一般情况是一个框架显示包含导航条的文档，而另一个框架显示含有内容的文档。

本章主要内容

- 框架和框架集的创建；
- 框架和框架集文件的基本操作；
- 框架和框架集的属性设置；
- 在框架中使用链接。

能力培养目标

通过本章学习，要求学生熟练掌握网页的框架布局方式，能够动手设计出操作灵活、控制准确的网页。

6.1 任务导入与问题思考

6.1.1 任务导入——制作奇特的框架布局

我们浏览网页时，会发现浏览器窗口被划分为若干个区域，每个区域分别显示不同的网页。这些网页虽然保存在不同的区域，它们之间却又是相互联系、可以相互控制的，形成一种独特的版面布局。

这里涉及的是网页的框架布局问题，也叫做网页的框架设计。

为此，我们在这里导入的任务，就是设计一张具有如图 6-1 所示效果的网页。

6.1.2 问题与思考

如何通过框架将一个浏览器窗口划分为多个区域，且每个区域都可以显示不同的网页？如何通过单击一个框架中的链接来控制另一个框架的内容？

图 6-1 任务设计效果图

6.2 知识点

6.2.1 创建框架集

创建框架有两种方法：使用预定义框架集和自定义框架集。

1. 创建预定义框架集

Dreamweaver 提供了多种预定义的框架集，通过使用这些框架集，可以非常方便地在网页中创建框架。插入一个预定义框架集的方法如下。

方法一：新建框架集。

第 1 步：选择“文件”→“新建”选项，打开“新建文档”对话框。

第 2 步：在对话框左边选择“示例中的页”，在“示例文件夹”中选择“框架集”，在“框架集”列表里选择任一框架，如“上方固定”，则在右边的“预览”处就出现了相应的预览图，如图 6-2 所示。

第 3 步：单击“创建”按钮即可创建框架网页，同时弹出“框架标签辅助功能属性”对话框，如图 6-3 所示。

第 4 步：在该对话框中设置每个框架的标题，单击 确定 按钮，得到一个框架集，如图 6-4 所示。

方法二：从菜单插入框架。

第 1 步：新建一个网页文档 ch6-1. html，选择“文件”→“新建”选项，打开“新建文档”对话框，选择“空白页”下 HTML 页面中的“无”布局，单击“创建”按钮，保存网页文件为 ch6-1. html。

第 2 步：选择“插入记录”→HTML→“框架”选项，在级联菜单中选择任一种框架类型，如“对齐上缘”，如图 6-5 所示。

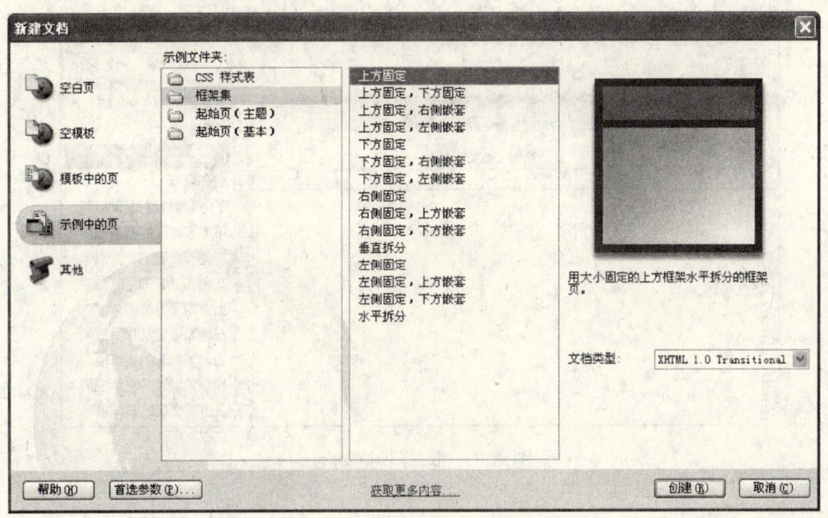

图 6-2　“新建文档”对话框

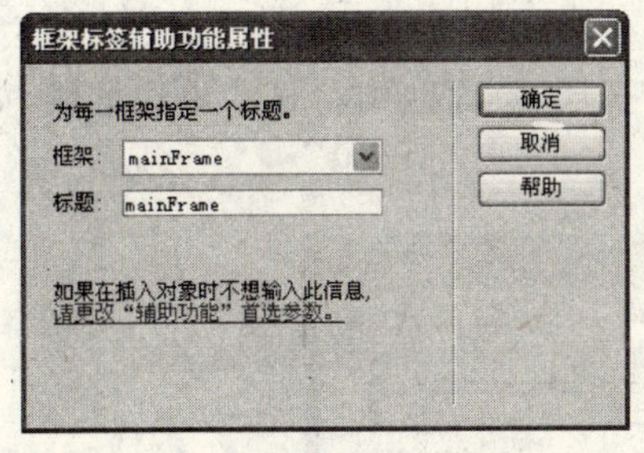

图 6-3　“框架标签辅助功能属性”对话框

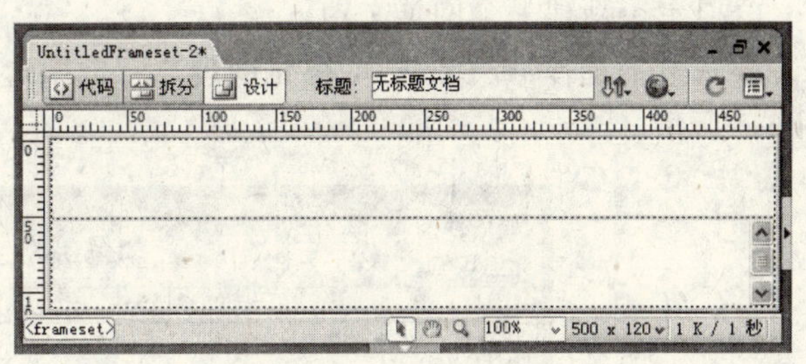

图 6-4　插入框架集

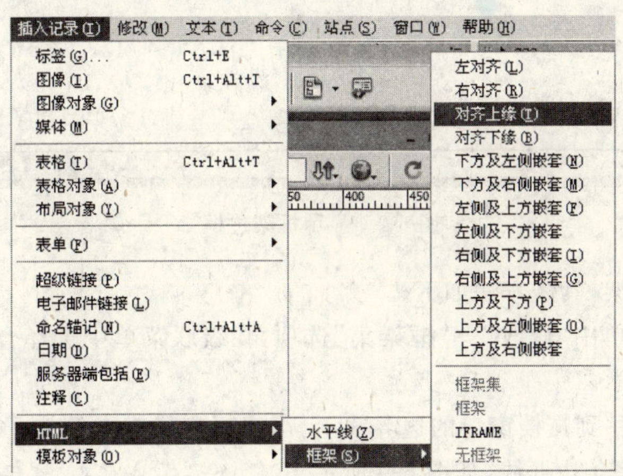

图 6-5　插入 HTML 框架

方法三：应用框架布局。

第 1 步：新建一个基本页文档。

第 2 步：在“插入”面板中选择“布局”工具栏，单击其中的“框架”按钮，在下拉列表中选择合适的框架类别，如“顶部框架”，如图 6-6 所示。

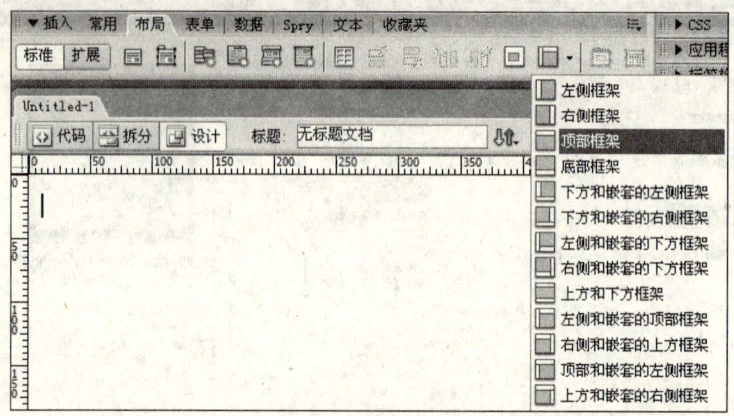

图 6-6　框架下拉列表

2. 创建自定义框架集

用户也可以自定义框架结构，操作方法如下。

第 1 步：新建一个网页文档。

第 2 步：选择“查看”→“可视化助理”→“框架边框”选项，页面四周将显示出边框线，如图 6-7 所示。

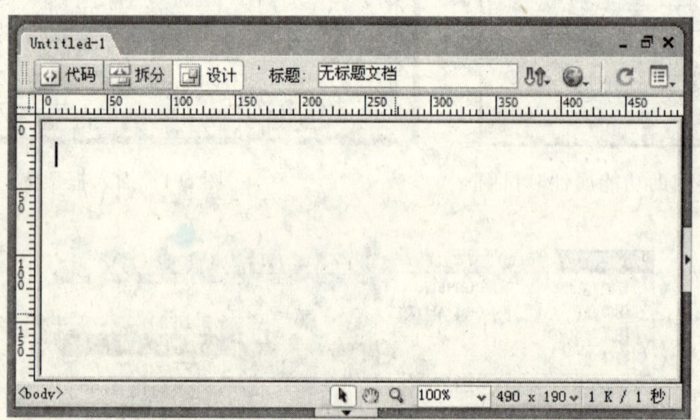

图 6-7　显示框架边框

第 3 步：拆分框架，具体方法如下。

方法一：选择菜单中“修改”→“框架集”选项，在级联菜单中选择合适的选项，如“拆分上框架”，如图 6-8 所示。

方法二：将鼠标移到文档窗口的边界线上，当光标变成双向箭头↕或↔时拖曳光标至相应位置，即可创建一条边框线，如图 6-9 所示。

方法三：将鼠标移到边框四个角的任一角上，当光标变为四箭头✥形状时，拖曳光标至文档中相应的位置，可以得到四个边框，如图 6-10 所示。

方法四：按住 Alt 键，在一个框架中单击，拖曳该框架的边框线，可以对框架进行垂直或水平划分，选中的框架内部由细虚线框住，如图 6-11 所示。

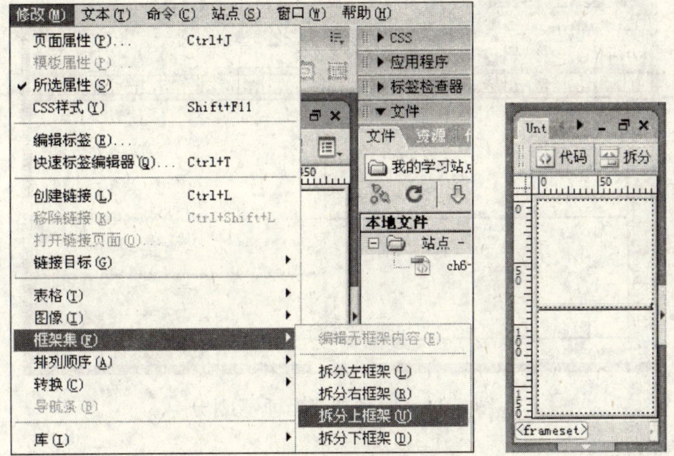

图 6-8　修改框架页拆分框架

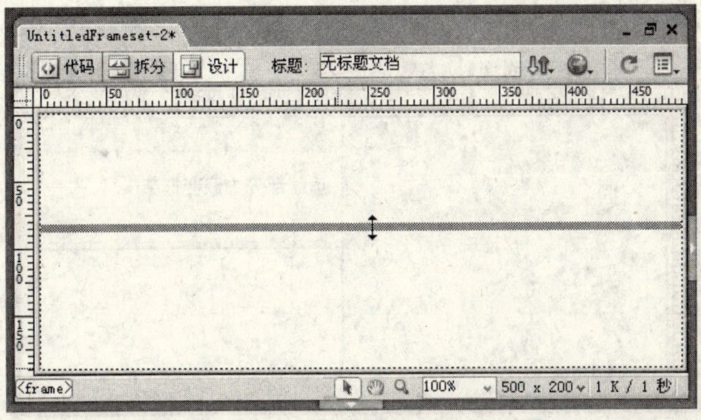

图 6-9　拖曳边框创建框架

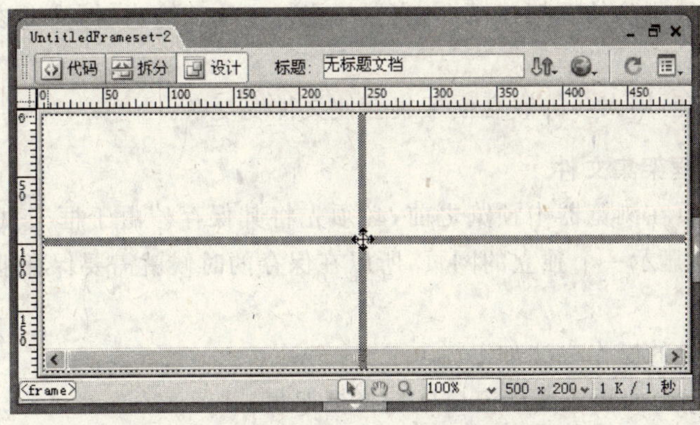

图 6-10　用鼠标拖曳的方法得到四个边框

3. 创建嵌套框架集

在 Dreamweaver 中，可以创建嵌套框架集，具体操作步骤如下。

第 1 步：将光标放到要插入嵌套框架集的框架中。

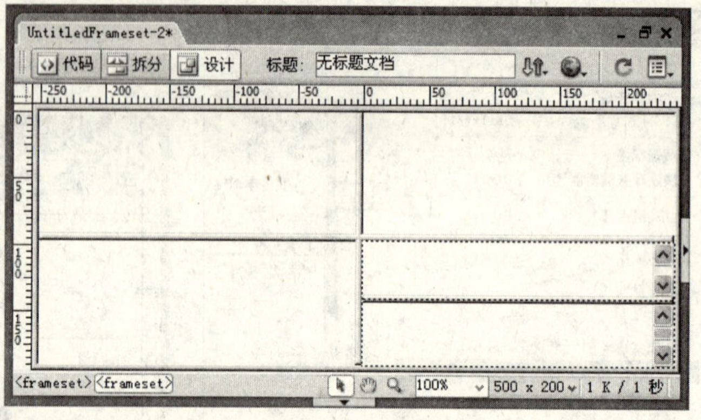

图 6-11　对框架进行垂直划分

第 2 步：选择“插入记录”→HTML→“框架”选项，在级联菜单中选择合适的选项。嵌套框架集如图 6-12 所示。

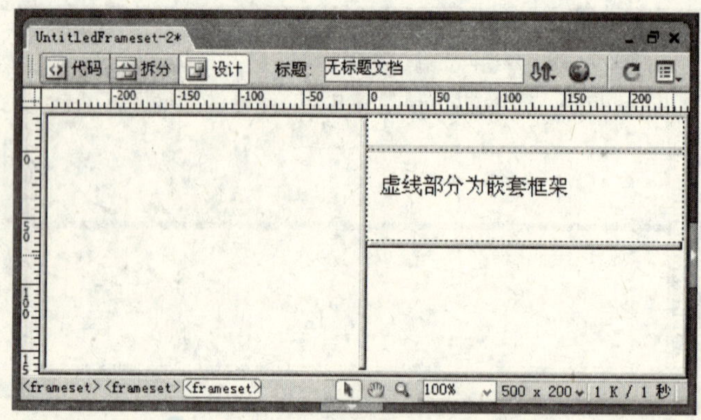

图 6-12　插入嵌套框架集

将光标定位在欲删除的框架边框上，当鼠标指针变为双箭头时，拖曳该边框到其他边框上，即可删除该框架。

一般不需要嵌套，用太多的嵌套框架集会使文件变复杂。

4. 保存框架和框架集文件

创建的框架网页在浏览器中预览之前，必须先将其保存。由于框架页面由多个框架组成，且每一个框架都显示一个独立的网页，所以在保存的时候就需要保存框架集文件和每个框架文件。

保存框架集文件的操作方法如下。

第 1 步：在“框架”面板或文档窗口中选择框架集。

第 2 步：若要保存框架集文件，可选择“文件”→“保存框架页”选项；若要将框架集文件另存为新文件，可选择“文件”→“框架集另存为”选项。

保存框架文件的操作方法如下。

第 1 步：在要保存的框架中单击。

第 2 步：选择“文件”→“保存框架”选项，或选择“文件”→“框架另存为”选项；或选择

“文件”→“保存全部”选项，一次性将所有的框架集文件和框架文件保存下来。

在不包含嵌套框架的情况下，保存后的框架页面将产生 N+1 个文档，N 为框架数目。例如，一个左右框架的框架页面保存后产生 3 个文件（一个框架集文件、两个框架文件），如图 6-12 所示。保存框架网页时，框架集中显示的每个新文档将获得一个默认文件名，例如，每一个框架集文件名称前缀为 UntitledFrameset，框架文档名称前缀为 UntitledFrame，主框架中的文档名称前缀为 Untitled，如图 6-13 所示。

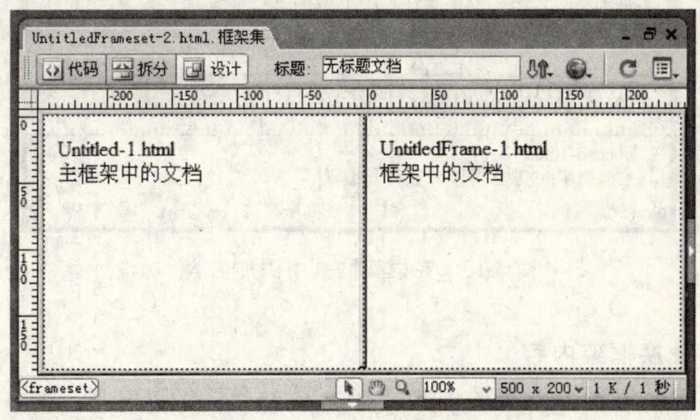

图 6-13　左右结构的框架页面

保存框架网页的时候如果该框架集文件或框架没有被保存过，此时它们的周围将出现粗边框，如图 6-14 所示，并打开“另存为”对话框，在“保存在”处选择保存位置，在“文件名”处输入每一个框架集和框架的文件名，单击 确定 按钮，Dreamweaver 会自动依次保存所有框架集和框架。

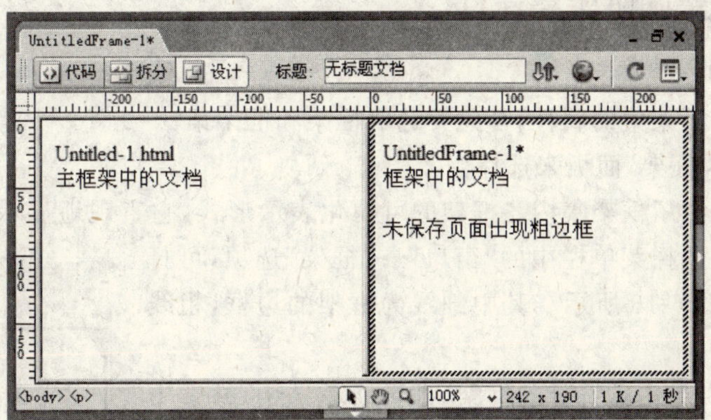

图 6-14　未保存过的页面出现粗边框

保存之后，不可以随便删除框架网页的文件，否则框架页面将无法正常显示。

6.2.2　在框架页面中插入内容

1. 直接插入内容

在框架网页中插入内容与在普通页面中插入方法相同，对框架页面的设置也与普通页面相同。

将光标置入需要插入内容的框架中，用正常插入对象的方法插入即可。也可以单独打开欲插入内容的框架，对其进行正常编辑，最后按 Ctrl+S 组合键保存修改，如图 6-15 所示。

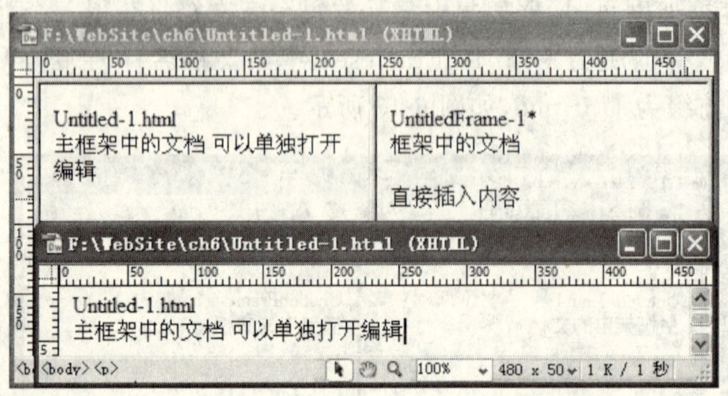

图 6-15　在框架网页中添加内容

2. 用现有文件替换框架内容

替换框架文件就是将某个框架的内容替换为另一个已经存在的文档，方法如下。

方法一：按住 Alt 键单击被替换页所在的框架，选中该框架。将框架"属性"面板的"源文件"选择为将要替代的框架，按 Ctrl+S 组合键保存，按 F12 键预览其效果。

方法二：将光标置于将被替换的框架内，选择菜单栏"文件"→"在框架中打开"选项，在弹出的"选择 HTML 文件"对话框中选择将要替代的框架，单击"确定"按钮，按 Ctrl+S 组合键保存，按 F12 键预览效果。

6.2.3　设置框架和框架集属性

1. 选择框架和框架集

要改变框架和框架集的属性，首先要选取框架和框架集。

方法一：通过"框架"面板来选择。

"框架"面板提供了框架集内各框架的可视化表示形式，它直观地显示了框架集的层次结构及框架名称。选择菜单栏中的"窗口"→"框架"选项，可打开"框架"面板，如图 6-16 所示。其中细线为框架的边框，粗线为框架集的边框。

在框架面板中，单击欲选择的框架，即可将其选中，被选中的框架在面板中由细线环绕。如果要选择一个框架集，可单击环绕该框架集的边框，被选中的框架集由粗黑线环绕。

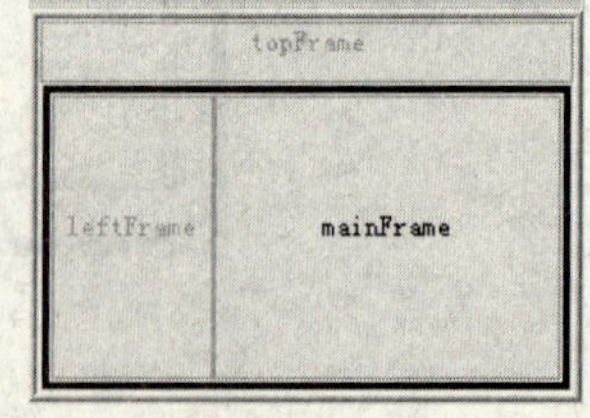

图 6-16　"框架"面板

方法二：在文档窗口中选择。

在文档窗口中，按住 Alt 键的同时，单击框架内部，被选中的框架由细虚线环绕。选择框架集可以将鼠标移到框架集公共边上，当光标变为双箭头时单击此边即可选中框架集。

2. 框架集属性设置

第 1 步：选择"文件"→"新建"选项，打开"新建文档"对话框。

第 2 步：在对话框左边选择“示例中的页”，在“示例文件夹”中选择“框架集”，在“框架集”列表中选择“左侧固定”，单击 确定 按钮，创建一个框架集。

第 3 步：选择“文件”→“保存全部”选项，将框架网页保存到 WebSite\ch6\中，将框架集和左右框架分别命名为 ch6-3. html、left. html、main. html。

第 4 步：在“框架”面板中选中框架集，此时“属性”面板将变为框架集属性，如图 6-17 所示。

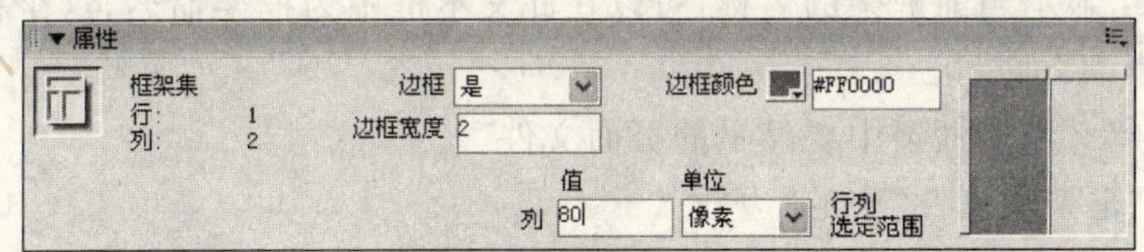

图 6-17　框架集“属性”面板

该面板中各项含义说明如下。

- 行、列：显示当前框架集的行列数。
- 边框：定义是否显示框架间的边框，有 3 个选项。
  - 是：显示所有框架边框。
  - 否：隐藏所有框架边框。
  - 默认：使用浏览器默认设置。
- 边框宽度：定义框架集中所有边框的宽度。
- 边框颜色：设置所有框架的边框颜色。只有当“边框宽度”不为零时颜色效果才可以显示。
- 行列选定范围：直接单击选择要设置行/列值的框架，在“属性”面板被选中的框架呈深色。在“行列选定范围”左边定义选中的行或列的尺寸及其单位。单位可以是“像素”，或者是占框架集的“百分比”和“相对”。选择“相对”时，当其他的框架已经设定好尺寸，此框架的大小会随浏览器窗口大小的改变而变，因此选“相对”时，“值”是不用设置的。

按照图 6-17 所示设置框架集属性，效果如图 6-18 所示。

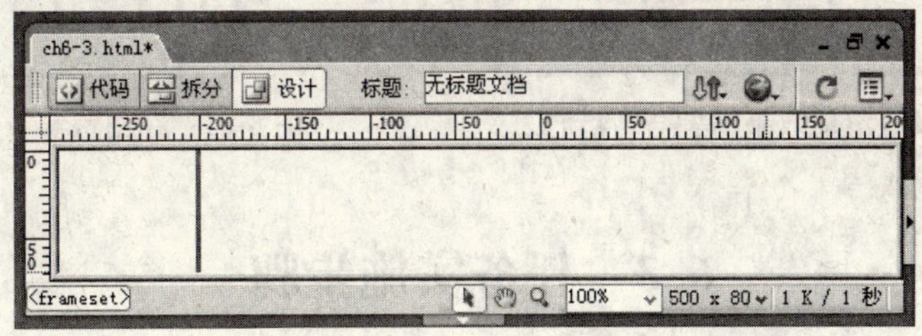

图 6-18　设置框架集属性后的效果

3. 框架属性设置

打开 ch6/ch6-3. html 文档，选择左框架，此时“属性”面板变为框架属性，如图 6-19 所示。

该面板中各项含义说明如下。

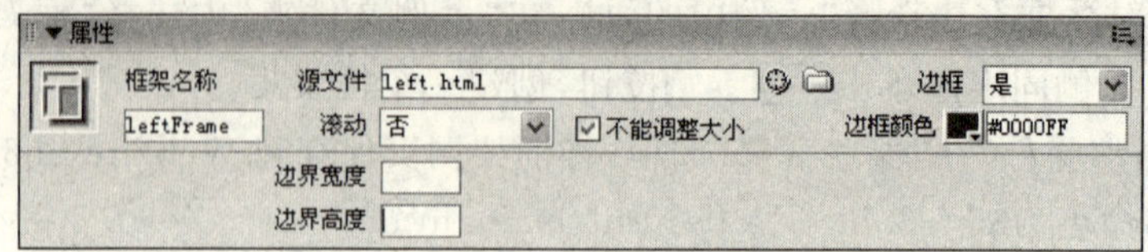

图 6-19 框架“属性”面板

- 框架名称：显示当前框架的名称，可以在此文本框中为框架命名，这个框架的名称会显示在“框架”面板上。
- 源文件：定义当前框架中要显示的页面文件。
- 边框：同“框架集属性”中的“边框”。
- 滚动：下拉列表中有 4 个选项，用来设置当文档内容超出框架的显示范围时滚动条的状态。
  - 是：为框架添加水平和垂直滚动条。
  - 否：不添加任何滚动条。
  - 自动：根据内容自动选择添加水平或垂直滚动条。
  - 默认：使用浏览器默认设置。

选择“是”与“自动”的效果如图 6-20 所示。

- 不能调整大小：决定了浏览者在浏览时能否以拖动鼠标的方式在浏览器中改变框架的大小。当左右框架的此项均没有选中时，浏览者就可以在浏览时随意调整该框架。如果有一边选中，就不可以调整，如图 6-21 所示。

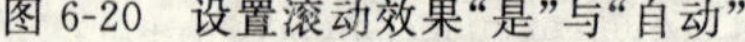

图 6-20 设置滚动效果“是”与“自动”

图 6-21 在浏览器中调整框架大小

6.3 任务实施步骤

6.3.1 创建框架集

设计目标：

创建一个带有导航功能的嵌套框架网页。

设计思路：

- 建立一个上方固定，下方分为左右两部分的嵌套框架；

■ 为框架建立链接关系，形成一个具有导航功能的个人网页。

设计效果：

设计效果如图 6-1 所示。

操作步骤：

第 1 步：建立框架集，选择“文件”→“新建”选项，打开“新建文档”对话框，选择“示例中的页”，“示例文件夹”选择“框架集”，在框架集列表中选择“上方固定，左侧嵌套”，如图 6-22 所示。

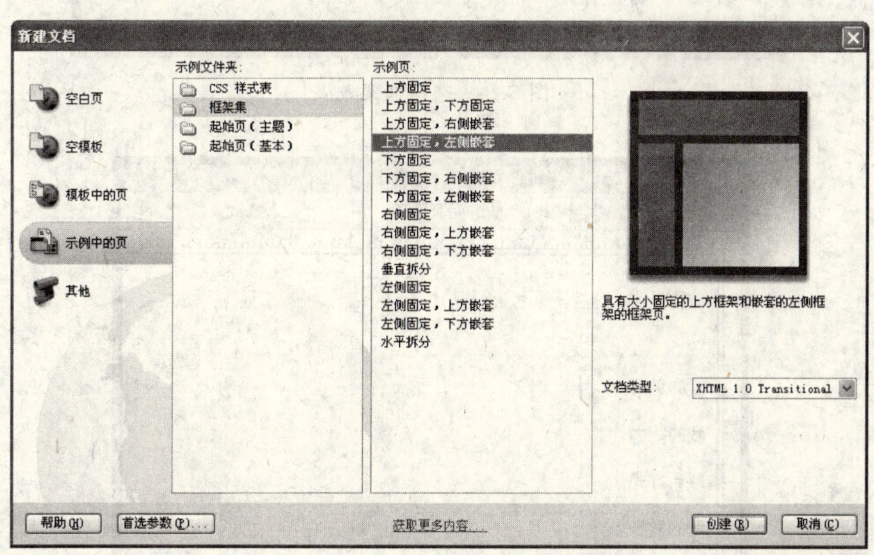

图 6-22　建立框架集

第 2 步：在“新建文档”对话框中单击“创建”按钮，弹出如图 6-23 所示的“框架标签辅助功能属性”对话框，框架的“标题”按系统默认的名称即可，然后单击“确定”按钮，结果如图 6-24 所示。

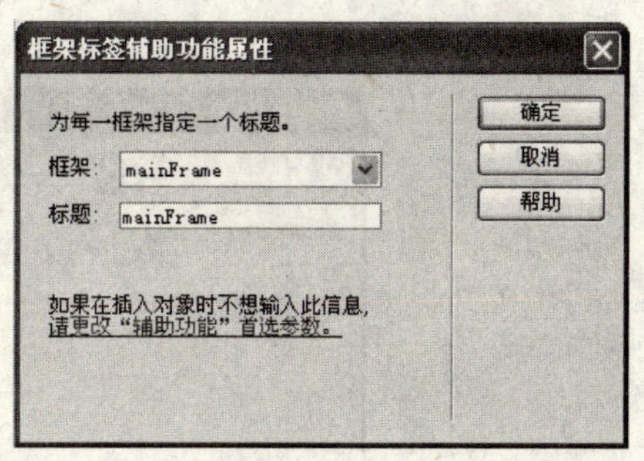

图 6-23　“框架标签辅助功能属性”对话框

第 3 步：选择“文件”→“全部保存”选项，文件名按系统默认，顶部框架文件名为 UntitledFrame-2.html，下方左侧框架文件名为 UntitledFrame-3.html，下方右侧框架文件名为 Untitled-1.html。

第 4 步：在各框架中分别输入文字和图片。在顶部框架和左侧框架中分别输入如图 6-25 所示的文字。

第 5 步：单击框架 Untitled-1.html，选择“插入记录”→“图像”选项，在“选择图像源文件”对话框中选择 ch6/image/superman.jpg 文件，如图 6-26 所示。

第 6 步：单击“确定”按钮，结果如图 6-27 所示。选择“文件”→“保存全部”选项，保存所有文件。

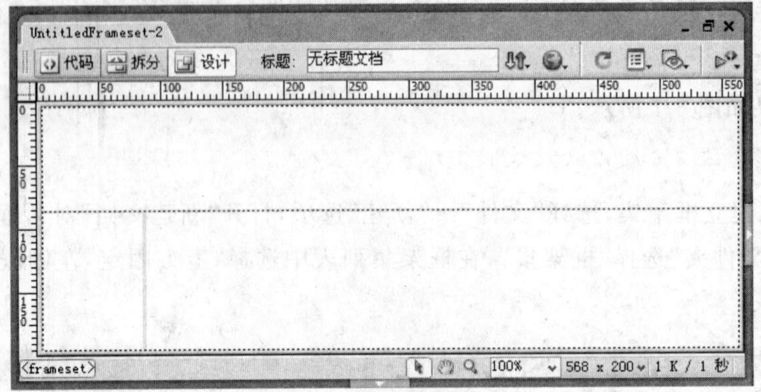

图 6-24　空白框架效果

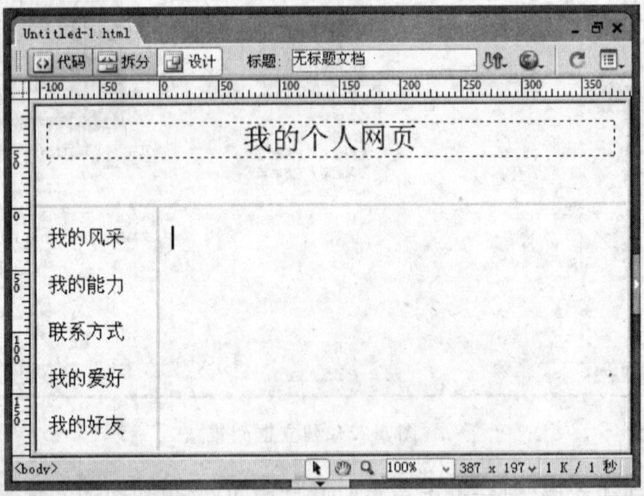

图 6-25　添加文字

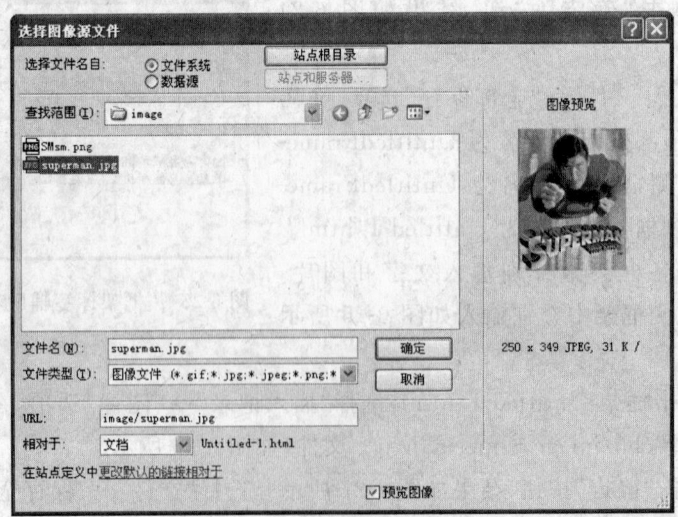

图 6-26　“选择图像源文件”对话框

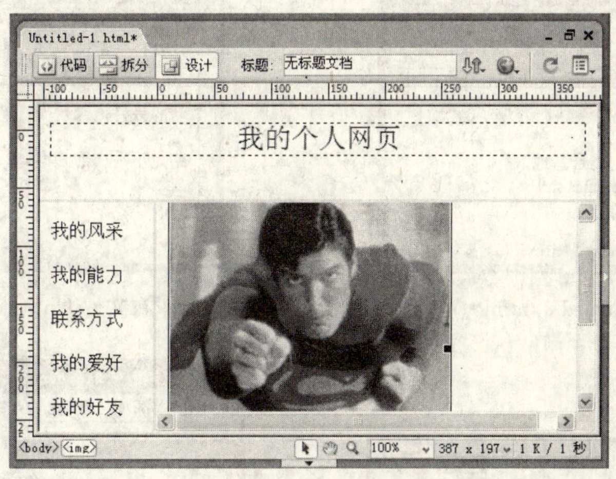

图 6-27　插入图像效果

第 7 步：建立链接。选择下方左侧框架(文件名 UntitledFrame-3. html)中"我的风采"文字,在"属性"窗口"链接"中选择 Untitled-1. html,"目标"选择 mainFrame。这样文字"我的风采"就与网页 Untitled-1. html 建立起链接关系,如图 6-28 所示。

图 6-28　建立链接

第 8 步：同样,也要在左侧框架其他文字中建立对应的链接网页。选择"文件"→"新建"选项,在"新建文档"对话框中选择"空白页"→HTML→"<无>",单击"创建"按钮,在新建的网页中输入如图 6-29 所示的文字,并保存文件,文件名为 Untitled-2. html。

第 9 步：用上述方法建立文字"我的能力"与网页文件 Untitled-2. html 的链接关系。

第 10 步：新建以下各网页文件,并输入如图 6-30、图 6-31、图 6-32 所示的内容。

第 11 步：用同样的方法建立各链接关系,最后在网页浏览器中的显示效果如图 6-33 至图 6-37 所示,单击网页中左侧的链接,在右侧将显示不同的网页内容。

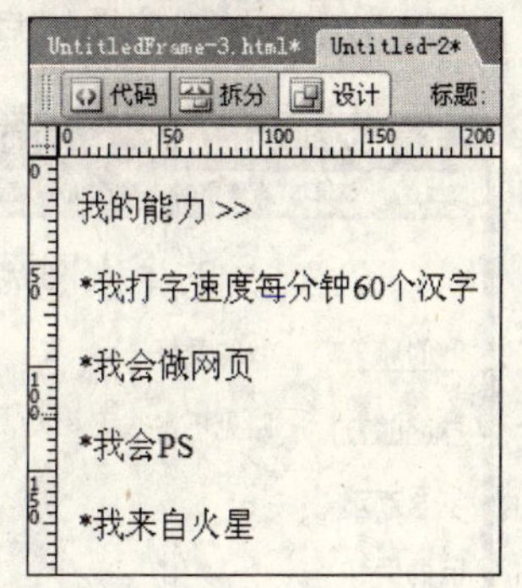

图 6-29　在文件 Untitled-2. html 中添加文字

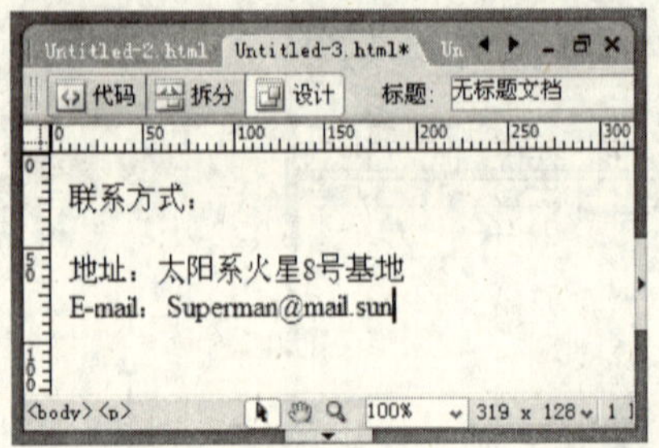

图 6-30　在文件 Untitled-3. html * 中添加文字

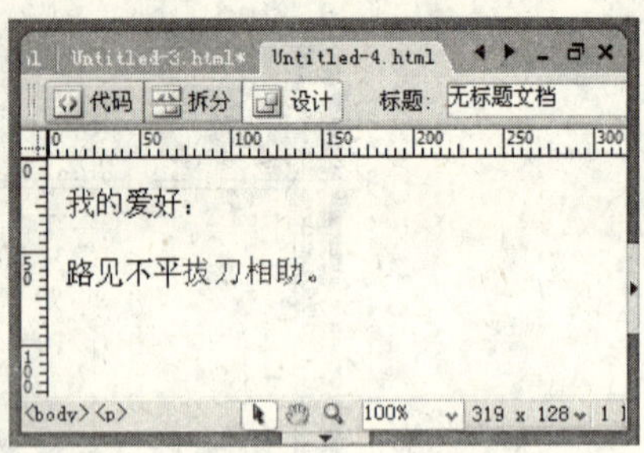

图 6-31　在文件 Untitled-4. html 中添加文字

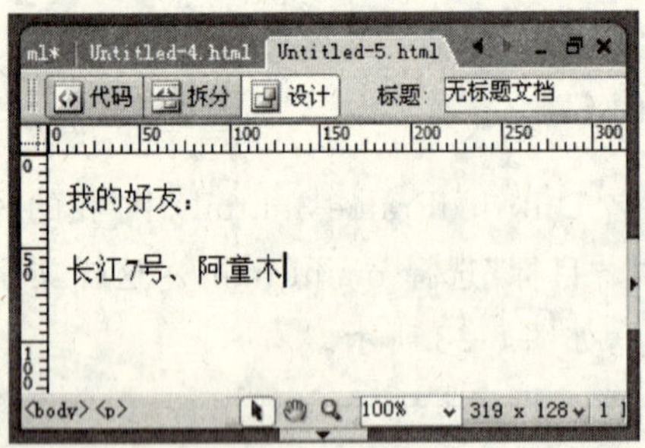

图 6-32　在文件 Untitled-5. html 中添加文字

图 6-33　单击“我的风采”后的网页效果

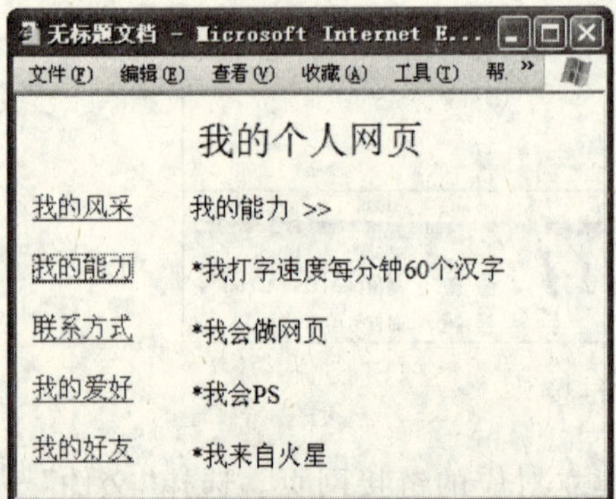

图 6-34　单击“我的能力”后的网页效果

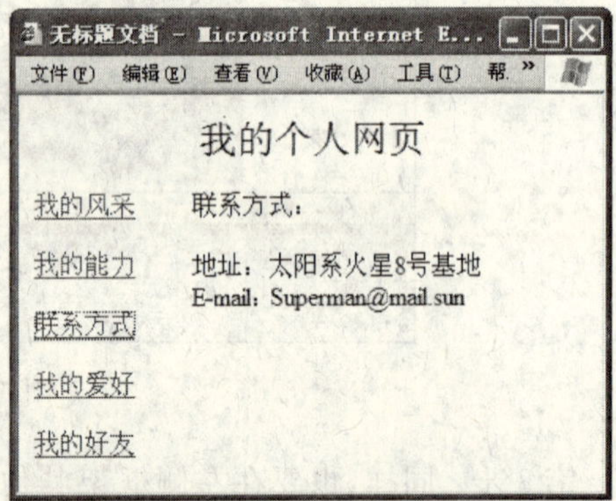

图 6-35　单击“联系方式”后的网页效果

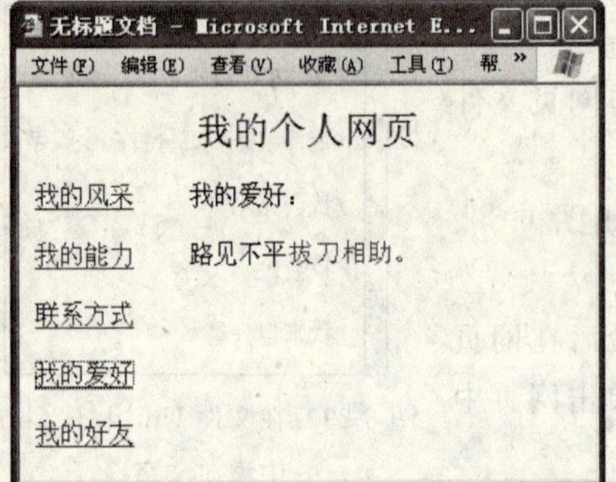

图 6-36　单击“我的爱好”后的网页效果

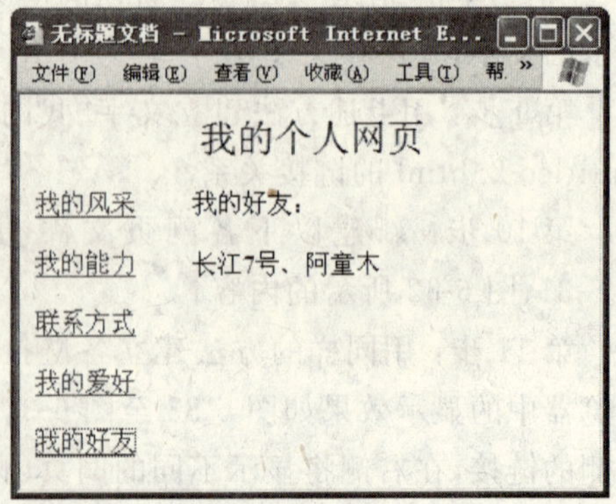

图 6-37　单击“我的好友”后的网页效果

6.4 上机实训

实训 6.1 为“花店”站点制作导购页面

实训目的：

使用框架布局制作网页，调整框架集和框架网页的设置。

实训内容：

为“花店”站点制作导购页面，设置框架集和框架网页的参数。

实训步骤：

第 1 步：以文件夹 huadian 创建“花店”站点，并从素材文件夹复制\huadian\ch4 到“花店”站点下。

第 2 步：新建 index.html 文档，使用“布局”→“框架”下的“上方和下方的框架”布局网页；设置上框架 topFrame 无边框，行高为 200 像素，下框架 bottomFrame 无边框，行高为 120 像素。

第 3 步：选中主框架 mainFrame，拆分右框架；选中左边的框架命名为 leftFrame，设置“滚动”为否；选中中间的分隔线，设置“边框”为否，列宽为 180 像素。

第 4 步：保存全部框架页，并给各个框架页添加相应的内容。

效果如图 6-38 所示。

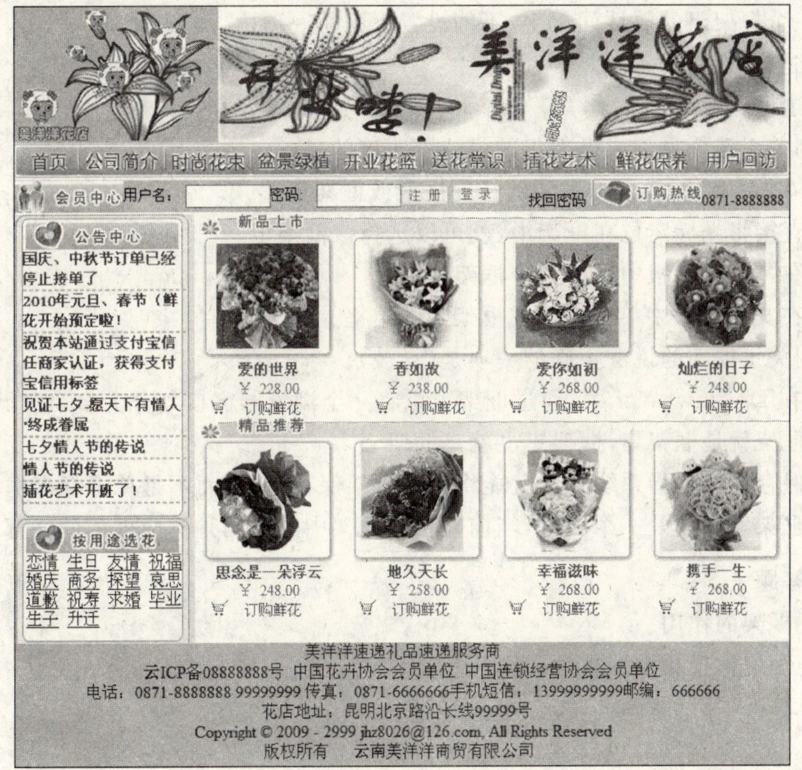

图 6-38 “花店”主页框架效果图

6.5 知识总结与回顾

6.5.1 回顾学习要点

- 如何创建框架和框架集？
- 如何设置框架和框架集的属性？
- 如何保存框架文件？
- 如何在框架中使用链接？

6.5.2 学习要点参考

- 每一个框架里都是一个文档，可以使用现成的网页文档。
- 框架与表格、DIV 标签、层不同，它不是网页内部的布局工具。
- 在使用框架时，不能过多，否则会降低网页的浏览速度。

习　　题

一、选择题

1. 框架是由哪两种元素组成？(　　)(多选)

A. 框架集　　B. 表格　　C. 边框　　D. 框架

2. 在一个框架组的属性面板中，不能设置下面哪一项(　　)。

A. 边框颜色　　B. 子框架的宽度或高度

C. 边框宽度　　D. 滚动条

3. 下列关于选择框架或框架集的说法不正确的是(　　)。

A. 在“框架”面板中单击要选择的框架或框架集

B. 直接将光标定位在框架中，就可以选择该框架了

C. 在“属性”面板中单击某个框架的名称

D. 在文档窗口中单击框架或框架集的边框

4. 下列关于框架的说法正确的一项是(　　)。

A. 在 Dreamweaver 中，通过框架可以将一个浏览器窗口划分为多个区域

B. 框架就是框架集，框架集也就是框架

C. 保存框架是指系统一次就能将整个框架保存起来，而不是单个保存框架

D. 框架实际上是一个文件，当前显示在框架中的文档是构成框架的一部分

二、简答题

1. 简述框架的作用。

2. 如何理解框架和框架集的区别？

模板和库

模板用于设计固定的页面布局，基于模板创建的文档会继承模板的页面布局。库包含可放置到 Web 页中的一组单个资源或资源副本。模板和库是 Dreamweaver 提供的一种机制，能够帮助网页设计人员快速制作大量布局相同的网页。

本章主要内容

- 了解模板和库的基本概念；
- 制作和应用模板和库。利用三种方法制作模板及库、设置模板的可编辑区域、编辑库项目、应用模板和库项目；
- 模板和库与文档的分离。

能力培养目标

通过本章学习，要求学生熟练掌握模板和库的制作，能够动手设计出适用性广、扩展性强的网页模板。

7.1 任务导入与问题思考

7.1.1 任务导入——制作网页模板

仔细观察网站中的网页，其中大部分的内容在类别、功能、位置等方面表现得极为相似。通过模板来减少结构布局上的重复劳动，通过素材库来提高布局变化不大的网页的丰富表现力，既突出了网站明晰、统一的风格，又丰富了网站的内涵。

这里涉及的是网页的可持续制作，也叫做网页的模板和库设计。

为此，我们在这里导入的任务，就是设计一张具有如图 7-1 所示效果的模板。

7.1.2 问题与思考

在网页制作中，很多操作是重复的，例如制作页面的顶部、导航栏和底部版权信息等，同一栏目中除了某一块区域外，其他区域版式、内容要完全一样地生成。我们当然可以通过对已完成的页面“另存为”后再修改的方式进行，但如果事后发现要修改共同的页面元素时，网

图 7-1 任务设计效果图

站设计人员却只能一个个页面去处理，相当耗时且工作量大。

制作具有统一结构和外观的网页时如何简化工作，大幅度地提高制作效率？如何在要修改共同的网页元素时不必一个一个地修改，而是系统自动更新所涉及的网页？

7.2 知识点

7.2.1 模板

1. 初识模板

模板用于设计“固定的”页面布局，基于模板创建的文档将继承模板的页面布局。

通过“另存为”方式得到的网页，需要再次修改共同的网页元素时，彼此间无法同步更新，只能逐页修改，在网页较多时容易产生混乱，而且常有覆盖重要文档的困扰。

利用模板创建的网页风格一致，看起来比较系统。在修改模板文档中的元素后保存，Dreamweaver 会自动更新所有应用此模板的网页，省去了重复劳动的麻烦。

模板文档的扩展名是. dwt，存放在站点根目录下的 Templates 中，Templates 由 Dreamweaver 自动创建。

“模板”按钮在“资源”面板中，可先按 F11 键打开“资源”面板，再选择“模板”。

2. 新建模板

1）在“新建文档”对话框中创建模板

使用“新建文档”对话框创建模板，步骤如下。

第 1 步：选择“文件”→“新建”选项，或按 Ctrl＋N 组合键打开“新建文档”对话框，如图 7-2 所示。

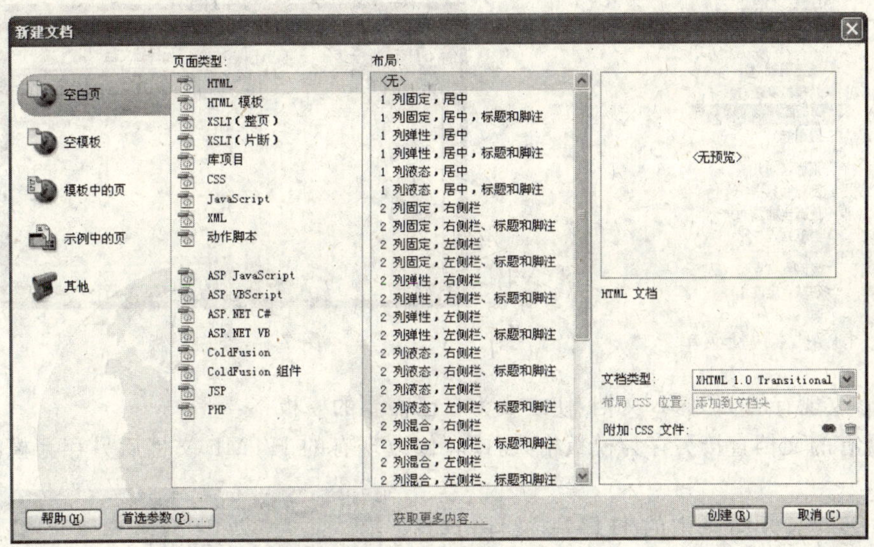

图 7-2　“新建文档”对话框

第 2 步：选择“空白页”选项，在“页面类型”中选择“HTML 模板”；也可以选择“空模板”选项中的其他动态网页模板，如图 7-3 所示。

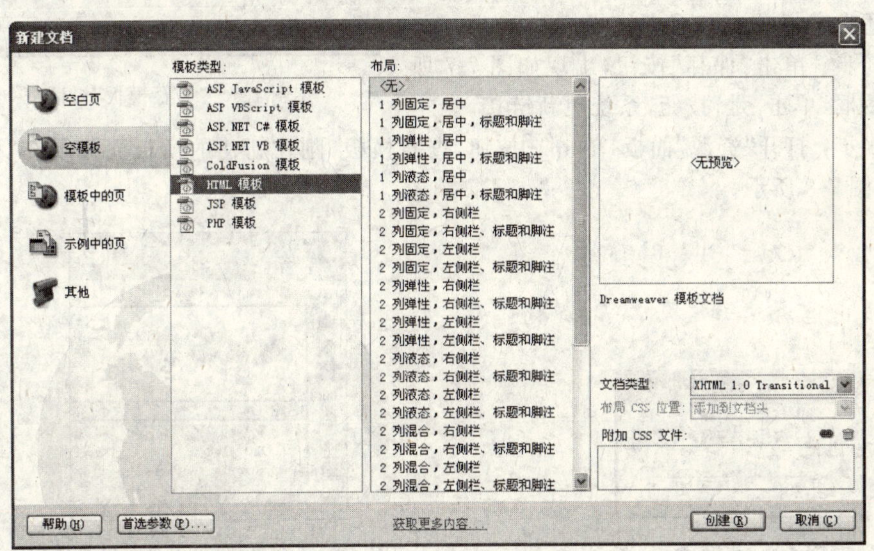

图 7-3　选择“HTML 模板”

2）在“资源”面板中创建模板

在“资源”面板中创建模板，步骤如下。

第 1 步：单击“资源”面板左侧的“模板”工具按钮，查看模板。

第 2 步：单击“新建”按钮，在模板列表中将出现一个命名为 Untitled 的模板。

第 3 步：选中这个模板文档右击，选择“编辑”选项，如图 7-4 所示。

第 4 步：此外还可以双击模板名或单击按钮，打开编辑模板的窗口，可以像编辑一般页面那样来编辑模板，如图 7-5 所示。

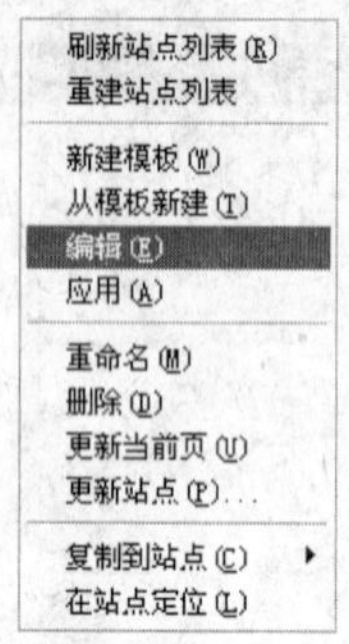

图 7-4　快捷菜单

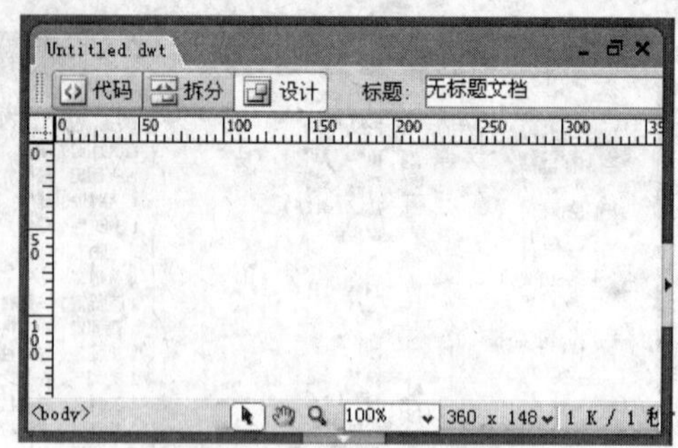

图 7-5　空白模板

3）修改现有的 HTML 文档，使之成为自己需要的模板

将现有的文档直接另存为模板格式，或者修改现有的 HTML 文档后另存为模板，步骤如下。

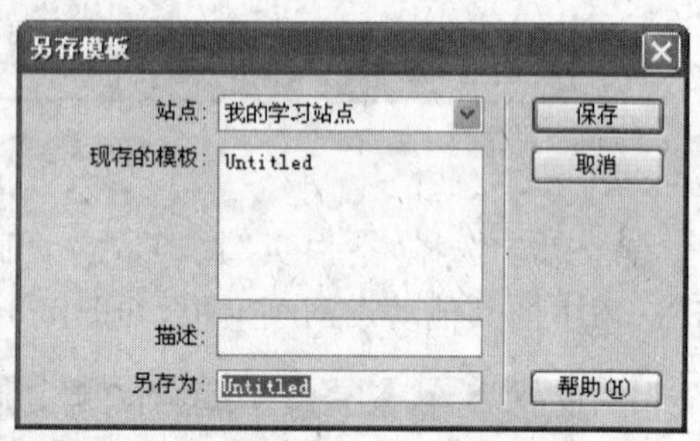

图 7-6　“另存模板”对话框

第 1 步：打开站点中的 HTML 文件，选择“文件”→“另存为模板(M)”选项，打开“另存模板”对话框。

第 2 步：选择模板存放的站点，在“另存为”文本框中输入模板名称，在“描述”文本框中输入模板描述文字，如图 7-6 所示。

第 3 步：单击“保存”按钮，出现如图 7-7 所示的对话框，单击“是”按钮，系统更新链接。

第 4 步：打开“资源”面板，单击按钮，查看模板，刚才新建的模板便显示在“资源”面板中，如图 7-8 所示。

图 7-7　更新链接

图 7-8　“资源”面板中查看已有模板

3. 编辑模板

1）可编辑区域

可编辑区域控制在基于模板的页面中用户可以编辑的那些区域。

(1) 创建可编辑区域。

打开模板文档，定义可编辑区域的步骤如下。

第 1 步：在“文档”窗口中，选择想要设置为可编辑区域的文本，或将插入点放在想要插入可编辑区域的位置，选择“插入记录”→“模板对象”→“可编辑区域”选项，打开“新建可编辑区域”对话框，如图 7-9 所示。

第 2 步：在"名称"文本框中为该区域输入名称，单击"确定"按钮。新插入的可编辑区域上面部分是一个淡蓝色背景的标签，显示该可编辑区域的名称；下面部分是一个黑色背景的编辑区域，初始数据是该可编辑区域的名称，如图 7-10 所示。

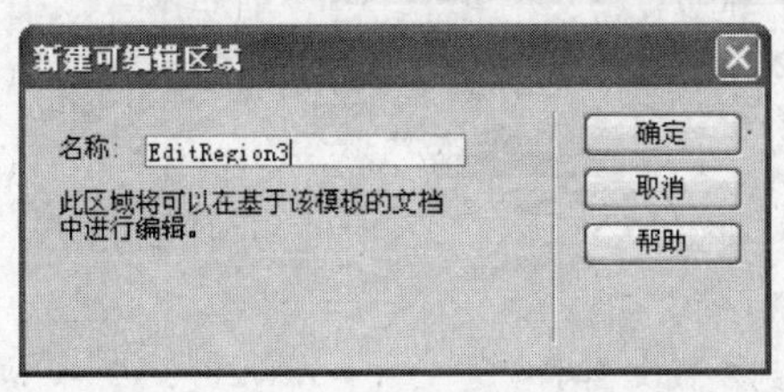

图 7-9　"新建可编辑区域"对话框

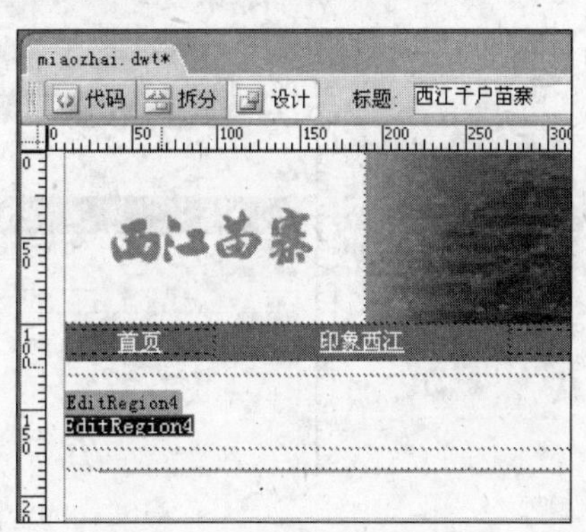

图 7-10　插入可编辑区域到模板文档中

(2) 修改可编辑区域名称。

插入可编辑区域后，可以更改它的名称，步骤如下。

第 1 步：单击可编辑区域左上角的标签以选中它。

第 2 步：在"属性"面板的名称文本框中，输入一个新名称按 Enter 键即可。

(3) 删除可编辑区域。

使用"删除模板标记"命令可以删除"可编辑区域"，其操作步骤如下。

第 1 步：在文档或标签选择器中，选择想要删除的可编辑区域。

第 2 步：选择"修改"→"模板"→"删除模板标记"选项，或按 Delete 键，此区域不再是可编辑区域。

2) 可选区域

可选区域是模板中的区域，用户可将其设置为在基于模板的文档中显示或隐藏。

(1) 插入可选区域。

插入可选区域的操作步骤如下。

第 1 步：在模板"文档"窗口中，选择要设置可选区域的元素。

第 2 步：请选择下列操作之一。

方法一：选择"插入记录"→"模板对象"→"可选区域"选项。

方法二：右击所选内容，然后选择"模板"→"新建可选区域"选项。

方法三：在"插入"面板中的"常用"工具栏中，单击"模板"下三角按钮，选择"可选区域"选项。

第 3 步：在"新建可选区域"对话框的"名称"文本框中输入可选区域的名称，如图 7-11 如示。

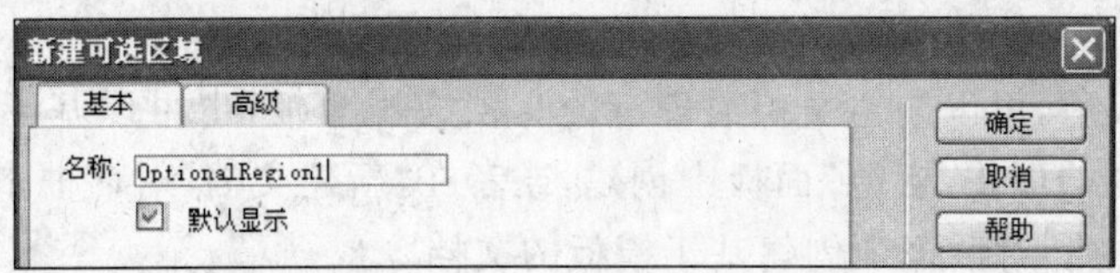

图 7-11　"新建可选区域"对话框

第 4 步：在“高级”选项卡中，选中“使用参数”单选按钮，或者输入表达式。

第 5 步：单击“确定”按钮，可选区域就插入到了模板文档中，如图 7-12 所示。

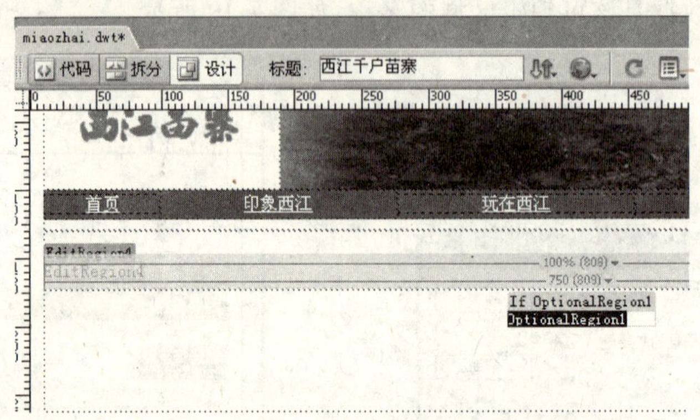

图 7-12 可选区域插入到模板文档中

与插入可编辑区域类似，新插入的可选区域上面部分是一个淡蓝色背景的标签，显示以单词 If 开头的可选区域名称；下面部分是一个黑色背景白色字体的编辑区域。

(2) 设置可选区域的值。

在模板中插入可选区域之后，可以编辑该区域的设置。

第 1 步：在“文档”窗口中执行下列操作之一。

方法一：在“设计”视图中，单击要修改的可选区域的模板标签。

方法二：在“设计”视图中，将插入点放置在模板区域中；然后在“文档”窗口底部的标签选择器中选择模板标签<mmtemplate:if>。

方法三：在“代码”视图中，单击想要修改的模板区域的注释标签。

第 2 步：在“属性”面板中单击“编辑”按钮。

第 3 步：在“基本”选项卡中，将参数的名称输入“名称”框中，选中“默认显示”复选框设置在文档中显示选定的区域，取消选择该复选框将把默认值设置为假。

第 4 步：单击“确定”按钮可完成可选区域的设置。

3) 插入可编辑的可选区域

可编辑的可选区域可让用户在可选区域内编辑内容，集成了可选区域和可编辑区域的功能。使用该标签用户可获得更大的自由创作空间。

插入可编辑的可选区域的步骤与插入可选区域一样，不同的是新插入的可编辑的可选区域由可编辑区域嵌套在可选区域构成，如图 7-13 所示。

4) 创建重复区域

重复区域是模板的一部分，这一部分可以基于模板的页面重复多次。在模板中插入重复区域的步骤和方法同上，这里不再重复。

4. 应用模板

在设置了模板后，可以向空文档或现有的文档应用模板，也可以基于模板创建新文档。基于模板创建新文档可在“资源”面板中创建，或者在“新建文档”对话框中创建。

1) 在“新建文档”对话框中创建基于模板的文档

在“新建文档”对话框中创建基于模板的文档的操作步骤如下。

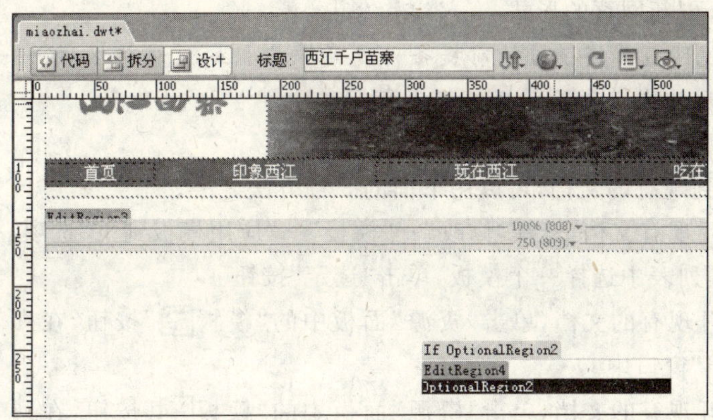

图 7-13 可编辑的可选区域插入到模板文档中

第 1 步：选择“文件”→“新建”选项，打开“新建文档”对话框。

第 2 步：在“新建文档”对话框中选择“模板中的页”选项，如图 7-14 所示。

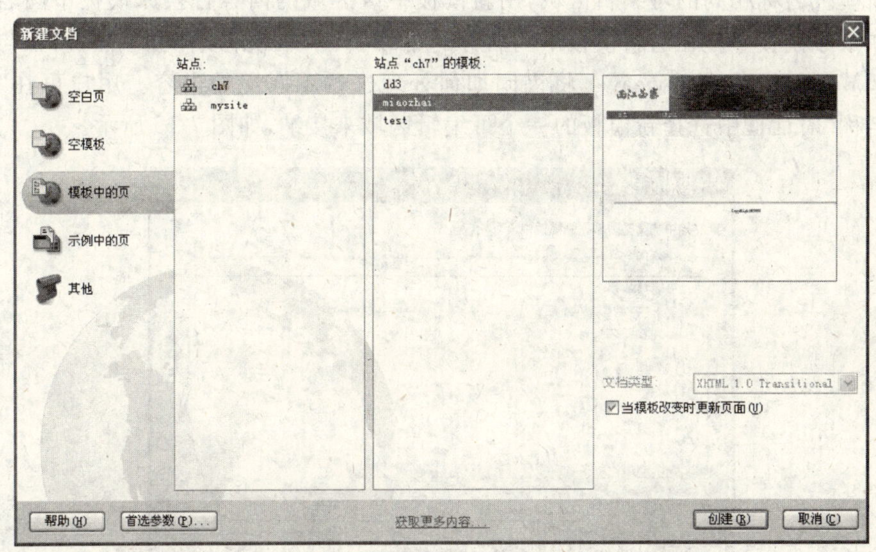

图 7-14 基于模板新建文档

第 3 步：在“站点”列表中选择想要使用的模板的站点。“站点模板”列表中会显示所选站点中的模板，选择想要使用的模板。

第 4 步：单击“创建”按钮，即创建了一个基于模板的新页面。

2) 在“资源”面板中创建基于模板的文档

在“资源”面板中创建基于模板的文档的操作步骤如下。

第 1 步：在“资源”面板中，单击按钮查看站点模板。

第 2 步：右击想要应用的模板，然后选择“从模板新建”选项，在文档窗口中便出现了一个基于该模板的新页面。

3) 将模板应用到现有的文档

将模板应用到现有文档的最大优点是能实现网页的形式与内容的分离，可以在保持内容不变的情况下，更新网页的形式。

说明：要实现网页更换模板的前提条件是两个模板的可编辑区域一一对应，这样原来网页里可编辑区域的内容到了新模板里才能正确显示。

第 1 步：应用方法。

将模板应用到现有的文档，可以用下面的 3 种方法之一。

方法一：打开现有文档，选择“修改”→“模板”→“应用模板到页”选项，打开“选择模板”对话框，在“模板”列表中选择一个模板，单击“选定”按钮。

方法二：打开现有的文档，单击“资源”面板中的“模板”按钮，在列表中选择模板并将它拖曳到“文档”窗口中。

方法三：打开现有的文档，单击“资源”面板中的“模板”按钮，在列表中选择模板并单击“应用”按钮，将模板应用到文档中。

第 2 步：应用模板时的问题说明。

在应用模板到现有文档时，Dreamweaver 会比较该文档新旧两个模板的可编辑区域，找到与新模板名称相同的可编辑区域，用新模板中该区域的内容替换原模板中同名区域的内容。如果原模板中存在与新模板不同名称的可编辑区域，或者原模板中的内容与新模板的各个区域不匹配，Dreamweaver 将询问如何处理这些不匹配的内容。用户可在“不一致的区域名称”对话框中选择新模板的一个可编辑区域来接纳，如图 7-15 所示。

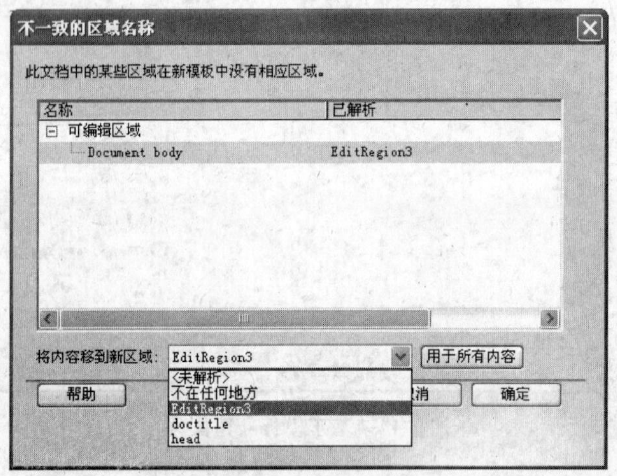

图 7-15　选择不一致的区域名称的内容移至新区域

在上面的对话框中，“将内容移到新区域”下拉列表中的选项有 4 个，它们的含义分别如下。

- 不在任何地方：表示放弃 Document body 区域中的内容。
- EditRegion3：表示把 Document body 区域中的内容加入到 EditRegion3 区域中。
- doctitle：是模板中的另一个可编辑区域，当任何一个文档在转换成模板时，Dreamweaver 都会自动设定这个可编辑区域，目的是修改页面的标题。如果选择这个选项，Document body 区域中的内容将加入到区域内。
- head：是模板中的又一个可编辑区域，目的是将旧模板区域的内容加入到新模板中的文件头可编辑区域内。

一般而言，将旧模板中的内容移到“不在任何地方”、doctitle 或 head 等区域内，意义都不太大。

5. 修改模板更新网页

模板可以更新，例如改变可编辑区域和不可编辑区域、改变可编辑区域的名字、更换页面的内容等。更新模板后，系统可以将由该模板生成的页面自动更新。当然也可以不自动更新，以后由用户手动更新。

1）自动更新

第 1 步：打开要更新的模板文档。进行模板修改，例如改变页面布局、增加可编辑区域、删除可编辑区域等。

第 2 步：保存模板，此时系统会打开“更新模板文件”对话框，提示用户是否更新使用了该模板的网页。单击“不更新”按钮，则不自动更新，有待以后手动更新，如图 7-16 所示。

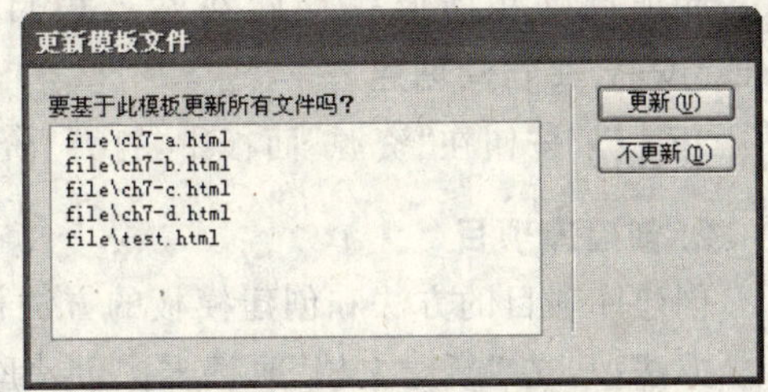

图 7-16　“更新模板文件”对话框

第 3 步：按住 Ctrl 键，同时单击选中要更新的网页名字，单击“更新”按钮，可自动完成选定文件的更新，同时会打开一个“更新页面”对话框，它的“状态”列表中会列出更新的文件名称、检验文件的个数、更新文件的个数等信息，如图 7-17 所示。

第 4 步：在该对话框中的“查看”下拉列表框内选择“整个站点”选项，则其右边会出现一个新的下拉列表框。在新的下拉列表框内选择站点名称，如图 7-18 所示。单击“开始”按钮，即可对选定的站点进行检验和更新，并给出如图 7-18 所示的检验报告。

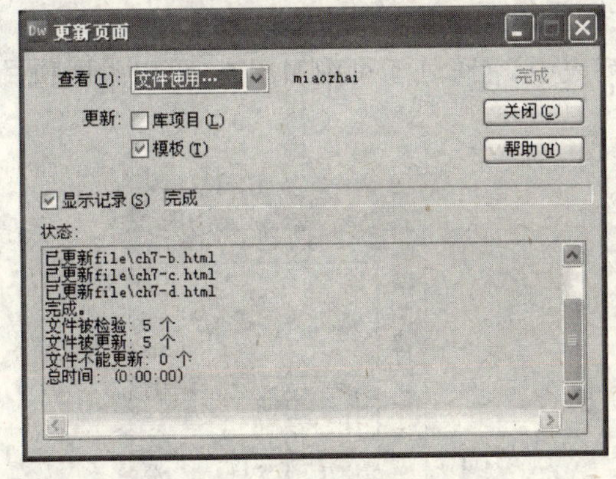

图 7-17　“更新页面”对话框

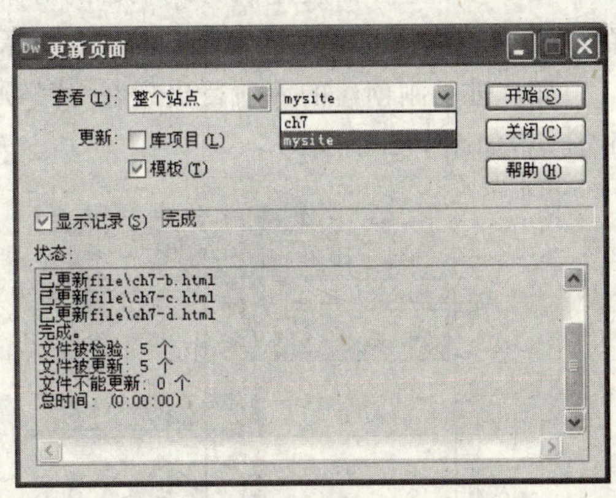

图 7-18　选择“整个站点”更新页面

2）手动更新

第 1 步：打开要更新的网页。

第 2 步：选择“修改”→“模板”→“更新当前页”选项，即可将当前页面按照更新后的模板进行更新。

第 3 步：选择“修改”→“模板”→“更新页面”选项，也可以将指定的或全部网页文件按照模板进行更新。

6. 将文档和模板分离

选择“修改”→“模板”→“从模板中分离”选项，可以使该页面与模板分离。分离后的网页将不再受模板的约束，可自由编辑。

7.2.2 库

1. 初识库

Dreamweaver 将网站中需要重复使用或经常更新的网页元素(如文本、表单、导航条、版权信息、Active 元素和图像等)存入库中，存入库中的元素称为库项目。

库项目以文档形式存储在站点根目录下的 Library 中，扩展名为.lbi。Library 由 Dreamweaver 自动创建。

“库”按钮在“资源”面板中，打开“资源”面板，再选择“库”选项。

2. 创建库项目

创建库项目的方法和创建模板的方法相似，可以通过以下 3 种方法来实现。

方法一：在“新建文档”对话框中创建库项目。

方法二：在“资源”面板中创建库项目。

方法三：在现有的 HTML 文档中选择需要创建库项目的部分，选择“修改”→“库”→“增加对象到库”选项，使之成为库项目。

多数设计人员喜欢方法三，不过却是采用拖曳的方法来创建，具体步骤如下。

第 1 步：打开一个 HTML 文档。

第 2 步：打开“资源”面板中的“库”项目列表。

第 3 步：选择需要定制为库项目的对象，这里选择一幅“西江苗寨”的文字图片，将选定的对象拖曳到“资源”面板中，如图 7-19 所示，注意鼠标的形状。

第 4 步：刚创建的库项目出现在“库”项目列表中，名称处于可编辑状态，可以为库项目重命名，如图 7-20 所示。

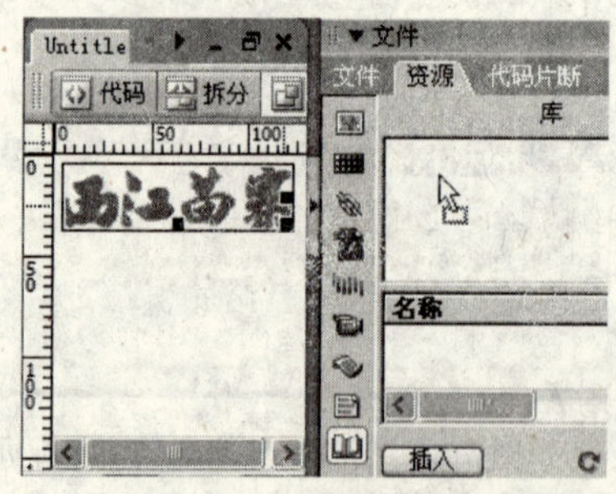

图 7-19 将选定的对象拖曳到“库”中

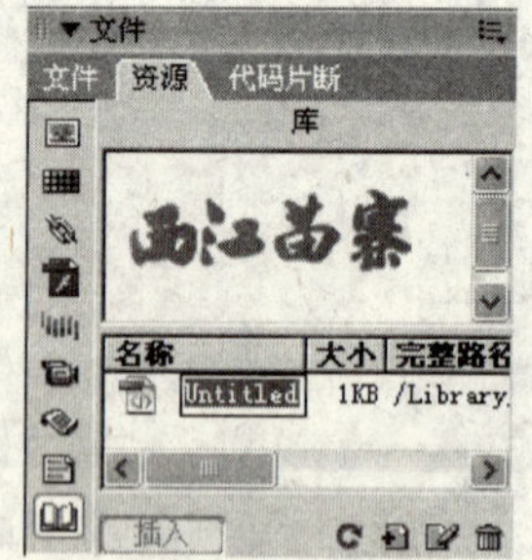

图 7-20 刚创建的库项目

方法一和方法二在这里不再重复。

3. 操作库项目

使用“资源”面板中的“库”项目列表，可以非常方便地操作库项目。

1) 重命名库项目

在“库”面板中重命名库项目的名称后，系统会打开更新文件的对话框，对话框中显示所有用到该库项目的网页、模板等文件，如果要更新站点中的这些文件，可以单击“更新”按钮，如图 7-21 所示；如果暂时不更新任何文件，则单击“不更新”按钮。

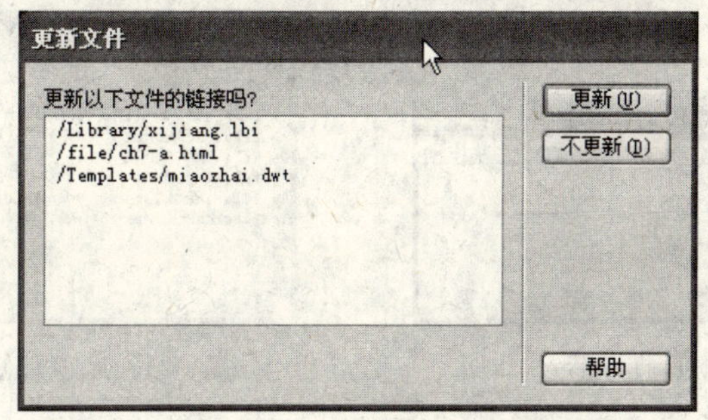

图 7-21　“更新文件”对话框

我们可以在更新后的网页文件的“代码”视图中看到刚刚创建的库项目，和之前的网页相比，库项目在 BeginLibraryItem 注释标签内存放，如图 7-22 所示。格式如下。

```
<!--#BeginLibraryItem "/Library/库项目名称.lbi"-->
   库项目详细信息
<!--#EndLibraryItem-->
```

图 7-22　库项目在网页代码中的表现

2）编辑库项目

对已有的库项目，可以进一步编辑。

编辑库项目前，需要了解的是，网页中包含有库项目，如果要修改库项目的属性如设置超链接、大小等，不能通过该库项目的属性面板来设置，而必须要先将库项目的内容打开，才能设置属性。打开库项目可以通过以下 4 种方法来实现。

方法一：选择“文件”→“打开”选项，在打开的“打开”对话框中的“文件类型”下拉列表中选择“库文件”选项，查找选中要打开的库文件，单击“打开”按钮。

方法二：在“资源”面板的“库”项目列表中，选中要打开的库项目，单击面板右下角的“编辑 ”按钮。

方法三：直接双击“库”项目列表中要打开的库项目。

方法四：选择文档中的库项目对象，在“属性”面板中单击“打开”按钮。

打开后的库项目如图 7-23 所示。

库项目的编辑操作与普通网页的编辑操作没有区别。完成后，对库项目进行保存，这时会打开“更新库项目”对话框，如图 7-24 所示。可以“更新”或暂时“不更新”受影响的网页文件或使用了该库项目的特定文档。

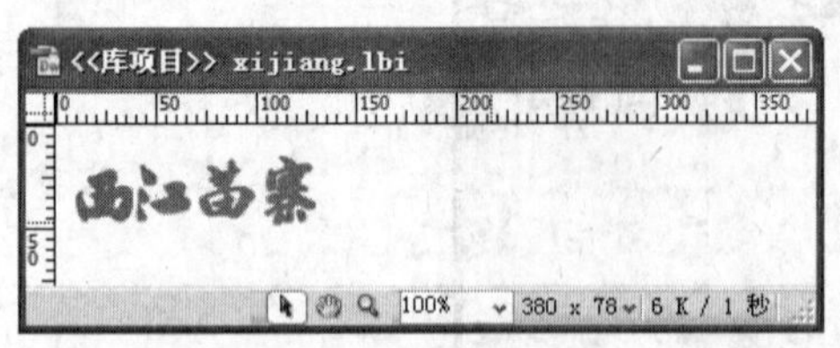

图 7-23　库项目打开后

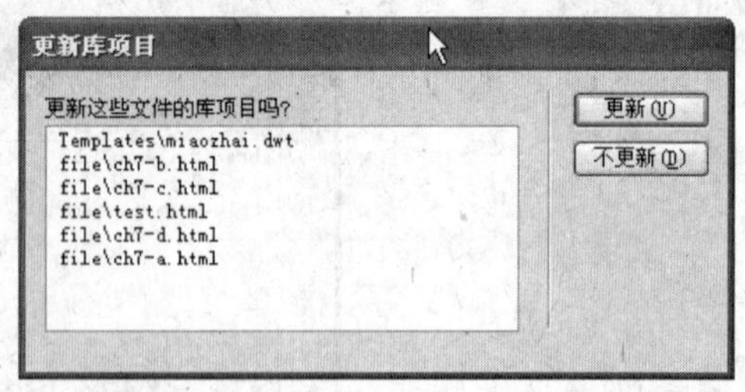

图 7-24　库项目修改后的更新对话框

更新完毕后，Dreamweaver 会打开“更新页面”对话框，汇报更新页面的情况，如图 7-25 所示。

3）在网页或特定文档中插入库项目

库项目创建好后，可以像 Dreamweaver 工具栏上的按钮那样，按照需要任意将其插入到网页文档或其他特定的文档中使用。具体的操作方法如下。

第 1 步：打开需要插入库项目的文档或新建文档。

第 2 步：将光标放置在需要插入库项目的位置。

第 3 步：在“库”面板中选择需要插入文档中的库项目。

第 4 步：单击面板左下方的“插入”按钮，或者直接将选中的库项目拖曳到文档中。

4）更新整个站点的库项目

要更新整个站点或所有使用特定库项目的文档，可以选择“修改”→“库”→“更新页面”选项，如图 7-26 所示。单击“开始”按钮，系统更新文件。

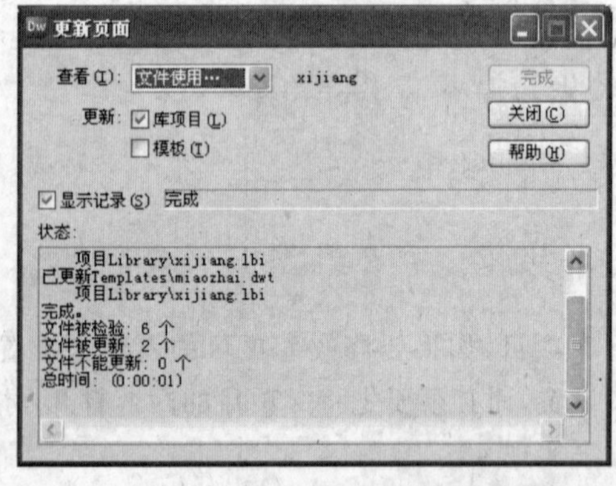

图 7-25　库项目更新页面状态

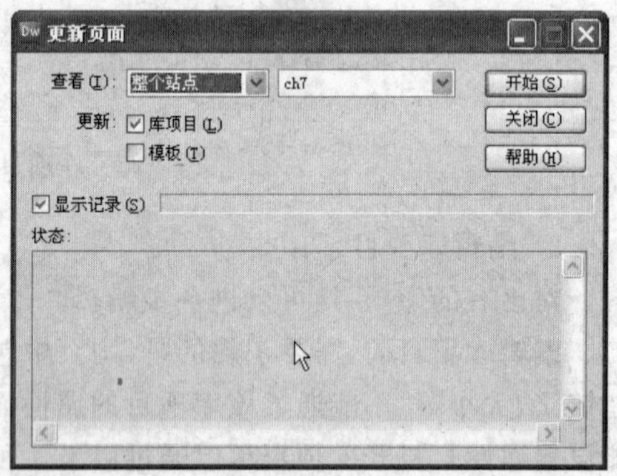

图 7-26　更新整个站点的库项目

在“查看”下拉列表框中执行下列命令之一。

- 整个站点：系统会更新所选站点所有页面的所有库项目。
- 文件使用：系统会更新当前站点中使用所选库项目的页面。

5）删除和重新创建库项目

在“资源”面板的“库”中选择要删除的库项目，单击面板右下角的“删除”按钮，或者按 Delete 键，然后单击“是”按钮即可。库项目删除后，已应用了该库项目的文档内容和格式上将不会发生任何变化。

要重新创建已删除的库项目，可以打开一个应用了该库项目的文档，选中库项目，然后单击“属性”面板上的“重新创建”按钮，系统就可以重新恢复已删除的库项目。

6）将库项目与源文件分离

选中要分离的库项目，单击“属性”面板中的“从源文件中分离”按钮，如图 7-27 所示。

图 7-27　库项目分离

将会打开如图 7-28 所示的警告信息对话框。

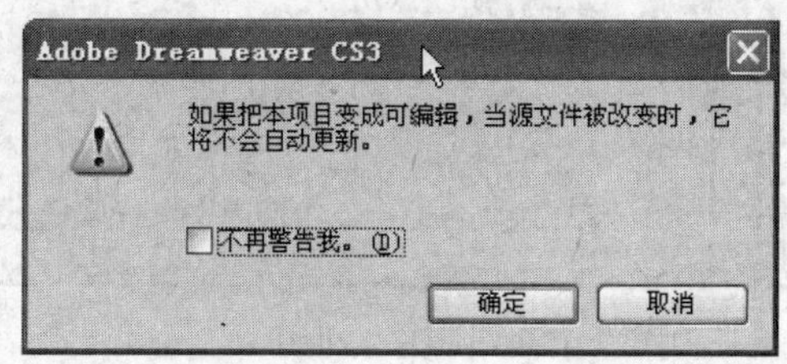

图 7-28　库项目分离警告信息

7.3　任务实施步骤

7.3.1　创建和应用模板

设计目标：

通过创建和使用模板，掌握模板制作和应用的一般流程，能利用模板制作大量具有相同布局的页面，提高网页制作的工作效率。

设计思路：

- 设计一个“三”字形布局的模板文档 miaozhai.dwt，上下方固定大小，中间为可编辑区域，上方是网站标志图片和导航栏，下方为版权信息栏；
- 利用模板快速生成具有相同架构布局的 ch7-a.html，ch7-b.html 等 5 个网页。

设计效果：

设计“三”字形布局的模板文档，如图 7-29 所示。应用模板生成布局相同的网页，如图 7-30和图 7-31 所示。

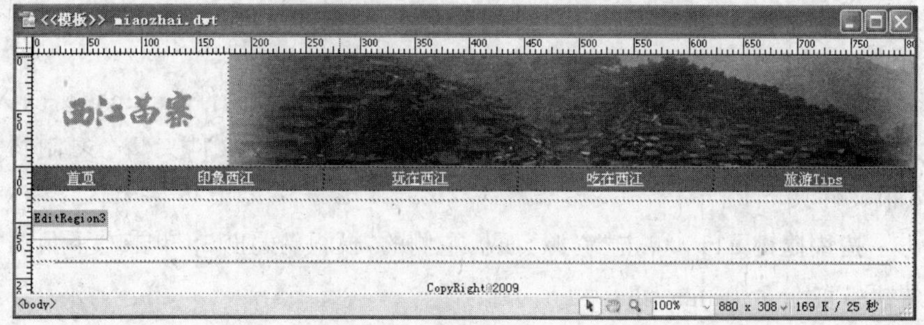

图 7-29　要创建的模板 miaozhai.dwt

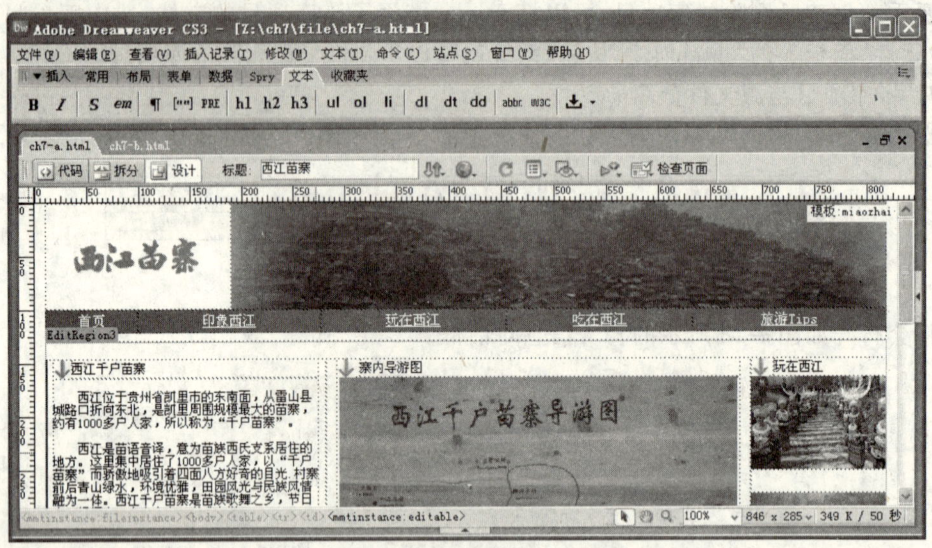

图 7-30　效果图 1

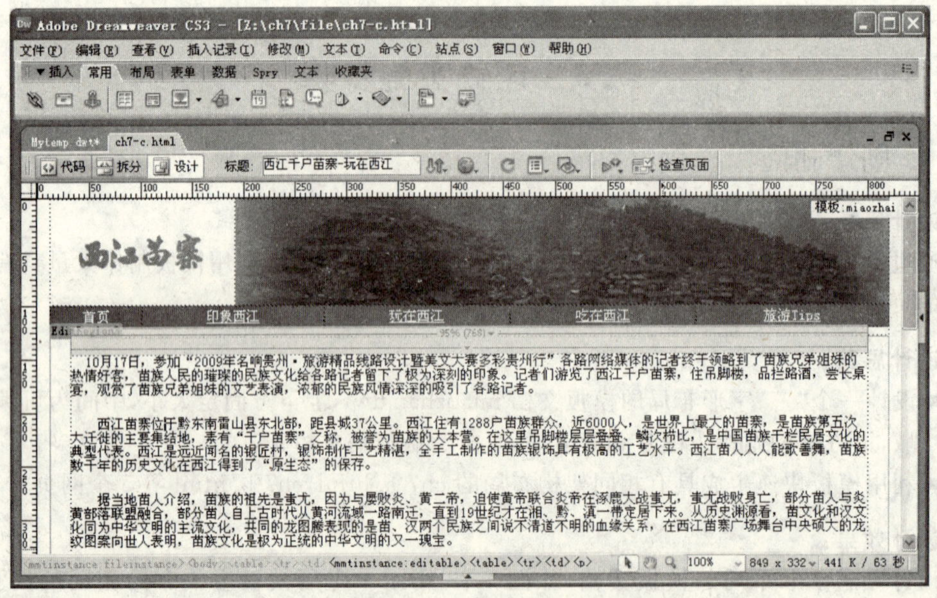

图 7-31　效果图 2

操作步骤：

第 1 步：启动 Dreamweaver CS3 软件，在本地硬盘上新建文件夹 Xmsite，以 Xmsite 为站点根文件夹，创建“学习”站点，将光盘中的素材目录下的 ch7 文件夹整个复制到“学习”站点 Xmsite 根文件夹下。

第 2 步：按快捷键 F11，单击“资源”面板左侧的“模板”按钮，单击右下角的“新建”按钮，将新建模板命名为 miaozhai.dwt。

第 3 步：双击刚新建的模板 miaozhai.dwt，打开模板，并切换到“设计”视图。

第 4 步：设置 miaozhai.dwt 文档的页面属性，标题是"西江苗寨"，上下边距是 0 像素。

第 5 步：在 miaozhai.dwt 文档的"设计"视图内，新建一个 4 行 1 列的表格，表格内具体设置如表 7-1 所示。设置结束后，miaozhai.dwt 文档如图 7-29 所示。

表 7-1　新建 4 行 1 列表格设置要求

对　象	设置说明
表格	宽：750 像素；填充：0；间距：0；边框：0；对齐：居中对齐
第 1 行	拆分为两列 两个单元格分别嵌套两个 1 行 1 列且宽度为 100%的表格 第 1 个嵌套表格插入图片.../img/xjtx.gif 第 2 个嵌套表格插入图片.../img/mysuc.gif
第 2 行	起导航栏作用 插入一个 1 行 5 列宽度为 100%嵌套表格 5 个单元格依次录入导航文字"首页"、"印象西江"、"玩在西江"、"吃在西江"和"旅游 Tips" 设置导航文字所在的行"文本颜色"为＃FFFFFF，"水平"为"居中对齐"，"背景颜色"为＃3149D5
第 3 行	插入可编辑区域 EditRegion3，删除可编辑区域的初始值 EditRegion3；设置该行的单元格"垂直"为"顶端"
第 4 行	设置该行的单元格"水平"为"居中" 插入一条宽度为 100%的水平线，设置水平线"颜色"为＃3149D5，"高"为 1 像素 插入一个空行 输入文字 CopyRight@2009 并设置@为红色

第 6 步：按 F12 键预览 miaozhai.dwt，效果如图 7-32 所示。

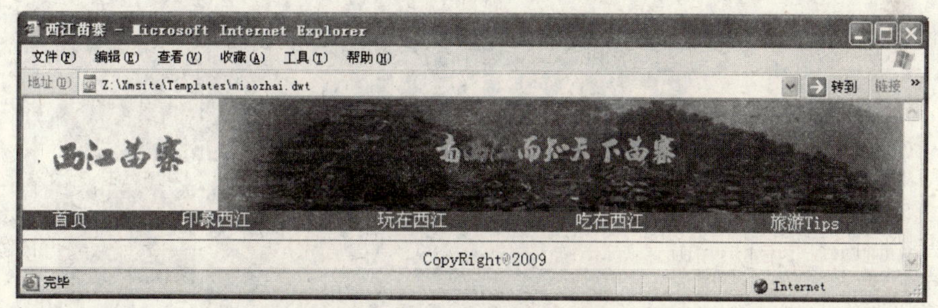

图 7-32　模板 miaozhai.dwt 预览图

第 7 步：在站点文件夹 file 中新建 5 个网页文件分别为 ch7-a.html、ch7-b.html、ch7-c.html、ch7-d.html、ch7-e.html。

第 8 步：双击网页文件 ch7-a.html 打开该文件。

第 9 步：选择"修改"→"模板"→"应用模板到页"选项，打开"选择模板"对话框，如图 7-33 所示。

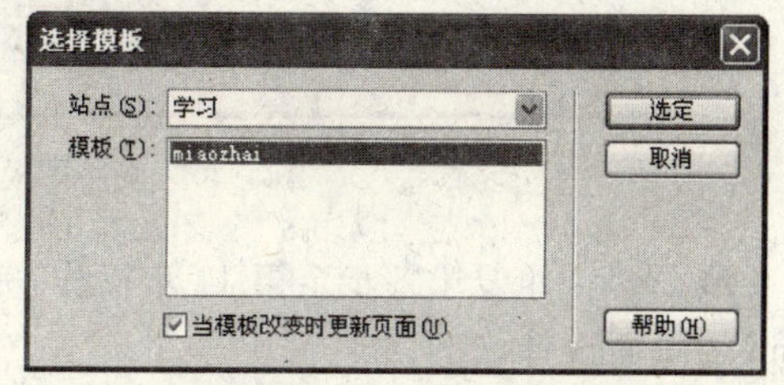

图 7-33　选择模板应用到页

第 10 步：从模板列表中选择 miaozhai，选中"当模板改变时更新页面"复选框，然后单击

“选定”按钮，ch7-a. html 显示如图 7-34 所示效果，文档左上角显示浅黄色背景的模板名称提示条，整个工作区域除 EditRegion3 可编辑外，其他区域不能编辑。

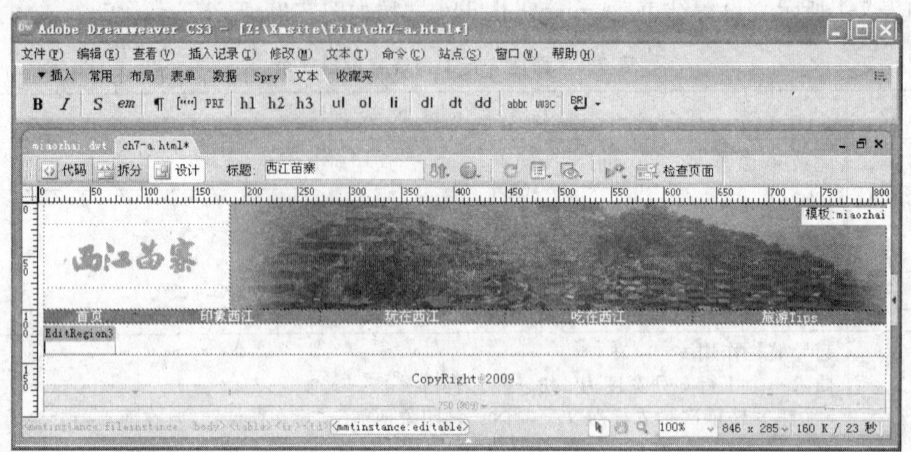

图 7-34　模板应用到页后的效果

第 11 步：在可编辑区域 EditRegion3 内插入一个 1 行 1 列、宽度为 100％的表格，然后根据需要嵌套 1 个或多个表格，嵌套表格的文本内容可从 img 文件夹的“内容. txt”中复制，参考效果如图 7-35 所示。

图 7-35　应用了模板且添加了内容的网页

第 12 步：重复第 8 步至第 11 步操作，完成 ch7-b. html、ch7-c. html、ch7-d. html 和 ch7-e. html 的页面设计。

第 13 步：在“资源”面板的“模板”列表中打开 miaozhai. dwt 模板文档，将导航文字“首页"、"印象西江"、"玩在西江"、"吃在西江"和"旅游 Tips"的链接分别设置为.../file/ch7-a.html、.../file/ch7-b.html、.../file/ch7-c.html、.../file/ch7-d.html 和.../file/ch7-e.html，保存模板，在打开的"更新模板文件"对话框中单击"更新"按钮，所有页面应用模板操作完成。

知识拓展：

模板文档中的可编辑区域（还有可选区域、可编辑可选区域等）除了用户可以通过插入增加外，默认情况下文件头和标题处也是可编辑区域。在 HTML 代码视图下语法格式类似，都是以"<!--TemplateBeginEditable name = "可编辑区域名称"-->"开始和以"<!--TemplateEndEditable-->"结束。miaozhai.dwt 模板文档内主要有如下 3 个地方是可编辑区域。

```
/* Dreamweaver 默认可编辑区域-标题，这里初始值是"西江苗寨" */
<!--TemplateBeginEditable name="doctitle"-->
    <TITLE>西江苗寨</TITLE>
<!--TemplateEndEditable-->
/* Dreamweaver 默认可编辑区域-文件头，这里初始值为空 */
<!--TemplateBeginEditable name="head"--><!--TemplateEndEditable-->
/* 用户增加的可编辑区域-区域名称是 EditRegion3，初始值为空 */
<!--TemplateBeginEditable name="EditRegion3"--><!--TemplateEndEditable-->
```

7.3.2 定制库和应用库项目

设计目标：

将一个跳转菜单作为一个库项目，以便能够方便地在任何页面中使用它。

设计思路：

设计一个跳转菜单，能方便地超链接到国家图书馆的期刊库、馆藏目录和博士论文检索网页。

设计效果：

库项目如图 7-36 所示。

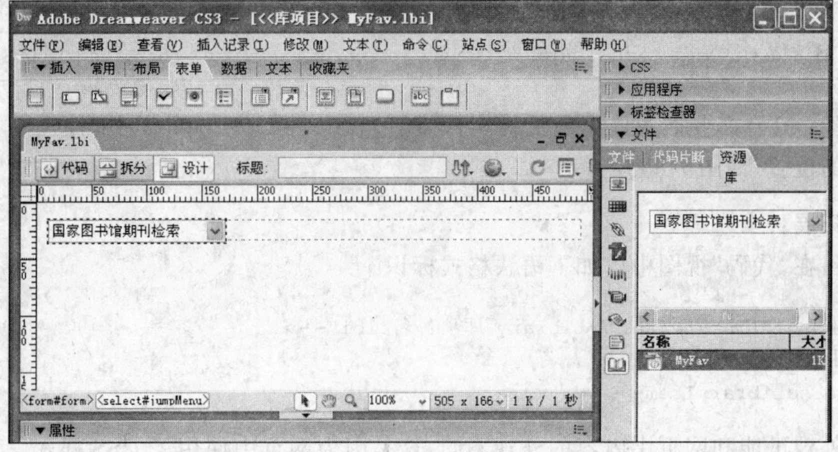

图 7-36　库项目 MyFav

操作步骤：

第 1 步：打开“学习”站点。

第 2 步：按快捷键 F11 打开“资源”面板，单击面板左侧的“库”图标，单击右下角“新建库项目”按钮，将新建的库项目命名为 MyFav. lbi。

第 3 步：双击刚才建立的库项目 MyFav. lbi，打开库项目文档。在文档工作区，切换为“设计”视图。

第 4 步：选择“插入记录”→“表单”→“跳转菜单”选项，系统打开“插入跳转菜单”对话框，如图 7-37 所示。

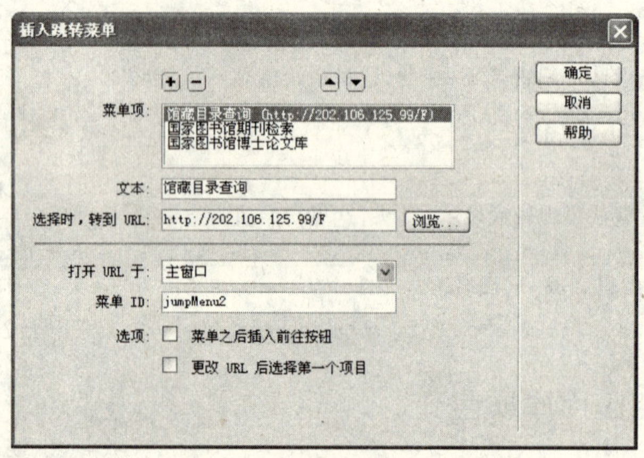

图 7-37 “插入跳转菜单”对话框

第 5 步：对话框中的“菜单项”、“文本”及“选择时，转到 URL”设置如表 7-2 所示，设置完成后单击“确定”按钮，库项目效果如图 7-36 所示。

表 7-2 跳转菜单项目及 URL 值表

菜单项文本	转到 URL
馆藏目录查询	http://202.106.125.99/F
国家图书馆期刊检索	http://dportal.nlc.gov.cn:8332/nlcdrss/database/sjk_xkfl.htm
国家图书馆博士论文文库	http://res4.nlc.gov.cn/index_lw.jsp? channelid=75 008

第 6 步：打开需要插入该库项目的文档或者新建文档，将 MyFav. lbi 库项目拖曳到文档中相应的位置，如图 7-38 所示。

知识拓展：

库项目在“代码”视图中以如下语法格式标识。

```
<!--#BeginLibraryItem "/Library/库项目名.lbi"-->
库项目信息
<!--#EndLibraryItem-->
```

库的外观可能和网页中内容的外观不同，这是因为网页中使用了 CSS 样式。如果在将来插入该库的网页中有这个样式，这部分内容的外观会变得和原网页中一致。

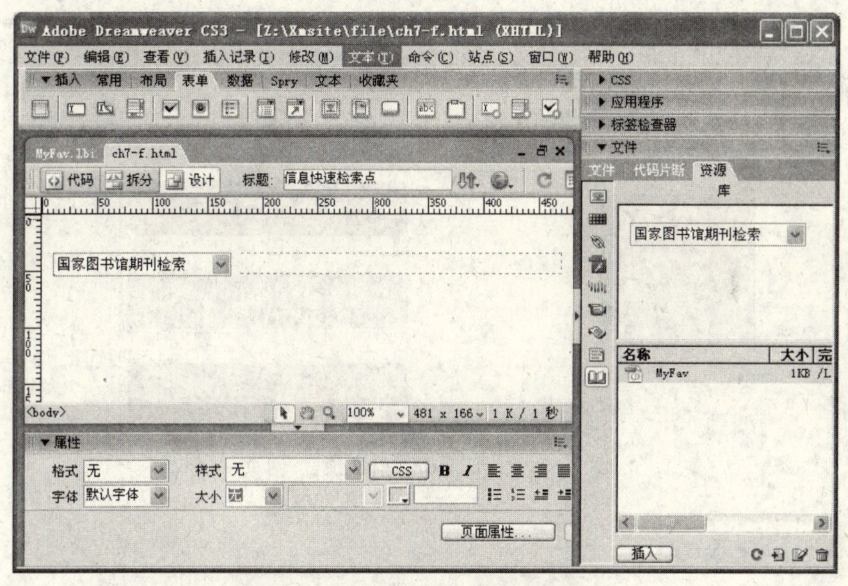

图 7-38 将库项目插入网页中

7.4 上机实训

实训 7.1 创建网站模板

实训目的：

创建模板，并使用模板编辑相似的网页。

实训内容：

创建“学习”网站模板，并使用模板编辑制作“故事简介”、“玛雅预言”、“精彩图片”和“花絮”网页。实训效果参考网页存放在素材目录 ch7 下的“ch7 上机实训效果”文件夹下。

实训步骤：

第 1 步：启动 Dreamweaver CS3 软件，在本地硬盘上新建文件夹 Xxsite，以 Xxsite 为站点根文件夹，创建“学习”站点，将光盘中的素材目录 ch7 下的“ch7 上机实训素材”文件夹复制到“学习”站点 Xxsite 根文件夹下。

第 2 步：打开“学习”站点 file 文件夹下的 best1. html 文档，将其中嵌套的两个表格中的具体内容删除，将其另存为模板 best. dwt。然后在表格中创建两个可编辑区域，上、下两个嵌套表格的可编辑区域分别命名为 pic 和 text。

第 3 步：使用模板新建文件，然后在两个编辑区域中分别插入新的图片 forbest2. jpg 和与之配套的文本(图片和文本存放在 img 文件夹内的“内容. txt”中)，并另存为 best2. html，最终效果如图 7-39 所示。

第 4 步：创建网页文件 best3. html 和 best4. html。这两个网页文件要插入的图片分别是 forbest3. jpg 和 forbest4. jpg，与图片相配套的文本也存放在 img 文件夹内的“内容. txt”文件夹中，最终效果如图 7-40 和图 7-41 所示。

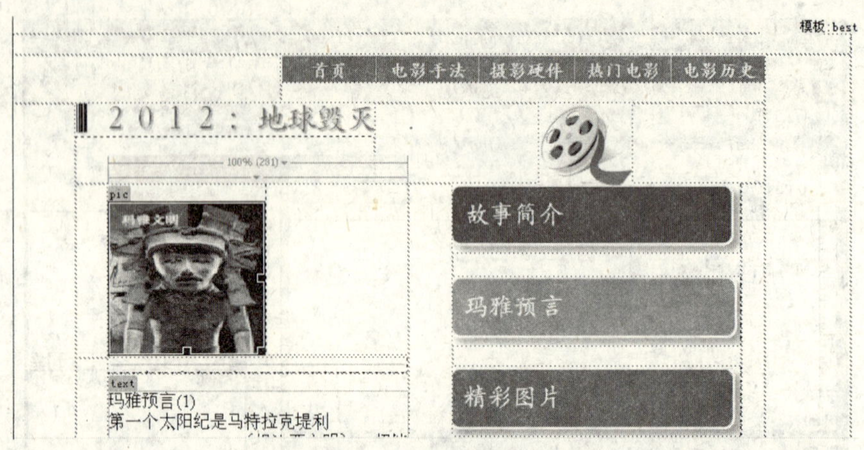

图 7-39　best2. html“玛雅预言”网页

图 7-40　best3. html“精彩图片”网页

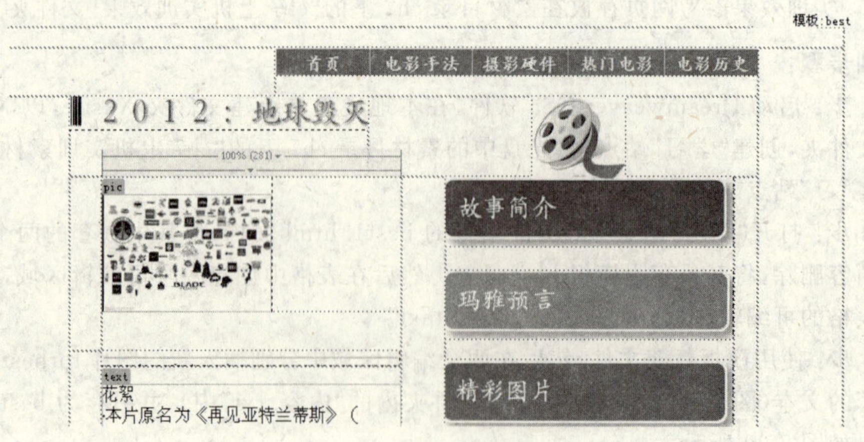

图 7-41　best4. html“花絮”网页

第 5 步：在模板文件中将“故事简介”、“玛雅预言”、“精彩图片”和“花絮”等按钮的链接设置为各自的网页文件。

7.5　知识总结与回顾

7.5.1　回顾学习要点

- 创建模板：掌握在 Dreamweaver CS3 中创建模板的 3 种方法，掌握在模板中如何定义可编辑区域、可选区域等，学会从模板创建网页和调整模板的方法。
- 使用库：掌握在 Dreamweaver CS3 中创建库项目、使用库项目、更新库项目和分离库项目的方法。
- 模板页面：通过实例，熟练掌握创建和制作模板页面的方法。

7.5.2　学习要点参考

- 模板和库可以为用户提高网站创建与更新的工作效率。
- 要制作具有相同的整体布局结构的页面时可使用模板。
- 要使用相同的局部对象时可将对象定制为库项目。

习　题

一、选择题

1. 下列说法中错误的是(　　)。

   A. Dreamweaver 用文件扩展名.dwt 来保存模板

   B. 模板被保存在站点的本地根文件夹中的 Templates 文件夹中

   C. 可以将多个表格单元格标记为单个可编辑区域

   D. 可以将层或层内容标记为单个可编辑区域

2. 在模板中不能定义的模板区域类型有(　　)。

   A. 可编辑区域　　B. 重复区域　　C. 可选区域　　D. 锁定区域

3. 下列说法中正确的是(　　)。

   A. 某个网页中使用了库以后，只能更新不能分离

   B. 库是一个独立的文件

   C. 基于模板的文件只能在模板保存时得到更新

   D. 使用模板能够做到使各网页风格一致、结构统一

4. 要建立库需要使用(　　)面板。

   A. 站点　　B. 设计　　C. 资源　　D. 行为

5. 下面哪一项不能够在模板中创建(　　)。

   A. 可编辑区域　　B. 重复区域　　C. 重复表格　　D. 库

6. 可编辑区域的内容的 HTML 代码以(　　)注释结束。

   A. TemplateEndEditable　　B. TemplateBeginRepeat

   C. Edit-Region　　D. TemplateBeginEditable

7. 使用(　　)项目可处理在多个页面中使用并且需要经常更新的内容。

A. 库　　B. 模板　　C. div　　D. Flash

8. 应用了模板的文档可以使用(　　)。

A. 模板的行为　　B. 模板的样式表　　C. 自己的样式表　　D. 自己的行为

二、填空题

1. 模板文件的扩展名为(　　)，模板文件被保存在站点根目录下的(　　)文件夹下。
2. 库项目的扩展名为(　　),库项目被保存在站点根目录下的(　　)文件夹下。
3. 模板中有些区域是不能编辑的,称为(　　)。
4. 可编辑区域是以模板为基准创建文档,可以进行添加、(　　)、删除等操作的区域。
5. 模板会自动地保存在站点根目录的(　　),库项目自动保存在站点根目录的(　　)。
6. 可编辑区域是以模板为基准创建文档,可以进行添加、(　　)、删除等操作的区域。
7. (　　)指的是一个模板页面中可以任意多地增加的部分,例如表格的内容等。
8. 库项目的扩展名是(　　),静态模板文件的扩展名是(　　)。

三、问答题

1. 库或模板文档能否移动到其他文件夹下?
2. 删除了库项目文档,能否通过之前应用过该库项目文档的网页重建回来?
3. 如何使库项目的外观与使用了该库项目网页的外观保持一致?
4. 用户在现有文档上应用模板将会出现哪两种情况? 如何创建模板及设置模板的可编辑区域。

四、实操题

从 http://www.mobanwang.com 或者其他网站上下载 1～2 个网页模板,浏览和理解这些模板,尝试应用到自己的网页中。

CSS样式表

CSS(Cascading Style Sheets,层叠样式表)是一系列格式设置规则,是用于(增强)控制网页样式并允许将样式信息与网页内容分离的一种标记性语言。它是制作网页的一种新技术,现在已经为大多数的浏览器所支持,成为网页设计必不可少的工具之一。

本章主要内容

- 创建和应用内部样式表、外部样式表;
- 创建和应用标签、类、高级样式表;
- CSS样式的属性介绍;
- 管理CSS样式,CSS样式的应用、取消、修改和删除。

能力培养目标

通过本章学习,要求学生熟练掌握网页的样式表设置,能够动手设计出表现力丰富的网页。

8.1 任务导入与问题思考

8.1.1 任务导入——制作网页样式

仔细观察一张网页,网页中的很多对象的表现形式是一致的,也就是说表现形式和内容可以分离开来。维护统一的样式表,既简化了内容的编辑,又提高了样式设计的效率。这样的网页还能被搜索引擎快速、高效地检索,既便于网站的制作,又便于网站的推广,还能创造出丰富多彩的网页效果。

这里涉及的是网页的样式问题,也叫做网页的样式设计。

为此,我们在这里导入的任务,就是设计一张具有如图8-1所示效果的网页。

8.1.2 问题与思考

很难想象在制作大型网站时,每个页面的每个元素都使用属性面板来进行设置,这样制作出一个站点需要花费多少时间,修改时有多麻烦,网页的文件会有多大?

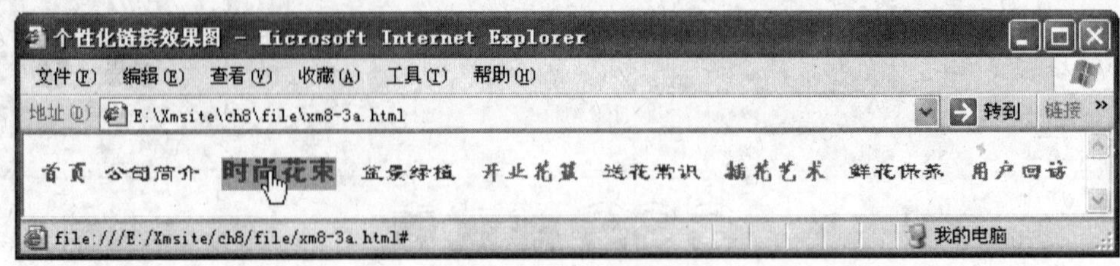

图 8-1　任务设计效果图

如何才能用更短的时间、更方便的方式使页面的字体变得更漂亮、更容易编排和修改，使页面真正赏心悦目，可以更轻松地控制多个页面的布局和样式？

8.2 知 识 点

8.2.1 CSS 概述

1. CSS 简介

1）概念

CSS 是一种格式化网页的标准方式，它扩展了 HTML 的功能，使网页设计者能够以更有效的方式设置网页格式，美化页面。

2）作用

- 可以将网页格式和结构分离；
- 可以以更方便、更快捷的能力控制页面布局；
- 可以制作体积更小、下载更快的网页；
- 可以将许多网页同时更新，比以前更快、更容易；
- 浏览器将成为更友好的界面。

2. "CSS 样式"面板

"CSS 样式"面板具有创建 CSS 样式、查看 CSS 属性、应用 CSS 样式等功能。

1）打开"CSS 样式"面板

方法一：选择菜单栏中的"窗口"→"CSS 样式"选项，打开"CSS 样式"面板，如图 8-2 所示。

方法二：按快捷键 Shift+F11，打开"CSS 样式"面板。

2）"CSS 样式"面板介绍

"CSS 样式"面板介绍如图 8-3 所示。

8.2.2 创建 CSS 样式表

1. 创建标签、类、高级样式表

1）创建 CSS 样式表

方法一：右击页面空白处，在弹出的快捷菜单中选择"CSS 样式"→"新建…"选项，打开"新建 CSS 规则"对话框，如图 8-4 所示。在对话框中进行设置，即可创建新的 CSS 样式表。

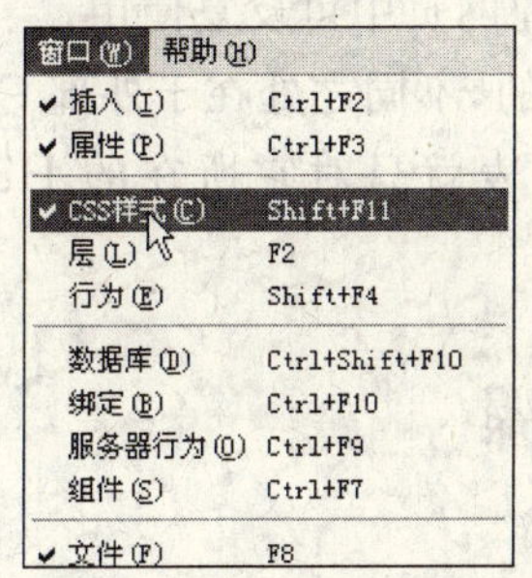

图 8-2 打开“CSS 样式”浮动面板

显示列表视图 附加外部样式表

只显示设置属性 编辑样式 删除样式

显示类别视图 新建 CSS 规则

图 8-3 “CSS 样式”面板

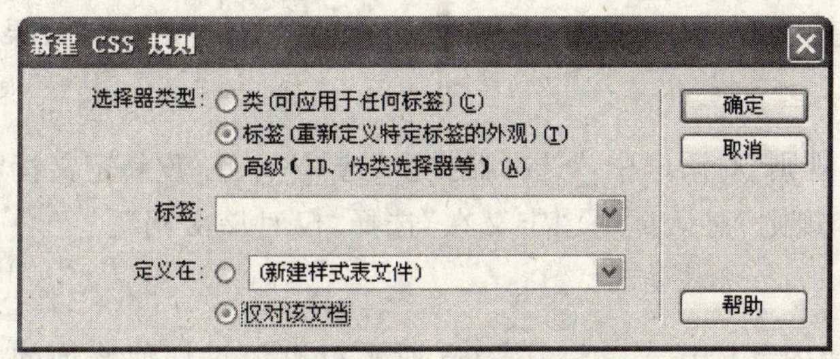

图 8-4 “新建 CSS 规则”对话框

方法二：选择菜单栏中“窗口”→“CSS 样式”选项，或按快捷键 Shift＋F11，打开“CSS 样式”面板，单击“新建”按钮，打开“新建 CSS 规则”对话框。

最方便有效也最常用的方法是使用“CSS 样式”面板创建并编辑 CSS 样式表。

2)“新建 CSS 规则”对话框介绍

图 8-4 所示对话框的各属性设置如下。

(1) 选择器类型

- 类(可应用于任何标签)：它是描述小部分内容实现个性化设置的样式表，是在页面上定义样式最灵活的方法。类的名称以圆点开头加字母和数字组成，如. font1。
- 标签(重新定义特定标签的外观)：更改现有页面中相应标签的外观。
- 高级(ID、伪类选择器等)：设置超链接 4 种状态的标签格式。

(2) 定义在

- 新建样式表文件：选择此项将创建外部样式表，可应用多个网页。
- 仅对该文档：选择此项将创建内部样式表，只适用于本文档。

2. 创建外部样式表和内部样式表

根据 CSS 样式表存储位置和使用范围的不同，可分为外部样式表和内部样式表。

1) 外部样式表

这是一系列存储在外部 CSS 文件(扩展名为. css)中的 CSS 规则。利用 HTML 文件的＜head＞部分中的链接，外部样式表可以被应用到 Web 站点中要修饰的网页中去。

2）内部样式表

这是一系列包含在 HTML 文档头部的<style>标签内的 CSS 规则。

它有效地解决了继承性的问题，只需定义一次，在当前网页中可反复使用。

这两种 CSS 样式表在修饰网页内容的功能上是等效的，不同之处在于外部 CSS 样式表可以修饰多个调用它的 HTML 文档，而内部 CSS 样式表就只对它所在的 HTML 文档有效。

8.3 任务实施步骤

8.3.1 创建标签内部样式表

设计目标：

通过为标签创建内部样式表，改变标签的默认值，自动更新标签效果。

设计思路：

- 在“新建 CSS 规则”对话框中，“选择器类型”选择“标签（重新定义特定标签的外观）”；
- 在“新建 CSS 规则”对话框中，“定义在”选择“仅对该文档”。

设计效果：

通过为标签创建内部样式表，把如图 8-5 所示没有经过任何修饰的普通网页迅速变为色彩斑斓、充满动感的漂亮网页，如图 8-6 所示。

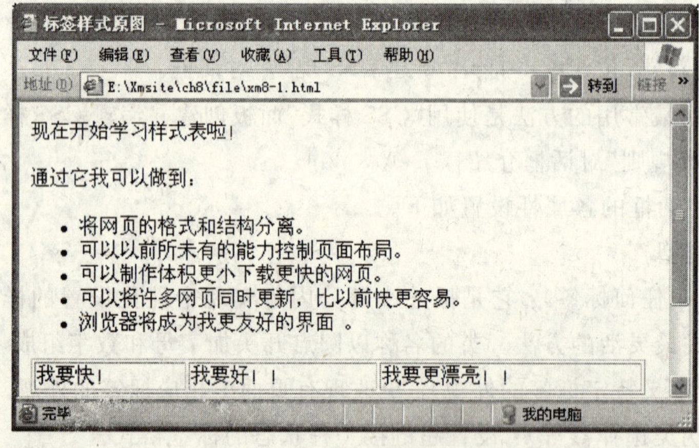

图 8-5 原图

操作步骤：

第 1 步：新建文件夹 Xmsite，将光盘中素材目录下的 ch8 文件夹复制到 Xmsite 下；启动 Dreamweaver CS3 软件，以 Xmsite 为站点根文件夹，创建“学习”站点。

第 2 步：在 Dreamweaver CS3 中打开“学习”站点下的 ch8/file/xm8-1.html 文档。

第 3 步：按快捷键 Shift＋F11 打开“CSS 样式”面板，单击“新建”按钮，打开“新建 CSS 规则”对话框。

第 4 步：在对话框中，“选择器类型”选择“标签（重新定义特定标签的外观）”，“标签”为

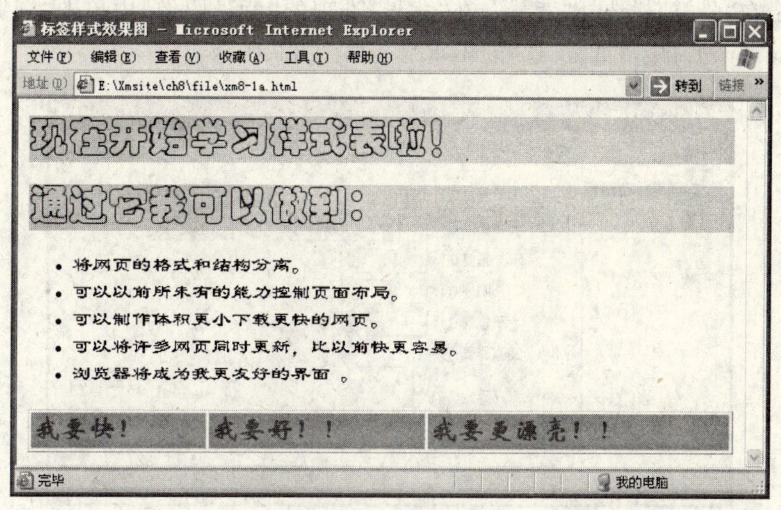

图 8-6　效果图

p,“定义在”选择“(新建样式表文件)”,如图 8-7 所示。

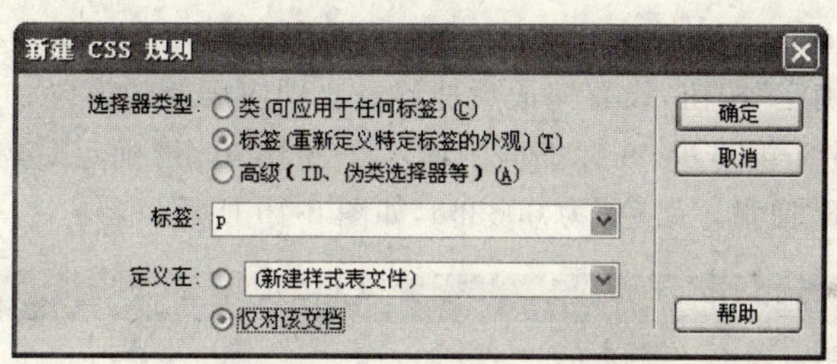

图 8-7　“新建 CSS 规则”对话框

第 5 步:在弹出的“p 的 CSS 规则定义”对话框中设置参数。在左侧“分类”栏选择“类型”,在右侧的“类型”选项,设置“字体”为“华文彩云”,“大小”为“36”像素,“颜色”为 670C61,如图 8-8 所示。

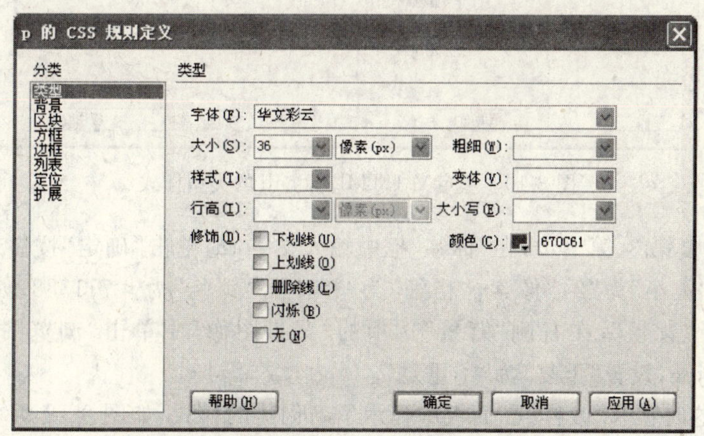

图 8-8　重定义 HTML 标签 p 的类型样式

第 6 步：在“分类”栏选择“背景”，在“背景”选项的“背景图像”中单击“浏览”按钮选择文件 ch8\img\bj8-1.jpg，“重复”选择“不重复”，如图 8-9 所示。

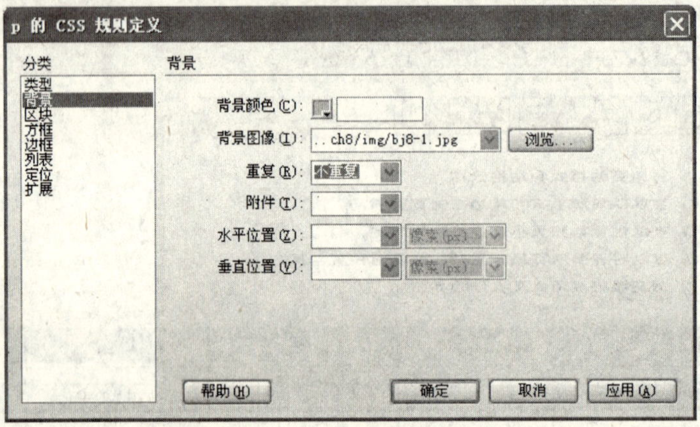

图 8-9　重定义 HTML 标签 p 的背景样式

注意：字体大小的单位一般用像素，这样页面效果就只跟分辨率有关，而与计算机中使用的软件字库无关。单位 em 字高，一般用于中文排版的首行缩进设置。

第 7 步：单击“确定”按钮，设置完成后标签 p 立即应用新的设置。

第 8 步：重复第 3、第 4 步，在标签框中输入文字 li，单击“确定”按钮后，设置“字体”为“隶书”，“大小”为“18”像素，“颜色”为 003366，如图 8-10 所示。

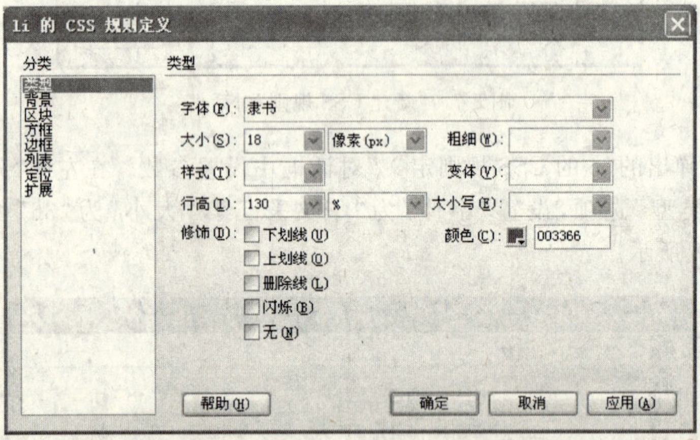

图 8-10　重定义 HTML 标签 li 的类型样式

第 9 步：重复第 3、第 4 步，在“标签”框中输入文字 td，单击“确定”按钮后，设置“字体”为“华文新魏”，“大小”为“24”像素，“粗细”为“粗体”，“颜色”为＃711388，如图 8-11 所示。在“分类”栏选择“背景”，在右侧“背景”选项的“背景图像”中单击“浏览”按钮，选择文件 ch8\img\bj8-2.jpg，设置“重复”为“不重复”。

第 10 步：这时在“CSS 样式”面板中显示了新创建的样式，如图 8-12 所示。

第 11 步：选择菜单栏的“文件”→“另存为”选项，将文档另存为 Xmsite\ch8\file\xm8-1a.html，按 F12 键预览，效果如图 8-6 所示。

图 8-11 重定义 HTML 标签 td 的类型样式

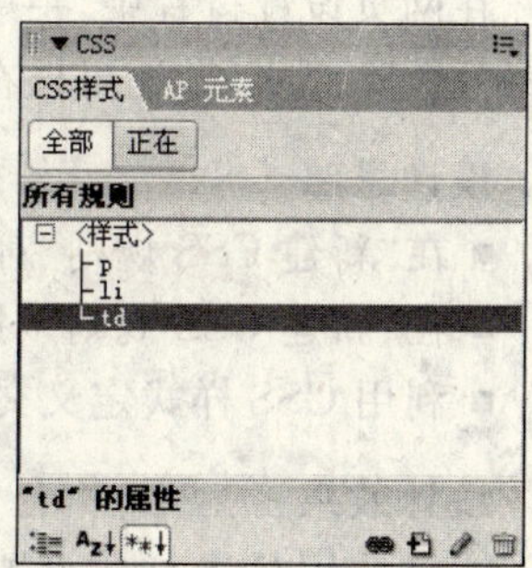

图 8-12 “CSS 样式”面板

8.3.2 知识拓展：CSS 代码

CSS 代码在 HTML 文档<head></head>的头部标签中表现如下。

```
<style type="text/css">
<!--                                    /*提高代码兼容性,不支持 CSS 样式的浏览器就会忽略它*/
p {                                                     /*段落标签*/
font-family: "华文彩云";                                /*设置字体*/
font-size: 36px;                                        /*设置字体大小*/
color: 670C61;                                          /*设置字体颜色*/
background-image: url(../img/0031.jpg);                 /*设置背景的图片*/
background-attachment: fixed;                           /*设置背景的附件属性*/
background-repeat: no-repeat;                           /*设置背景的重复属性*/
background-position: left;                              /*设置背景的水平或垂直位置*/
}
li {                                                    /*列表项标签*/
font-family: "隶书";
font-size: 18px;
color: 003366;
line-height: 130%;                                      /*设置行高*/
}
td {                                                    /*单元格标签*/
font-family: "华文新魏";
font-size: 24px;
color: #711388;
font-weight: bold;                                      /*设置字体的粗细*/
background-image: url(../img/0006.jpg);
background-repeat: no-repeat;
}
-->
</style>
```

8.3.3 创建个性化文字外部样式

设计目标：

在网页设计过程中，一般可使用美观的图形、鲜明的色彩来装饰网页，或者添加一些动画特效。除此之外，还可以在网页中设置统一的字体、颜色、大小格式，使其更加漂亮。

设计思路：

- 在“新建 CSS 规则”对话框中，“选择器类型”选择“类(可应用于任何标签)”；
- 在“新建 CSS 规则”对话框中，“定义在”选择“(新建样式表文件)”；
- 利用 CSS 样式定义文字的各种属性，并应用到其他页面中去。

设计效果：

通过使用 CSS 样式设置页面、文字的格式和属性，使如图 8-13 所示的网页，通过应用样式变成如图 8-14 所示。

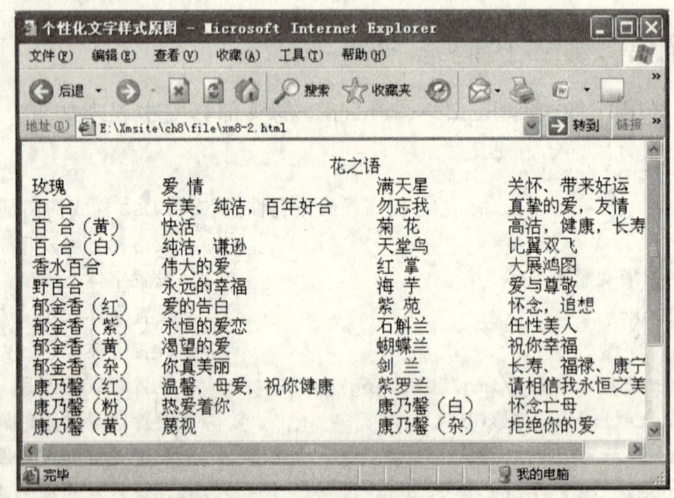

图 8-13 个性化文字样式原图

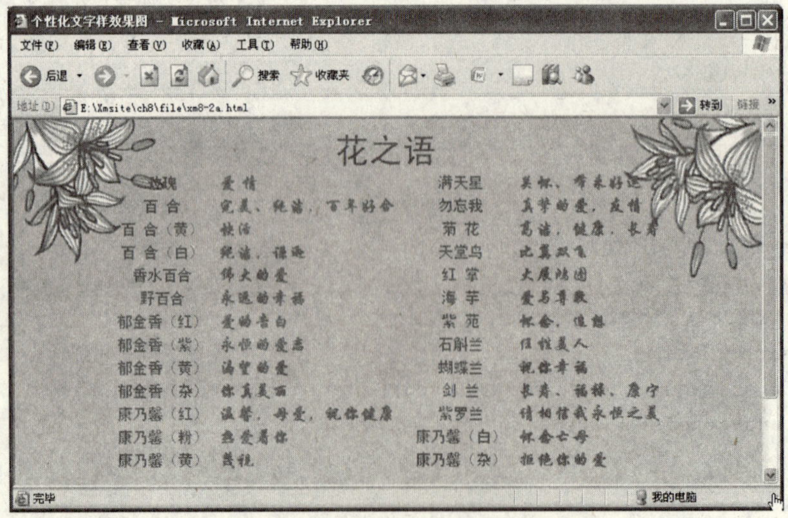

图 8-14 个性化文字样式效果图

操作步骤：

第 1 步：在 Dreamweaver CS3 中打开“学习”站点下的 ch8/file/xm8-2. html 文档。

第 2 步：右击网页空白处，选择“CSS 样式”→“新建”选项，打开“新建 CSS 规则”对话框。

第 3 步：在对话框中，“选择器类型”选择“类(可应用于任何标签)”，设置“名称”为. font1，“定义在”选择“(新建样式表文件)”，如图 8-15 所示。

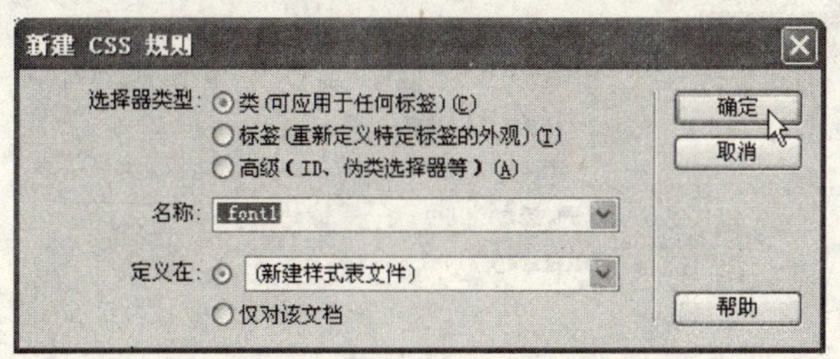

图 8-15　“新建 CSS 规则”对话框

第 4 步：在弹出的“保存样式表文件为”对话框中，“保存在”选择本站点下的 css 文件夹，“文件名”处输入 ch8. css，单击“保存”按钮，如图 8-16 所示。

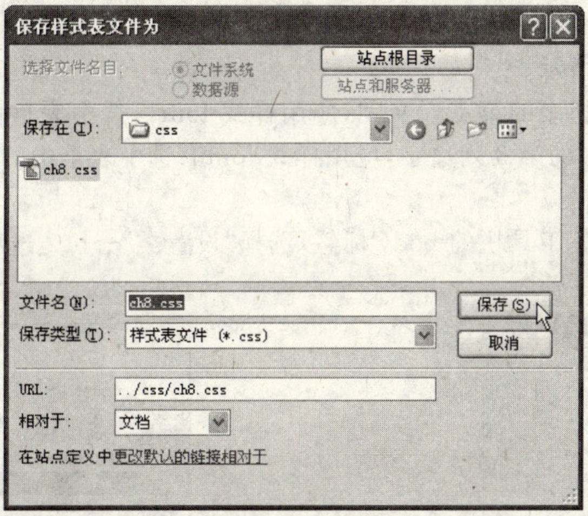

图 8-16　“保存样式表文件为”对话框

第 5 步：在弹出的“. font1 的 CSS 规则定义(在 ch8. css 中)”对话框中设置参数，左侧“分类”栏选择“类型”，在“类型”选项，设置“字体”为“黑体”，“大小”为“16”像素，“颜色”为＃C409BA，“行高”为 130％。

第 6 步：用同样的方法创建. font2 样式，设置“字体”为“华文行楷”、“大小”为“18”像素，“粗细”为“粗体”，“颜色”为＃E12099，“行高”为 130％。

第 7 步：用同样的方法创建. font3 样式，设置“字体”为“黑体”，“大小”为“16”像素，“颜色”为＃B509AC，“行高”为 130％。

第 8 步：用同样的方法创建. font4 样式，设置“字体”为“华文行楷”，“大小”为“18”像素，“粗细”为“粗体”，“颜色”为＃C71B86，“行高”为 130％。

第 9 步：用同样的方法创建. font0 样式，设置“字体”为“黑体”，“大小”为“36”像素，“颜色"为＃A40645。

第 10 步：创建.bg2 样式，左侧"分类"栏选择"背景"，在"背景"选项，设置"背景图像"为../img/bg3.png，"重复"为"不重复"，"附件"为"固定"，"水平位置"为"居中"，"垂直位置"为"顶部"，如图 8-17 所示。

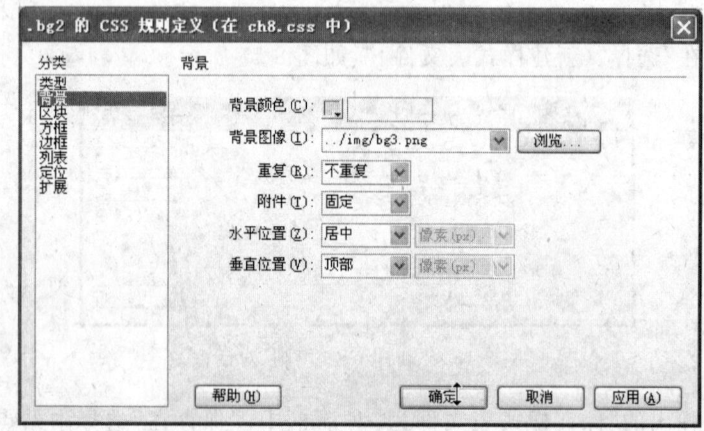

图 8-17 ".bg2 的 CSS 规则定义"对话框

第 11 步：应用样式。选中表格中的第 1 行文字，选择"属性"面板"样式"下拉列表中的 font0 选项，如图 8-18 所示。

第 12 步：选中表格中的第 1 列文字，应用样式 font1；选中表格中的第 2 列文字，应用样式 font2；选中表格中的第 3 列文字，应用样式 font3；选中表格中的第 4 列文字，应用样式 font4。

第 13 步：右击标签工具栏的 body 标签，选择"设置类"→bg2 选项，如图 8-19 所示。

图 8-18 在"属性"面板中应用样式

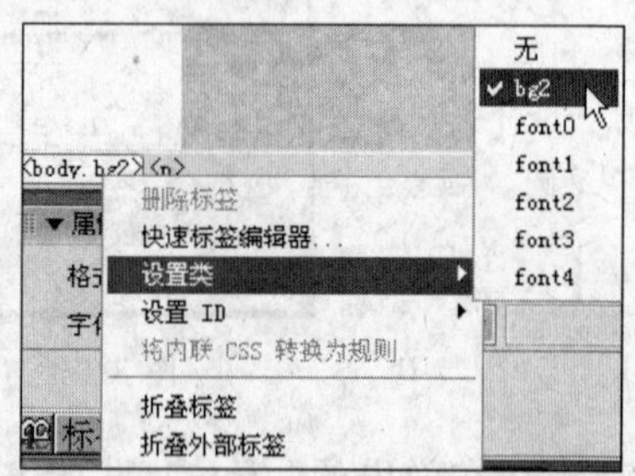

图 8-19 使用右键菜单应用样式

第 14 步：选择菜单栏的"文件"→"另存为"选项，将文档另存为 Xmsite\ch8\file\xm8-2a.html，按 F12 键预览，效果如图 8-14 所示。

8.3.4 知识拓展：外部样式表的应用

要应用外部样式表文件需要先把样式表文件链接或导入到正在编辑的网页中去。使用外部 CSS 的优点是：只要修改外部的 CSS 样式表文件，所有链接了该样式表文件的文档格式都会自动发生改变。

1. 其他页面链接外部样式表的方法

(1) 按 Shift＋F11 组合键打开“CSS 样式”面板，单击面板中的“附加外部样式表”按钮 ，如图 8-20 所示。

(2) 弹出如图 8-21 所示的对话框。

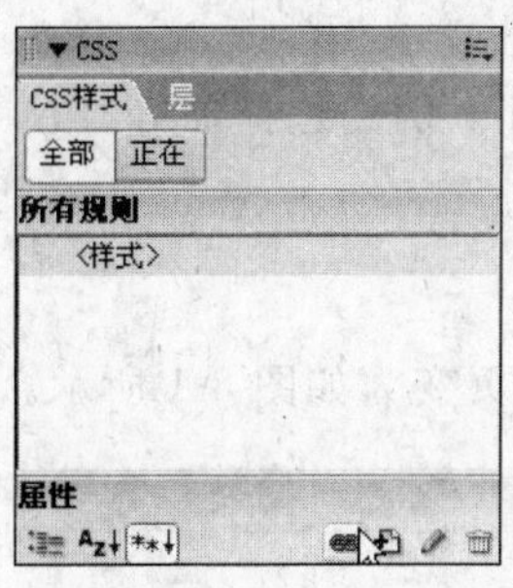

图 8-20　“CSS 样式”面板

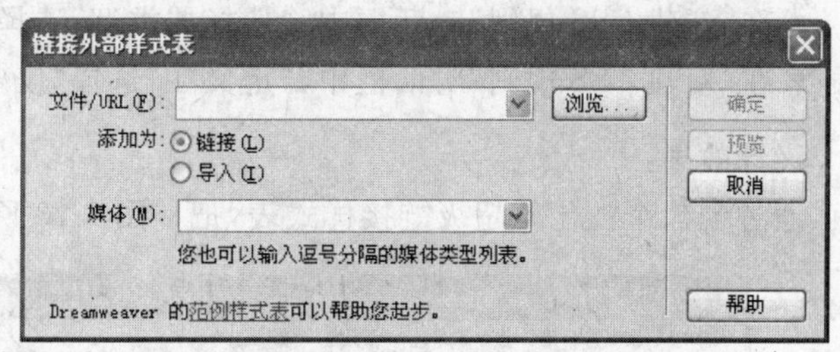

图 8-21　“链接外部样式表”对话框

(3) 单击“浏览”按钮，弹出“选择样式表文件”对话框，单击“浏览”按钮，从列表框中选择 Xmsite 站点下的../css/ch8.css 文件，如图 8-22 所示。

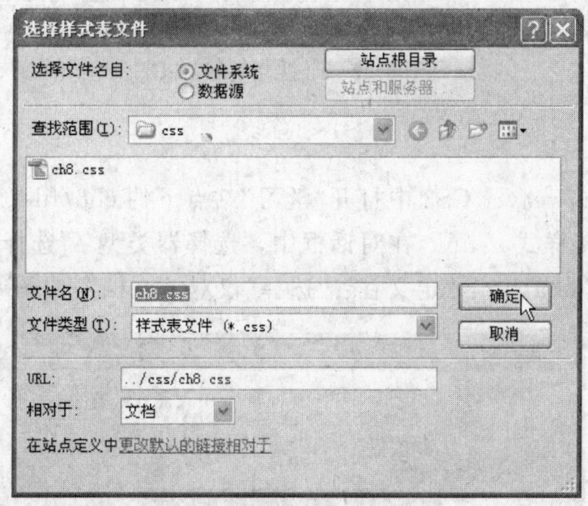

图 8-22　“选择样式表文件”对话框

(4) 单击“确定”按钮，在“添加为：”处选择“链接(L)”或“导入(I)”均可以。

2. 选择“链接”和“导入”在 HTML 里的代码显示是不一样的

(1) 选择“链接”时，在<head></head>之间出现如下代码。

```
<link href="../css/ch8.css"rel="stylesheet" type="text/css"/>
```

(2) 选择“导入”时，在<head></head>之间出现如下代码。

```
<style type="text/css">
<!--
@import url("../css/ch8.css");
-->
</style>
```

8.3.5 创建个性化链接样式

设计目标：

实现个性化的超级链接样式，美化页面。

设计思路：

- 在“新建 CSS 规则”对话框中，“选择器类型”选择“高级(ID、伪类选择器等)”；
- 在“新建 CSS 规则”对话框中，“定义在”选择“仅对该文档”。

设计效果：

通过创建个性化的超级链接样式表，把如图 8-23 所示的网页变为如图 8-1 所示。

图 8-23　个性化链接原图

操作步骤：

第 1 步：在 Dreamweaver CS3 中打开“学习”站点下的 ch8/file/xm8-3. html 文档。

第 2 步：新建链接样式 a:link，在对话框中，“选择器类型：”选择“高级(ID、伪类选择器等)”，设置“选择器：”为 a:link，“定义在：”选择“仅对该文档”，如图 8-24 所示。

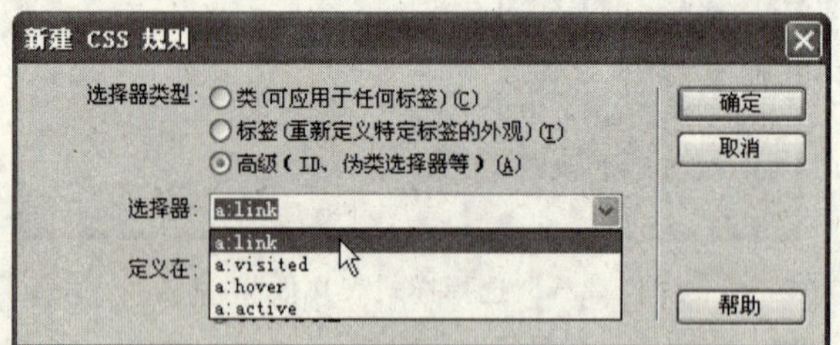

图 8-24　“新建 CSS 规则”对话框

第 3 步：在弹出的“a:link 的 CSS 规则定义”对话框中设置参数，左侧“分类”栏选择“类型”，在“类型”选项中，设置“字体”为“隶书”，“大小”为“16”像素，“颜色”为＃7B1C70，“修饰”为“无”。

第 4 步：用同样的方法，新建 a:visited 样式，设置“字体”为“隶书”，“大小”为“16”像素，“颜色”为＃7B1C70，“修饰”为“无”；新建 a:hover 和 a:active 样式，设置“字体”为“黑体”，“大小”为“16”像素，“颜色”为＃0A278D，“修饰”为“无”。

第 5 步：新建 a. lj1:link 和 a. lj1:visited 样式，设置“字体”为“华文新魏”，“大小”为“16”像素，“颜色”为＃DF132D，“粗细”为“加粗”，“修饰”为“无”；新建 a. lj1:hover 和 a. lj1:active 样式，设置“字体”为“黑体”，“大小”为“18”像素，“颜色”为＃6633CC，“粗细”为“加粗”；“背

景”选项中，设置“背景颜色”为＃FF99FF。

第 6 步：应用样式。分别选中文字“首页”、“时尚花束”、“开业花篮”、“插花艺术”、“用户回访”，选择“属性”面板“样式”下拉列表中的 lj1 选项。

第 7 步：选择菜单栏的“文件”→“另存为”选项，将文档另存为 Xmsite\ch8\file\xm8-3a.html，按 F12 键预览，效果如图 8-23 所示。

知识拓展：

在“新建 CSS 规则”对话框中，选中“高级”单选按钮后，“选择器”的下拉列表中包括 a:link、a:active、a:visited 和 a:hover。

- a:link：设定正常状态下链接的外观。
- a:active：设定鼠标单击的瞬间，链接的外观。
- a:visited：设定访问过的链接的外观。
- a:hover：设定鼠标移动到链接上时，链接的外观。

为避免页面中色彩过多，一般应使 a:link 和 a:visited、a:active 和 a:hover 的设置一样。

8.3.6 创建竖排文字样式

设计目标：

实现文字竖排效果。

设计思路：

- 在“新建 CSS 规则”对话框中，“选择器类型”选择“标签(重新定义特定标签的外观)”和“类(可应用于任何标签)”；
- 在“新建 CSS 规则”对话框中，“定义在”选择“仅对该文档”。

设计效果：

通过设置样式，使如图 8-25 所示的文字，变为如图 8-26 所示的竖排效果。

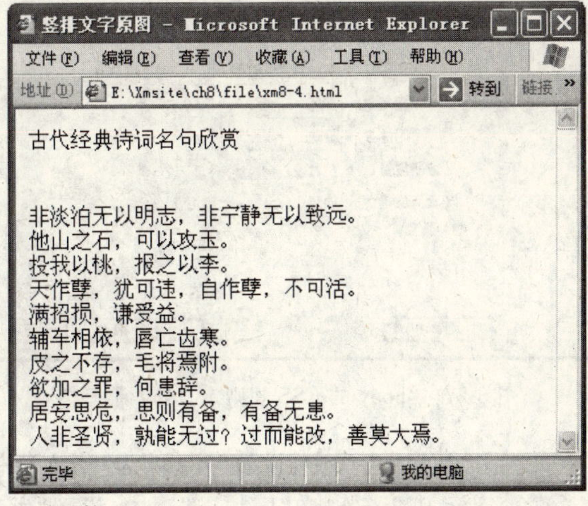

图 8-25 文字原图

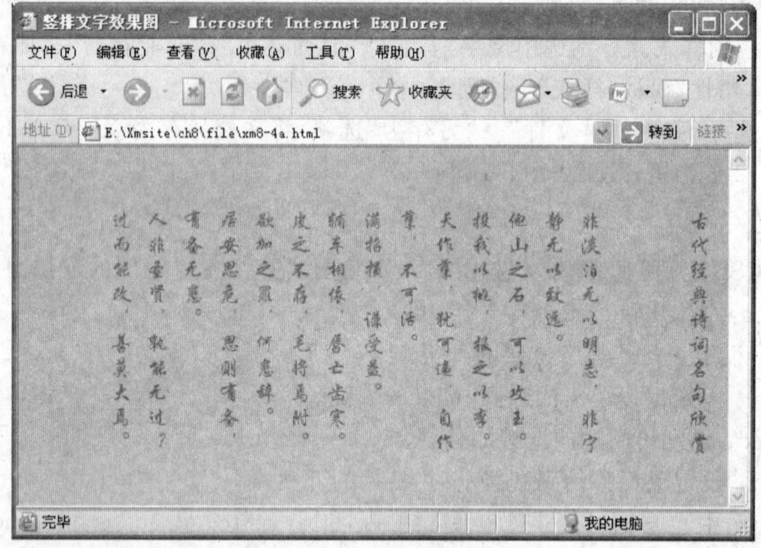

图 8-26　竖排文字效果图

操作步骤：

第 1 步：在 Dreamweaver CS3 中打开“学习”站点下的 ch8/file/xm8-4. html 文档。

第 2 步：新建 body 标签样式，在新建对话框中，“选择器类型：”选择“标签(重新定义特定标签的外观)”，“标签”选择 body，“定义在：”选择“仅对该文档”。

第 3 步：在弹出的“body 的 CSS 规则定义”对话框中设置参数，在左侧“分类”栏选择“背景”，在“类型”选项中，设置“背景图像”为../img/bg2. png，“重复”为“重复”，“附件”为“滚动”，“水平位置”为“左对齐”，“垂直位置”为“顶部”，如图 8-27 所示；在“方框”选项中设置“边界”的“上”为“50”像素，单击“确定”按钮。

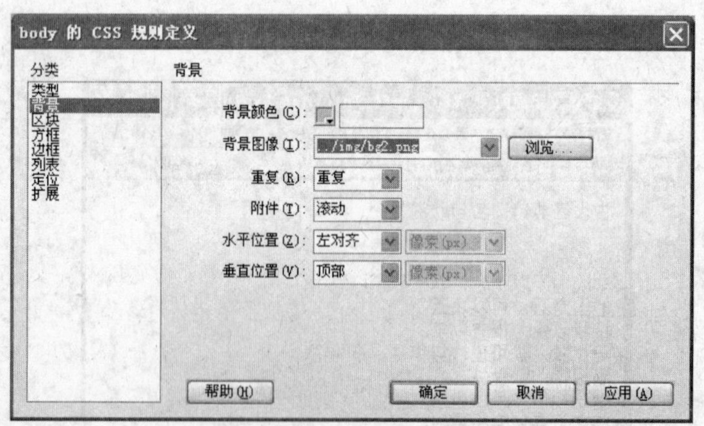

图 8-27　“body 的 CSS 规则定义”对话框

第 4 步：新建. sp 样式。在“类型”选项中，设置“字体”为“华文行楷”，“大小”为“18”像素，“行高”为“30”像素，“颜色”为＃912B6A；在“区块”选项中，设置“垂直对齐”为“文本顶对齐”，“文本对齐”为“左对齐”；在“方框”选项中，设置“高”为“200”像素；在“定位”选项中，设置“高”为“200 像素”，单击“确定”按钮。

第 5 步：选择菜单栏的“文件”→“另存为”选项，将文档另存为 Xmsite\ch8\file\xm8-4a.html，按 F12 键预览，效果如图 8-26 所示。

8.4 上机实训

实训 8.1 创建个性化表格样式

实训目的：

创建个性化表格样式。

实训内容：

创建个性化表格，使用 CSS 样式表对表格属性进行设置。

实训步骤：

第 1 步：打开“学习”站点下的 ch8/file/xm8-5html 文档。

第 2 步：新建 tabelys 样式，应用于标签工具栏第一个 tabel 标签。在“CSS 规则定义”对话框中，设置“边框”选项中的“样式”、“宽度”和“颜色”，如图 8-28 所示。

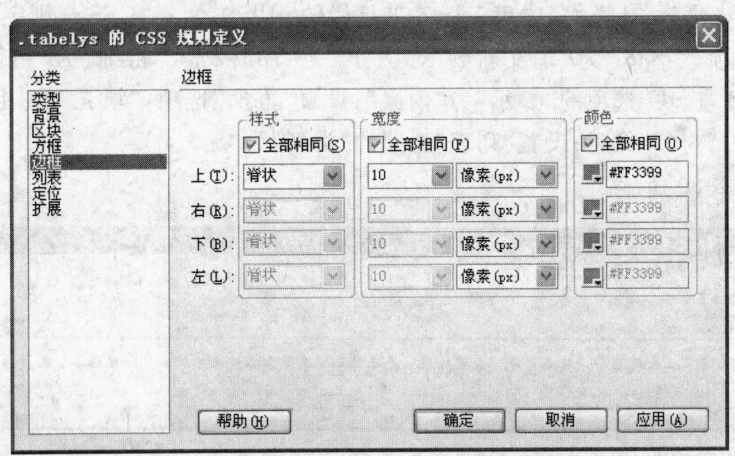

图 8-28　设置“边框”选项

第 3 步：新建 tdys 样式，应用于标签工具栏中所有 td 标签。在“CSS 规则定义”对话框中，应设置“类型”选项中的“行高”为 150%；“区块”选项中的“文本对齐”为“居中”；“边框”选项中的“上”、“下”样式为“实线”，“宽度”为“1”像素和“颜色”为＃A60F84。

效果如图 8-29 所示。

实训 8.2 创建横向菜单

实训目的：

使用 CSS 样式设置网页效果。

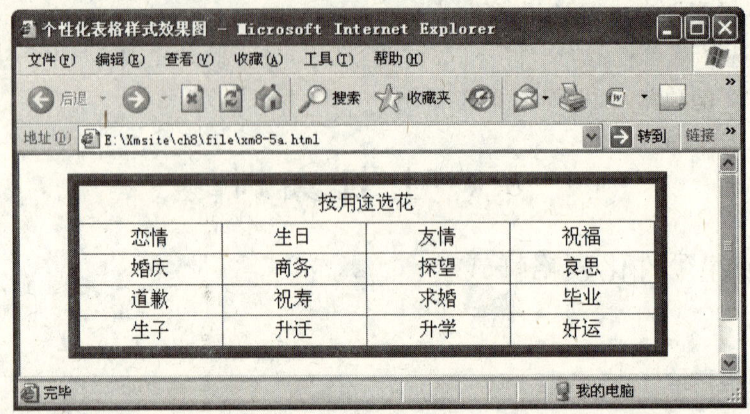

图 8-29 个性化表格样式效果图

实训内容：

创建横向菜单，并使用 CSS 样式表对菜单属性进行设置。

实训步骤：

第 1 步：打开“学习”站点下的 ch8/file/xm8-6html 文档。

第 2 步：新建 hxcd 样式，应用于标签工具栏的 ul 标签。在“CSS 规则定义”对话框中，设置“类型”选项，“字体”为“华文新魏”，“大小”为“18”像素，“粗细”为“粗体”，“颜色”为 #660099；设置“区块”选项的“显示”为“内嵌”；设置“方框”选项，“填充”的“上”、“下”为“5”像素，“左”、“右”为“6”像素；设置“列表”选项的“类型”为“无”。

效果如图 8-30 所示。

图 8-30 横向菜单效果图

8.5 CSS 样式属性

在新建 CSS 规则时会打开“CSS 规则定义”对话框，在对话框的“分类”列表中显示了可以设置的 CSS 样式属性，如类型、背景、区块、方框、边框、扩展等。

8.5.1 类型

如图 8-8 所示，“类型”属性设置中各项含义说明如下。

- 字体：设置字体。
- 大小：设置字体大小。

■ 样式：设置字形，默认设置为"正常"。
■ 行高：设置文本所在行的高度。选择"正常"时自动计算字体大小的行高。
■ 修饰：向文本中添加下划线、上划线或删除线，或使文本闪烁。常规文本的默认设置是"无"，链接的默认设置是"下划线"。
■ 粗细：使字体变粗。
■ 变体：设置文本的小型大写字母变量。Dreamweaver 不在"文档"窗口中显示该属性。Internet Explorer 支持变体属性，但 Navigator 不支持。
■ 大小写：所选内容中，每个单词的首字母大写或将文本设置为全部大写或小写。
■ 颜色：设置颜色。

8.5.2 背景

如图 8-9 所示，"背景"属性设置中各项含义说明如下。

■ 背景颜色：设置元素的背景颜色。
■ 背景图像：设置元素的背景图像。
■ 重复：确定背景是否重复以及如何重复。
  • 不重复：在被应用样式元素的左上角显示一次图像。
  • 重复：背景图像在元素的后面水平和垂直方向平铺图像。
  • 横向重复：图像在水平方向重复。
  • 纵向重复：图像在垂直方向重复。
■ 附件：确定背景图像是固定在它的原始位置还是随内容一起滚动。

注意：Internet Explorer 支持该选项，但 Netscape Navigator 不支持。

■ 水平位置和垂直位置：指定背景图像相对于元素的初始位置。这可用于将背景图像与元素中心垂直和水平对齐。如果附件属性为"固定"，则位置相对于"文档"窗口而不是元素。Internet Explorer 支持该属性，但 Netscape Navigator 不支持。

8.5.3 区块

"区块"属性设置(图 8-31)中各项含义说明如下。

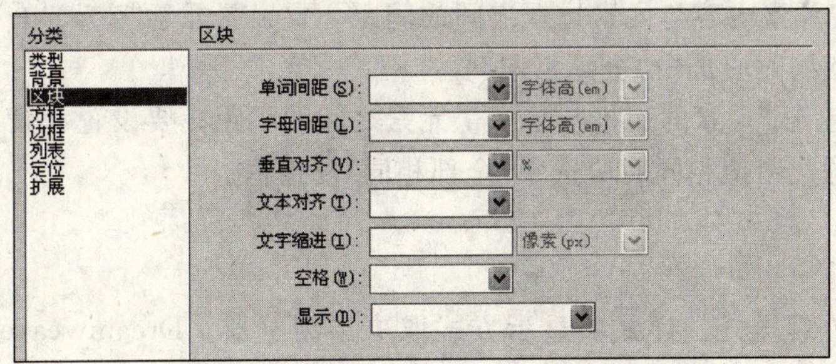

图 8-31 设置"区块"的"CSS 规则定义"对话框

■ 单词间距：设置单词的间距。
■ 字母间距：设置字母或字符的间距，如果要减小字符间距，需要输入一个负值。
■ 垂直对齐：指定元素的垂直对齐方式。有"基线"、"下标"、"上标"、"顶部"、"文本顶对齐”、“中线对齐”、“底部”、“文本底对齐”8 个选项，也可输入一个百分比值。

■ 文本对齐：设置元素中的文本对齐方式。有“左对齐”、“居中”、“两端对齐”、“右对齐”4 个选项。

■ 文字缩进：指定第一行文本缩进的距离。有“像素”、“点数”、“英寸”、“厘米”、“百分比”等多种单位。

■ 空格：设置元素中空白的处理方式。
  - 正常：压缩空白。
  - 保留：选择此项会保留如空格、制表符及回车之类的空白。
  - 不换行：指定仅当在对文档应用< br> 标签时才会强制换行。

■ 显示：设置对象是否显示以及如何显示元素。选择“无”则关闭该元素显示。

8.5.4 方框

“方框”属性设置(图 8-32)中各项含义说明如下。

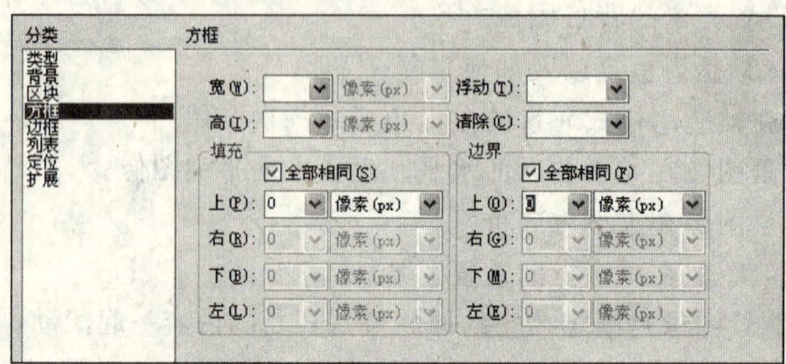

图 8-32　设置“方框”的“CSS 规则定义”对话框

■ 宽、高：设置元素的宽度和高度。

■ 浮动：在左侧或者右侧页边上放置元素。在遇到该方框时其他元素(如文本、层、表格等)将环绕在它周围。

■ 清除：设置元素旁边不允许显示层的那一侧。如果遇到某个层，带有“清除”属性的元素会将自己放置在该层之下。

■ 填充：指定元素内容与元素边框之间的间距。要设置元素“上”、“右”、“下”和“左”侧的填充值相同时应选中“全部相同”复选框。

■ 边界：指定一个元素的边框与另一个元素之间的间距。要设置元素“上”、“右”、“下”和“左”侧的边距值相同时应选中“全部相同”复选框。

8.5.5 边框

设置边框的外观样式。样式的显示方式取决于浏览器。Dreamweaver 在“文档”窗口中所有样式的默认值为实线。

如图 8-9 所示，“背景”属性设置中各项含义说明如下。

■ 样式：设置边框的样式。

■ 宽度：设置元素边框的粗细。

■ 颜色：设置边框的颜色。

8.5.6　列表

"列表"属性设置(图 8-33)中各项含义说明如下。

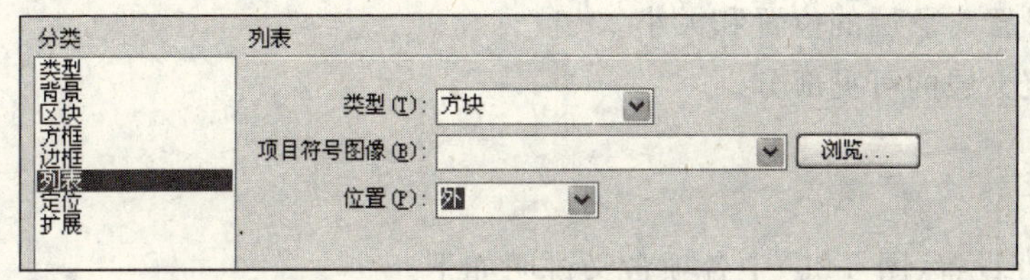

图 8-33　设置"列表"的"CSS 规则定义"对话框

- 类型：设置项目符号或编号的外观，可选择"圆点"、"圆圈"、"方块"、"数字"等选项。
- 项目符号图像：使用户可以为项目符号指定自定义图像。单击"浏览"按钮浏览并选择图像，或直接输入图像的路径。
- 位置：设置列表项文本是否换行和缩进(外)，以及文本是否换行到左边距(内)。

8.5.7　定位

此属性主要是针对文档中的"层"对象。

"定位"属性设置(图 8-34)中各项含义说明如下。

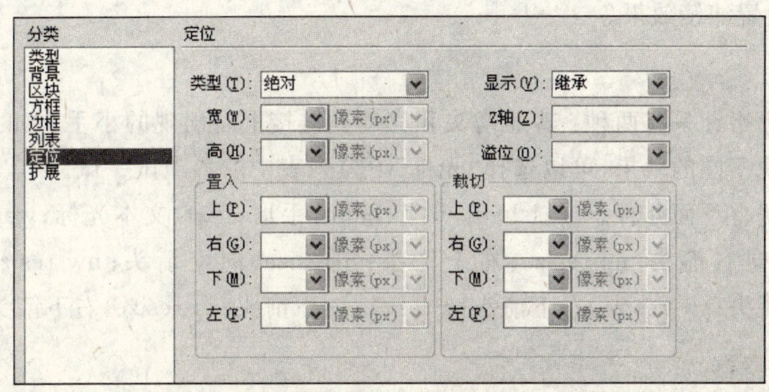

图 8-34　设置"定位"的"CSS 规则定义"对话框

- 类型：指定浏览器定位层的方式，可选择"相对"、"绝对"、"固定"和"静态"选项。
- 宽和高：指定层的宽和高的值。
- 显示：确定对象的初始显示条件。默认为"继承"父级的值。
  - 继承：继承层的父级的可见性属性。如果层没有父级，则为可见的。
  - 可见：显示这些层的内容，而不管父级的值是什么。
  - 隐藏：隐藏这些层的内容，而不管父级的值是什么。
- Z 轴(Z)：确定层的堆叠顺序，值越大，层的排放顺序越靠上。
- 溢出：确定当层的内容超出层的大小时的显示方式。
  - 可见：增加层的大小，以使所有内容都可见。层向右下方扩展。

- 隐藏：保持层的大小而不显示超出内容。不提供任何滚动条。
- 滚动：始终在层中添加滚动条。
- 自动：只有当层中内容超出层的大小时才会自动添加滚动条。

■ 置入：设置对象层的位置和大小。

■ 裁切：定义层的可见部分。

8.5.8 扩展

"扩展"属性设置(图 8-35)中各项含义说明如下。

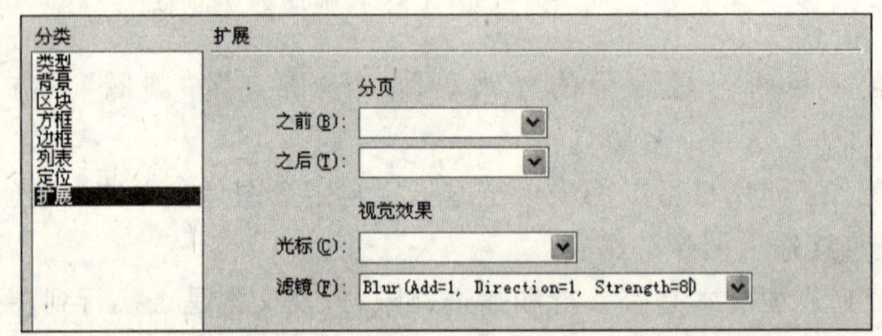

图 8-35　设置"扩展"的"CSS 规则定义"对话框

■ 分页：用于设置打印时控制强迫换页的方式。

■ 光标：设置当鼠标指针经过对象时的样式。

■ 滤镜：设置滤镜效果。

1. 光标

默认的鼠标指针只有两种：普通箭头和移动到链接上时出现的小手。如果想让鼠标移动到链接时出现不同的效果，可以选择"光标"下拉列表中的各项试一试。

鼠标的形状有下面几种。crosshair，十字；hand，手形；text，文本光标；wait，沙漏；help，问号；e-resize，向右箭头；ne-resize，右上箭头；n-resize，向上箭头；nw-resize，左上箭头；w-resize，向左箭头；sw-resize，左下箭头；s-resize，向下箭头；se-resize，右下箭头。

2. 滤镜(过滤器)

CSS 滤镜特效可以对页面中的对象实现类似 Photoshop 滤镜的效果。

注：滤镜效果只有在浏览时才能显示出来。

使用方法：新建样式表时在"分类"中选择"扩展"选项，在"过滤器"的下拉列表中，选择并设置各个滤镜，如图 8-36 所示。

■ 透明滤镜 Alpha，设置对象的透明度：

Alpha(Opacity＝?，FinishOpacity＝?，Style＝?，StartX＝?，StartY＝?，FinishX＝?，FinishY＝?)。

例如，Alpha(Opacity＝100，FinishOpacity＝0，Style＝2)。

■ 模糊滤镜 Blur，设置对象的模糊效果：

Blur(Add＝?，Direction＝?，Strength＝?)。

例如，Blur(Add＝1，Direction＝45，Strength＝5)。

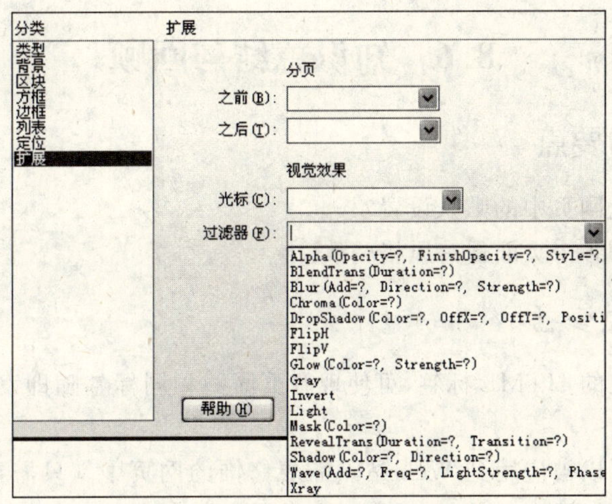

图 8-36　“过滤器”的各个滤镜

■ 色度滤镜 Chroma，设置对象的指定颜色为透明色（通常为图片的背景色）：Chroma(Color＝?)。

例如，Chroma(Color＝＃0000FF)。

■ 阴影滤镜 DropShadow，添加对象的阴影效果：

DropShadow(Color＝?，OffX＝?，OffY＝?，Positive＝?)。

例如，DropShadow(Color＝＃cccccc，OffX＝10，OffY＝10，Positive＝1)。

■ 水平翻转滤镜 FlipH 及垂直翻转滤镜 FlipV。

■ 发光滤镜 Glow 产生外发光效果，应用在有区域范围的元素上，如表格、图片等。Glow(Color＝?，Strength＝?)。

例如，Glow(Color＝＃FFCC00，Strength＝5)。

■ 灰度滤镜 Gray，去掉图像的色彩，显示为灰度图像。

■ 反转滤镜 Invert，反转图像的颜色，产生类似底片的效果。

■ 阴影滤镜 Shadow：Shadow(Color＝?，Direction＝?)。

例如，Shadow(Color＝＃FFCC00，Direction＝0)。

■ 波浪滤镜 Wave，产生波纹效果：

Wave(Add＝?，Freq＝?，LightStrength＝?，Phase＝?，Strength＝?)。

例如，Wave(Add＝0，Freq＝6，LightStrength＝20，Phase＝15，Strength＝8)。

■ X 光滤镜 Xray，产生类似 X 光的效果。

■ 遮罩 Mask，为对象建立一个覆盖于表面的彩色膜：Mask(Color＝?)。

例如，Mask(Color＝＃ FFCC00)。

■ 切换 RevealTrans 格式为 RevealTrans(Duration＝?，Transition＝?)。参数 Duration 是持续时间，单位为秒；参数 Transition 是切换方式，有 24 种。

■ 转换 BlendTrans 格式为 BlendTrans(Duration＝?)。

8.6 知识总结与回顾

8.6.1 回顾学习要点

- 如何快速改变网页中的默认设置？
- 如何使网站的各个页面保持风格一致？

8.6.2 学习要点参考

- 重新定义特定的 HTML 标签，可使现有页面的相同标签随即发生变化，不需要应用样式。
- 外部样式表可以被应用到 Web 站点需要修饰的网页中。只需要在创建样式表时把它存到单独的样式表文件，然后在要应用的文件中链接此样式表文件即可。

习　题

一、填空题

(1) 根据 CSS 样式表存储的位置和使用的范围不同，可以将其分为(　　)和(　　)。

(2) 根据 CSS 样式表应用的对象不同我们把选择器类型分为(　　)、(　　)、(　　)。

(3) 打开"CSS 样式"面板快捷键按(　　)。

二、综合提高练习(使用 CSS 制作固定表头)

练习目标：

在网页制作中，通常是用表格以行和列的方式来显示数据。在使用中会遇到这种情况，所要列出的数据太长，浏览起来很不方便。查看后面的数据时，不得不经常滚到页面上方来看对应的表头。要解决这个问题，可以通过 CSS 样式和 AP Div 层来制作一个表头固定的表格，如图 8-37 所示。

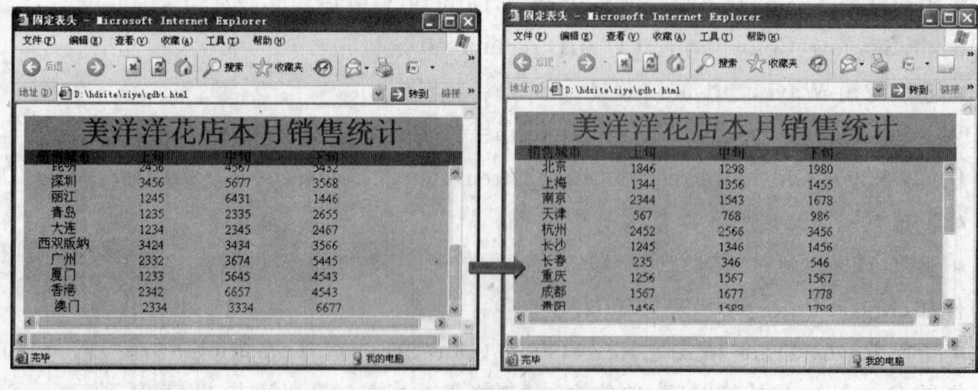

图 8-37　固定表头效果图

练习要点：

- 创建表格

- 创建嵌套表格
- 创建 AP Div 层
- 为 AP Div 层创建 CSS 样式：如图 8-38 和图 8-39

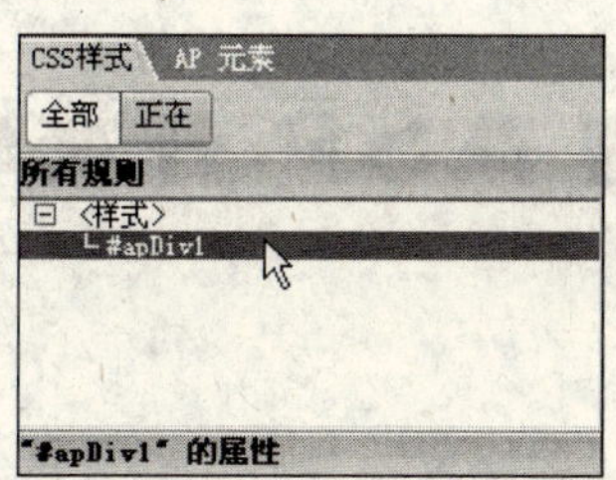

图 8-38　AP Div 样式

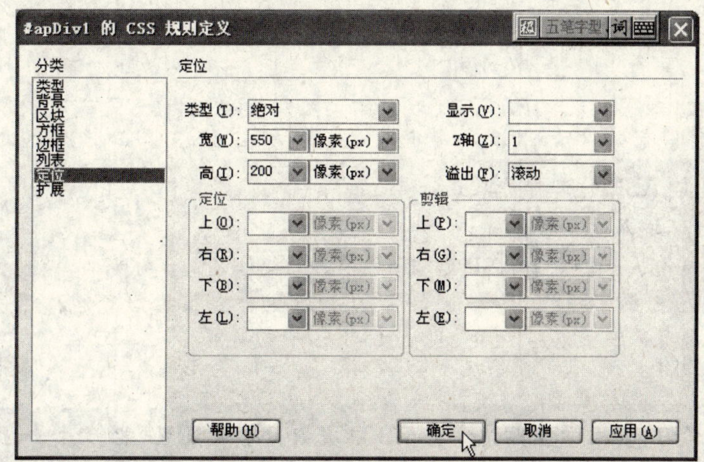

图 8-39　设置 CSS 样式的"定位"选项

第9章 构建 ASP 开发环境

ASP 是 Active Server Page(动态服务器页面)的缩写,是美国微软公司开发的一个服务器端脚本编写环境,用来创建动态的交互式 Web 服务器应用程序。在以动态网页为主流的今天,了解和掌握 ASP 技术是很有必要的。

本章主要内容

- 动态网页与 ASP 的工作原理;
- ASP 运行环境及 IIS 的配置;
- 在 Dreamweaver 中搭建 ASP 站点。

能力培养目标

通过本章学习,要求学生熟练掌握 IIS 中虚拟目录的设置,能够动手构建支持网站发布的 ASP 网页平台。

9.1 任务导入与问题思考

9.1.1 任务导入——构建 ASP 开发环境

虽然采用库和模板来布局和编辑网页,降低了重复性工作的强度,但是所有的网页还得我们动手逐个打造。对于一个规模较大的网站,不仅要制作的网页多,后期的维护量更是让人头大。那该怎么办?

我们知道,借助程序,计算机能够完成既定的任务自动输出结果;借助数据库,计算机采集、管理、输出海量的数据变得简单和便利。如果能够将数据库、程序、网站整合起来,那一切就变得美妙多了。事实上,互联网上正广泛地采用这种“动态”技术。

这里涉及的是如何整合程序语言、数据库和网站服务器,也叫做构建网页的开发环境。

为此,我们在这里导入的任务,就是构建 ASP 开发环境。

9.1.2 问题与思考

动态网页与静态网页有什么区别?为什么要学习动态网页?ASP 是如何工作的?要运行 ASP、IIS 配置过程中需要注意哪些问题?

9.2 知　识　点

9.2.1 认识动态网页与 ASP

仅靠之前学习的网页制作方法，在实际应用中常常会遇到一些看似简单却不好解决的问题。例如，一家校园网站希望向 3000 多位家长提供他们孩子的在校成绩，如果为每个学生制作一张成绩网页，工作量可想而知。有了 ASP 的帮助，我们只需制作一个基本页面，根据访问时输入的学号从数据库中获取成绩数据，自动生成个人成绩网页，就可轻松实现预期的效果。这样网站、数据库和程序分工协作就产生了“动态网页”。

ASP 是微软公司开发的一种服务器端脚本编写环境，可以用来创建和运行动态网页或 Web 应用程序。ASP 网页可以包含 HTML 标记、普通文本、脚本命令以及 COM 组件等。利用 ASP 可以向网页中添加交互式内容（如在线表单），也可以创建使用 HTML 网页作为用户界面的 Web 应用程序。

当用户从浏览器向 Web 服务器请求一个 ASP 网页时，Web 服务器不像处理普通的 HTML 文档那样直接将内容传送回浏览器，而是完整读取 ASP 文档，并依次执行其中包含的脚本命令，执行 HTML 页面内容，再将生成的 HTML 页面信息传送回浏览器。

对 Web 服务器来说，HTML 文档不经任何处理就送回浏览器，而 ASP 文档中的每个命令都先被用来生成替换的 HTML 代码，然后再将替换后的 HTML 内容送回浏览器；对浏览器来说，不管访问请求的是 HTML 文档还是 ASP 文档，接收到的都是标准的 HTML 内容。

9.2.2 安装与启动 IIS

ASP 网页只有在 Web 服务器中解析执行以后，才能被客户端浏览器正常访问。要运行 ASP 类型的动态网站，服务器就必须安装并配置好 ASP 的运行环境；要开发 ASP 动态网页，开发使用的本地计算机通常也要安装并配置 ASP 运行环境。

在 Windows 2000 及其后续版本中安装 Internet 信息服务（Internet Information Server，IIS），在 Windows 98 下安装 Personal Web Server（PWS）。IIS 与 PWS 都支持 ASP，就目前通用的开发平台和运行环境而言，配置 ASP 运行环境就是安装和配置 IIS。

1. 安装 IIS 组件

默认情况下，Windows XP 操作系统没有安装 IIS，需要使用“控制面板”中的“添加/删除程序”来安装，具体过程如下。

第 1 步：将 Windows XP 系统安装盘放到光驱中，打开“控制面板”窗口，双击“添加或删除程序”图标，在“添加或删除程序”窗口中单击左侧的“添加/删除 Windows 组件”工具按钮，打开“Windows 组件向导”对话框，如图 9-1 所示。

第 2 步：双击“组件”列表框中的“Internet 信息服务（IIS）”选项，在打开的“Internet 信息服务（IIS）”对话框中选中“Internet 信息服务管理单元”、“公用文件”、“万维网服务”和“文档”等复选框，如图 9-2 所示，然后单击“下一步”按钮。

第 3 步：在打开的“Windows 组件向导”对话框中单击“下一步”按钮，开始复制文件并

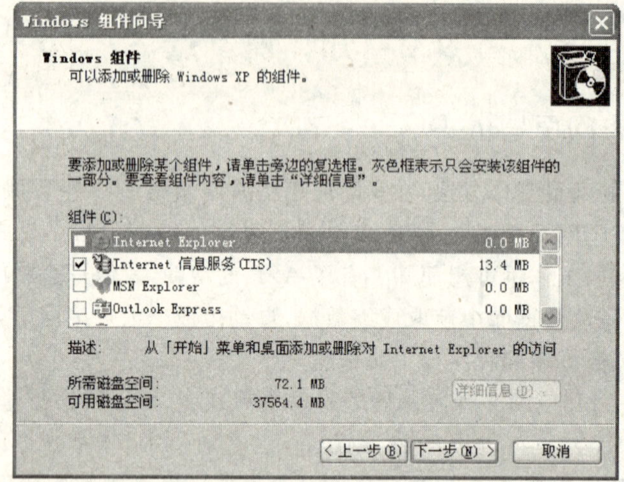

图 9-1 “Windows 组件向导”对话框

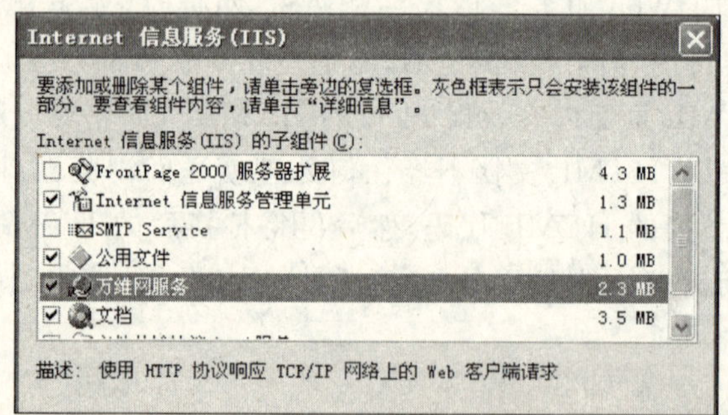

图 9-2 在“Internet 信息服务(IIS)”对话框中选择必要子组件

自动配置选中的服务，如图 9-3 所示。

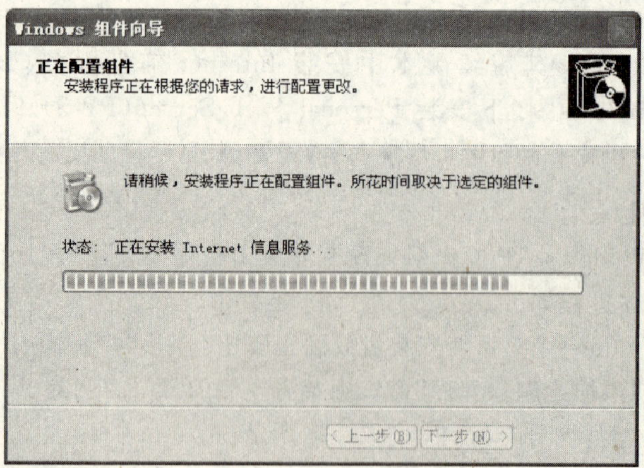

图 9-3 IIS 组件正在安装和配置

第 4 步：复制完成后，单击“完成 Windows 组件向导”对话框中的“确定”按钮结束安装。

2. 启动 IIS 管理界面

第 1 步：IIS 安装成功后，双击“控制面板”窗口中“管理工具”图标，在打开的“管理工具”窗口中双击“Internet 信息服务”快捷方式图标，如图 9-4 所示。

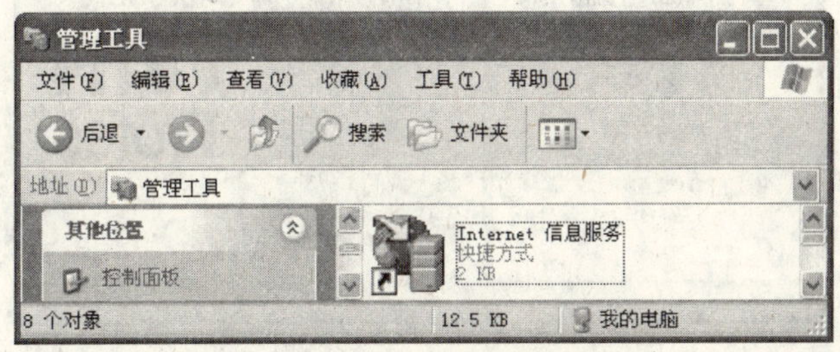

图 9-4 启动 Internet 信息服务

第 2 步：打开“Internet 信息服务”管理器，管理器左栏以树形结构列出“Internet 信息服务”的设备及设备服务项目，右栏显示选中项目的相关信息，如图 9-5 所示。

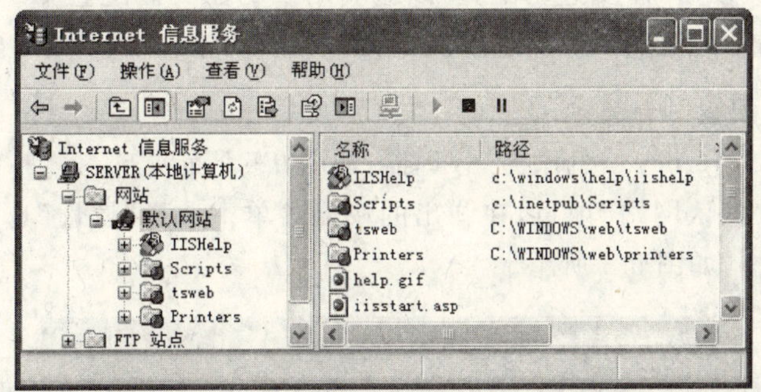

图 9-5 “Internet 信息服务”管理器

第 3 步：展开“Internet 信息服务”窗口中的左栏项目。右击“默认网站”项目，在弹出的快捷菜单中选择“浏览”选项，如果系统能正常显示出 default.asp 的网页(如图 9-6 所示)或者“Internet 信息服务”右栏能出现如图 9-7 所示的界面，则说明 IIS 已正确安装。Windows 2000 下 IIS 版本为 5.0，Windows XP 系统下 IIS 版本为 5.1，Windows 2003 下 IIS 版本为 6.0，Windows Vista 和 Windows 7 下的 IIS 版本为 7.0。

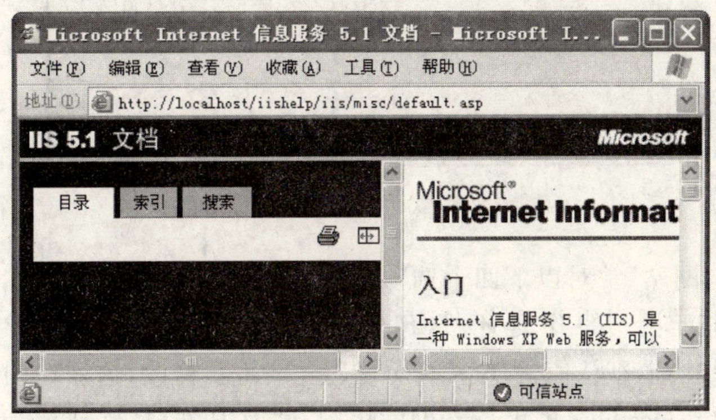

图 9-6 XP 操作系统“默认网站”下的默认 asp 文档

图 9-7 “默认网站”正在运行

9.2.3 配置 IIS

在 IIS 安装完成以后，需要进行配置，以适应用户的需要。配置 IIS 主要涉及两方面内容：默认网站的配置和虚拟目录的创建与配置。

1. 默认网站的配置

第 1 步：打开“Internet 信息服务”管理器，如图 9-5 所示。

第 2 步：右击“默认网站”项目，在弹出的快捷菜单中选择“属性”选项，这时会弹出“默认网站 属性”对话框，如图 9-8 所示。

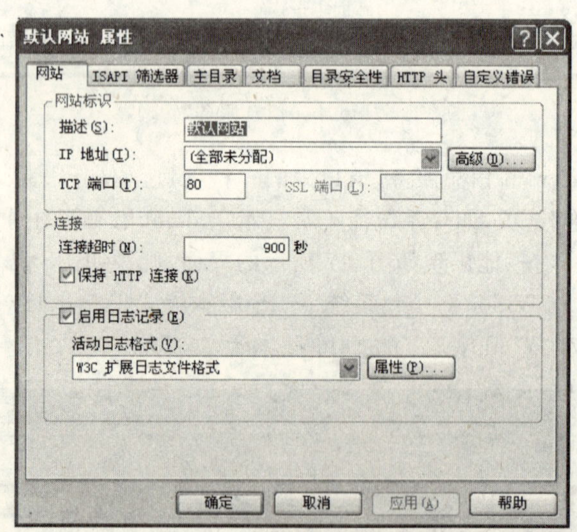

图 9-8 “默认网站 属性”对话框

第 3 步：“默认网站”常对以下四个选项卡进行配置。

- 网站：用来指定网站的 IP 地址、TCP 端口、主机头和网站描述。“IP 地址”是 Web 服务器绑定的 IP 地址，默认值是“全部未分配”，建议不要修改，这样在调试时只需在浏览器中输入 http://localhost 即可查看网站内容。“TCP 端口”默认值为 80（一般不需要修改），用户可以根据需要设置其他端口，此时访问网站需要加上设定的端口号，例如，使用 8080 端口时输入 http://localhost:8080 来访问。其他的选项保持默认。

- 主目录：用于指定“连接到资源时的内容来源”，如图 9-9 所示。默认情况下，默认网站的主目录为 C:\Inetpub\wwwroot，可以在“本地路径”文本框中将主目录修改为此计算机上的其他目录，这里将其更改为 D:\Xmsite。修改文本框中的值可以直接输入文件夹路径，也可以通过单击“本地路径”右侧的“浏览”按钮进行选择。

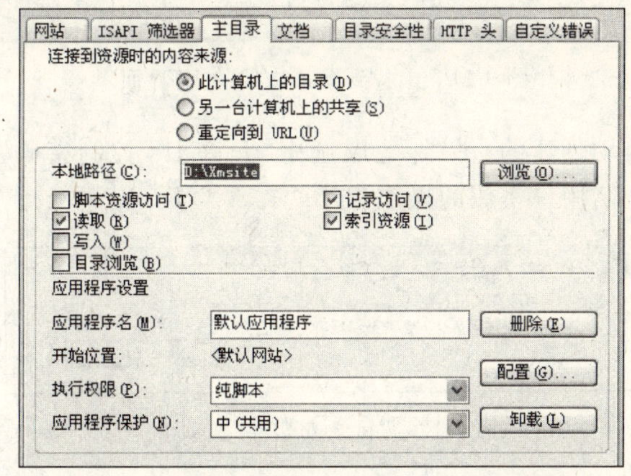

图 9-9　设置“默认网站”的主目录和其他属性

- 文档：如图 9-10 所示，用于指定网站的默认文档。“默认文档”列表中可以有 1 个或者多个文件名，其优先级从上至下依次降低；用户可根据需要自行添加文档名称、调整候选文档的优先级。当浏览器使用 http://localhost 访问网站时，请求中没有指定文档，按照优先级次序，首先寻找名为 Default.asp 的文档。如果找到该文档，服务器就会处理该文档，然后把 http://localhost/Default.asp 作为请求的内容返回给浏览器；如果没有找到，继续寻找列表中的下一个文档 Default.htm；如果列表中的所有默认文档都找不到，服务器将返回“您无权查看该网页”的 403 错误信息给浏览器，如图 9-11 所示。当列表中的文档同时存在时，将向浏览器返回优先级最高的文档。

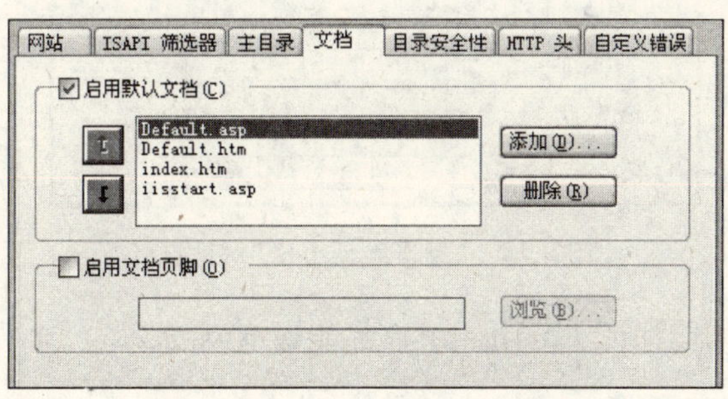

图 9-10　设置“默认网站”的默认文档

- 目录安全性：设置 Web 服务器的安全性功能，如图 9-12 所示。单击“匿名访问和身份验证控制”组框中的“编辑”按钮，将打开“身份验证方法”对话框，如图 9-13 所示。在“身份验证方法”对话框中，如果允许匿名用户访问网站，则一定要确保选中“匿名访问”复选框，否则请选中“基本身份验证”或“集成 Windows 身份验证”复选框。“匿名访问”的“用户名”格式为“IUSR_服务器计算机名”，由系统自动创建，匿名用户的

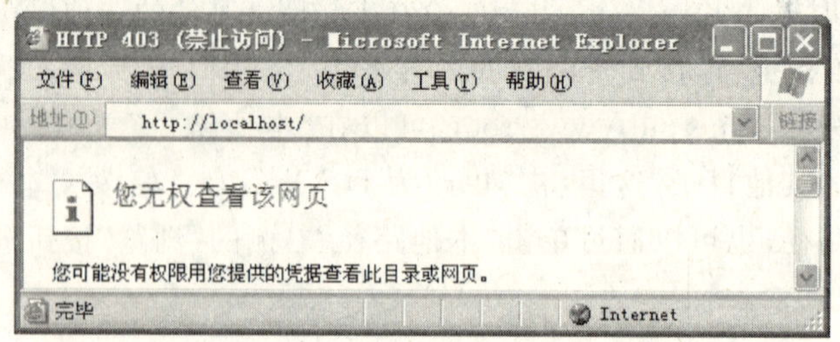

图 9-11　未找到默认文档的 IE 界面

密码也是系统自动创建的。另外建议选中“允许 IIS 控制密码”复选框，这样可以省掉管理员更改匿名用户密码的操作。

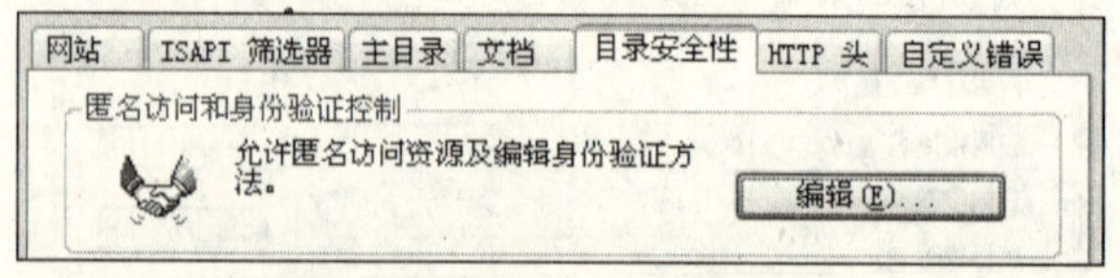

图 9-12　“目录安全性”选项卡

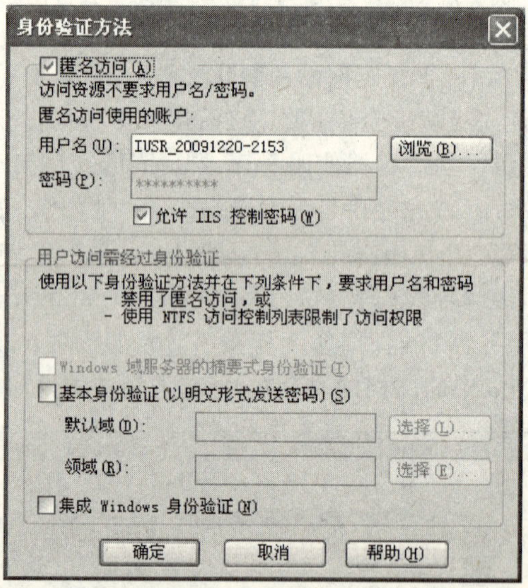

图 9-13　“身份验证方法”对话框

通过以上的设置，才能保证 Internet 用户都能访问网站。

2. 虚拟目录的创建与配置

除主目录外，还可为要发布到网站上的内容指定其他位置，我们称为“虚拟目录”。在“Internet 信息服务”管理器中创建虚拟目录时，必须为虚拟目录提供一个“别名”，以便于快速引用。客户端通过别名来获取虚拟目录访问权限。

如果说主目录是网站目录树的根，虚拟目录就是目录树上的分支，虚拟目录下还可以再创建虚拟目录。对于浏览器来说，访问虚拟目录与访问子目录没有什么区别。

接下来我们一起来学习为默认网站添加虚拟目录，步骤如下。

第 1 步：打开“Internet 信息服务”管理器，在左侧窗格中“默认网站”上右击，选择“新建”→“虚拟目录”选项，如图 9-14 所示。打开“虚拟目录创建向导”对话框，如图 9-15 所示。

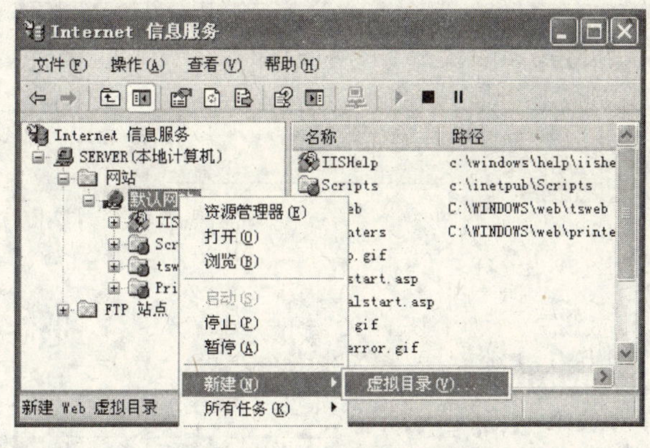

图 9-14　新建虚拟目录

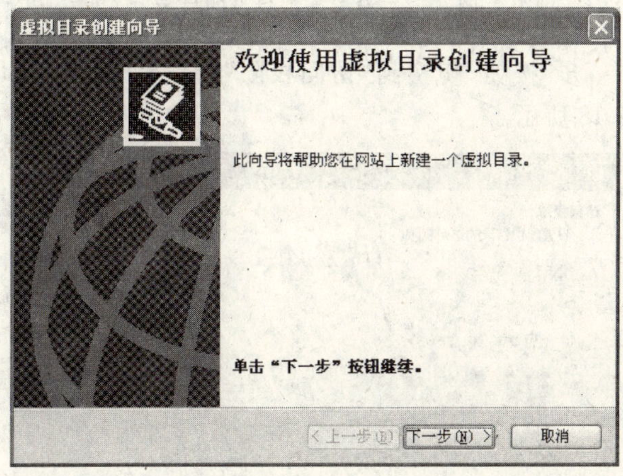

图 9-15　“虚拟目录创建向导”对话框

第 2 步：单击“下一步”按钮，切换到“虚拟目录别名”设置页，在“别名”处输入 WWWRoot，如图 9-16 所示。

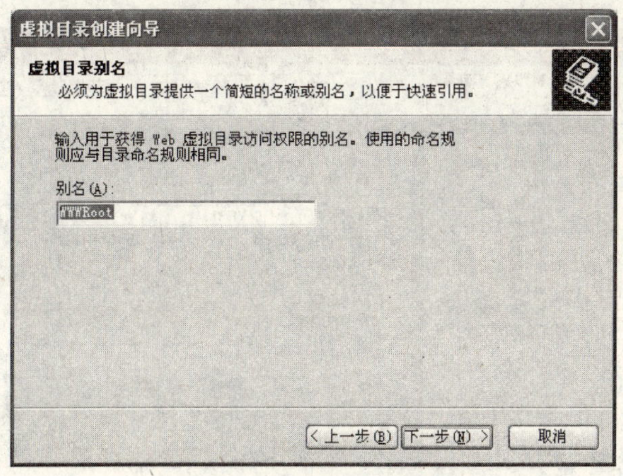

图 9-16　设置“虚拟目录别名”

第 3 步：单击“下一步”按钮，切换到“网站内容目录”设置页，用户可以在这里设置与主目录不同的其他目录，如设置“目录”的路径为 C:\WWWRoot，如图 9-17 所示。

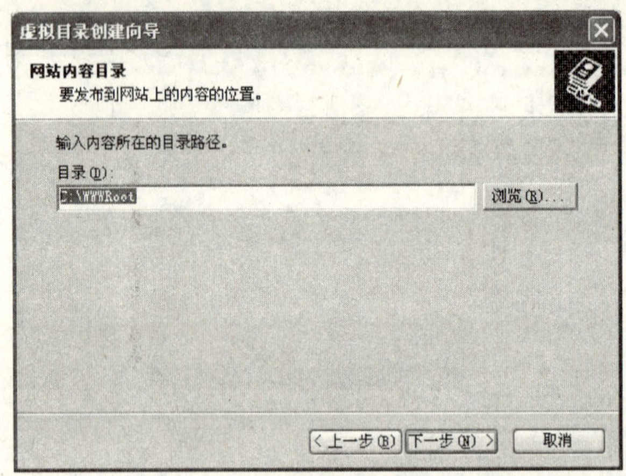

图 9-17　设置虚拟目录的目录

第 4 步：单击“下一步”按钮，切换到“访问权限”设置页，选中“读取”和“运行脚本(如 ASP)”复选框，如图 9-18 所示。

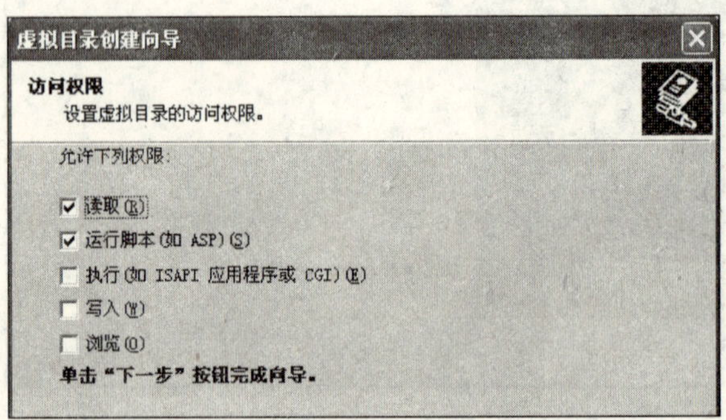

图 9-18　设置虚拟目录访问权限

第 5 步：单击“下一步”按钮，再单击“完成”按钮，完成虚拟目录的创建。在“Internet 信息服务”管理器中可以看到在“默认网站”下增加了虚拟目录 WWWRoot，如图 9-19 所示。

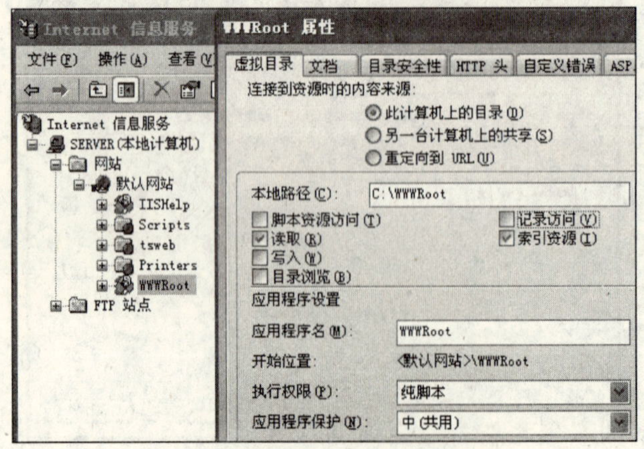

图 9-19　虚拟目录及其相关属性

第 6 步：选择虚拟目录 WWWRoot，右击，选择“属性”选项，可以查看虚拟目录具体设置。

第 7 步：重复第 1 步到第 5 步操作，创建虚拟目录 data，该虚拟目录的“本地路径”设置为 D:\webdata，最终效果如图 9-20 所示。

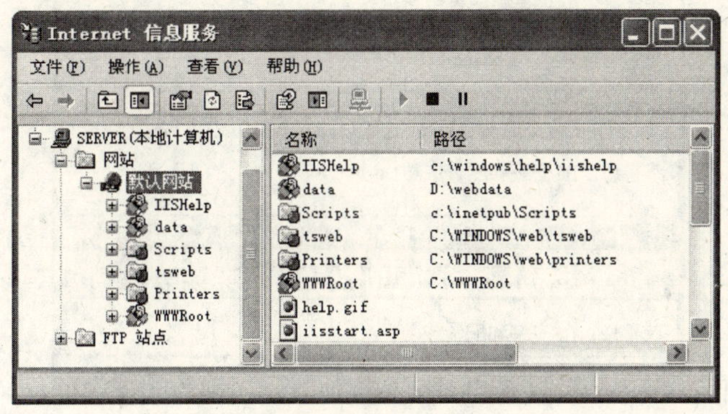

图 9-20　虚拟目录列表

9.2.4　测试 IIS 服务器

上面对 IIS 进行了配置，设置了默认网站的主目录，创建了两个虚拟目录，下面开始测试 IIS 配置是否正确。测试步骤如下。

第 1 步：在 IIS 主目录及两个虚拟目录的“本地路径”下放置同一个 Hello.asp 文档，内容如下。

```
<%@LANGUAGE="VBSCRIPT"CODEPAGE="65001"%>
<!DOCTYPE html PUBLIC"-//W3C//DTD XHTML 1.0 Transitional//EN" "http://www.w3.org/
TR/xhtml1/DTD/xhtml1-transitional.dtd">
<html xmlns="http://www.w3.org/1999/xhtml">
<head>
<meta http-equiv="Content-Type"content="text/html;charset=utf-8"/>
<title>欢迎</title>
</head>
<body>
/*下面一句是 asp 脚本,作用是在网页上输出一行文本*/
<%response.Write("恭喜您,IIS 安装和配置成功!")%>
</body>
</html>
```

第 2 步：打开 IE 浏览器，在地址栏中分别输入 http://localhost/wwwroot/hello.asp、http://localhost/hello.asp 和 http://localhost/data/hello.asp，如果页面都能显示“恭喜您，IIS 安装和配置成功！”文本，如图 9-21 所示，则表示 IIS 安装配置成功。

说明：在 ASP 中，所有的脚本都由符号<%和%>包含。

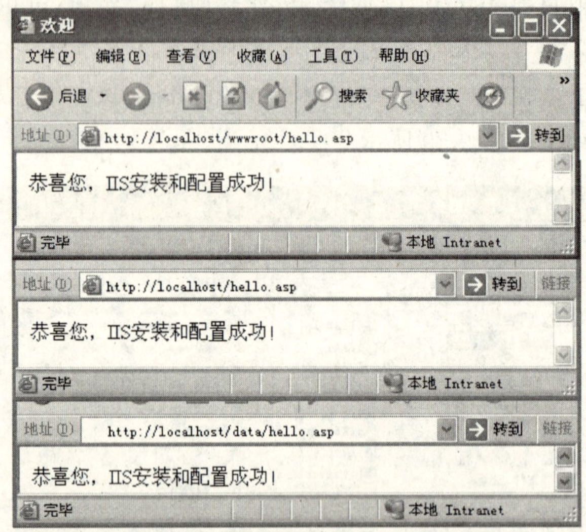

图 9-21 ASP 测试网页正确预览效果

9.2.5 在 Dreamweaver 中设置 ASP 服务器站点

1. Dreamweaver 对 ASP 的支持

微软 ASP 采用的是直接在 HTML 内添加服务器端的操作代码（使用 VBScript 和 JavaScript 语言），而代码编写对大多数网页爱好者来说难度较大。Micromedia 公司为此把开发 ASP 网页中经常使用的一些功能，如读取数据库、分页显示、用户登录等功能做成代码模板，用户使用时几乎不用编写代码，通过拖曳代码模板就可实现动态页面的设计。

Dreamweaver 对 ASP 应用化繁为简的做法，降低了学习动态网页的门槛，激发了网页爱好者的学习兴趣，在一定程度上也促进了网页技术的发展。

这些年，随着微软 Net Framework 的发展与壮大，Dreamweaver 也及时增强了对 ASP 动态网页的支持，加入了可以用来开发 asp. net 的动态页面的功能，而且代码模板和基于代码编写等功能做得越发简洁和实用，从发展的角度来说，Dreamweaver 是相当有前景的。

2. 初识 ASP 站点

通常来说，ASP 站点就是.asp 动态网页和一切其他静态网页的集合，是一种动态性质的站点。既然是动态站点，肯定会包含 ASP 程序（带有.asp 扩展名的网页），这些动态网页仅在本地机上是无法直接预览的，利用 Dreamweaver 开发时，如果每个 asp 网页都要上传到安装有 IIS 组件的远程服务器端进行，除网络带宽受限外，测试也相当不方便。因此开发者普遍的做法都是在本地机上安装 IIS 服务器组件，将本地机设置为一台真正的动态网站服务器，以方便预览动态网页，待整个站点完成后，整站上传到 IIS 组件已安装配置好的远端服务器。

3. 定义 ASP 站点

定义 ASP 站点在 Dreamweaver CS3 中主要是定义本地信息和测试服务器两部分。具体步骤如下。

第 1 步：安装配置好 IIS 组件，在“默认网站”下创建一个虚拟目录（方法可以参阅

9.2.4 小节内容)，例如，定义虚拟目录 ForASP，对应物理路径为 D:\Xmsite。

第 2 步：启动 Dreamweaver CS3 软件。选择“站点”→“新建站点”选项，打开“ForASP 的站点定义为”对话框，并切换到“高级”选项卡，如图 9-22 所示。“基本”和“高级”选项卡没有本质区别，“基本”选项卡以向导的方式帮助初学者快速建立动态站点，而“高级”选项卡可以更详细、更直观的定义动态网站的详细参数。这里用“高级”选项卡来定义。

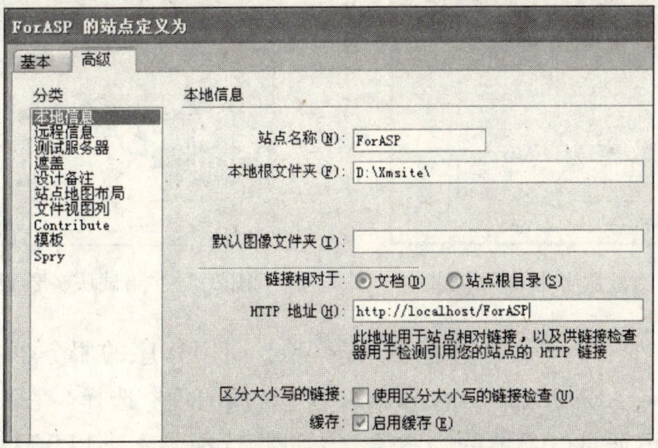

图 9-22　“高级”方式的站点定义为及本地信息界面

第 3 步：设置“本地信息”。

在“ForASP 的站点定义为”对话框左侧的“分类”列表框中选择“本地信息”选项，然后就可以在右侧选项区域详细设置本地目录的相关信息，如图 9-22 所示。

在“本地信息”选项中，要关注的相关属性如下。

- 站点名称：在 Dreamweaver 环境中起标识作用，用户可以自由设置。
- 本地根文件夹：即本地目录，用来存放站点内容的文件夹。
- 默认图像文件夹：为站点设置一个默认的文件夹，专门用来存放图像，当网站很小时，可以设置该属性。
- 链接相对于：这是一个很重要的选项，它将会影响整个站点的超链接。如果选中“文档”复选框，则 Dreamweaver 会自动设置网站内所有链接为相对路径的形式；如果选中“站点根目录”复选框，Dreamweaver 会自动设置网站内所有链接为绝对路径的形式。考虑到用户设计好站点后要发布到远程服务器里，并且远程服务器的根目录由用户校验得知，因此建议选用“文档”。
- HTTP 地址：站点的 URL 地址。该选项必须准确设置以确保根目录被上传到远程服务器上是有效的，因为远程服务器可能有不同的站点根目录。如刚才在“默认网站”下创建的虚拟目录 ForASP，对应物理路径为 D:\Xmsite，其 IP 未绑定，因此 HTTP 地址设置为 http://localhost/ForASP。
- 区分大小写的链接：选择此项时 Dreamweaver 会认为大小写链接是不同的路径，一般忽略该选项。
- 缓存：使用缓存可以加速“资源”面板、链接管理和站点地图的运行速度，因为 Dreamweaver 会自动在缓存中保存这些站点资源和文件信息。如果计算机配置比较低，或者站点比较大时，可以关闭缓存，因为这将占用过多的系统资源，影响其他程序的运行。

第 4 步：设置“测试服务器”。

站点设置好“本地信息”后，只能预览.html 和.htm 静态网页，如果要预览.asp 网页，系统会弹出如图 9-23 所示的对话框。

接下来设置“测试服务器”。测试服务器首先要选择“服务器模型”，如图 9-24 所示。

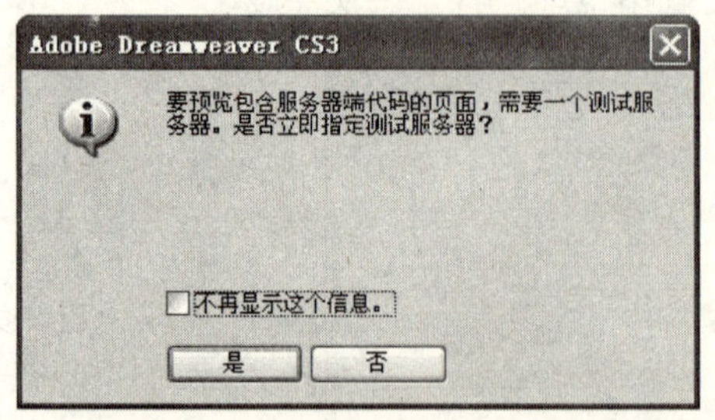

图 9-23　未设置测试服务器提示信息

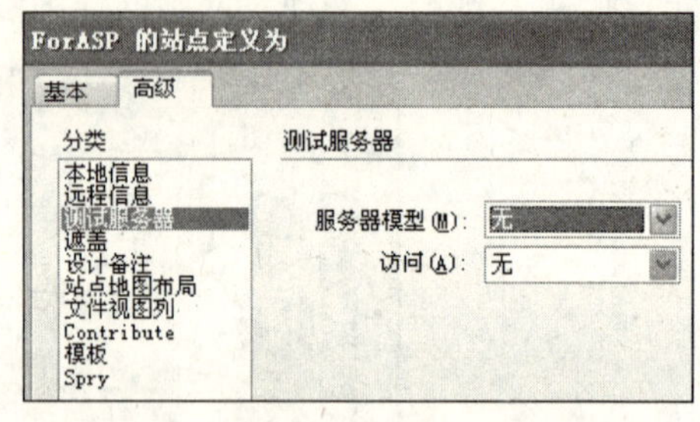

图 9-24　测试服务器设置“服务器模型”

- 服务器模型：在下拉列表中选择要用于 Web 应用程序的服务器技术。针对 ASP 服务器来说，只有 ASP JavaScript 和 ASP VBScript 两个选择。它们所用的脚本语言是不同的，可以根据自己习惯的脚本语言来进行选择。本书以 VBScript 作为所有应用程序的脚本语言，该语言也是 ASP 默认的脚本语言。
- 访问：远程服务器端的目录访问方式。一般来说这个设置应与“远程信息”类别中的设置一致，如果在本地测试，一般选择“本地/网络”。选择“本地/网络”访问方式后，系统会显示该访问模式的更多属性设置项目，如图 9-25 所示。

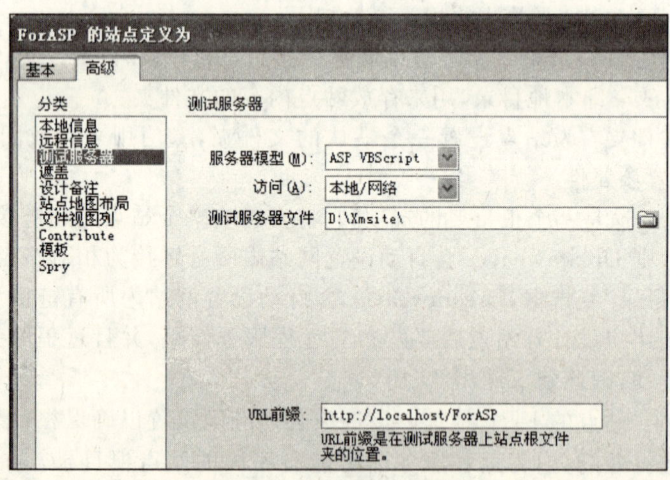

图 9-25　设置“测试服务器”

- 测试服务器文件：测试服务器的文件夹，可以保持与远程目录的一致性。建议用户在学习阶段不妨把本地目录、远程目录和测试服务器文件都设置为同一个文件夹，这有利于操作，避免在多个目录中进行切换。
- URL 前缀：设置在浏览器中访问站点时需要输入的 URL，但不包括任何文件名。URL 前缀由域名和站点主目录的任何一个子目录或虚拟目录(而不是文件名)组成。例如，如果站点 URL 是 http://localhost/ForASP/Hello.asp，则应输入以下 URL

前缀 http://localhost/ForASP/。其中 localhost 表示本地域名的占位符。如果是远程服务器上就应该输入完整、真实的域名，如 http://www. ××××. com/，如图 9-25 所示。

4. 站点测试

在“ForASP 的站点定义为”对话框中设置好“本地信息”和“测试服务器”的相关内容之后，本地 ASP 站点也就定义完毕，单击“确定”按钮确认所有设置。接下来新建一个. asp 文件做站点测试工作，具体操作如下。

第 1 步：在站点下新建一个 hello. asp 文件，双击打开该文件，切换到“代码”视图，输入如下所示的一行代码，该代码表示输出显示一行文本“恭喜您，搭建 ASP 站点成功!”。

```
<%response.Write("恭喜您,搭建 ASP 站点成功!")%>
```

第 2 步：按 F12 键预览网页效果，Dreamweaver CS3 会依次弹出一系列对话框，如图 9-26(a)、(b)、(c)所示。

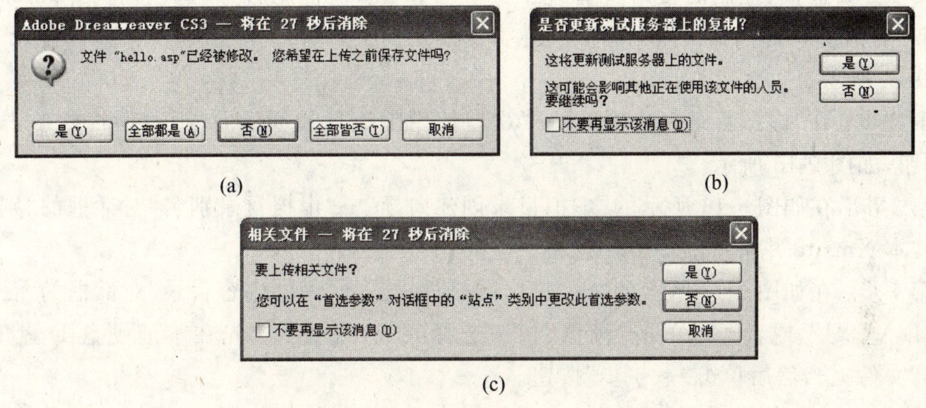

图 9-26　预览过程中弹出的对话框

第 3 步：全部单击“是”按钮后，系统进入“后台活动”，之后 Dreamweaver CS3 将打开默认的浏览器(如 IE)并显示预览效果，如图 9-27 所示。

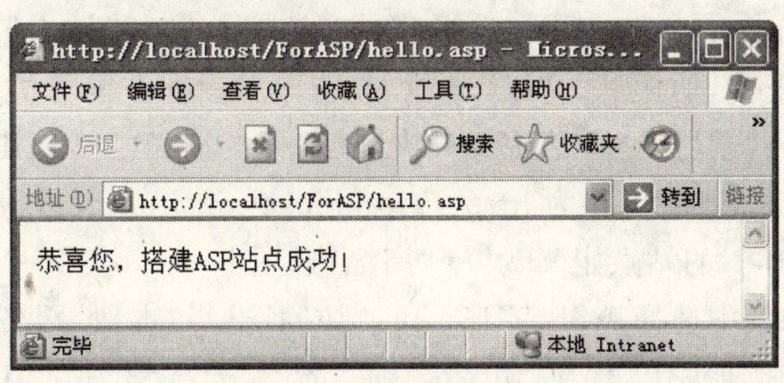

图 9-27　asp 网页测试效果

实际上在浏览器地址栏中直接输入 http://localhost/ForASP/hello. asp，按 Enter 键确认，这时在浏览器窗口中也会打开该页面。这时说明 ASP 站点开发环境已基本搭建好。

ASP 站点搭建好后，还可以对站点的其他属性进行设置，如远程信息、站点地图布局、站点导入导出等。

9.3 任务实施步骤

设计目标：

在本地计算机已安装 IIS 组件的环境下，搭建好 Dreamweaver 的 ASP 站点。

设计思路：

- 在 IIS"默认站点"创建一个 xmsite 的虚拟目录，虚拟目录本地路径为"D:\学习"；
- 定义好本地信息，本地根文件夹也设置为"D:\学习"，站点名为"学习"；
- 定义测试服务器，使能解析 ASP 页面。访问方式设置为"本地/网络"，服务器模型采用通用的 ASP VBScript；
- 站点简单测试，在站点下新建文档 default. asp，按 F12 键网页正确显示。

操作步骤：

第 1 步：选择"控制面板"→"管理工具"→"Internet 信息服务"选项，打开"Internet 信息服务"对话框，右击"默认网站"选项，在弹出的快捷菜单中选择"新建"→"虚拟目录"选项，如图 9-14 所示。

第 2 步：在"虚拟目录创建向导"→"欢迎使用虚拟目录创建向导"对话框中单击"下一步"按钮，如图 9-15 所示。

第 3 步：在如图 9-16 所示的"虚拟目录创建向导"→"虚拟目录别名"对话框的"别名"处输入文本 Xmsite 并单击"下一步"按钮。

第 4 步：在如图 9-17 所示的"虚拟目录创建向导"→"网站内容目录"对话框的"目录"处输入"D:\学习"，或者通过单击"浏览"按钮选择完成（说明：应先在本地硬盘 D 盘下建立"学习"文件夹)，然后单击"下一步"按钮。

第 5 步：在如图 9-18 所示的"虚拟目录创建向导"→"访问权限"对话框中单击"下一步"按钮。

第 6 步：在"虚拟目录创建向导"→"已成功完成虚拟目录创建向导"对话框中单击"完成"按钮，完成虚拟目录的创建。

第 7 步：打开 Dreamweaver CS3，选择菜单"站点"→"新建站点"选项，在弹出的"学习的站点定义为"对话框中，切换到"高级"选项卡，选择对话框左侧分类的"本地信息"，在"站点名称"文本框中输入"学习"，"本地根文件夹"文本框中输入或单击其右边的文件夹图标选取"D:\学习"，"HTTP 地址"设置为 http://localhost/xmsite/，具体设置如图 9-28 所示。

第 8 步：选择"学习 的站点定义为"→"高级"选项卡→"分类"→"测试服务器"项目，在"服务器模型"下拉列表中选择 ASP VBScript，"访问"选择"本地/网络"，"测试服务器文件"和"本地信息"中的"本地根文件夹"设置一样，都是"D:\学习"，"URL 前缀"也设置为 http://localhost/xmsite/，如图 9-29 所示。

第 9 步：单击"学习 的站点定义为"对话框中的"确定"按钮，保存所有设置。在"文件"面板中可查看"学习"站点的"本地视图"。单击"本地视图"下拉列表框右侧按钮，选择"测试服务器"查看"学习"站点的"测试服务器"，如图 9-30 所示。

第 10 步：在"文件"面板中"学习"站点的"本地视图"下，新建一个测试文件，重命名为

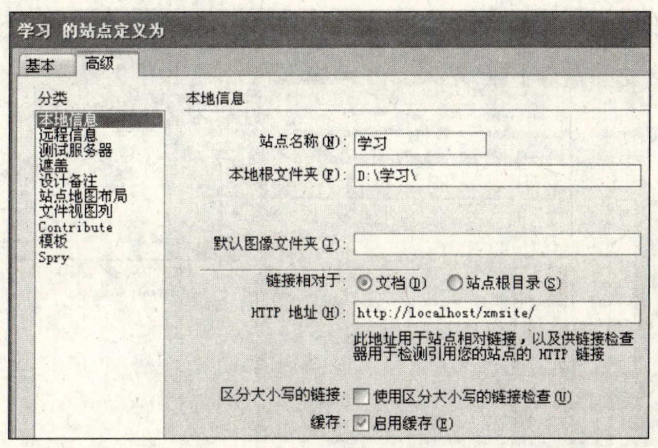

图 9-28　“学习”站点的“本地信息”设置

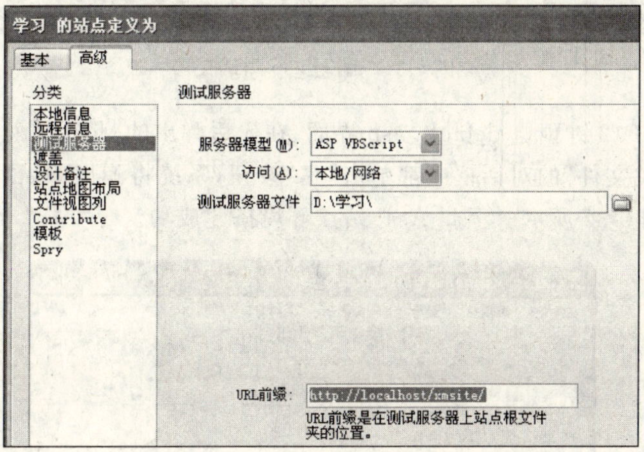

图 9-29　“学习”站点的“测试服务器”设置

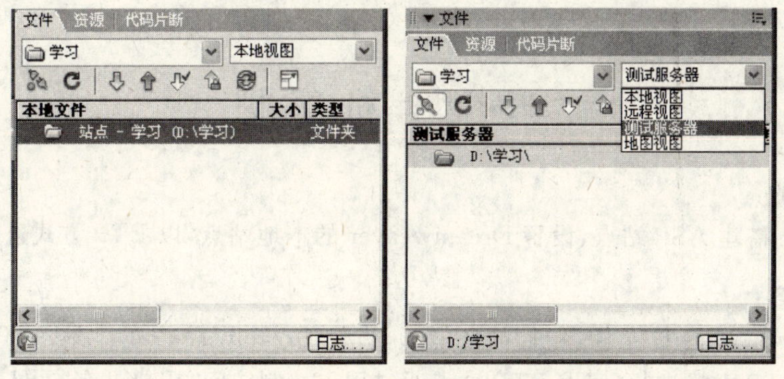

图 9-30　站点中的“本地视图”和“测试服务器”

Default.asp。双击打开 Default.asp 文档，切换到“代码”视图，在＜body＞＜/body＞标签内输入脚本＜％response.Write("成功搭建 asp 站点!")％＞，标题更改为“欢迎”，如图 9-31 所示。按 Ctrl＋S 组合键保存文档。

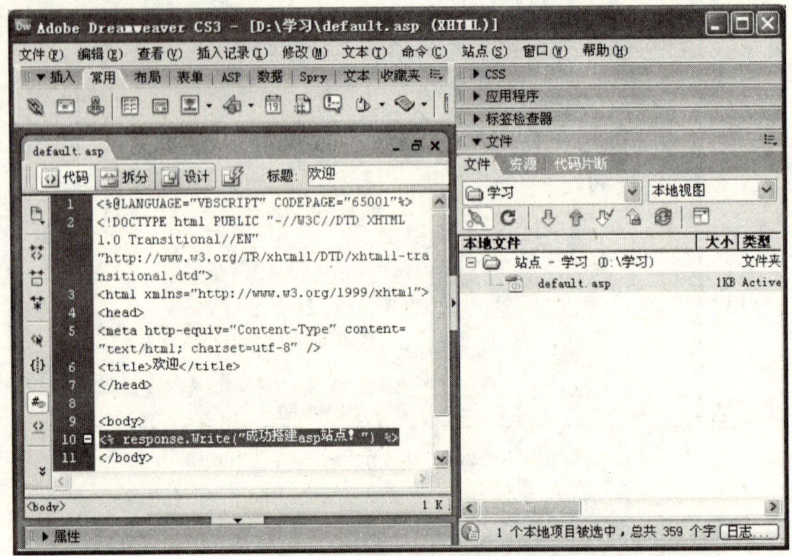

图 9-31　编写 asp 测试文档

第 11 步：按 F12 键预览 default.asp 界面，在先后弹出的“是否更新测试服务器上的复制”和要上传“相关文件”的对话框中都单击“是”按钮，系统将弹出 IE 窗口，显示“成功搭建 ASP 站点!”，如图 9-32 所示。至此 ASP 站点环境搭建成功。

图 9-32　asp 测试文档预览界面

9.4　上机实训

实训目的：

在 IIS 下搭建 ASP 站点，设置 Dreamweaver 的本地站点，以 FTP 方式进行远程管理。

实训内容：

在本地计算机已安装 IIS 组件的环境下，搭建 Dreamweaver 的本地 ASP 站点。“远程信息”通过 FTP 方式进行(假设 FTP 站点通过用户控制访问，用户具有“写入”的权限，FTP 用户名为 a，密码为 a，用户 a 的虚拟目录是 huadian，可存放所有站点文件)。

实训步骤：

“本地信息”和“测试服务器”设置同“任务实施步骤”。

第 1 步：给“默认站点”创建虚拟目录 xmsite，虚拟目录本地路径为“D:\花店”。

第 2 步：定义"本地信息"，本地根文件夹也设置为"D:\学习"，站点名为"学习"。

第 3 步：定义"测试服务器"，使能解析 ASP 页面。访问方式设置为"本地/网络"，服务器模型采用通用的 ASP VBScript。

第 4 步：定义"远程信息"，设置"访问"为 FTP，"FTP 主机"为 192.168.1.100，"主机目录"为 huadian/，"登录"名为 a，"密码"为 a。单击"测试"按钮系统弹出已成功连接到您的 Web 服务器的对话框提示，如图 9-33 所示。

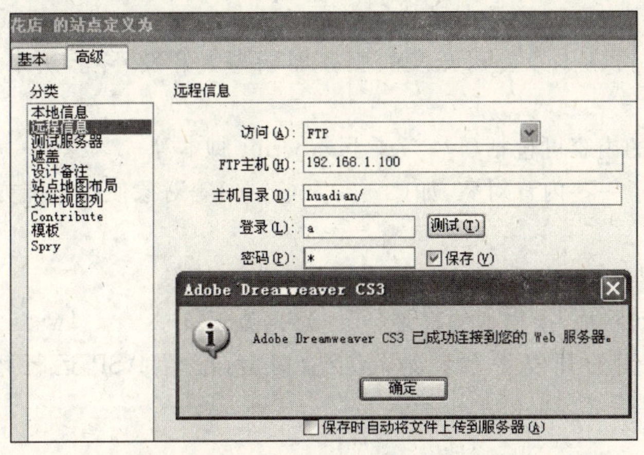

图 9-33 "远程信息"参考设置及登录"测试"提示

第 5 步：在"Adobe Dreamweaver CS3 已成功连接到您的 Web 服务器"后，在"文件"面板的"本地视图"中单击" "图标，系统会先后弹出"您确定要下载整个站点吗?"(单击"确定"按钮，如图 9-34 所示)和"后台文件活动-花店"对话框(如图 9-35 所示)，站点下载完毕后，"本地视图"和"远程视图"文件结构将相同。

图 9-34 下载整个站点对话框

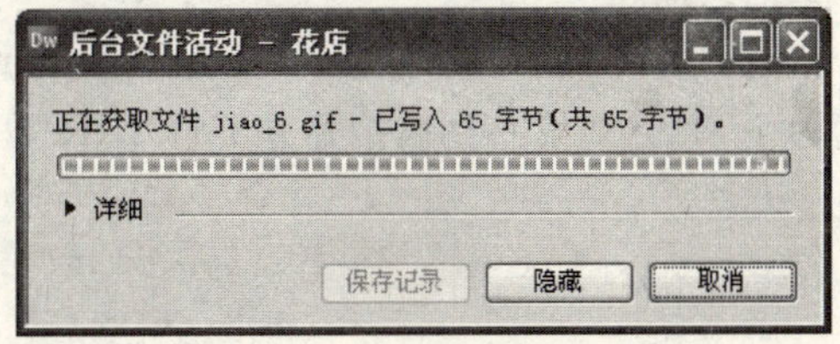

图 9-35 从远程服务器端下载站点

9.5 知识总结与回顾

9.5.1 回顾学习要点

- IIS 的安装和设置。
- 在 Dreamweaver CS3 中搭建好 ASP 站点环境。

9.5.2 学习要点参考

- 设置 IIS 时，可以优先考虑创建和使用"虚拟目录"，以方便用户能够快速的移植 Web 站点。

■ 在 Dreamweaver CS3 设置和管理 ASP 站点时，一般要先处理好“本地信息”和“测试服务器”的设置，“测试服务器”中的“URL 前缀”一般和“本地信息”的“HTTP 地址”设置相同。

习　题

一、填空题

1. ASP 是美国(　　)公司开发的服务器端脚本开发环境，用来创建动态的交互式(　　)应用程序。

2. ASP 文档的内容可包括(　　)或 JavaScript 脚本等。

3. ASP 提供了一些内置对象，如(　　)和(　　)等对象使脚本能方便地实现从浏览器中接收和发送信息。

4. ASP 可以与(　　)，如 Access、(　　)等进行连接。

5. 浏览器访问网站，接收到的都是(　　)内容。

6. 就目前通用的开发平台和运行环境而言，配置 ASP 运行环境就是安装和配置(　　)。

二、问答题

1. 请简述静态网页和动态网页的工作原理。

2. Dreamweaver 要编写和调试 ASP 动态网页，测试服务器一定要安装吗？

3. 动态网页编写时，常使用“..”语法获取上一级目录或更上几级目录，IIS 设置中如何启用这项功能？

三、实操题

搭建一个 ASP 开发环境，以使 Dreamweaver 能利用 JavaScript 开发 ASP 站点。站点能通过 FTP 方式发布到虚拟目录 CH9DIR 下，ASP 文档支持父路径。

第10章 新闻系统的制作

新闻系统是网站发布信息的重要途径，是用户获取和浏览网站信息的方式之一，它在网站收集用户意见和与用户进行沟通交流等方面起到了很重要的作用。本章主要学习简单新闻系统的制作过程。

本章主要内容

- 新闻系统的组成；
- 动态网页与数据库的连接；
- 动态网页如何操作数据库。

能力培养目标

通过本章学习，要求学生熟练掌握新闻系统的制作，能够设计出实用的新闻系统。

10.1 新闻系统准备工作

10.1.1 新闻系统需求分析

新闻系统可以分为前台新闻显示页面和后台新闻管理模块两个部分，如图 10-1 所示。

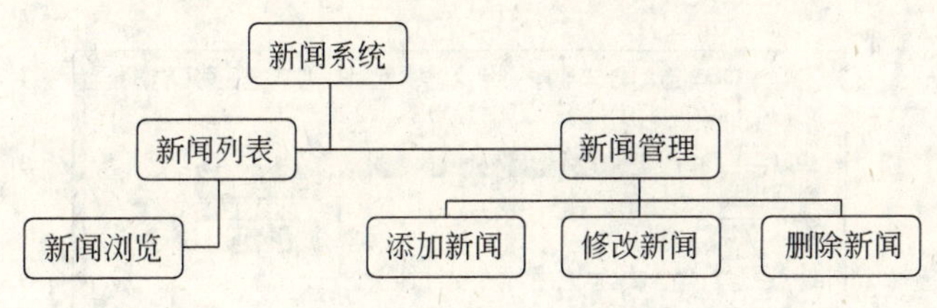

图 10-1 新闻系统结构图

- 在前台显示已发布新闻的列表，单击新闻列表进入新闻的详细内容显示页面。
- 在后台新闻管理模块中对新闻进行添加、删除、修改等操作。

10.1.2 新闻系统站点的建立

第 1 步：打开"控制面板"下的"管理工具"窗口，双击打开"Internet 信息服务"窗口。选择"默认网站"选项，单击工具栏上的"属性"按钮，打开"默认网站 属性"对话框，如图 10-2 所示。

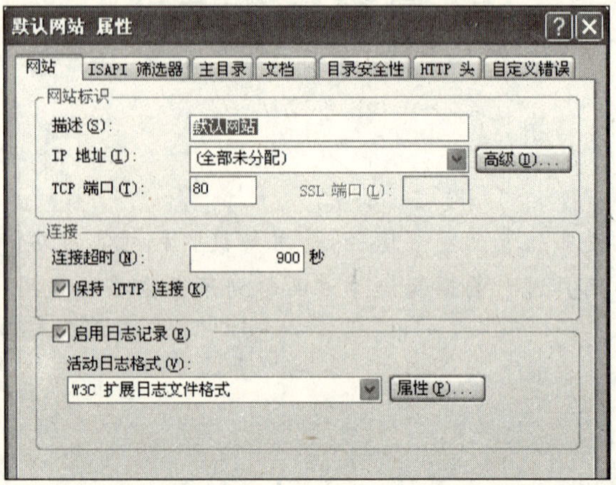

默认网站 属性
网站
ISAPI 筛选器
主目录
文档
目录安全性
HTTP 头
自定义错误
网站标识
描述(S):
默认网站
IP 地址(I):
(全部未分配)
高级(D)...
TCP 端口(T):
80
SSL 端口(L):
连接
连接超时(N):
900
秒
保持 HTTP 连接(K)
启用日志记录(E)
活动日志格式(V):
W3C 扩展日志文件格式
属性(P)...

图 10-2 "默认网站 属性"对话框

第 2 步：设置"主目录"选项卡，如图 10-3 所示；打开"文档"选项卡，设置默认文档为 Index.asp，如图 10-4 所示。单击"确定"按钮保存设置。

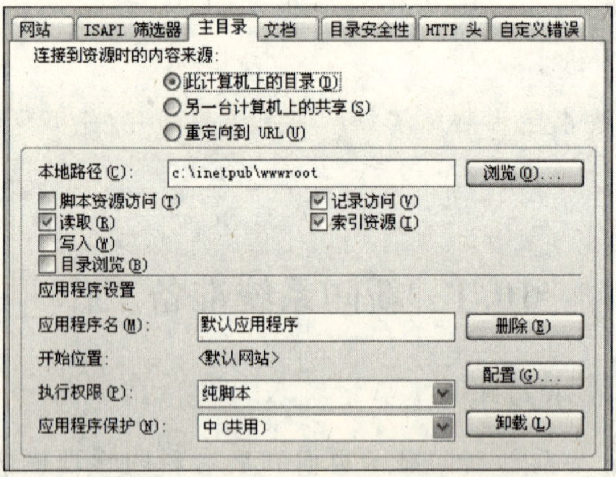

网站
ISAPI 筛选器
主目录
文档
目录安全性
HTTP 头
自定义错误
连接到资源时的内容来源:
此计算机上的目录(D)
另一台计算机上的共享(S)
重定向到 URL(U)
本地路径(C):
c:\inetpub\wwwroot
浏览(O)...
脚本资源访问(T)
记录访问(V)
读取(R)
索引资源(I)
写入(W)
目录浏览(B)
应用程序设置
应用程序名(M):
默认应用程序
删除(E)
开始位置:
<默认网站>
配置(G)...
执行权限(P):
纯脚本
应用程序保护(N):
中(共用)
卸载(L)

图 10-3 "主目录"选项卡设置

网站
ISAPI 筛选器
主目录
文档
目录安全性
HTTP 头
自定义错误
启用默认文档(C)
Index.asp
添加(D)...
删除(R)
启用文档页脚(O)
浏览(B)...

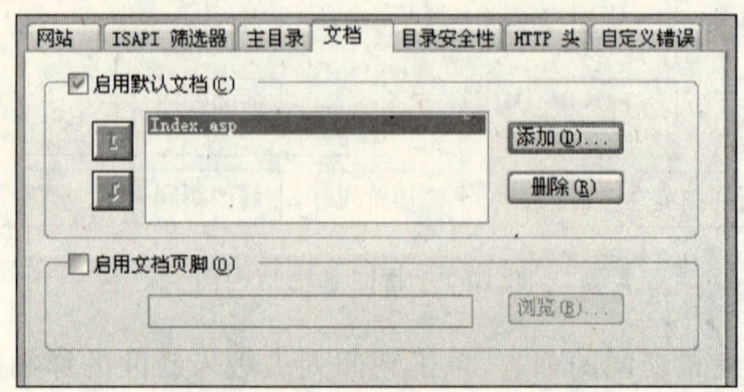

图 10-4 "文档"选项卡设置

第 3 步：在 Dreamweaver 中新建站点，打开“高级”选项卡，设置“本地信息”中的“站点名称”为“新闻系统”，设置“本地根文件夹”为 C:\Inetpub\wwwroot\，如图 10-5 所示；在“分类”列表中选择“测试服务器”，设置参数如图 10-6 所示，单击“确定”按钮完成本地站点设置。

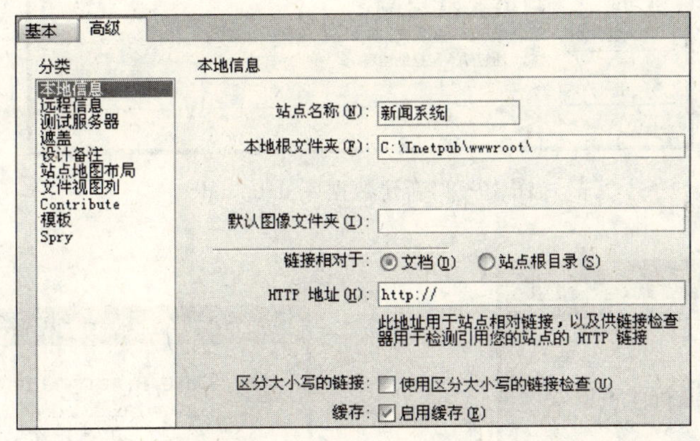

图 10-5　“本地信息”设置

图 10-6　“测试服务器”设置

10.1.3　设计新闻数据库

第 1 步：打开 Microsoft Office Access 2003 软件，选择“文件”→“新建”选项，选择“新建文件”面板中的“空数据库”选项，打开“文件新建数据库”对话框。

第 2 步：在“文件名”处输入数据库文件名 news. mdb，单击“创建”按钮，将该数据库保存在本地站点的 data 文件夹中。创建后如图 10-7 所示。

第 3 步：双击“使用设计器创建表”选项，打开“表 1”设计视图，设置字段名称及数据类型，将 ID 设置为主键，如图 10-8 所示。

第 4 步：单击“关闭”按钮，弹出如图 10-9 所示的对话框，单击“是”按钮，另存为 user，单击“确定”按钮保存。

第 5 步：双击打开“user：表”对话框，输入初始用户和初始密码 admin，如图 10-10 所示。

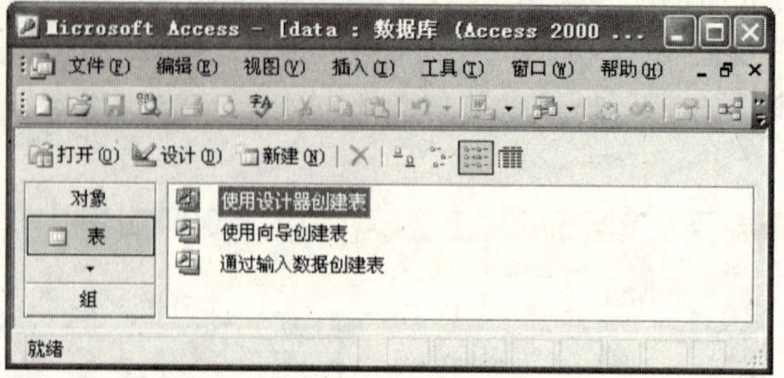

图 10-7 新建数据库 data.mdb

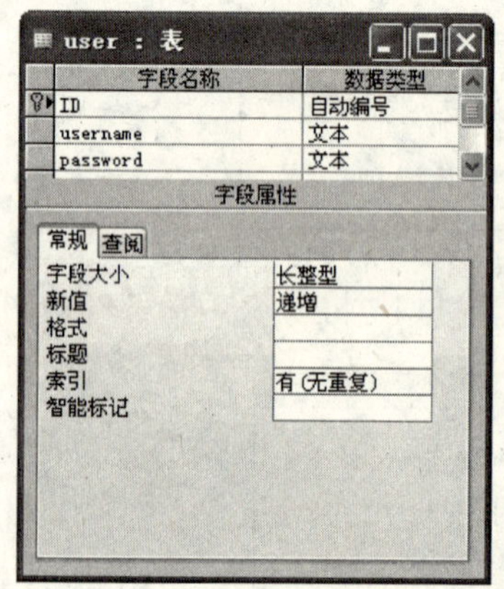

图 10-8 user 表

图 10-9 保存表的设计

图 10-10 初始化 user 表数据

第 6 步：重复第 3、第 4 步，使用设计器创建表，按照表 10-1 所示设置字段名称及数据类型，将 news_id 设置为主键，如图 10-11 所示。单击"关闭"按钮，另存为 news。

表 10-1 news 表的设置参数

字段名称	数据类型	字段大小	默认值
news_id	自动编号	长整型	
news_time	日期/时间		Data()
news_class	文本		
news_title	文本		
news_editor	文本		未知
news_content	备注		

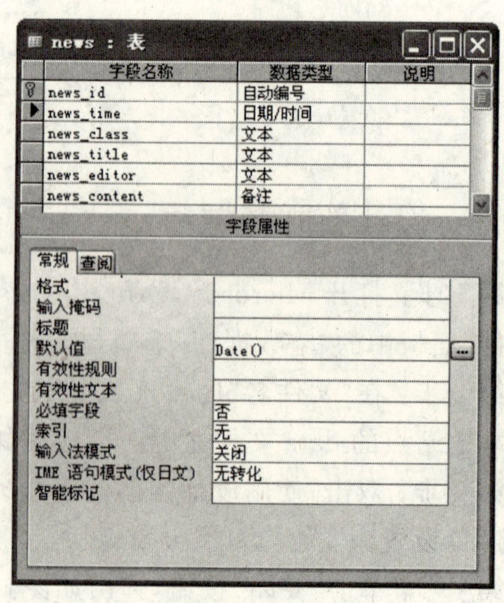

图 10-11 news 表

10.1.4 连接新闻数据库

第 1 步：在 Dreamweaver 中新建 ASP VBScript 网页，在“标题”处输入文字“管理员登录”，保存到 Admin 目录，文件名为 Login. asp。

第 2 步：选择“窗口”→“数据库”选项，打开“数据库”面板，如图 10-12 所示。单击“添加”按钮[+]，选择“自定义连接字符串”选项，如图 10-13 所示，打开“自定义连接字符串”对话框，输入“连接名称”为 conn，“连接字符串”为 Provider＝Microsoft. Jet. OLEDB. 4. 0；Data Source＝C：\Inetpub\wwwroot\Data\news. mdb，如图 10-14 所示。单击“测试”按钮出现“测试成功”对话框，如图 10-15 所示。单击“确定”按钮完成数据库连接，完成后“数据库”面板如图 10-16 所示。

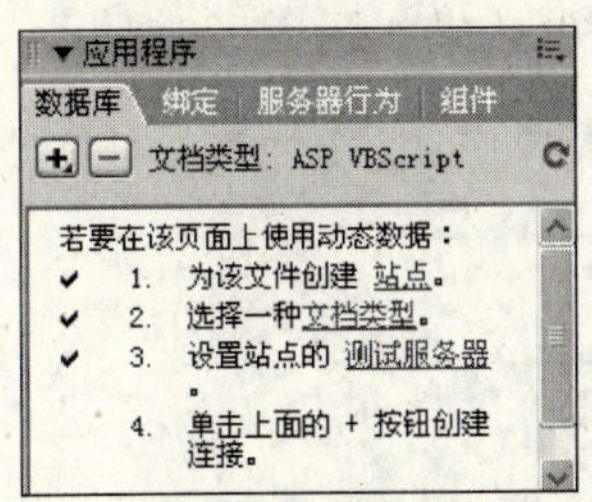

图 10-12 “数据库”面板

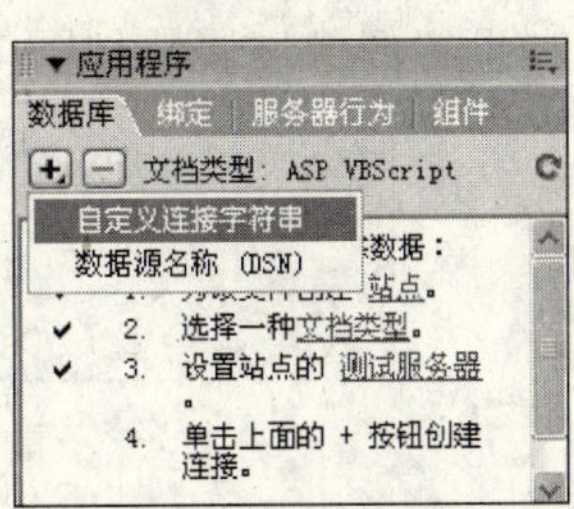

图 10-13 选择“自定义连接字符串”

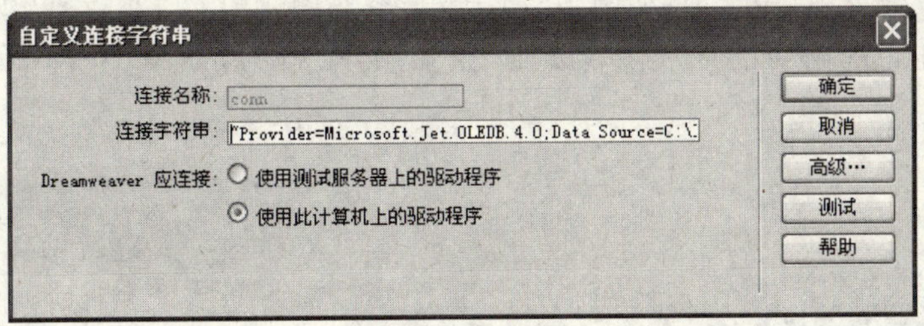

图 10-14 “自定义连接字符串”对话框

图 10-15 提示“成功创建连接脚本”

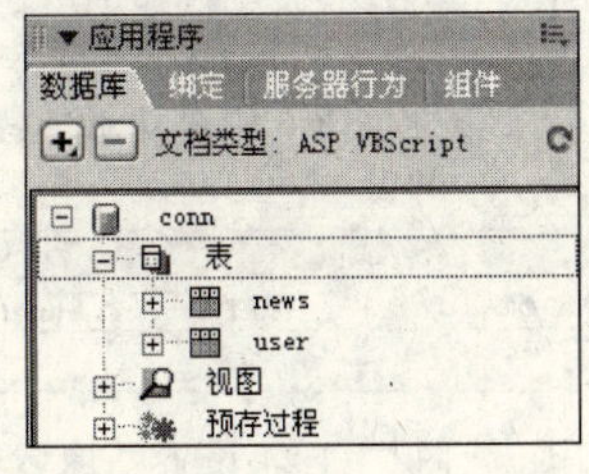

图 10-16 连接后的“数据库”面板

10.2 管理员登录页面设计

10.2.1 管理员登录页

第 1 步：选择“修改”→“页面属性”选项，设置页面字体“大小”为 12 像素，上下左右边距均为 0 像素，单击“确定”按钮。

第 2 步：选择“插入”面板上“常用”中的“表格”按钮，插入一个宽 100%、2 行 1 列的表格，单击选择第 1 行单元格，设置行高为 80 像素，“水平”为“居中对齐”，“垂直”为“底部”，输入“新闻管理系统”。按 Ctrl＋S 组合键保存为 Admin\Login. asp，单击选择“文件”面板中 Admin 下的 Login. asp 文件，按 Ctrl＋D 组合键，并改名为 Error. asp，并以相同方法创建其他网页。

第 3 步：单击选择第 2 行单元格，设置“水平”为“居中对齐”，单击“表单”工具栏上的“表单”按钮，插入一个表单域。在表单域里插入一个 2 行 3 列、宽 320 像素的表格；在第 1 行第 1 列输入“用户名：”，右对齐；在第 2 行第 1 列输入“密码：”，右对齐；在第 1 行第 2 列，单击“文本字段”按钮，单击“确定”按钮，设置其属性如图 10-17 所示；选中第 2 行第 2 列，单击“文本字段”按钮，单击“确定”按钮，设置其属性如图 10-18 所示；合并第 1、第 2 行第 3 列单元格，单击“图像域”按钮，选择图像“源文件”为 Images/login. gif，单击“确定”按钮，设置图像域属性如图 10-19 所示。设置完毕的效果如图 10-20 所示。

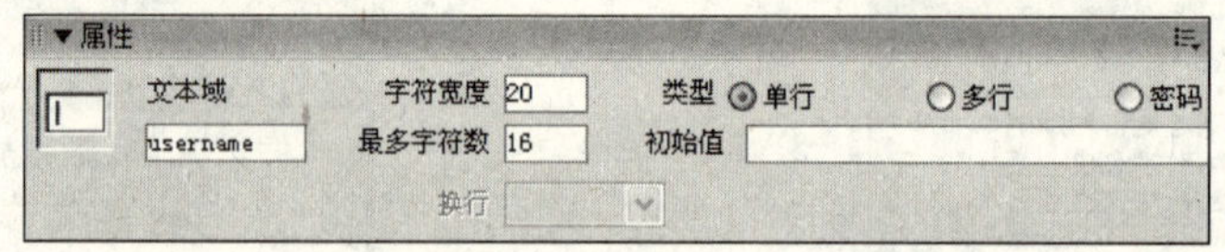

图 10-17　设置文本字段属性

第 4 步：选中图像域按钮，在“服务器行为”面板中单击“添加”按钮，选择“用户身份验证”选项下的“登录用户”选项，如图 10-21 所示；参照图 10-22 所示设置“登录用户”参数。单击“确定”按钮，在“服务器行为”中添加“登录用户”行为，如图 10-23 所示。保存网页文件。

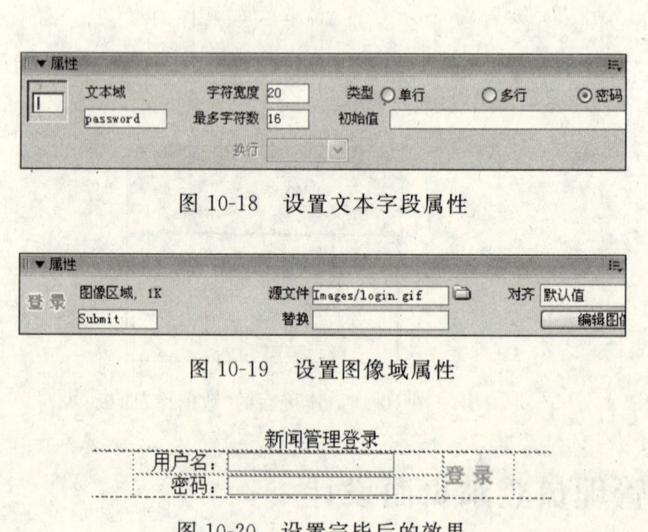

图 10-18　设置文本字段属性

图 10-19　设置图像域属性

图 10-20　设置完毕后的效果

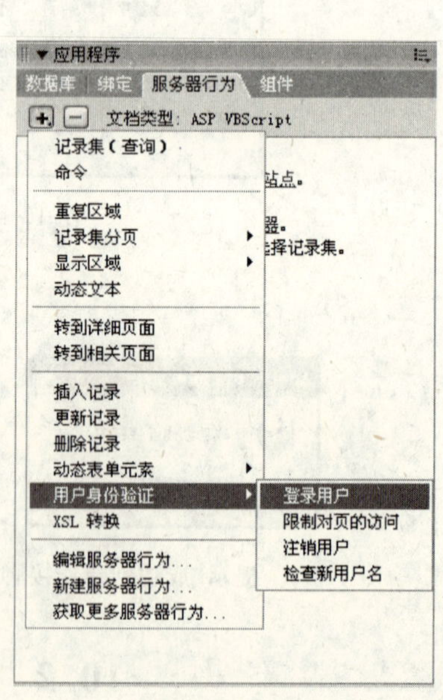

图 10-21　选择“用户登录”选项

10.2.2　新闻管理页

第 1 步：双击打开“文件”面板中 Admin 下的 newsAdmin. asp 文件。

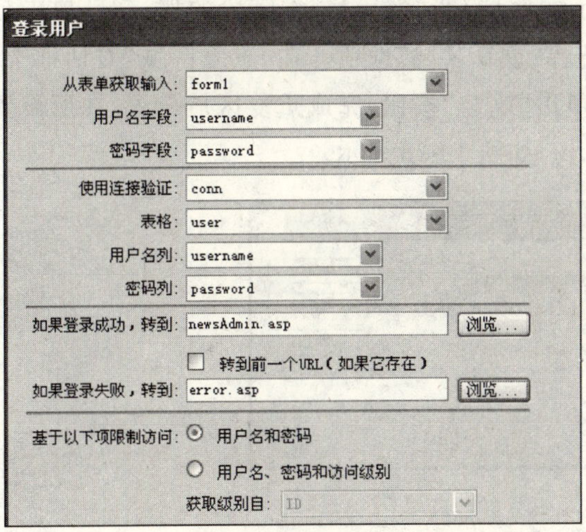

图 10-22　“登录用户”对话框 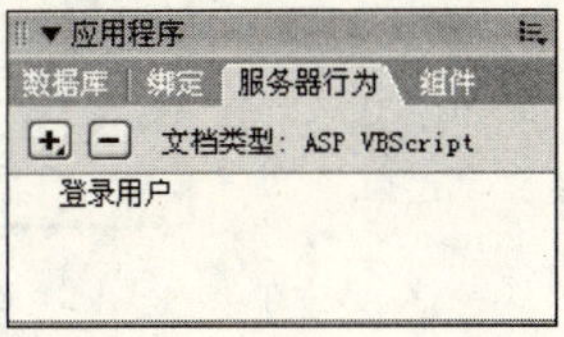　　　图 10-23　添加“登录用户”行为

第 2 步：单击打开“绑定”面板，单击“添加”按钮 ，选择“记录集(查询)”选项。在“记录集”对话框中，在“名称”中输入 Recordset1，在“连接”下拉列表中选择 conn，在“表格”下拉列表中选择 news，在“排序”下拉列表中选择 news_time、“降序”，如图 10-24 所示。

第 3 步：单击“确定”按钮，完成绑定设置，“绑定”面板下会出现刚设定的记录集查询，单击“记录集”前面的加号按钮，展开记录集查询，如图 10-25 所示。

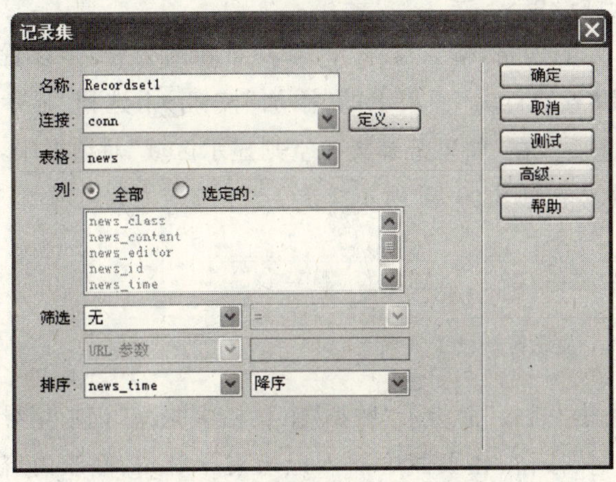

图 10-24　管理页绑定记录集设置

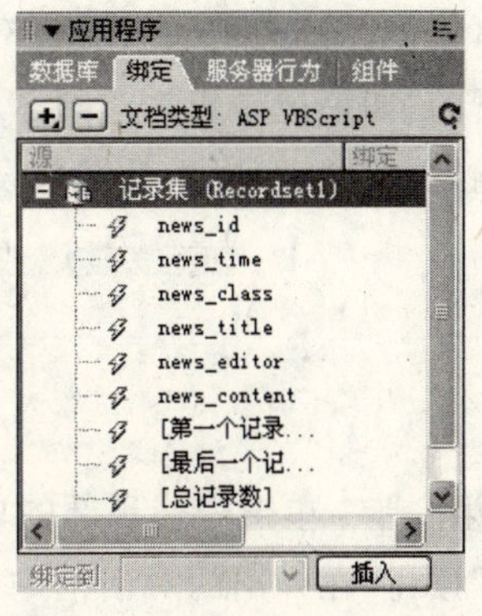

图 10-25　管理页绑定记录集

第 4 步：选中“记录集”中的 news_time 字段，并将它拖曳到页面中编号对应的显示位置；采用同样的方法，将 news_class、news_title 字段拖曳到页面中相应的位置，如图 10-26 所示。

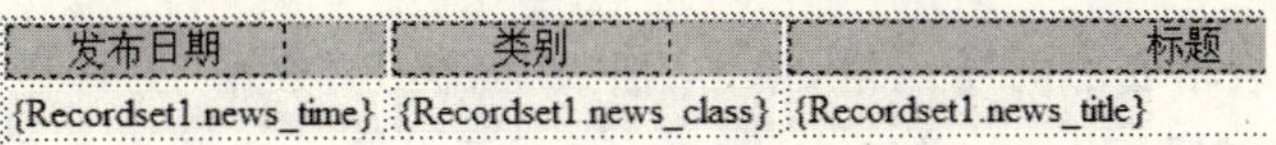

图 10-26　在页面中添加相应字段

第 5 步：拖曳鼠标，选中需要重复显示的区域，即放置记录集字段的那一行，单击打开“服务器行为”面板，单击“添加”按钮，选择“重复区域”选项。在“重复区域”对话框中，设置“显示”为 10 条记录，如图 10-27 所示，单击“确定”按钮，完成重复区域设置，在所设置的重复区域右上角出现灰色的“重复”区域标识，如图 10-28 所示。

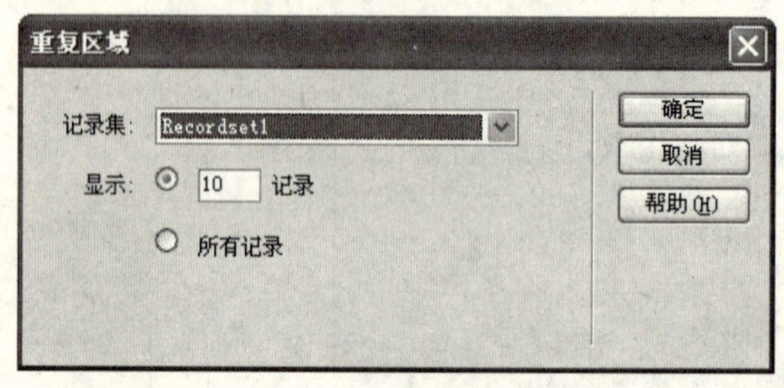

图 10-27　重复区域设置

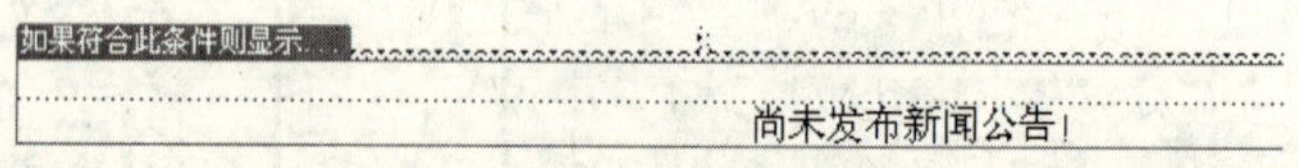

图 10-28　重复区域效果

第 6 步：单击选中“重复”区域标识，单击“服务器行为”面板上的“添加”按钮，选择“显示区域”下的“如果记录集不为空则显示区域”选项。在“如果记录集不为空则显示区域”对话框中，单击“确定”按钮，完成显示区域设置。

第 7 步：在重复区域后插入 1 行 1 列的表格，输入文字“尚未发布新闻公告！”，设置为居中、粗体。选中刚插入的表格，单击“服务器行为”面板上的“添加”按钮，选择“显示区域”下的“如果记录集为空则显示区域”选项。在“如果记录集为空则显示区域”对话框中，单击“确定”按钮，完成显示区域设置，页面效果如图 10-29 所示。

如果符合此条件则显示...

尚未发布新闻公告！

图 10-29　显示区域设置效果

第 8 步：单击表格顶部的单元格，单击“插入”面板上“数据”工具栏中的“记录集导航状态”按钮，在弹出的对话框中单击“确定”按钮，在页面中插入记录集导航条，修改内容为“已发表｛Recordset1_total｝条新闻”，如图 10-30 所示。

图 10-30　插入导航状态效果

第 9 步：单击表格底部的单元格，单击“插入”面板上“数据”工具栏中的“记录集分页”按钮，在弹出的对话框中单击“确定”按钮，在页面中插入记录集分页，将表格宽度设为 100%，修改后如图 10-31 所示。

第 10 步：选中页面中的“修改”文字，单击“服务器行为”面板上的“添加”按钮，选择

图 10-31　插入记录集分页效果

“转到详细页面”选项。在“转到详细页面”对话框中，设置“详细信息页”为 newsUpdate.asp，其他设置如图 10-32 所示。单击“确定”按钮，完成转到修改页面的设置。

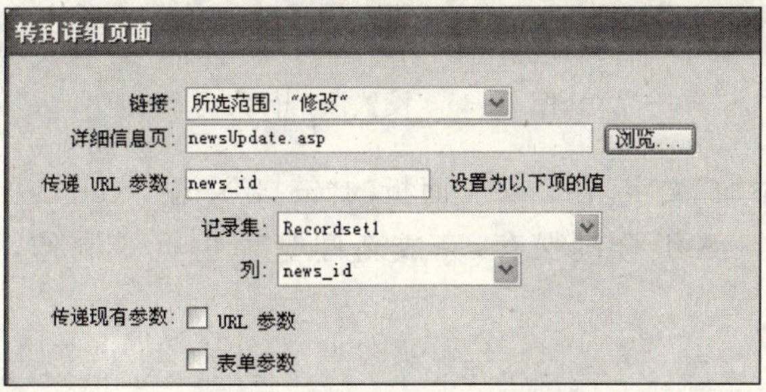

图 10-32　设置“修改”转到详细页面

第 11 步：选中页面中的“删除”文字，单击“服务器行为”面板上的“添加”按钮，选择“转到详细页面”选项。在“转到详细页面”对话框中，设置“详细信息页”为 newsDel.asp，其他设置如图 10-33 所示。单击“确定”按钮，完成转到删除页面的设置。

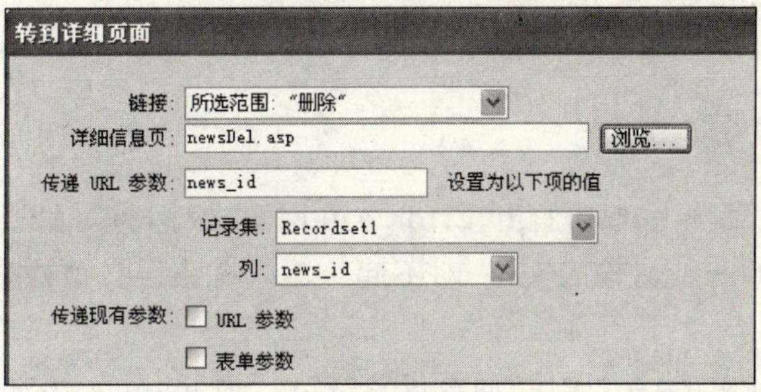

图 10-33　设置“删除”转到详细页面

第 12 步：单击“服务器行为”面板上的“添加”按钮，选择“用户身份验证”下的“限制对页的访问”选项。在“限制对页的访问”对话框中，单击“如果访问被拒绝，则转到”后的“浏览”按钮，设置转到页面 login.asp，如图 10-34 所示。单击“确定”按钮，完成身份验证设置。

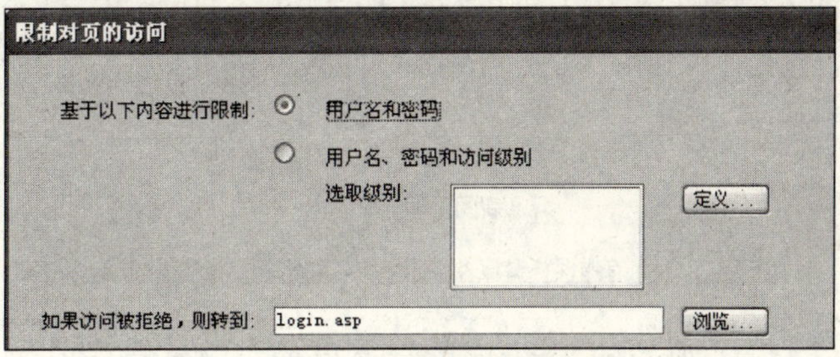

图 10-34　限制对新闻管理页的访问

第 13 步：选中“退出”文字，单击“服务器行为”面板上的“添加”按钮，选择“用户身份验证”下的“注销页面”选项。在“注销页面”对话框中，单击“在完成后，转到”后的“浏览”按钮，设置转到页面 index. asp，如图 10-35 所示。单击“确定”按钮，完成注销设置。

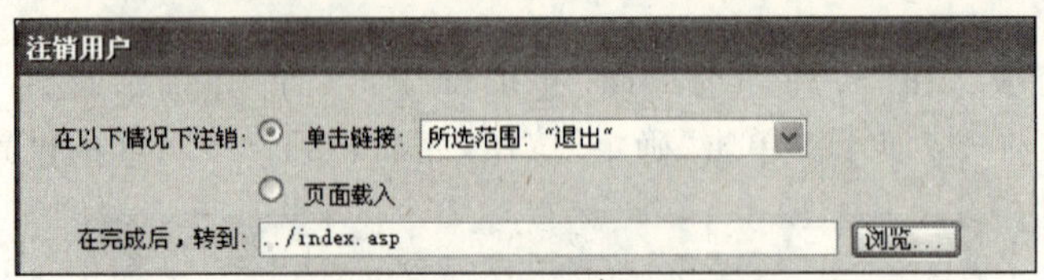

图 10-35　设置注销行为

第 14 步：选中“添加”文字，在“属性”面板的“链接”中输入 newsAdd. asp。

第 15 步：按 Ctrl＋S 组合键保存，完成新闻管理主页的制作，页面效果如图 10-36 所示。

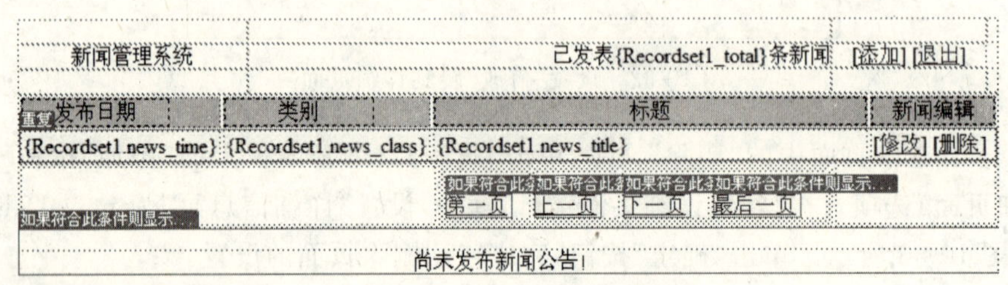

图 10-36　新闻管理页编辑效果

10.2.3　错误信息页

第 1 步：在“文件”面板中双击打开 Error. asp 网页文件，将“标题”改为“错误登录”，设置第 2 行单元格行高 60 像素，输入文字“对不起！输入有错误！请检查您的用户名和密码！按这里返回。”

第 2 步：选中所有文字，在“属性”面板设置“链接”为 login. asp，如图 10-37 所示。

第 3 步：选择“插入记录”→HTML→“文件头标签”→“刷新”选项，设置“刷新”参数，如图 10-38 所示。按 Ctrl＋S 组合键保存。编辑页面效果如图 10-39 所示。

图 10-37　设置文字链接

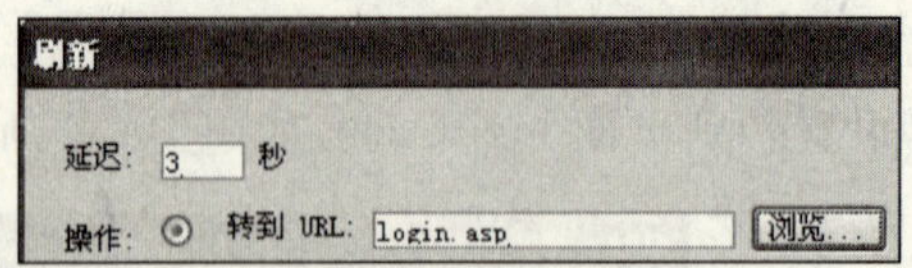

图 10-38　设置“刷新”参数

新闻管理登录

对不起！输入有错误！请检查您的用户名和密码！按这里返回。

图 10-39　新闻错误信息页编辑页面效果

10.3　新闻信息管理页面设计

10.3.1　添加新闻页

第 1 步：双击打开“文件”面板中的 newsAdd. asp 文件，如图 10-40 所示。

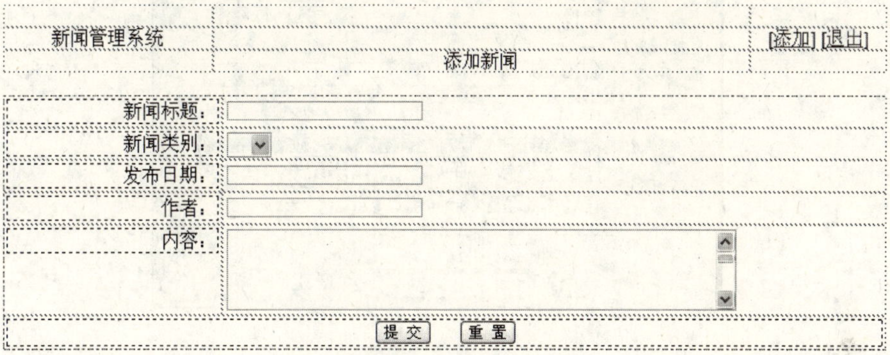

图 10-40　添加新闻页素材

第 2 步：选中“新闻标题”后的文本框，在“属性”面板中的“文本域”中输入 news_title；选中“新闻类别”后的列表框，在“属性”面板中的“文本域”中输入 news_class；选中“发布日期”后的文本框，在“属性”面板中的“文本域”中输入 news_time；选中“作者”后的文本框，在“属性”面板中的“文本域”中输入 news_editor；选中“内容”后的文本框，在“属性”面板中的“文本域”中输入 news_content。

第 3 步：选中“新闻类别”后的列表，单击“属性”面板上的“列表值”按钮，在“列表值”对话框中输入每个选项的值，如图 10-41 所示。单击“确定”按钮完成列表设置。

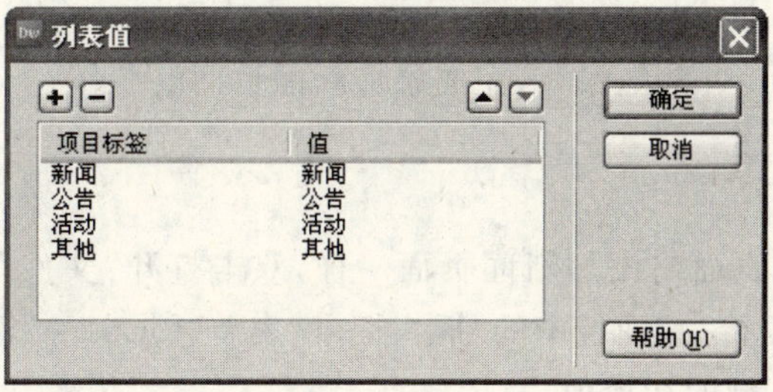

图 10-41　列表值设置

第 4 步：选中“发布日期”文本框，在“属性”面板上的“初始值”中输入＜％＝date()％＞，如图 10-42 所示。

图 10-42　发布日期初始值

第 5 步：单击“服务器行为”面板上的“添加”按钮，选择“插入记录”选项。

第 6 步：在“插入记录”对话框中，在“连接”下拉列表中选择 conn 选项，在“插入到表格”处选择 news 选项，单击“插入后，转到”后的“浏览”按钮，设置转到页面 newsAdmin.asp，如图 10-43 所示。单击“确定”按钮，完成插入记录设置，页面中的新闻表单将用蓝色显示，如图 10-44 所示。

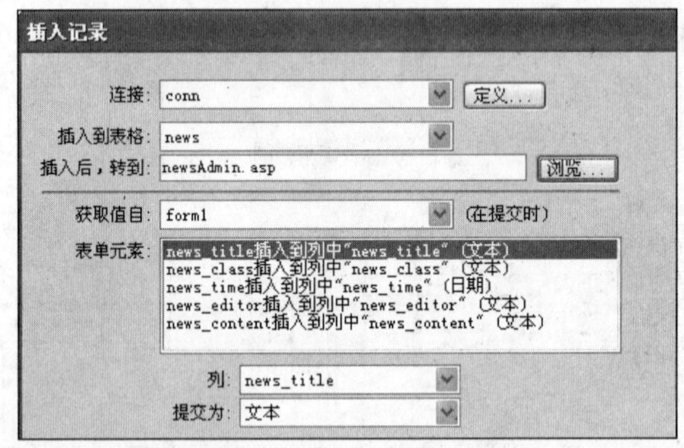

图 10-43　插入记录属性设置

新闻标题：
新闻类别：新闻
发布日期：<%=date()%>
作者：
内容：
提 交　重 置

图 10-44　完成插入记录设置后的新闻表单

第 7 步：按 Ctrl＋S 组合键保存，完成添加新闻页面的制作。

10.3.2 编辑新闻页

第 1 步：修改新闻页面与添加新闻页面一样，双击打开“文件”面板中的 newsUpdate.asp 文件。选择“服务器行为”面板中的“插入记录(表单‘form1’)”选项，单击“删除”按钮⊟，删除“发布日期”后文本域的初始值。

第 2 步：单击打开“绑定”面板，单击“添加”按钮⊞，选择“记录集(查询)”选项。在“记录集”对话框中，在“名称”中输入 Recordset1，在“连接”下拉列表中选择 conn 选项，在“表格”下拉列表中选择 news 选项，在“筛选”下拉列表中选择 news_id 选项，如图 10-45 所示。单击“确定”按钮，完成绑定设置，“绑定”面板下会出现刚设定的记录集查询，单击“记录集”前面的加号按钮，展开记录集查询。

第 3 步：选中“记录集”中的 news_title 字段，并将它拖曳到页面中“新闻标题”后的文本域中；采用同样的方法，将 news_time、news_editor、news_content 字段拖曳到页面中相应的表单对象中，如图 10-46 所示。

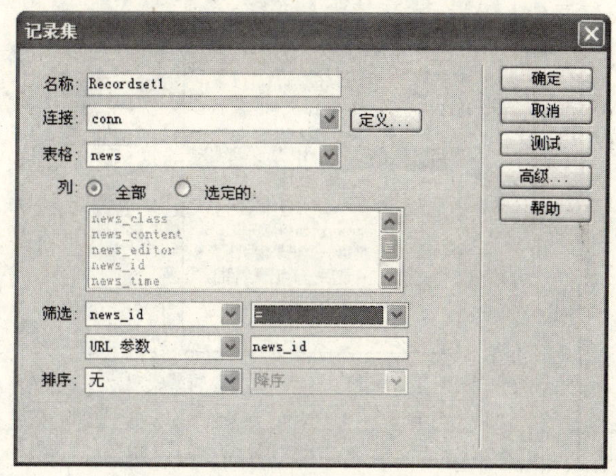

图 10-45　编辑新闻记录集设置

图 10-46　编辑新闻页面对应的字段记录

第 4 步：选中"新闻类别"后的列表框，单击"服务器行为"面板上的"添加"按钮，选择"动态表单元素"下的"动态列表/菜单"选项。在"动态列表/菜单"对话框中，单击"选取值等于"后的按钮，如图 10-47 所示。在"动态数据"对话框中，选中 news_class 字段，如图 10-48 所示，单击"确定"按钮，完成动态数据设置。单击"确定"按钮，完成动态列表设置。

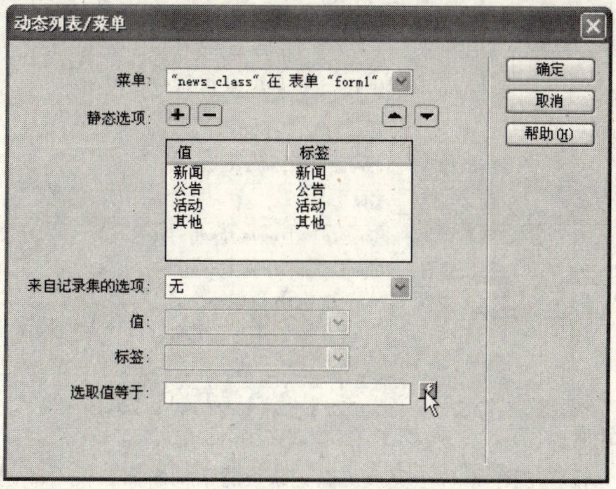

图 10-47　动态列表选取值设置

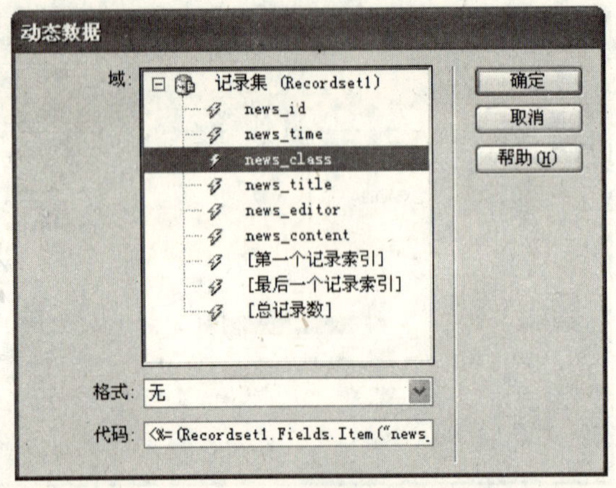

图 10-48　动态数据取值

第 5 步：单击“服务器行为”面板上的“添加”按钮，选择“更新记录”选项。在“更新记录”对话框中，在“连接”下拉列表中选择 conn 选项，在“要更新的表格”处选择 news 选项，单击“在更新后，转到”后的“浏览”按钮，设置转到页面 newsAdmin.asp，如图 10-49 所示。单击“确定”按钮，完成更新记录设置，页面中的新闻表单将用蓝色显示，如图 10-50 所示。

更新记录
连接: conn　定义...
要更新的表格: news
选取记录自: Recordset1
唯一键列: news_class　数字
在更新后，转到: newsAdmin.asp　浏览...
获取值自: form1　(在提交时)
表单元素: news_title 更新列"news_title" (文本)
news_class 更新列"news_class" (文本)
news_time 更新列"news_time" (日期)
news_editor 更新列"news_editor" (文本)
news_content 更新列"news_content" (文本)
列: news_title
提交为: 文本

图 10-49　更新记录设置

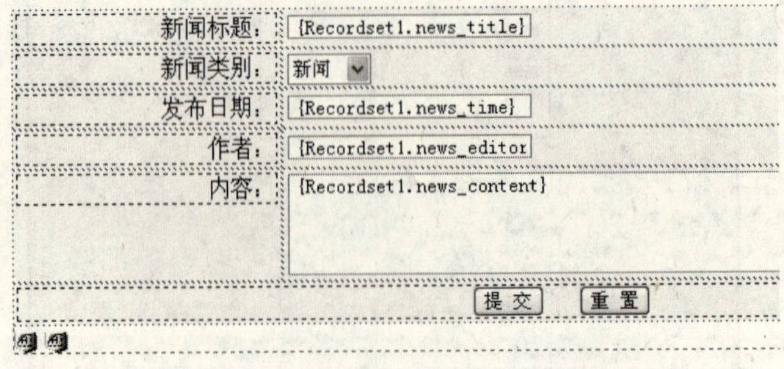

图 10-50　完成更新记录设置后的新闻表单

第 6 步：按 Ctrl+S 组合键保存，完成修改新闻页面的制作。

10.3.3　删除新闻页

第 1 步：双击打开“文件”面板中的 newsDel. asp 文件。

第 2 步：单击打开“绑定”面板，单击“添加”按钮，选择“记录集(查询)”选项。在“记录集”对话框中，在“名称”中输入 Recordset1，在“连接”下拉列表中选择 conn 选项，在“表格”下拉列表中选择 news 选项，在“筛选”下拉列表中选择 news_id 选项。单击“确定”按钮，完成绑定设置，“绑定”面板下会出现刚设定的记录集查询，单击“记录集”前面的加号按钮，展开记录集查询。

第 3 步：选中“记录集”中的 news_title 字段，并将它拖曳到页面中新闻标题对应的显示位置；采用同样的方法，将 news_editor、news_time、news_title、news_content 字段拖曳到页面中相应的位置，如图 10-51 所示。

图 10-51　删除新闻页对应的字段记录

第 4 步：单击“服务器行为”面板上的“添加”按钮，选择“删除记录”选项。

第 5 步：在“删除记录”对话框中，在“连接”下拉列表中选择 conn 选项，在“从表格中删除”处选择 news 选项，单击“删除后，转到”后的“浏览”按钮，设置转到页面 newsAdmin. asp，如图 10-52 所示。单击“确定”按钮，完成删除记录设置，页面中的新闻表单将用蓝色显示，如图 10-53 所示。

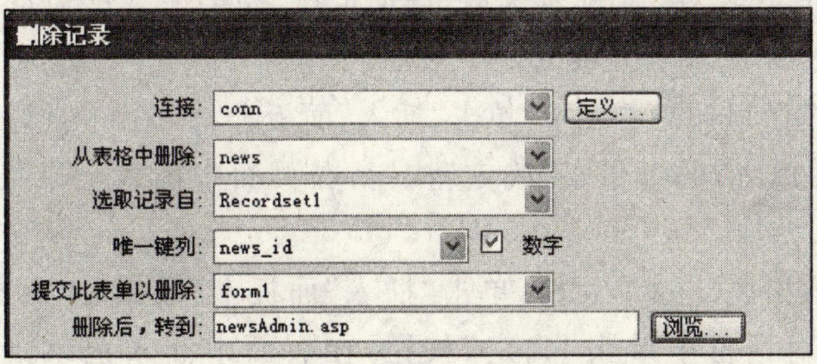

删除记录
连接：conn　定义...
从表格中删除：news
选取记录自：Recordset1
唯一键列：news_id　数字
提交此表单以删除：form1
删除后，转到：newsAdmin. asp　浏览...

图 10-52　删除记录设置

标题：{Recordset1.news_title}　作者：{Recordset1.news_editor}　发布日期：{Recordset1.news_time}
{Recordset1.news_content}
确定删除

图 10-53　完成删除记录设置后的新闻表单

第 6 步：按 Ctrl＋S 组合键保存，完成删除新闻页面的制作。

10.4 新闻前台查看页面设计

10.4.1 新闻浏览主页

新闻浏览主页和新闻管理页类似，在此基础上也可以开发出新闻列表模块供其他网页调用。

第 1 步：双击打开“文件”面板中的 index.asp 文件。

第 2 步：单击打开“绑定”面板，单击“添加”按钮，选择“记录集(查询)”选项。在“记录集”对话框中，在“名称”中输入 Recordset1，在“连接”下拉列表中选择 conn 选项，在“表格”下拉列表中选择 news 选项，在“排序”下拉列表中选择 news_time、“降序”选项。单击“确定”按钮，完成绑定设置。

第 3 步：单击选中“记录集”中的 news_id 字段，并将它拖曳到页面中编号对应的显示位置；采用同样的方法，将 news_title、news_editor 字段拖动到页面中相应的位置。

第 4 步：拖动鼠标，选中需要重复显示的区域，单击打开“服务器行为”面板，单击“添加”按钮，选择“重复区域”选项。在“重复区域”对话框中，设置“显示”为 10 条记录，单击“确定”按钮，完成重复区域设置，在所设置的重复区域右上角出现灰色的“重复”区域标识。

第 5 步：单击选中“重复”区域标识，单击“服务器行为”面板上的“添加”按钮，选择“显示区域”下的“如果记录集不为空则显示区域”选项。在“如果记录集不为空则显示区域”对话框中，单击“确定”按钮，完成显示区域设置。

第 6 步：在重复区域后插入 1 行 1 列的表格，输入文字“目前尚未发布新闻公告。”，设置为居中、粗体。选中刚插入的表格，单击“服务器行为”面板上的“添加”按钮，选择“显示区域”下的“如果记录集为空则显示区域”选项。在“如果记录集为空则显示区域”对话框中，单击“确定”按钮，完成显示区域设置。

第 7 步：单击表格顶部的单元格，单击“插入”面板上“数据”工具栏中的“记录集导航状态”按钮，在弹出的对话框中单击“确定”按钮，在页面中插入记录集导航条，如图 10-31 所示。

第 8 步：单击表格底部的单元格，单击“插入”面板上“数据”工具栏中的“记录集分页”按钮，在弹出的对话框中单击“确定”按钮，在页面中插入记录集导航条，如图 10-32 所示。

第 9 步：单击选中页面中新闻标题字段 news_title，单击“服务器行为”面板上的“添加”按钮，选择“转到详细页面”选项。在“转到详细页面”对话框中，“详细信息页”为 newsShow.asp，其他设置如图 10-54 所示。单击“确定”按钮，完成转到新闻显示页面的设置，如图 10-55 所示。

第 10 步：选中“新闻管理”文字，设置“链接”为 Admin 下的 newsAdmin.asp 文件，按 Ctrl＋S 组合键保存，完成新闻管理系统主页的制作。

10.4.2 新闻浏览网页

第 1 步：双击打开“文件”面板中的 newsShow.asp 文件。

图 10-54　转到详细页面的设置

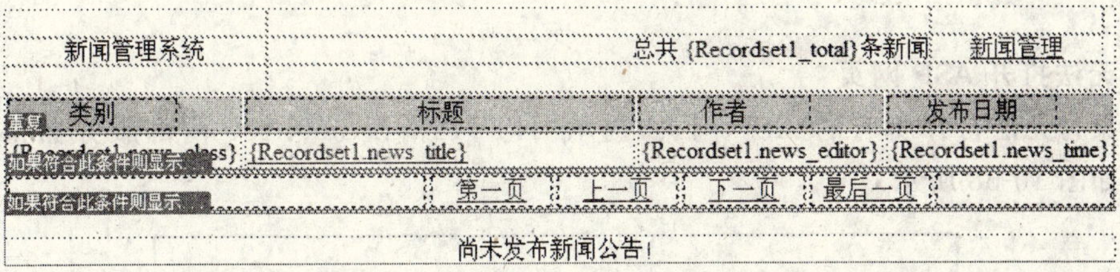

新闻管理系统	总共 {Recordset1_total}条新闻		新闻管理
类别	标题	作者	发布日期
{Recordset1.news_class}	{Recordset1.news_title}	{Recordset1.news_editor}	{Recordset1.news_time}
	第一页　上一页　下一页　最后一页		
	尚未发布新闻公告!		

图 10-55　新闻浏览主页编辑效果

第 2 步：单击打开“绑定”面板，单击“添加”按钮，选择“记录集(查询)”选项。

第 3 步：在“记录集”对话框中，在“名称”中输入 Recordset1，在“连接”下拉列表中选择 conn 选项，在“表格”下拉列表中选择 news 选项，在“筛选”下拉列表中选择 news_id、=、URL 参数、news_id，如图 10-56 所示。

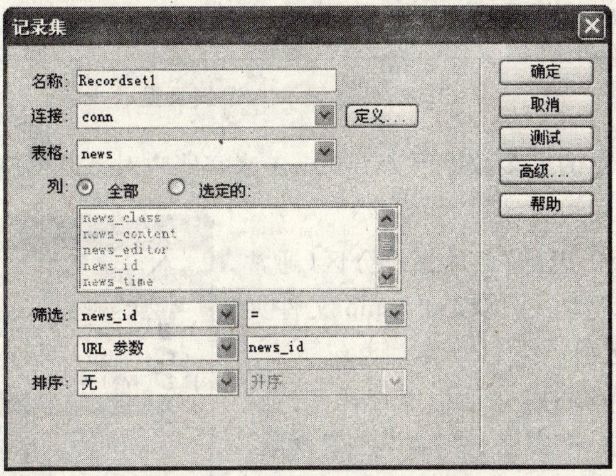

记录集

名称: Recordset1
连接: conn　定义...
表格: news
列: 全部　选定的:
news_class
news_content
news_editor
news_id
news_time
筛选: news_id　=
URL 参数　news_id
排序: 无　升序
确定　取消　测试　高级...　帮助

图 10-56　新闻浏览的记录集设置

第 4 步：单击“确定”按钮，完成绑定设置，“绑定”面板下会出现刚设定的记录集查询，单击“记录集”前面的加号，展开记录集查询。单击选中“记录集”中的 news_title 字段，并将它拖曳到页面中新闻标题对应的显示位置；采用同样的方法，将 news_editor、news_time、news_content 字段拖曳到页面中相应的位置。

第 5 步：设置“新闻管理系统”链接到 Admin\newsAdmin.asp，设置“返回”链接到 index.asp。完成设置后，如图 10-57 所示。

第 6 步：按 Ctrl+S 组合键保存，完成新闻显示页面的制作。

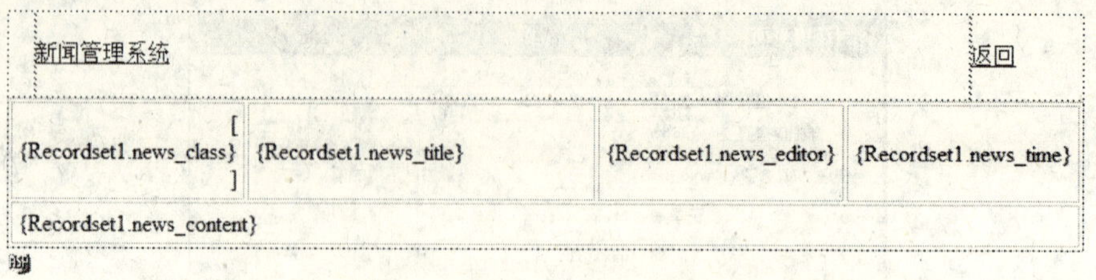

图 10-57 新闻显示页面编辑效果

10.5 系统调试

1. 无法打开 ASP 网页

现象为无法打开所有的 ASP 网页，提示“HTTP 错误 500.100-内部服务器错误-ASP 错误”，如图 10-58 所示。

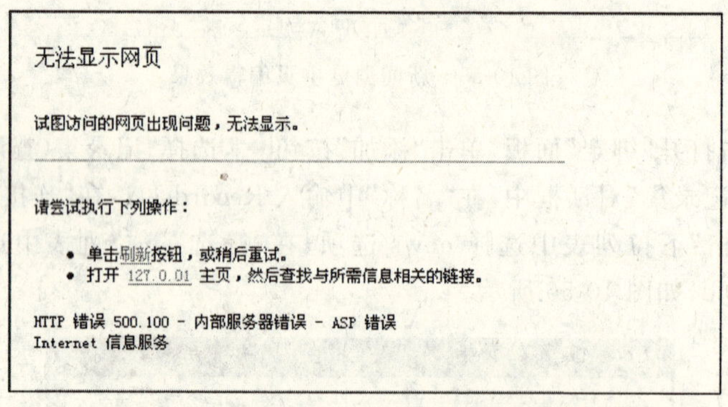

图 10-58 无法显示 ASP 网页提示

出现这种错误提示的大多数原因为 Internet 来宾账户对系统的临时文件夹没有写入权限，解决步骤如下。

第 1 步：打开“我的电脑”下的系统分区（通常为 C:），打开 WINDOWS 文件夹，在 temp 文件夹上右击，选择“属性”选项。

第 2 步：在“temp 属性”对话框中打开“安全”选项卡，添加“Internet 来宾账户”的“写入”权限，如图 10-59 所示。单击“确定”按钮，完成权限设置。

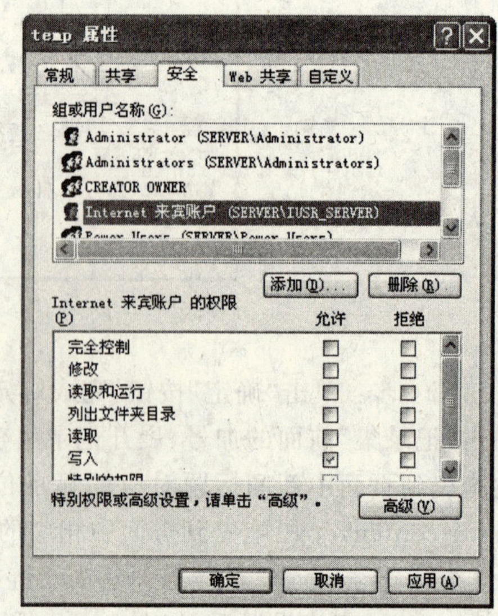

图 10-59 temp 文件夹的 Internet 来宾账户权限设置

2. 操作必须使用一个可更新的查询

现象为无法添加新闻，提示“操作必须使用一个可更新的查询”，如图 10-60 所示。

出现这种错误提示的大多数原因为 Internet 来宾账户对数据库文件没有写入权限，解决步骤如下。

技术信息（用于支持人员）

- 错误类型：
Microsoft JET Database Engine (0x80004005)
操作必须使用一个可更新的查询。
/Admin/newsUpdate.asp, 第 62 行

图 10-60　“操作必须使用一个可更新的查询”提示

第 1 步：打开本地站点所在的文件夹，进入 Data 文件夹，在数据库文件 news.mdb 上右击，选择“属性”选项。

第 2 步：在“news.mdb 属性”对话框中打开“安全”选项卡，添加“Internet 来宾账户”的“写入”权限，如图 10-61 所示。单击“确定”按钮，完成权限设置。

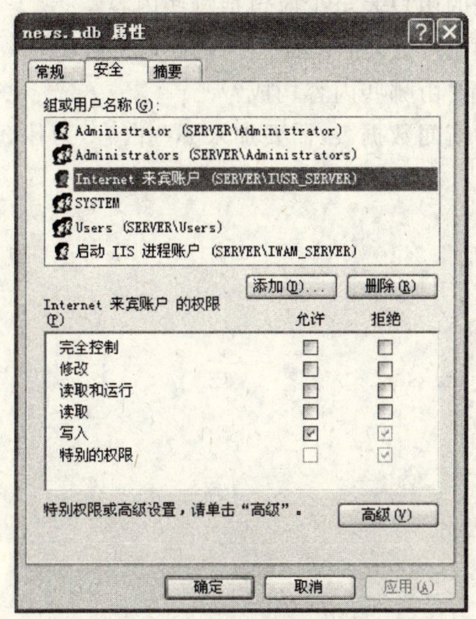

图 10-61　news.mdb 的 Internet 来宾账户权限设置

此外，数据库的权限设置错误，还可能引起在“插入记录”或“更新记录”时出现“找不到表格”的错误。

3. 文件已在使用中

现象为无法浏览网页，出现提示“不能使用″；文件已在使用中。”，如图 10-62 所示。原因为正在打开数据库文件，例如一边编辑绑定了数据库的网页；一边浏览正在编辑的网页。只要关闭打开的数据库连接即可解决问题。

技术信息（用于支持人员）

- 错误类型：
Microsoft JET Database Engine (0x80004005)
不能使用 ''；文件已在使用中。
/index.asp, 第 9 行

图 10-62　数据库文件已在使用中提示

10.6 知识总结与回顾

通过新闻系统可以发布较为正式的信息。本章以如何制作新闻系统为主线，介绍了制作新闻网站的全过程。通过本章学习，可以归纳出系统设计大体流程，首先创建新闻管理数据库，制作后台登录页面、管理主页面，制作添加、编辑、删除等管理页面，最后制作前台浏览的新闻列表以及新闻详细页面。此外，我们还学习了系统调试方法来解决常见的问题。

习 题

1. 用于用户身份验证的用户表至少应包括哪些内容？
2. 要扩展本章使用的用户表，需要加入哪些内容，为什么？
3. 常见的新闻网页主要由哪些内容构成？
4. 要充实本章使用的新闻数据表，需要加入哪些内容，为什么？

第11章

留言板系统的制作

留言板系统是站点与用户进行交流的常见方式，它在网站收集用户意见和与用户进行交互等方面起着重要作用。本章以"中小学图书馆系统"为蓝本，介绍简单留言板系统的制作过程。

本章主要内容

■ 留言板系统的结构；
■ 留言板系统数据库的设计与创建；
■ 留言板系统前后台的构建。

能力培养目标

通过本章学习，要求学生能熟悉留言板系统的制作流程，能动手设计出实用的留言板系统。

11.1 留言板系统准备工作

11.1.1 留言板系统需求分析

本章示例中的留言板是中小学图书馆管理系统中的服务功能之一，主要为读者和图书馆管理员提供一个互动交流平台。主要实现的功能有：读者可以浏览留言板中的内容，也可以自由发布留言；管理员可以就某一留言给予回复。为便于留言管理，还设计了后台管理，管理员通过登录，密码正确才能浏览访问这些后台界面，在后台界面中，管理员可以根据需求修改留言回复或删除留言记录。留言板系统页面结构图如图 11-1 所示。

本章所有前后台页面都存放在素材目录"ch11"下的"ui"文件夹里。

留言板的主要界面说明如下。

(1) 留言浏览页面 disply. asp，如图 11-2 所示。此网页显示留言的标题、作者、留言时间和留言内容详细信息。每页显示 10 条留言，如果作者留言时留下联系邮箱，则会超链接到作者的 E-mail；如果管理员未对留言进行回复，则显示管理员回复图标并链接到管理员回复页面 Adminly. asp；读者要留言，可以直接单击"添加留言"链接进入留言发布页面 addly. asp。

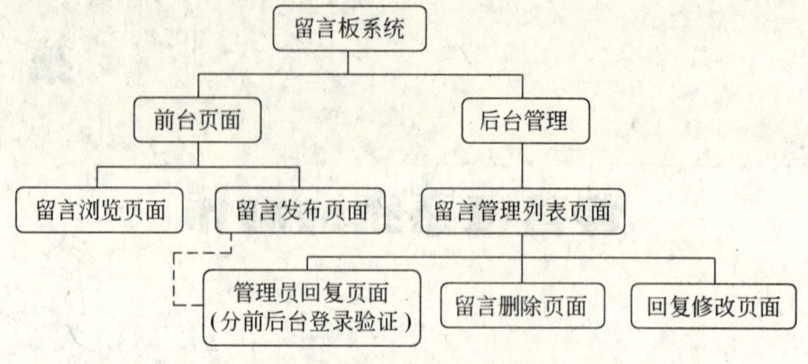

图 11-1　留言板系统页面结构图

中小学图书馆系统
■首页 ■读者指南 ■网上检索 ■留言本
留言本
留言信息
记录 1 到 4 (总共 4 条记录) 操作 添加留言
■测试标题b- 测试人b 2010-2-28 10:07:26
测试内容b
■测试标题a- 测试人a 2010-2-28 10:06:26
测试内容a
■测试7- admin7 2010-2-19 22:33:09
这是一个测试内容
管理员回复 2010-2-28 12:20:05
aaaaaaa
■测试4- admin4 2010-2-19 22:33:29
这是一个测试内容
管理员回复 2010-2-28 12:20:11
bbbbbbb
版权所有©2009-2010 XXXX 学校
网址：http://XX.XXX.cn　邮箱：XXXX图书馆
建议使用：800X600分辨率，16位颜色
正确显示需要IE5.5或以上版本浏览器

图 11-2　留言浏览页面

(2) 留言发布页面 addly. asp，如图 11-3 所示。读者可以自由地输入并发布留言。

(3) 管理员回复(前台登录方式，只对管理员的密码进行验证)页面 Adminly. asp，如图 11-4 所示。管理员输入正确的密码可即时回复留言。

(4) 留言管理页面 adminmainly. asp，如图 11-5 所示。管理员通过登录界面 login. asp，输入正确的用户名和密码才能进入。在这个网页中，所有留言以表格的方式分页显示。管理员可以对每条留言进行回复(后台登录方式，要对用户名和密码进行验证)或修改自己的回复，也可以删除留言。

11.1.2　留言板站点的建立

由于系统采用的是 ASP 服务器技术，所以创建留言板网站前，必须安装和配置 IIS。假设系统已安装 IIS，其配置过程如下。

第 1 步：在“默认站点”下新建一个“虚拟目录”，“虚拟目录”名为 ly，设置好虚拟目录的“本地路径”为 D:\ly，设置虚拟目录的其他属性如图 11-6 所示。

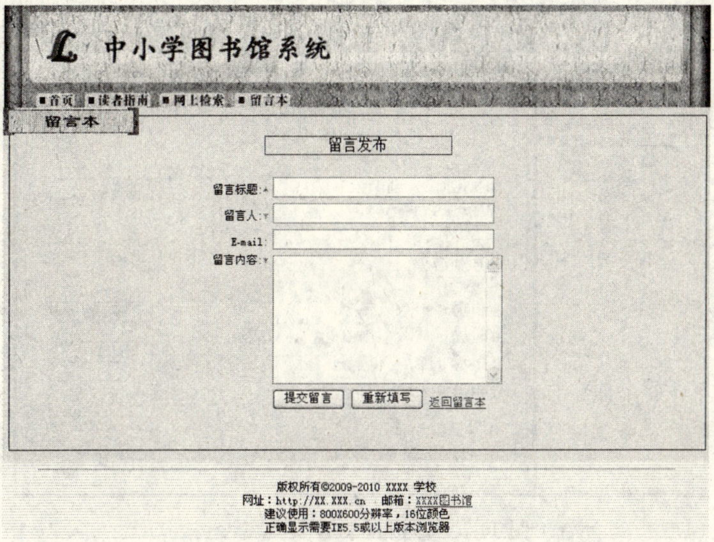

中小学图书馆系统
■首页 ■读者指南 ■网上检索 ■留言本
留言本
留言发布
留言标题:
留言人:
E-mail:
留言内容:
提交留言
重新填写
返回留言本
版权所有©2009-2010 XXXX 学校
网址：http://XX.XXX.cn　邮箱：XXXX图书馆
建议使用：800X600分辨率，16位颜色
正确显示需要IE5.5或以上版本浏览器

图 11-3　留言发布页面

中小学图书馆系统
■首页 ■读者指南 ■网上检索 ■留言本
留言本
管理员回复
管理员密码:
回复内容:
提交回复
重新填写
返回留言本
版权所有©2009-2010 XXXX 学校
网址：http://XX.XXX.cn　邮箱：XXXX图书馆
建议使用：800X600分辨率，16位颜色
正确显示需要IE5.5或以上版本浏览器

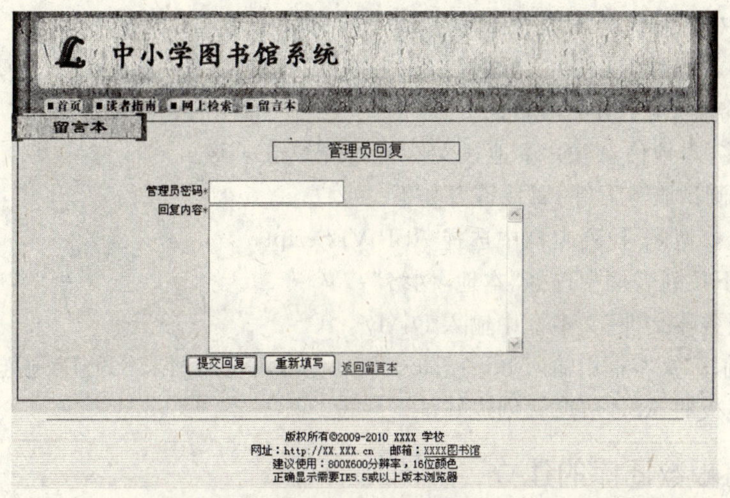

图 11-4　管理员回复页面(前台登录方式)

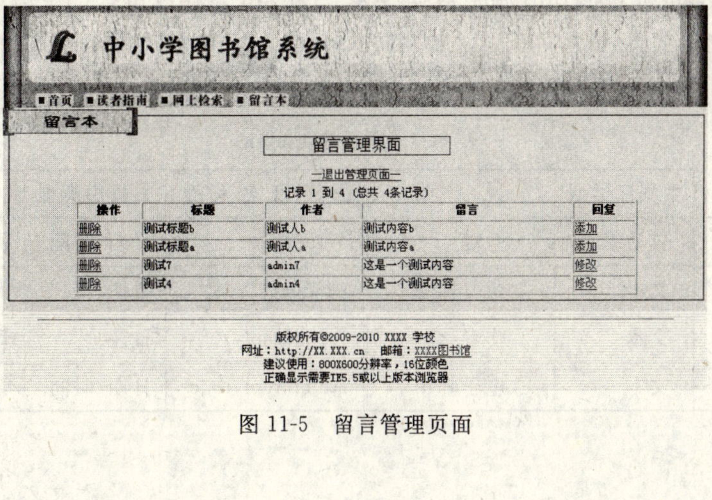

中小学图书馆系统
■首页 ■读者指南 ■网上检索 ■留言本
留言本
留言管理界面
—退出管理页面—
记录 1 到 4 (总共 4条记录)
操作 标题 作者 留言 回复
删除 测试标题b 测试人b 测试内容b 添加
删除 测试标题a 测试人a 测试内容a 添加
删除 测试7 admin7 这是一个测试内容 修改
删除 测试4 admin4 这是一个测试内容 修改
版权所有©2009-2010 XXXX 学校
网址：http://XX.XXX.cn　邮箱：XXXX图书馆
建议使用：800X600分辨率，16位颜色
正确显示需要IE5.5或以上版本浏览器

图 11-5　留言管理页面

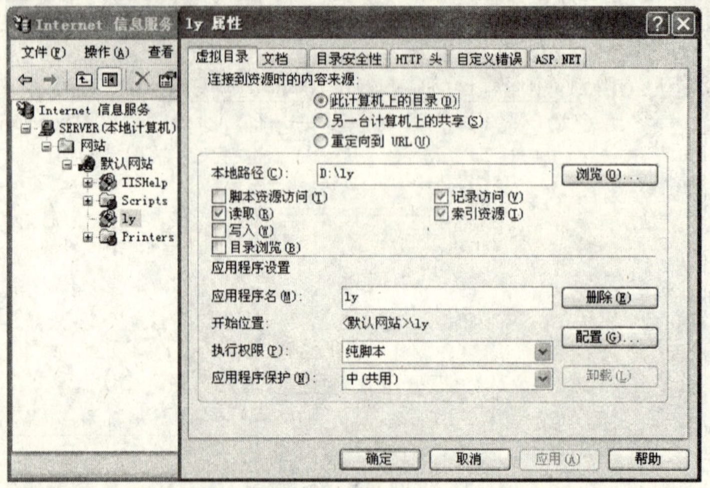

图 11-6　虚拟目录 ly 及其属性页

第 2 步：在 Dreamweaver 中执行“站点”→“新建站点”命令，在弹出的“未命名的站点 1 站点定义为”对话框中将新站点命名为“留言系统”并切换到“高级”选项卡。

第 3 步：在站点“留言系统 的站点定义为”对话框的“高级”选项卡下，主要设置“本地信息”和“测试服务器”两个分类项目。

第 4 步：将“本地信息”的“本地根文件夹”设置为 D:\ly。

第 5 步：“测试服务器”的属性设置如下。

在“服务器模型”下拉列表框中选择 ASP VBScript；

在“访问”下拉列表框中选择“本地/网络”；

在“测试服务器文件”文本框中输入 D:\ly\；

在“URL 前缀”文本框中输入 http://localhost/ly/(默认网站未分配 IP 地址和端口号)。

至此，留言板的 ASP 站点就创建好了。

11.1.3　留言板数据库的建立

留言信息以记录的形式保存在数据库中。本章的留言板系统数据库名为 board.mdb，数据库包括 Liuyan 和 UserInfo 两个数据库表。Liuyan 表存放留言记录信息；UserInfo 表存放用户名和密码信息，其中管理员默认名为 admin。各表字段名称和数据类型及说明如表 11-1 和表 11-2 所示。

表 11-1　数据表 Liuyan

字段名称	数据库类型	说　明	字段名称	数据库类型	说　明
Id	自动编号	主键	Writetime	日期/时间	留言时间
Title	文本	留言标题	Content	备注	留言内容
Author	文本	作者	Adminreply	备注	管理员回复内容
E-mail	文本	电子邮箱	Adminreplytime	日期/时间	管理员回复时间

表 11-2　数据库表 UserInfo

字段名称	数据库类型	说　明	字段名称	数据库类型	说　明
Id	自动编号	主键	userpass	文本	用户密码
Username	文本	用户名			

11.1.4　连接留言数据库

连接留言数据库的具体操作步骤如下。

第 1 步：新建数据库连接的文档 disply. asp，选择菜单中"窗口"→"数据库"选项，打开"数据库"面板，在面板中单击＋按钮，在弹出的菜单中选择"自定义连接字符串"选项，如图 11-7 所示。

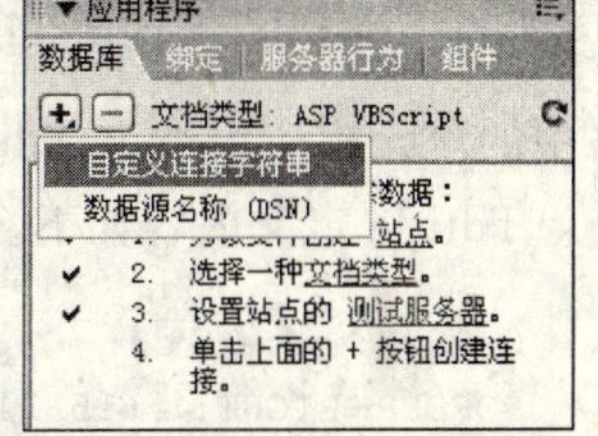

图 11-7　选择"自定义连接字符串"选项

第 2 步：在"自定义连接字符串"对话框的"连接名称"文本框中输入 Strconn，在"连接字符串"文本框中输入代码" provider＝microsoft. jet. oledb. 4. 0；data source＝" & server. mappath("../db/board. mdb")，如图 11-8 所示。

说明：留言板系统站点的目录结构可参考如下说明。站点根目录下有 db、images 和 ui 等文件夹，其中数据库 board. mdb 存放在 db 文件夹下，图标或图片存放在 images 文件夹下，所有的 asp 网页文件存放在 ui 文件夹下。

第 3 步：将"Dreamweaver 应连接"选中"使用测试服务器上的驱动程序"单选按钮，单击"确定"按钮，即可成功创建与数据库的连接。与数据库连接成功后，"数据库"面板会显示数据库中的表、视图和预存过程等对象，其中表对象中可以显示所有表及表中字段名称，字段属性等信息，如图 11-9 所示。

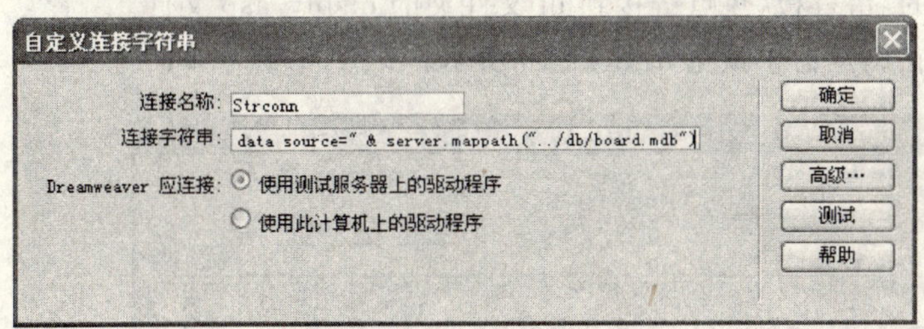

图 11-8　"自定义连接字符串"对话框

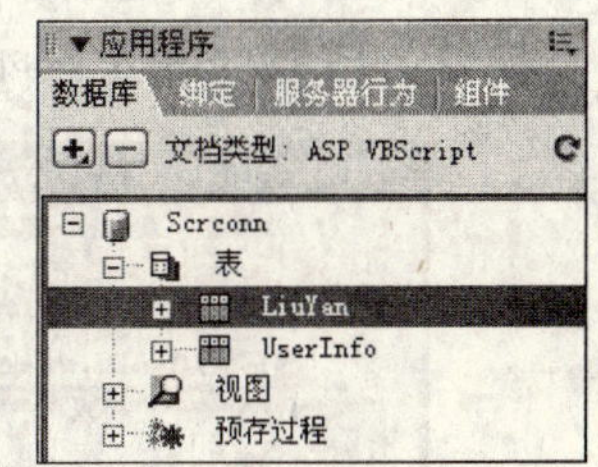

图 11-9　"数据库"面板

11.2　留言板前台页面设计

11.2.1　创建留言板模板文件

为使整个留言板系统外观一致和提高开发效率，本系统应用了模板技术，创建了一个模板文件 Liuy. dwt. asp，简要操作步骤如下。

第 1 步：新建一个 ASP VBScript 模板文档 Liuy. dwt. asp，在模板文档中插入一个

6 行 1 列的布局表格，设置表格居中对齐，表格的边框、填充和间距设置为 0，表格大小为 755px。

第 2 步：修改模板文档的页面属性。

外观：页面字体为“宋体”，9pt；“背景图像”为../images/bgimg.jpg；“上边距”为 3px。

标题/编码：“标题”为“图书馆管理-留言板”；“编码”为“简体中文(GB2312)”。

第 3 步：表格各行设置如下。

第 1 行：插入../images/tsg.jpg 图像。

第 2 行：插入../images/ly1.jpg 图像。

第 3 行：该行单元格背景设置为../images/ly2.jpg；单元格内插入 1 个可编辑的可选区域 EditRegion4 和 1 个可编辑区域 EditRegion3；在可编辑的可选区域 EditRegion4 中插入一个 1 行 1 列、200 像素、居中对齐的表格，该表格的填充、间距和边框属性均设置为 0，该表格中的单元格应用类为 Tdtitle。

Tdtitle 定义内容如下。

```
CURSOR: default;
BORDER-RIGHT: #615334 1px solid;
BORDER-TOP: #615334 1px solid;
BORDER-LEFT: #615334 1px solid;
BORDER-BOTTOM: #615334 1px solid;
FONT-SIZE:12pt;
FONT-FAMILY: 宋体;
background-color:#EFEBDD
```

第 4 行：插入../images/ly3.jpg 图像。

第 5 行：插入 1 条水平线，size 设置为 1，宽度设置为 90%。

第 6 行：输入版权信息等。

第 4 步：创建 tsg.jpg 中的“留言板”热点链接到 ui 文件夹的 disply.asp 文件。

模板文档 Liuy.dwt.asp 在浏览器中预览如图 11-10 所示。

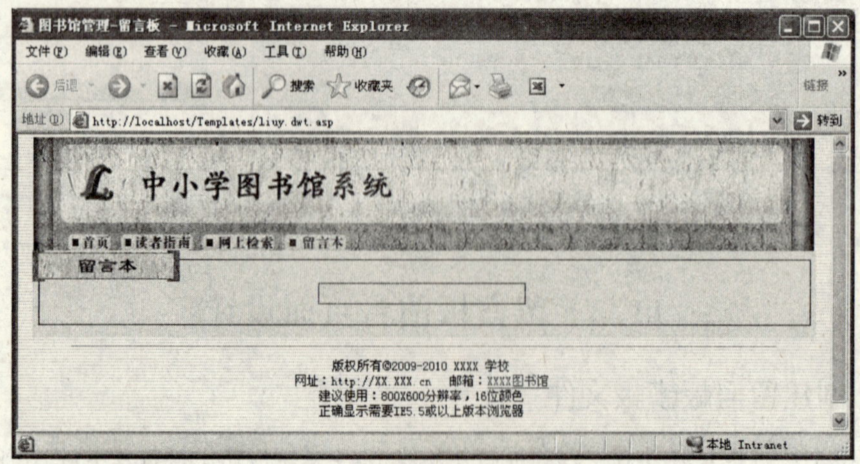

图 11-10 模板文档 Liuy.dwt.asp

11.2.2 浏览留言信息

该页面主要让读者浏览留言信息。留言每 10 条分一页，读者可逐页浏览信息。每条信息可以显示其标题、留言人信息及具体内容，如果留言管理员有回复内容，则同时将回复内容显示出来。读者可以通过“添加留言”自由留言。

本页面是留言板系统最重要的一个页面，页面大量使用了服务器行为，除应用模板创建基础页面外，还使用了创建记录集、插入记录导航条和导航状态、创建重复区域、绑定相关字段和有条件显示区域等服务器行为。具体操作步骤如下。

1. 基本页面设计

第 1 步：新建留言浏览页面 disply. asp，应用模板。执行“修改”→“模板”→“应用模板到页”命令，选择 Liuy. dwt. asp 模板单击“确定”按钮，如图 11-11 所示。

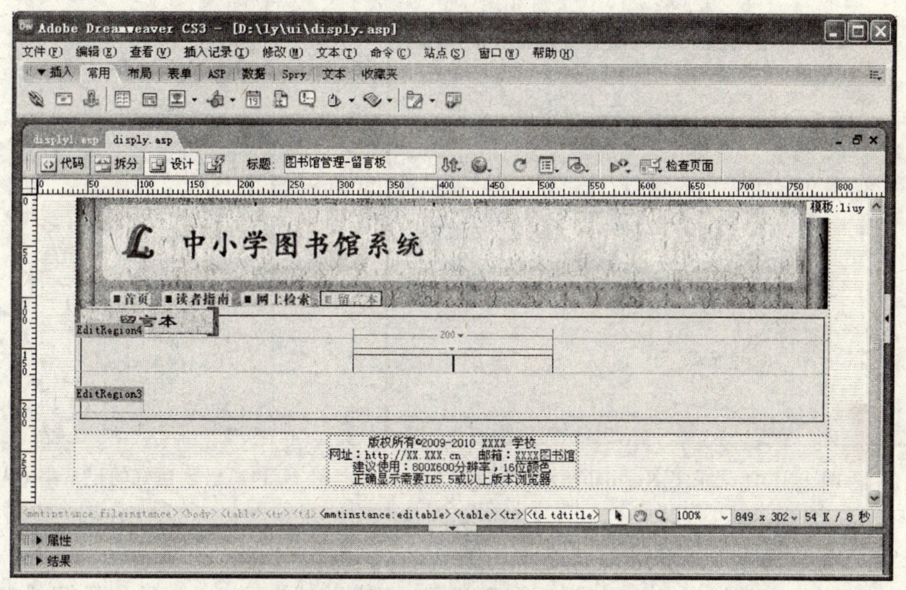

图 11-11　应用模板后的留言浏览页面

第 2 步：在可编辑可选区域 EditRegion4 中输入文字“留言信息”；在可编辑区域 EditRegion3 中插入一个 div 标签，div 标签 id 设置为 NorecordArea，标签文字输入“没有留言，请添加留言。”，标签内容居中对齐，将“请添加留言”链接到 addly. asp 页面；在 div 标签下插入一个 2 行 1 列、700px、居中表格，表格边框、间距和填充均设置为 0，该表格命名为 main，如图 11-12 所示。

图 11-12　设置可编辑区域

2. 创建记录集

基本页面设计好后，首先要为这个页面添加记录集，以便接下来绑定动态数据，具体操作步骤如下。

第 1 步：执行“窗口”→“绑定”命令，打开“绑定”面板，在面板中单击⊞按钮，在弹出的菜单中选择“记录集(查询)”选项，如图 11-7 所示。

第 2 步：在弹出的“记录集”对话框中设置参数，在“名称”文本框中输入 Rs_disply，在“连接”下拉列表中选择 Strconn 选项，在“表格”下拉列表中选择 liuyan 选项，将“列”选中“全部”单选按钮选项，在“排序”下拉列表中选择 id 和“降序”，如图 11-13 所示。

第 3 步：单击“确定”按钮，系统将创建记录集 Rs_disply，如图 11-14 所示。创建记录集的核心代码由两部分构成，第一部分是记录集生成部分，在文档最前面；第二部分是记录集关闭部分，在文档最后面，用户可在“代码”视图中找到相应代码。

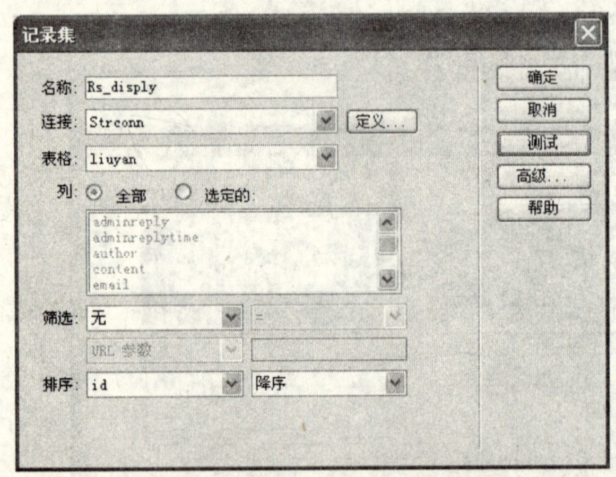

图 11-13　记录集 Rs_disply 对话框

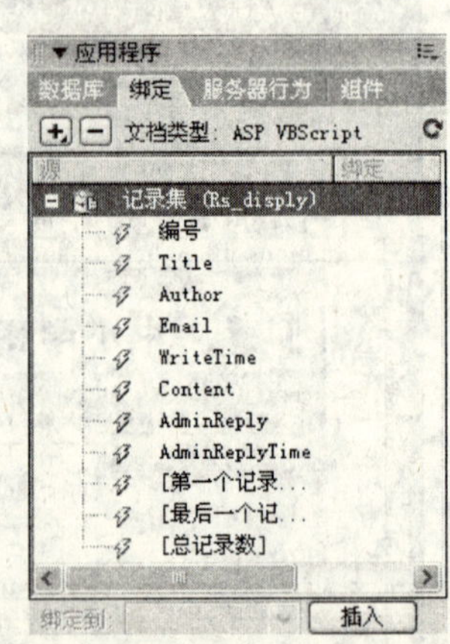

图 11-14　已创建好的记录集 Rs_disply

3. 插入记录集导航条和导航状态

如果数据表记录较多时，一般采取分页显示。因此，有必要建立记录集导航条或建立记录集导航状态，让用户有更好的使用体验。具体操作步骤如下。

第 1 步：将光标置于表格 main 的第 1 行的单元格内，选择菜单中的“插入记录”→“数据对象”→“显示记录计数”→“记录集导航状态”选项，系统弹出 Recordset Navigation Status 对话框，如图 11-15 所示。单击“确定”按钮，系统生成记录集导航状态代码，代码如下。

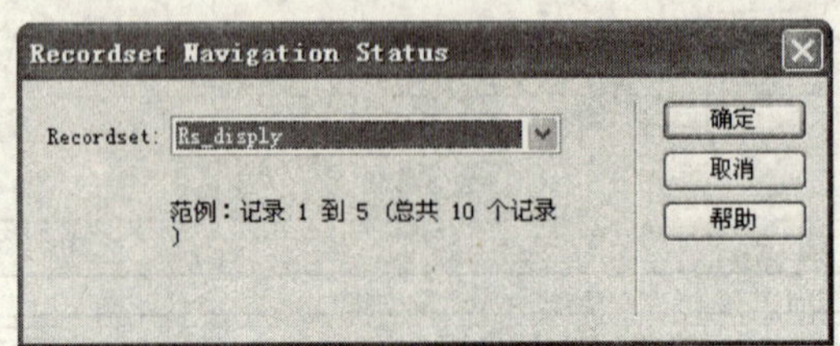

图 11-15　Rs_disply 记录集导航条对话框

```
<div align="center">记录<%=(Rs_Admindisply_first)%>到<%=(Rs_Admindisply_last)%>
(总共<%=(Rs_Admindisply_total)%><br></div>
```

由于软件原因,生成的代码不完整,可在"代码"视图中的＜br＞前补上"条记录"。

第 2 步:在"设计"视图下,将光标置于刚才插入记录集导航状态文本后面,输入文字"操作 添加留言",并将"添加留言"链接到 addly. asp 网页。

第 3 步:将光标置于"操作 添加留言"文本后面,单击"数据"工具栏中的"记录集导航条"按钮,弹出"记录集导航条"对话框,在对话框的"记录集"下拉列表中选择 Rs_disply,将"显示方式"选中"文本"单选按钮,如图 11-16 所示。

图 11-16　Rs_disply"记录集导航条"显示方式对话框

第 4 步:单击"确定"按钮,页面插入记录集导航条,在"属性"面板中将"对齐"设置为"居中对齐",如图 11-17 所示。

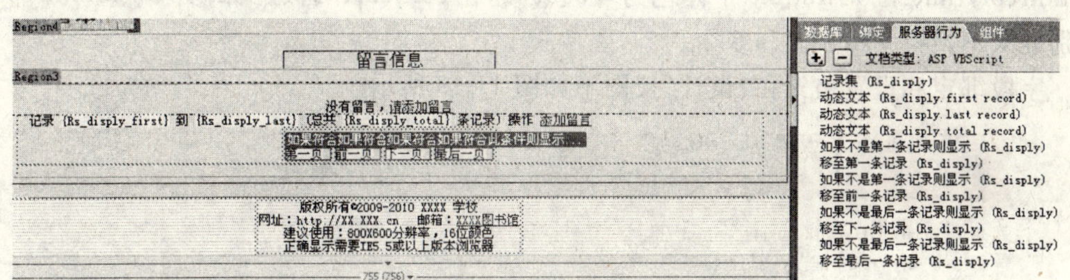

图 11-17　插入记录集导航条效果

说明:"服务器行为"面板列表中可以显示应用到该网页上的所有服务器行为命令。

4. 绑定字段

下面将留言板的相关字段绑定到适当的位置,以显示相关信息,具体的操作步骤如下。

第 1 步:将光标置于表格 main 的第 2 行的单元格内,插入两条水平线,设置水平线的属性"高"值为 1。

第 2 步:从"绑定"面板中依次将 title、author、writetime 字段拖曳到两条水平线中间。然后在同一行后面插入图像../images/edit. ico,图像"边框"属性设置为 0,"宽"和"高"设置为 16,"替换"设置为"管理员回复"。

第 3 步:选择刚才插入的 edit. ico 图像,单击"数据"工具栏上的按钮,系统弹出"转到详细页面"对话框,如图 11-18 所示。

第 4 步:在"转到详细页面"对话框中,"链接"选择"所选范围:"＜img src＝"../images/edit. ico"＞;",在"详细信息页"文本框中输入 adminaddly. asp,在"传递 URL 参数"文本框中输入 id,"记录集"下拉列表选择 Rs_disply,"列"下拉列表选择 id,"传递现有参数"选中

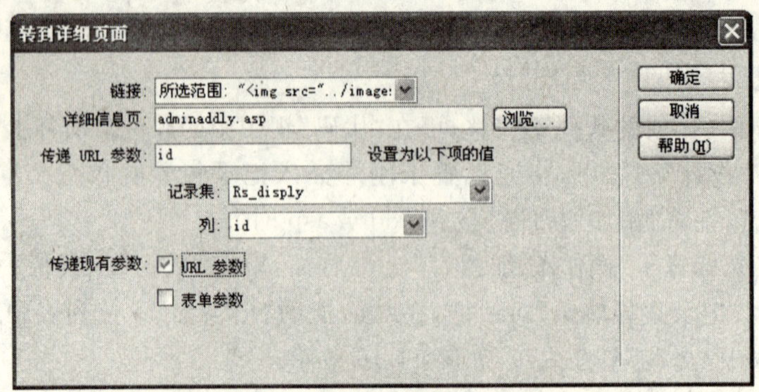

图 11-18 edit.ico 图像“转到详细页面”对话框

“URL 参数”复选框，然后单击“确定”按钮，系统创建“转到详细页面”行为。

第 5 步：从“绑定”面板中将 content 字段拖曳到第 2 条水平线下面并按 Shift＋Enter 组合键。

第 6 步：在当前光标下输入文字“管理员回复”，然后从“绑定”面板中将 adminreplytime 字段拖曳到“管理员回复”后面并按 Shift＋Enter 组合键。

第 7 步：将“绑定”面板中的 adminreply 字段拖曳到当前光标位置。

第 8 步：设置绑定字段及相关格式。如在 title 前加■，title 后加短横线，设置 adminreplytime 和 writetime 字体色为＃999999，在 content、“管理员回复”和 adminreply 前分别插入不换行空格 4、8 和 8 个。

字段绑定和设置格式在“设计”视图下如图 11-19 所示。

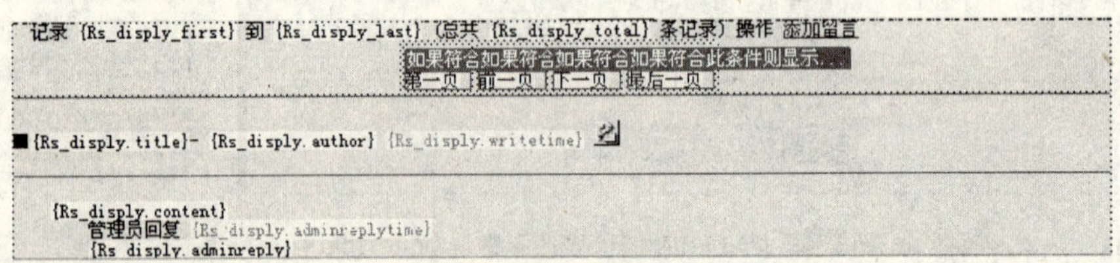

图 11-19 字段绑定效果

在 IE 浏览器中预览效果如图 11-20 所示。

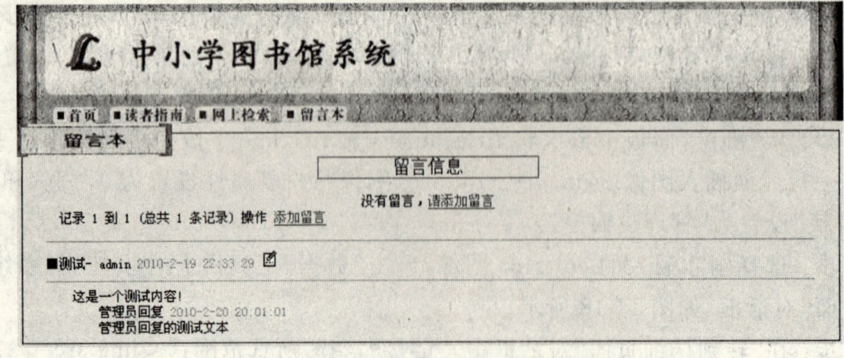

图 11-20 字段绑定后预览图

5. 有条件显示相关信息

为让用户有更好的使用体验，应对留言显示区域进行进一步的设置。在本留言系统中，主要有以下 5 个有条件显示操作。

第 1 步：设置 div 标签（id：NorecordArea）在记录集为空时则显示。方法如下，在标签选择器上单击 div# NorecordArea，然后在“服务器行为”面板上单击 按钮，执行“显示区域”→“如果记录集为空则显示区域”命令，如图 11-21 所示。

第 2 步：系统弹出“如果记录集为空则显示区域”对话框，在对话框的“记录集”下拉列表中选择 Rs_disply，然后单击“确定”按钮完成操作，如图 11-22 所示。

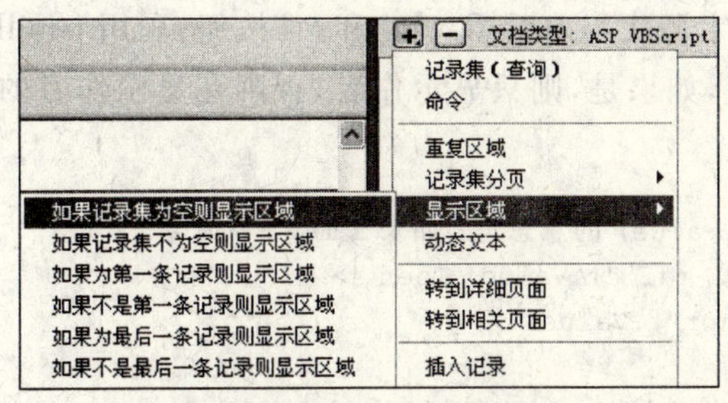

图 11-21　选择“如果记录集为空则显示区域”选项

图 11-22　“如果记录集为空则显示区域”对话框

第 3 步：设置 table 标签（id：main）在记录集不为空时则显示。操作步骤与第 1 步相同。

第 4 步：设置“管理员回复”图标的显示条件。如果留言管理员如果没有回复，系统应该显示该图标。操作方法如下。

- 切换到“拆分”或“代码”视图，找到并选择“管理员回复”的 edit. ico 图像所在的 A 标签。
- 在 A 标签前后分别单击 ASP 工具栏的 if 和 end 按钮，增加如图 11-23 所示的代码。

```
<% If isnull(Rs_disply.Fields.Item("adminreply").Value) Then %>
    <A HREF="adminaddly.asp?
    <%= Server.HTMLEncode(MM_keepURL) & MM_joinChar(MM_keepURL) & "id=" &
     Rs_disply.Fields.Item("id").Value %>">
     <img src="../images/edit.ico" alt="管理员回复" width="16" height="16" border="0"></A>
<% End If %>
■{Rs_disply.title}- {Rs_disply.author} {Rs_disply.writetime}
```

图 11-23　插入的 ASP 脚本和在“设计”视图上的效果

A 标签插入 ASP 脚本后，在“代码”和“设计”视图表现如图 11-23 所示。图像前后多了两个黄色的 ASP 图标。

说明：“isnull(表达式)”是判断“表达式”是否为空值的函数，放在 If...Then 中表示如果字段 adminreply 的值为空的意思。

第 5 步：设置“管理员回复”文本、adminreplytime 字段和 adminreply 字段的显示条件。如果管理员有回复，才显示这 3 个对象。操作方法和设置“管理员回复”图标类似，在“管理员回复”标签代码前后插入 if 和 end 按钮，并再次利用 isnull 函数判断管理员回复内容字段 adminreply 是否为空来决定是否显示，参考代码和效果图如图 11-24 所示。

第 6 步：作者留言时如果输入了正确的 E-mail 地址，则创建该作者的邮箱链接，没有输

```
    
<%=(Rs_disply.Fields.Item("content").Value)%> <br>
<% If not  isnull(Rs_disply.Fields.Item("adminreply").Value) Then %>
            
   管理员回复
    <span class="STYLE2"><%=(Rs_disply.Fields.Item("adminreplytime").Value)%></span><br>
            
  <%=(Rs_disply.Fields.Item("adminreply").Value)%>
<% End If %>
```

{Rs_disply.content}
管理员回复 {Rs_disply.adminreplytime}
{Rs_disply.adminreply}

图 11-24　adminreply 字段插入的脚本和在“设计”视图上的效果

入 E-mail 地址，则不创建。操作方法与第 4、第 5 步相同，切换到“拆分”视图，在“设计”视图中选择 author 字段，然后在“代码”视图中的该字段代码前后插入 if 和 end 按钮，利用 isnull 函数判断作者的邮箱(E-mail 字段)是否是空值，如果是，则只显示作者，否则在显示作者的同时，也对作者创建邮箱链接。参考代码如下。

```
IsNull(Rs_disply.Fields.Item("E-mail").Value) 的意思是：如果 E-mail 不为空
    <%If IsNull(Rs_disply.Fields.Item("E-mail").Value) Then %>
        <%=(Rs_disply.Fields.Item("author").Value)%>
    <%Else %>
        <a href="mailto:<%=(Rs_disply.Fields.Item("E-mail").Value)%>">
            <%=(Rs_disply.Fields.Item("author").Value)%>
        </a>
    <%End If %>
```

作者邮箱链接在“设计”视图上表现如图 11-25 所示。

■{Rs_disply.title}- {Rs_disply.author} {Rs_disply.author} {Rs_disply.writetime}

图 11-25　author 字段插入 If 语句后在“设计”视图上的效果

有条件显示信息设置结束后在“设计”视图上表现如图 11-26 所示。

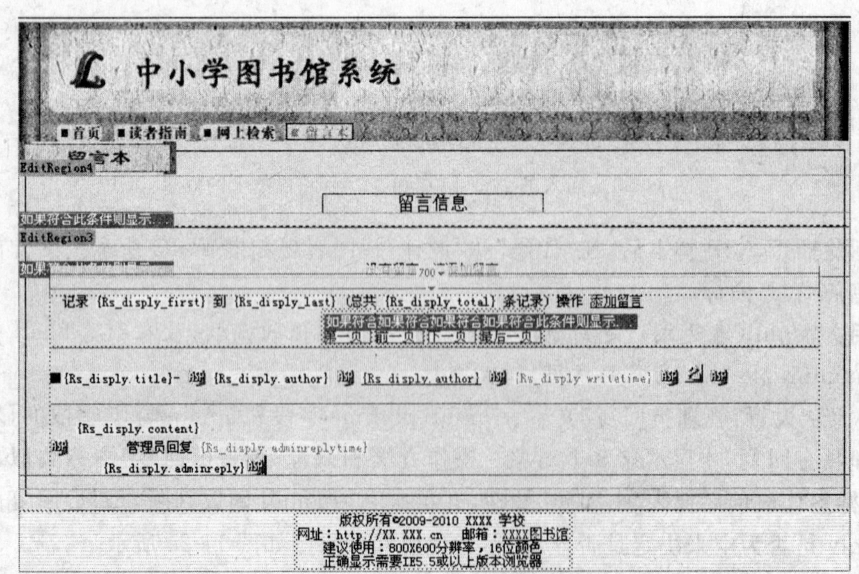

图 11-26　有条件显示区域预览图

6. 添加重复区域

上面的操作只能在 table 表格标签的第 2 行显示 1 条留言信息，如果在一个页面里要重复显示多条留言信息，则需增加“重复区域”服务器行为。

“重复区域”可以显示从数据库查询返回的全部或指定记录数。具体操作步骤如下。

第 1 步：在标签选择器中选择 main 表格的第 2 行<tr>标签，执行“窗口”→“服务器行为”命令，打开“服务器行为”面板，在面板中单击[+]按钮，在弹出的菜单中选择“重复区域”选项，如图 11-27 所示。

第 2 步：系统弹出“重复区域”对话框，在对话框的“记录集”下拉列表中选择Rs_disply，将“显示”选中“10 记录”单选按钮，如图 11-28 所示。

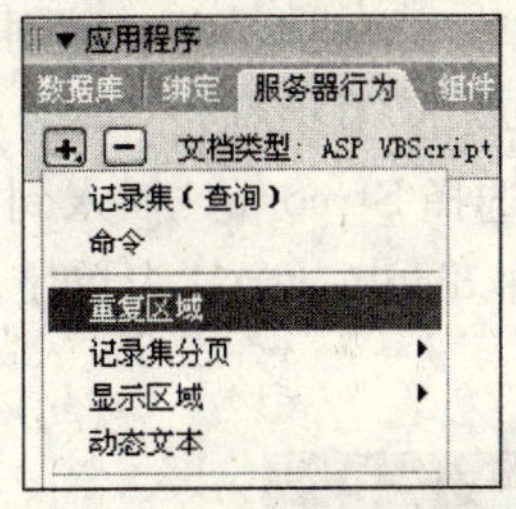

图 11-27　选择“重复区域”选项

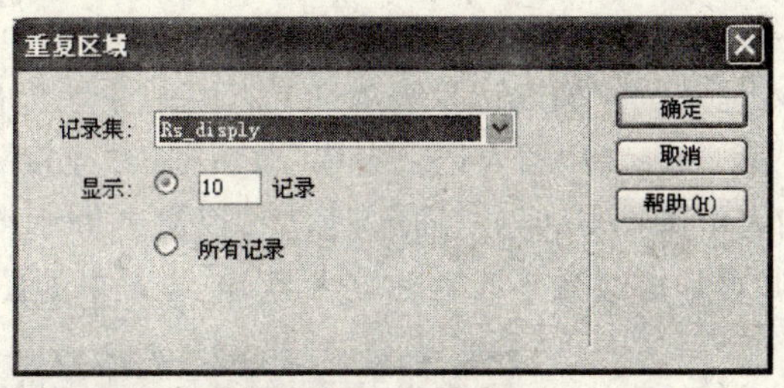

图 11-28　Rs_disply“重复区域”对话框

第 3 步：单击“确定”按钮，系统创建“重复区域”服务器行为，如图 11-29 所示。创建重复区域后，切换到“代码”视图可以看到在 main 表格的第 2 行<tr>标签的代码前后增加了两段代码。

图 11-29　创建重复区域后在“设计”视图上的效果

```
<%
While ((Repeat1__numRows <>0) AND (NOT Rs_disply.EOF))
%>
<tr>.............</tr>
<%
  Repeat1__index=Repeat1__index+1
  Repeat1__numRows=Repeat1__numRows-1
  Rs_disply.MoveNext()
Wend
%>
```

11.2.3　发布留言

发布留言页面效果如图 11-3 所示，页面主要利用插入记录表单向导自动添加“插入记录”的服务器行为。实现步骤如下。

1. 基本页面设计

第 1 步：新建留言发布页面 Addly. asp，应用模板。执行“修改”→“模板”→“应用模板到页”命令，选择 Liuy. dwt. asp 模板，单击“确定”按钮。操作与制作留言浏览页面相同。

第 2 步：在可编辑可选区域 EditRegion4 中输入文字“留言发布”。

2. 插入表单对象

发布留言页面主要需要一个能让读者输入留言的表单，考虑到用户的方便，在这里暂不对发布做限制操作。基于留言信息只涉及数据库中的 1 个数据表，这里没有采用较为传统的从“服务器行为”面板中选择“插入记录”的方法，而是使用了最为快捷的“插入记录表单向导”完成此功能。具体操作如下。

第 1 步：将光标置于可编辑区域 EditRegion3 中，执行菜单“插入记录”→“数据对象”→“插入记录”→“插入记录表单向导”命令，系统弹出“插入记录表单”对话框。

第 2 步：在“插入记录表单”对话框的“连接”下拉列表中选择 Strconn，“插入到表格”下拉列表中选择 liuyan，“插入后，转到”文本框中输入网页名称 disply. asp，“表单字段”中删除、调整和更改各字段的标签内容，最终效果如图 11-30 所示。

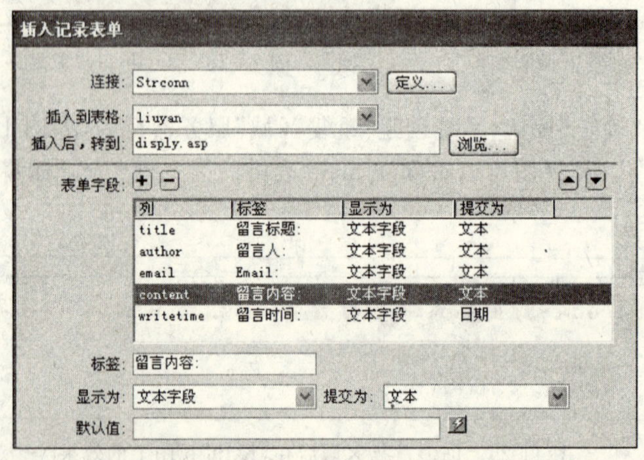

图 11-30　发布留言的“插入记录表单”对话框

第 3 步：单击“插入记录表单”对话框的“确定”按钮，系统自动创建“插入记录”服务器行为，在 EditRegion3 可编辑区域中生成留言插入表单，如图 11-31 所示。

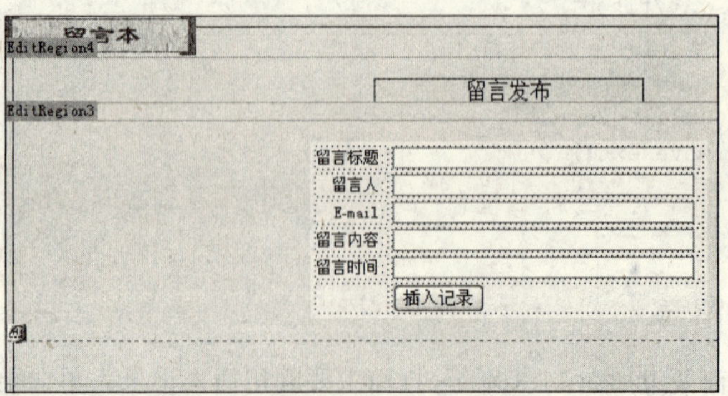

图 11-31　发布留言插入记录表单后效果

接下来，用户可以从检查表单、增加表单重置按钮和自动生成留言时间等方面进行增强或改进，以进一步完善发布留言界面。

3. 增加表单检查行为

第 1 步：在标签选择器上选择＜form＞表单标签，然后执行菜单上的“窗口”→“行为”命令，在“行为”面板上单击[+]按钮，在弹出的菜单上选择“检查表单”选项，如图 11-32 所示。

第 2 步：系统弹出“检查表单”对话框，如图 11-33 所示。

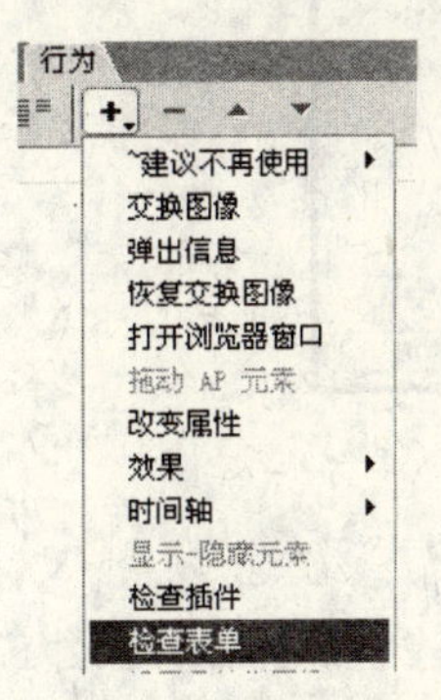

图 11-32　检查表单

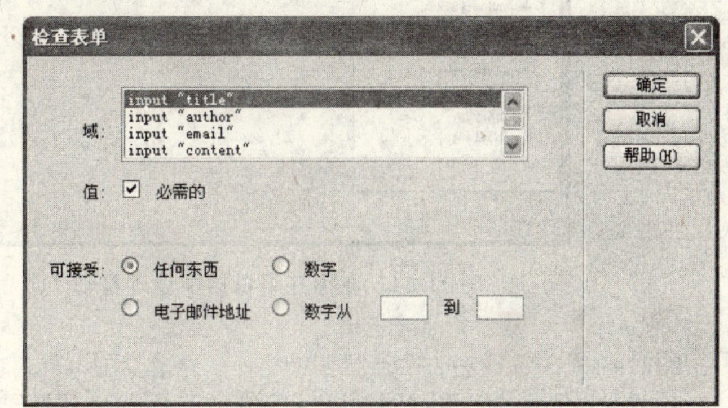

图 11-33　“检查表单”对话框

第 3 步：在“检查表单”对话框中，设置“域”列表中的 input “title”、input “author”和 input “content”的“值”属性是“必需的”，“可接受”选中“任何东西”单选按钮；将 input “E-mail”的“可接受”选中“电子邮件地址”单选按钮。

第 4 步：在表单中选择 content 文本域，在“属性”面板中将“类型”设置为多行，“行数”设为 10。

第 5 步：分别在“留言标题”、“留言人”和“留言内容”后加插入红色的 * 号。

4. 增加表单重置按钮和链接到留言浏览页面

第 1 步：更改表单“插入记录”按钮的值为“提交留言”，并在其后面增加 1 个“重新填写”的按钮，“重新填写”按钮的“动作”选择“重设表单”选项。

第 2 步：在“重新填写”按钮添加文本“返回留言板”，链接到留言浏览页面 disply. asp。

5. 自动生成留言时间

在设计视图中选择 writetime 文本框，右击选择“编辑标签”选项，系统弹出“标签编辑器-input”对话框。设置标签“类型”为“隐藏”，“值”为＜％＝now()％＞，如图 11-34 所示。

说明：now()是返回系统当前时间的函数。

6. E-mail 项目输入与未输入值的处理

E-mail 是非必须输入项目，所以在存盘时，应根据是否输入有值来将相应的值保存到数据表中，如果未对 E-mail 项目进行输入操作，则以 Null 值保存，否则，从表单中获取相应的值来保存。这一操作也是通过插入 if 和 end if 条件语句完成，参考代码如下。

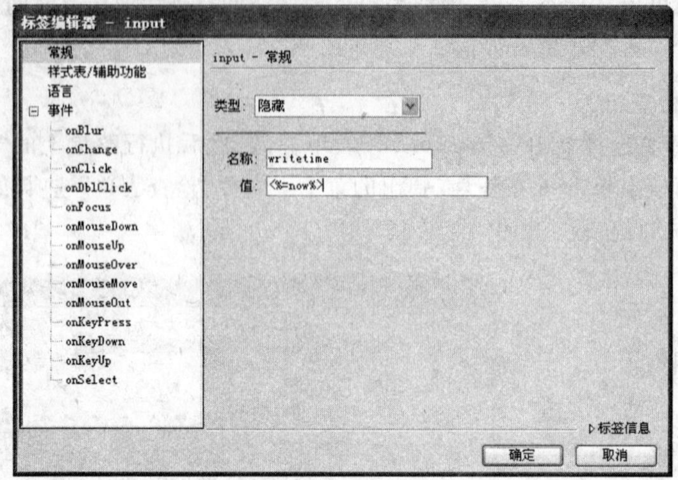

图 11-34 在标签编辑器中设置自动生成留言时间

```
if Request.Form("E-mail")="" then
    MM_editCmd.Parameters.Append MM_editCmd.CreateParameter("param3",202,1,50,
    null)' adVarWChar
else
    MM_editCmd.Parameters.Append MM_editCmd.CreateParameter("param3",202,1,50,
    Request.Form("E-mail"))' adVarWChar
end if
```

11.2.4 管理员回复页面（前台登录方式）

本留言板系统增加一个前台密码登录(后面还有一个以后台登录方式进行回复的操作)、管理员逐一回复的模式。该模式相对后台方式来说代码的编写量会增加,但可以方便管理员边浏览留言边回复。学生在代码编写时,难度相对大些,但相应也能更深入地了解服务器行为原理。

页面设计要点是在记录集内有条件插入另一段更新记录服务器行为代码。具体操作步骤如下。

1. 基本页面设计

第 1 步：新建留言发布页面 Addly. asp,应用 Liuy. dwt. asp 模板。操作与制作留言浏览页面相同。

第 2 步：在可编辑可选区域 EditRegion4 中输入文字“留言发布”。

第 3 步：在可编辑区域 EditRegion3 中插入一个表单,表单命为 form1。在表单内插入 1 个 3 行 2 列、居中对齐、500px 的表格。表格边框、填充和间距设置为 0,第 1 行第 2 个单元格添加 1 个文本域,“类型”设置为“密码”,id 设置为 mm;第 2 行第 2 个单元格插入 1 个文本域,“类型”设置为“多行”,id 设置为 nr,“行数”设置为 10;第 3 行合并成 1 个单元格,插入 1 个提交按钮(id 设置为 submit1)和 1 个重置按钮,输入文本“返回留言板”并将其链接到留言浏览页面 disply. asp,添加文本域并设置格式,效果如图 11-35 所示。

第 4 步：在表单 form1 的最下面添加一个文本域。id 设置为 txtid,“初始值”设置为

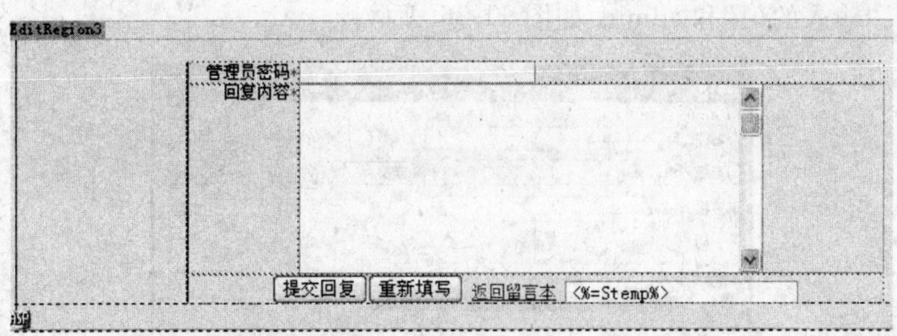

图 11-35　发布回复效果

<%=Stemp%>,用于临时保存从 disply. asp 传递过来的 URL 参数 id;将文本域 txtid 的样式设置为隐藏,参考代码为 style="visibility:hidden"。

第 5 步:在表单外添加一个 div 标签,div 标签的属性 id 设置为 ts,并绑定一个变量<%=tsxx%>,该标签的作用是专门显示管理员密码输入错误给用户显示的信息。

2. 表单检查

表单内的两个文本域在提交前应做输入检查。如果两个文本域是空值,则页面出现提示信息,否则直接执行表单动作代码。判断页面上的两个文本域是否为空值,可以通过"行为"面板上的"检查表单"自动生成脚本代码完成,也可以对 submit1 按钮的 onclick 事件进行表单检查。submit1 按钮的 onclick 事件代码及简单说明如下。

```
<script language="VBSCRIPT">
sub submit1_onclick()
'trim(form1.mm.value)对表单 form1 中的 mm 文本域的值进行空格压缩,
   if trim(form1.mm.value)="" or trim(form1.nr.value)="" then
      alert("请填写回复内容!")
      exit sub            '直接退出事件过程
   end if
      form1.submit()          '执行表单动作,这里要检查 form1 的属性"方法"是否设置为:post
end sub
</script>
```

将上述代码写入 head 标签内。

3. 表单相关行为创建

表单检查后,要将回复的内容存入数据库中。数据保存分两大部分进行。

第一部分:验证管理员密码是否正确(前台密码验证方式)。

第二部分:如果密码验证正确,则执行插入更新记录服务器行为代码,将回复内容更新进所要回复留言的字段中。

具体操作步骤如下。

1) 生成查询管理员密码的记录集(管理员用户是 admin)

第 1 步:执行菜单"窗口"→"绑定"命令。单击"绑定"面板上的[+]按钮,选择"记录集(查询)"选项,系统打开"记录集"对话框。

第 2 步:在"记录集"对话框中,设置"名称"为 Rs_ValidPass,"连接"选择 Strconn,"表格"选择 userinfo,"列"选择选定的,"列"列表框中选择字段 userpass,"筛选"选择

username、=、“输入的值”和 admin，如图 11-36 所示。

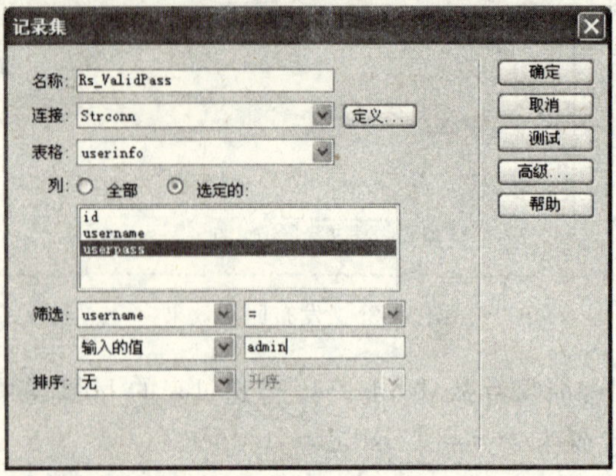

图 11-36　记录集 Rs_ValidPass 对话框

第 3 步：单击“确定”按钮，系统生成 Rs_ValidPass 记录集，简要参考代码如下。

```
<%
Dim rs_ValidPass__MMColParam
…
Set rs_ValidPass=rs_ValidPass_cmd.Execute
rs_ValidPass_numRows=0
%>
```

2）从刚才生成的记录集中判断是否已查询到管理员密码

如果查询出密码并且与用户输入的文本一致，则进行第二部分操作，在当前记录集内插入另一段更新记录服务器行为代码，将管理员的回复内容保存，并将页面跳转到留言浏览页面 disply.asp，否则生成密码错误提示信息。上述要求编写参考代码及注释如下。

```
'说明：在上面代码 rs_ValidPass_numRows=0 和%>间输入以下代码
'判断密码输入与记录集中查询出来的密码是否一致，通过 if 语句实现
'Rs_ValidPass("userpass").value 从记录集中取出管理员密码
'(Rs_ValidPass("userpass").value)=request.Form("mm")查询出的密码与表单用户输入一致
if not IsNull(Rs_ValidPass("userpass").value)and(Rs_ValidPass("userpass").value)=
request.Form("mm")then
    '//密码正确，则新建一个查询对象 Rs_Upately_cmd 进行回复保存操作。if...end 间是数据
      保存的第二部分
    Dim Rs_Upately
    Dim Rs_Upately_cmd

    Set Rs_Upately_cmd=Server.CreateObject("ADODB.Command")
    Rs_Upately_cmd.ActiveConnection=MM_Strconn_STRING
    Rs_Upately_cmd.Prepared=true
    '回复更新保存 SQL 语句，使用 update 命令
    strSql="UPDATE liuyan SET adminreply=?,adminreplytime='" & now()& "' WHERE id="
    & request.Form("txtid")
    '创建 update 命令参数，参数值从表单的 nr 文本域中获取
        Rs_Upately_cmd.Parameters.Append
    Rs_Upately_cmd.CreateParameter("param1",203,1,536870910,Request.Form("nr"))
```

```
    Rs_Upately_cmd.CommandText =strsql
    set Rs_Upately=Rs_Upately_cmd.Execute
    Rs_Upately.ActiveConnection.Close
    set Rs_Upately=nothing
    '//管理员回复保存操作完成
    response.Redirect("disply.asp") '页面跳转到留言浏览页面
else
if request.Form("mm")<>"" then
'密码错误时生成的提示信息,提示信息赋值给变量 tsxx,客户端中的 div 标签(id 为 ts)将绑定此
 变量
    dim tsxx
    tsxx="< script language='javascript'>alert('管理员密码错误!');</script>"
end if
end if
'定义一个变量以获取从上一页面传递过来的 URL 参数 id, 客户端中的 txtid 文本域将绑定此变量
dim stemp
stemp=request.QueryString("id")
'关闭记住集
    Rs_ValidPass.ActiveConnection.Close
    set Rs_ValidPass=nothing
```

11.3　留言板后台页面设计

后台主要为管理员提供浏览留言、删除留言和删除管理员回复等操作功能。这些功能要限制用户的访问,只有管理员或指定用户通过用户名和密码验证,才能访问。密码验证一般由一个后台登录页面完成。

11.3.1　后台登录界面

后台登录功能主要是要求输入管理员用户名和管理员密码,验证正确后页面跳转到留言管理列表页面。页面设计要点是添加一个用户登录服务器行为。具体操作步骤如下。

1. 基本页面设计

第 1 步: 新建后台登录页面 Login. asp,应用 Liuy. dwt. asp 模板。

第 2 步: 在可编辑可选区域 EditRegion4 中输入文字“管理员登录”;在可编辑区域 EditRegion3 中插入一个表单,表单命名为 form1。

第 3 步: 在表单中插入一个 3 行 2 列 300px 的表格,表格第 2 列的第 1 个和第 2 个单元格内添加两个文本域,文本域 id 分别设置为 username、userpass,文本域 userpass 的“类型”设为“密码”,如图 11-37 所示。

2. 检查表单

第 1 步: 在 login. asp 标签选择器中选择表单 form,执行菜单“窗口”→“行为”命令,在“行为”面板上单击[+]按钮,选择“检查表单”选项,系统弹出“检查表单”对话框。

第 2 步: 在“检查表单”对话框中,将文本域 username 和 userpass 的“值”选中“必需的”复选框,“可接受”选中“任何东西”单选按钮,如图 11-38 所示。

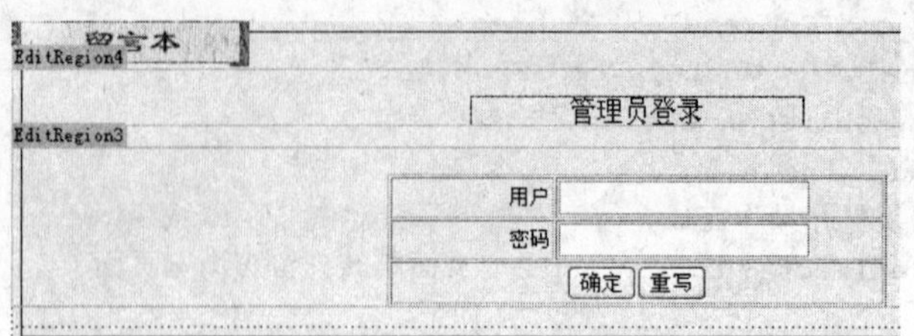

图 11-37　后台登录界面

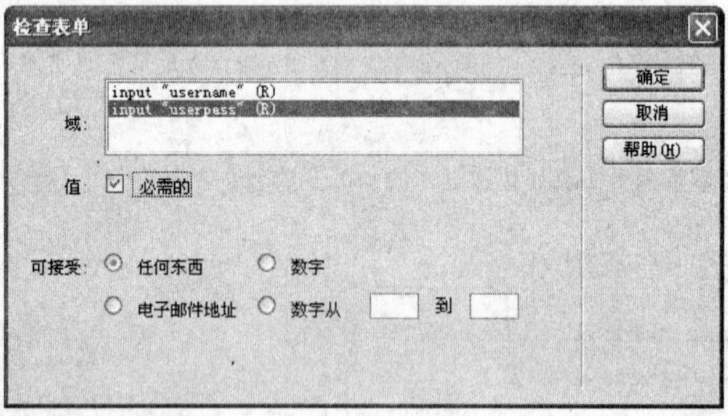

图 11-38　后台登录表单检查

第 3 步：单击“确定”按钮，系统将添加一个检查表单的行为。

3. 创建登录用户身份验证

在插入完成表单对象和使用“检查表单”行为后，接下来添加“登录用户”服务器行为，用来验证用户输入的用户和密码。具体操作步骤如下。

第 1 步：创建登录时要用到记录集。单击“绑定”面板中的 + 按钮，选择“记录集(查询)”选项，在弹出的“记录集”对话框中的“名称”文本框中输入 Rs_ValidPass，“连接”下拉列表中选择 Strconn，“表格”下拉列表中选择 userinfo，“列”选择“全部”，如图 11-39 所示。

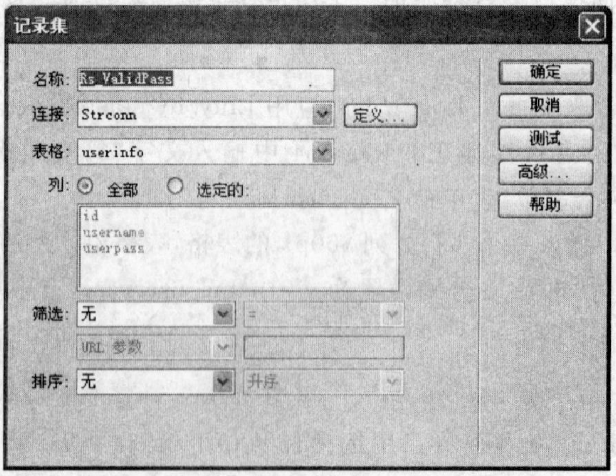

图 11-39　记录集 Rs_ValidPass 对话框

第 2 步：单击“确定”按钮，系统创建记录集。

第 3 步：单击“服务器行为”面板中的按钮，在弹出的菜单中选择“用户身份验证”→“登录用户”选项，弹出“登录用户”对话框。在对话框的“从表单获取输入”下拉列表中选择 form1，在“用户名字段”、“密码字段”、“使用连接验证”、“表格”、“用户名列”和“密码列”对应的下拉列表中分别选择 username、userpass、Strconn、userinfo、username 和 userpass，“如果登录成功，转到”文本框中输入 adminmainly. asp，“如果登录失败，转到”文本框中输入 login. asp，“基于以下项限制访问”选中“用户名和密码”单选按钮，如图 11-40 所示。

第 4 步：单击“确定”按钮，系统创建登录用户的服务器行为。在“服务器行为”面板中可以看到刚才创建的两个服务器行为，如图 11-41 所示。至此，后台登录页面创建完毕。

登录用户
从表单获取输入：form1
用户名字段：username
密码字段：userpass
使用连接验证：Strconn
表格：userinfo
用户名列：username
密码列：userpass
如果登录成功，转到：adminmainly.asp　浏览...
转到前一个URL（如果它存在）
如果登录失败，转到：login.asp　浏览...
基于以下项限制访问：用户名和密码
用户名、密码和访问级别
获取级别自：id

图 11-40　“登录用户”对话框

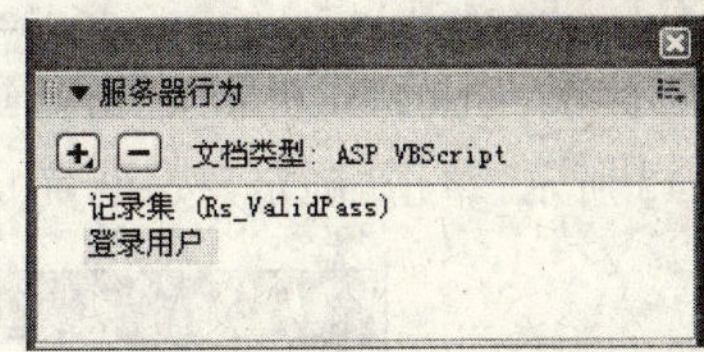

图 11-41　后台登录创建的服务器行为

11.3.2　留言管理列表页面

用户登录验证成功后，进入留言管理列表页面 adminmainly. asp。在这个页面中，管理员可以浏览、管理所有的留言。

设计的要点是创建记录集、插入动态表格、创建显示区域和限制对页的访问服务器行为，具体操作步骤如下。

1. 基本页面设计

第 1 步：新建留言管理页面 adminmainly. asp，应用模板。执行“修改”→“模板”→“应用模板到页”命令，选择 Liuy. dwt. asp 模板单击“确定”按钮。

第 2 步：在可编辑可选区域 EditRegion4 中输入文字“留言管理界面”。

2. 创建记录集

基本页面设计好后，接着就应该添加记录集，以显示留言信息。具体操作步骤如下。

第 1 步：执行“窗口”→“绑定”命令，打开“绑定”面板，在面板中单击按钮，在弹出的菜单中选择“记录集(查询)”选项。

第 2 步：在弹出的“记录集”对话框中的“名称”文本框中输入 Rs_Admindisply，“连接”下拉列表中选择 Strconn，“表格”下拉列表中选择 liuyan，“列”选中“选定的”单选按钮，列表中选择 id、title、author、content 和 adminreply，“排序”下拉列表中选择 id 和“降序”，如图 11-42 所示。

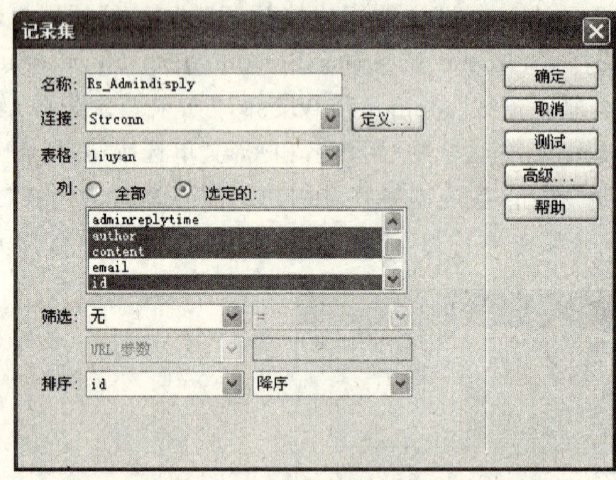

图 11-42　记录集 Rs_Admindisply 对话框

第 3 步：考虑动态表格创建时字段顺序的要求，单击“高级”按钮，将 SQL 语句 SELECT adminreply，author，content，id，title FROM liuyan ORDER BY id DESC 更改为 SELECT id，title，author，content，adminreply FROM liuyan ORDER BY id DESC，如图 11-43 所示。单击“确定”按钮，完成记录集 Rs_Admindisply 的创建。

图 11-43　记录集 Rs_Admindisply 的高级对话框

3. 创建动态表格和设置动态文本

第 1 步：将光标置于可编辑区域 EditRegion3，执行菜单“插入记录”→“数据对象”→“动态数据”→“动态表格”命令，系统弹出“动态表格”对话框，如图 11-44 所示。

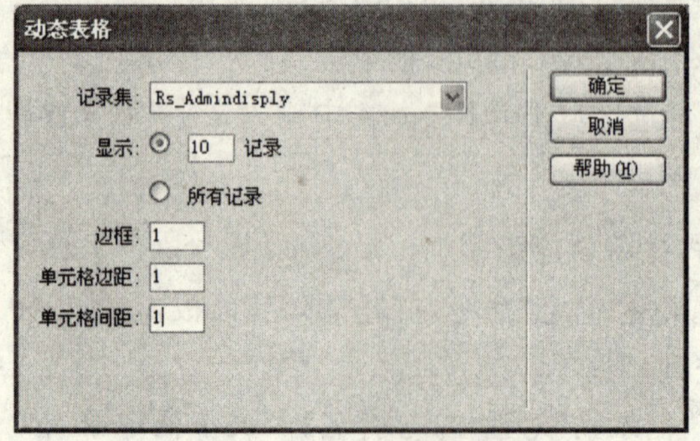

图 11-44　“动态表格”对话框

第 2 步：在“动态表格”对话框，“记录集”下拉列表中选择 Rs_Admindisply，“显示”选中“10 记录”单选按钮，“边框”、“单元格边距”和“单元格间距”均设置为 1，单击“确定”按钮。系统在 EditRegion3 区域创建如图 11-45 所示的表格。

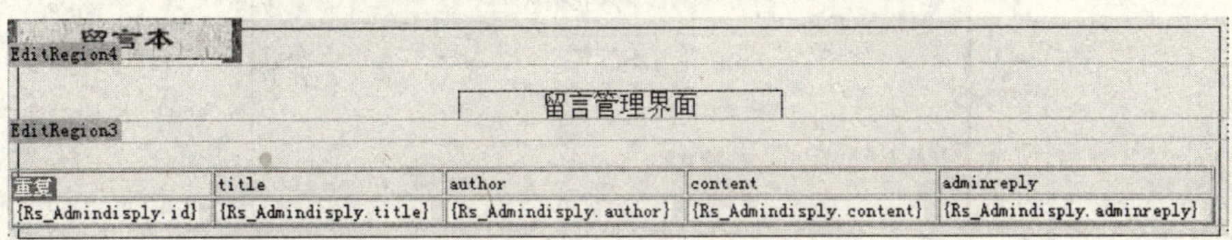

图 11-45　插入“动态表格”

第 3 步：表格中所有绑定的动态文本行都置于“重复区域”中，在标签选择器中选择 EditRegion3 区域中刚才创建的表格，设置表格属性“对齐”为“居中对齐”，“宽”为 600px，表格的标题分别修改为中文文本“操作”、“标题”、“作者”、“留言”和“回复”。在标签选择器中选择标题行标签＜tr＞，将“属性”面板的“标题”选中，效果如图 11-46 所示。

图 11-46　修改“动态表格”

第 4 步：删除表格中的动态文本 Rs_Admindisply. id，并在该单元格输入“删除”。

第 5 步：在“服务器行为”面板中双击动态文本 Rs_Admindisply. title，系统弹出“动态文本”对话框，如图 11-47 所示。

第 6 步：将对话框中“代码”的值＜%＝(Rs_Admindisply. Fields. Item("title"). Value)%＞修改为＜%＝Mid((Rs_Admindisply. Fields. Item("title"). Value)，1，20)%＞。Mid 是字符串截取函数，在这里是将标题从开始处截取显示前面 20 个字符出来。利用同样的方法依次处理 Rs_Admindisply. author、Rs_Admindisply . content 动态文本。

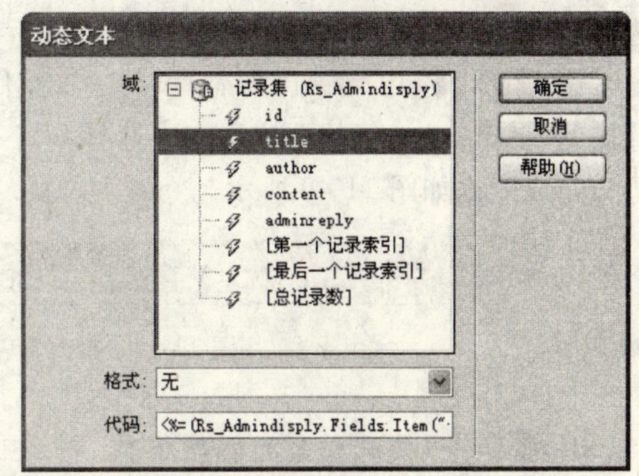

图 11-47　title“动态文本”对话框

第 7 步：选中表格中的“删除”文字，单击“服务器行为”面板中的[+]按钮，在弹出的菜单中选择“转到详细页面”选项，弹出“转到详细页面”对话框，在对话框的“详细信息页”文本框中输入 shanchu. asp，“记录集”下拉列表中选择 Rs_Admindisply，“列”下拉列表中选择 id，如图 11-48 所示。

第 8 步：单击“确定”按钮，系统创建“转到详细页面”服务器行为。

第 9 步：处理管理员回复操作时设计目标如下，如果有回复，则显示“修改”文本，文本链接到 xiugai. asp 页面；如果没有回复，则显示“添加”文本，文本链接到 tianjia. asp。

转到详细页面

链接：“删除”

详细信息页：shanchu.asp 浏览...

传递 URL 参数：id 设置为以下项的值

记录集：Rs_Admindisply

列：id

传递现有参数：URL 参数

表单参数

图 11-48 “删除”文字的“转到详细页面”对话框

第 10 步：处理管理员回复操作主要通过修改代码完成。切换成“拆分”视图，在“设计”视图上选中动态文本 Rs_Admindisply.adminreply，再在 asp 的条件下选择 If 语句，“代码”视图中将该文本的代码<%=(Rs_Admindisply.Fields.Item("adminreply").Value)%>修改如下。

```
<%If rtrim(ltrim(Rs_Admindisply.Fields.Item("adminreply").Value))<>"" Then %>
   修改
<%Else %>
   添加
<%End If %>
```

说明：ltrim(字串)、rtrim(字串)分别是压缩字串左、右边的空格的函数。

第 11 步：在“设计”视图中选中“修改”文本，单击“服务器行为”面板中的+按钮，在弹出的菜单中选择“转到详细页面”选项，弹出“转到详细页面”对话框，在对话框的“详细信息页”文本框中输入 xiugai.asp，“记录集”下拉列表中选择 Rs_Admindisply，“列”下拉列表中选择 id。

第 12 步：选中“添加”文本，和上一步操作一样，添加一个转到详细页面的服务器行为，链接到 tianja.asp，“列”下拉列表中选择 id。

完成效果如图 11-49 所示。

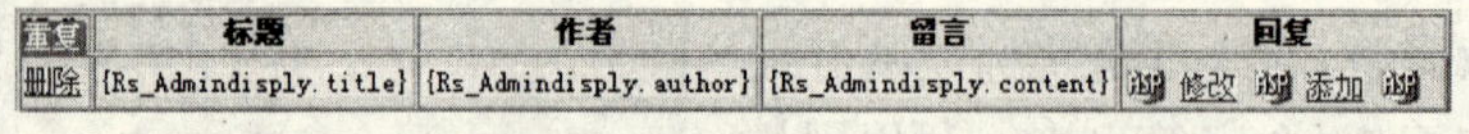

图 11-49 修改“转到详细页面”后效果

4. 插入记录集导航条和导航状态

第 1 步：设置记录集导航条。将光标置于可编辑区域 EditRegion3 内部的最前面，单击“数据”工具栏的“记录集导航条”按钮，弹出“记录集导航条”对话框，在对话框的“记录集”下拉列表中选择 Rs_Admindisply，将“显示方式”选中“文本”单选按钮，如图 11-50 所示。

第 2 步：单击“确定”按钮，插入记录集导航，在“属性”面板中将“宽”设置为 300px，“对齐”设置为“居中对齐”，如图 11-51 所示。

第 3 步：在“记录集导航条”表格后面添加一个 div 标签，删除标签内容，设置它的 align 属性为 center。在这个 div 标签内添加一个“记录集导航状态”，以增强用户体验。方法如下，选择菜单中的“插入记录”→“数据对象”→“显示记录计数”→“记录集导航状态”选项，系

图 11-50　Rs_Admindisply 的“记录集导航条”对话框

图 11-51　插入记录集导航条后效果

统弹出 Recordset Navigation Status 对话框。单击“确定”按钮，系统生成记录集导航状态代码，如图 11-52 所示。

图 11-52　插入记录集导航状态后效果

5. 显示区域

第 1 步：在记录集导航条前面插入一个 div 标签，标签内容输入文字“没有任何留言信息!”，设置其“属性”居中。选中文字“没有任何留言信息!”，单击“服务器行为”面板中的[+]按钮，在弹出的菜单中选择“显示区域”→“如果记录集为空则显示区域”选项，弹出“如果记录集为空则显示区域”对话框，在对话框的“记录集”下拉列表中选择 Rs_Admindisply，如图 11-53 所示。

第 2 步：单击“确定”按钮，创建“如果记录集为空则显示区域”服务器行为。

第 3 步：选择“记录集导航条”和“动态文本”表格，单击“服务器行为”面板中的[+]按钮，在弹出的菜单中选择“显示区域”→“如果记录集不为空则显示区域”选项，弹出“如果记录集不为空则显示区域”对话框，在对话框的“记录集”下拉列表中选择 Rs_Admindisply，如图 11-54 所示。

图 11-53　“如果记录集为空则显示区域”对话框

图 11-54　“如果记录集不为空则显示区域”对话框

第 4 步：单击“确定”按钮，创建“如果记录集不为空则显示区域”服务器行为，如图 11-55 所示。

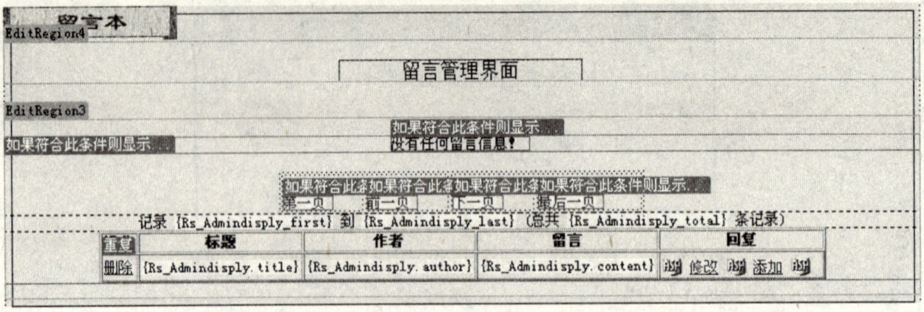

图 11-55　显示区域设计后效果

6. 添加限制对页的访问和注销用户行为

第 1 步：单击“服务器行为”面板中的[+]按钮，在弹出的菜单中选择“用户身份验证”→“限制对页的访问”选项，弹出“限制对页的访问”对话框，将对话框的“基于以下内容进行限制”选中“用户名和密码”单选按钮，在“如果访问被拒绝，则转到”文本框中输入 login. asp，如图 11-56 所示。

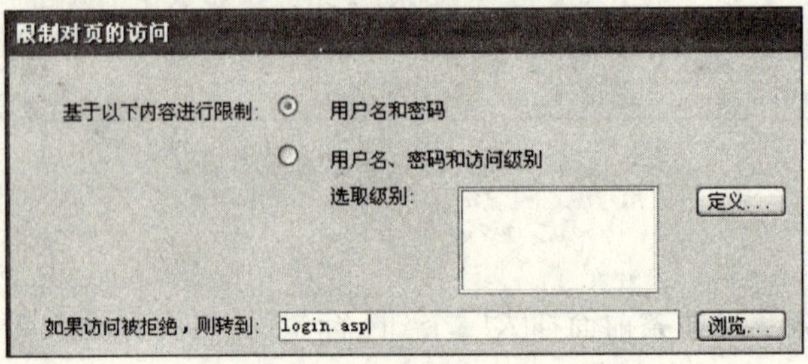

图 11-56　“限制对页的访问”对话框

第 2 步：单击“确定”按钮，创建“限制对页的访问”服务器行为。

第 3 步：在“记录集导航状态”所在 div 标签的上面再添加一个 div 标签，标签内容更改为“退出管理页面”。Align 属性设置为 center。选择标签内容，单击“服务器行为”面板中的[+]按钮，在弹出的菜单中选择“用户身份验证”→“注销用户”选项，弹出“注销用户”对话框，将对话框的“在以下情况注销”选中“单击链接所选范围：" < div...”单选按钮，在“在完成后，转到”文本框中输入 disply. asp，或通过其后的“浏览”按钮浏览选择完成，如图 11-57 所示。

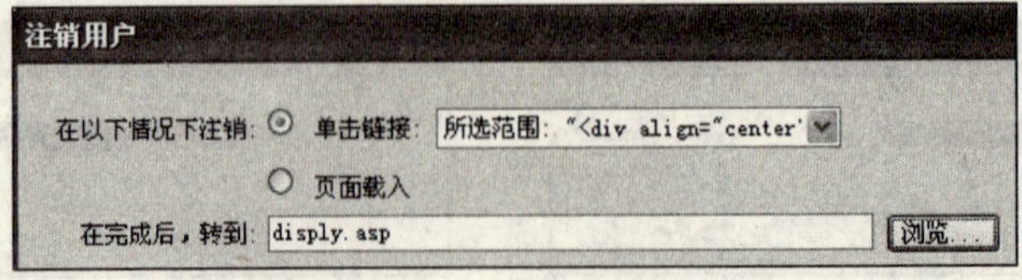

图 11-57　“注销用户”对话框

第 4 步：单击“确定”按钮，系统创建“注销用户”服务器行为。页面效果如图 11-58 所示。

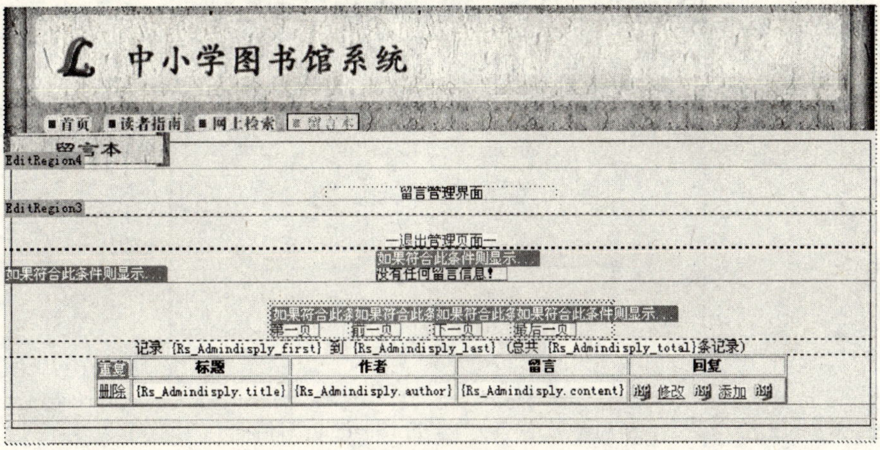

图 11-58 留言管理列表最终设置效果

11.3.3 删除留言页面

删除留言页面设计的要点是创建记录集、创建删除记录行为和限制对页的访问。具体操作步骤如下。

1. 基本页面设计

第 1 步：新建留言管理页面 shanchu.asp，应用 Liuy.dwt.asp 模板。

第 2 步：在可编辑可选区域 EditRegion4 中输入文字“留言删除界面”。

第 3 步：将光标置于 EditRegion3 区域中，单击“插入”面板中→“表单”工具栏上的按钮，在表单上插入一个 div 标签，删除 div 标签内的内容，设置标签的 align 属性是 center；在 div 内添加一个按钮。在按钮的“属性”面板的“值”文本框中输入文字“确定删除”，“动作”设置为“提交表单”，在按钮后面输入文本“返回管理界面”，文本链接到留言管理界面 adminmainly.asp，如图 11-59 所示。

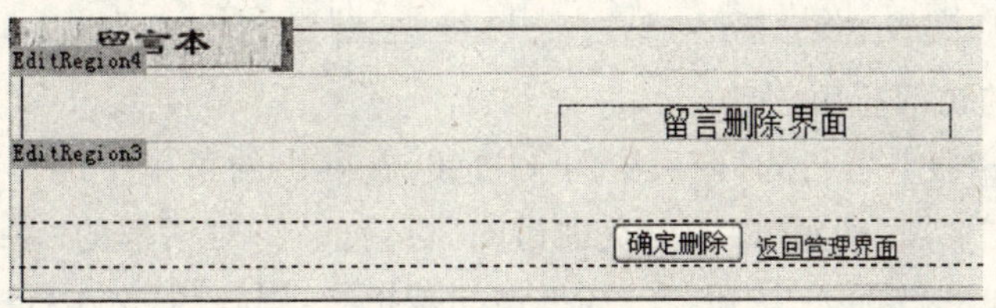

图 11-59 留言删除页面

2. 创建记录集

第 1 步：单击“绑定”面板中的按钮，在弹出的菜单中选择“记录集(查询)”选项，在弹出的“记录集”对话框中，“名称”文本框中输入 Rs_ForShanchu，在“连接”下拉列表中选择 Strconn，“表格”下拉列表中选择 liuyan，将“列”选中“全部的”单选按钮，“筛选”下拉列表中分别选择 id、=、“URL 参数”和 id，如图 11-60 所示。

第 2 步：单击“确定”按钮，系统创建记录集。

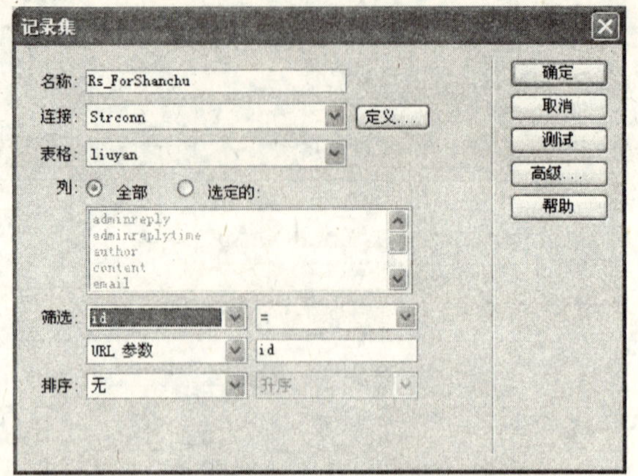

图 11-60 记录集 Rs_ForShanchu 对话框

3. 添加删除记录服务器行为

第 1 步：单击“服务器行为”面板中的按钮，在弹出的菜单中选择“删除记录”选项，弹出“删除记录”对话框，在对话框的“连接”下拉列表中选择 Strconn，“从表格中删除”选择 liuyan，“选取记录自”选择 Rs_ForShanchu，“唯一键列”选择 id，“提交此表单以删除”选择 form1，“删除后，转到”输入或单击“浏览”按钮选择留言管理页面 adminmainly. asp，如图 11-61 所示。

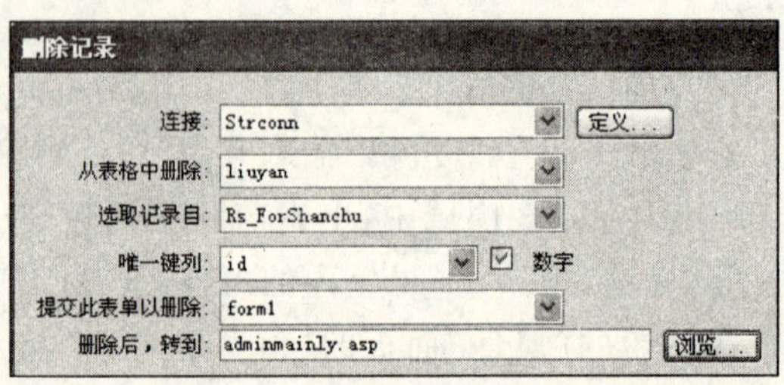

图 11-61 留言“删除记录”对话框

第 2 步：单击“确定”按钮，系统创建“删除记录”的服务器行为。

4. 限制对页的访问行为创建

第 1 步：单击“服务器行为”面板中的按钮，在弹出的菜单中选择“用户身份验证”→“限制对页的访问”选项，弹出“限制对页的访问”对话框，将对话框的“基于以下内容进行限制”选中“用户名和密码”单选按钮，在“如果访问被拒绝，则转到”文本框中输入 login. asp。

第 2 步：单击“确定”按钮，创建限制对页的访问服务器行为。

11.3.4 回复留言页面(后台登录方式)

管理员添加回复设计的要点是创建记录集、利用更新记录表单向导和限制对页的访问。具体操作步骤如下。

1. 基本页面设计

第 1 步：新建留言管理页面 tianjia. asp，应用 Liuy. dwt. asp 模板。

第 2 步：在可编辑可选区域 EditRegion4 中输入文字“管理员回复”。

2. 创建记录集

第 1 步：单击“绑定”面板中的[+]按钮，在弹出的菜单中选择“记录集(查询)”选项，在弹出的“记录集”对话框中，“名称”文本框中输入 Rs_Fortianjia，“连接”下拉列表中选择 Strconn，“表格”下拉列表中选择 liuyan，“列”选中“全部”单选按钮，“筛选”下拉列表中分别选择 id、=、“URL 参数”和 id，如图 11-62 所示。

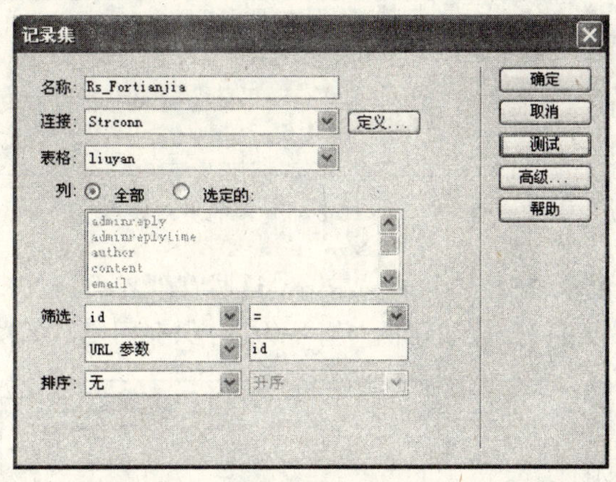

图 11-62　记录集 Rs_Fortianjia 对话框

第 2 步：单击“确定”按钮，系统创建“记录集”。

3. 添加更新记录服务器行为

第 1 步：将光标置于 EditRegion3 区域中，执行菜单“插入记录”→“数据对象”→“更新记录”→“更新记录表单向导”命令。系统弹出“更新记录表单”对话框，设置“更新记录表单”对话框上的“连接”为 Strconn，“要更新的表格”选择 liuyan，“选取记录自”选择 Rs_Fortianjia，“唯一键列”选择 id，“在更新后，转到”文本框中输入或选取 adminmainly. asp，“表单字段”只保留列 adminreply，将 adminreply 的“标签”设置为“回复”，“显示为”设置为“文本区域”，如图 11-63 所示。

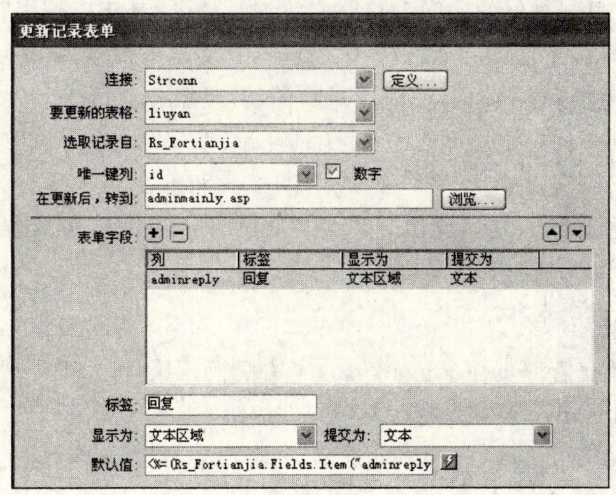

图 11-63　管理员回复“更新记录表单”对话框

第 2 步：单击“确定”按钮，系统创建“更新记录”行为，并在页面上自动生成了更新表单，如图 11-64 所示。

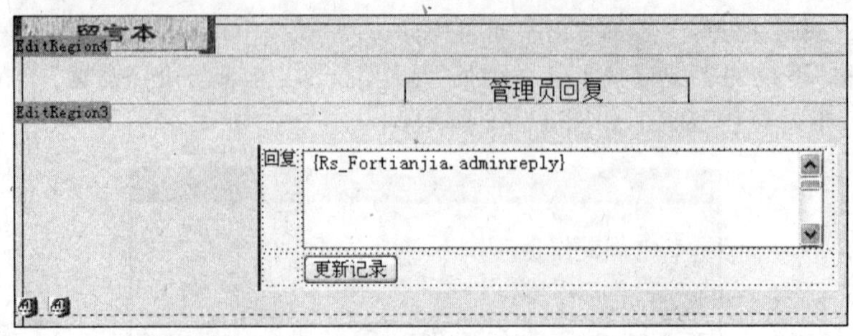

图 11-64　管理员回复用的更新表单

第 3 步：在“更新记录”按钮右边输入文本“返回管理界面”，文本链接到留言管理界面 adminmainly.asp。将“更新记录”按钮的“值”更改为“保存回复”，如图 11-65 所示。

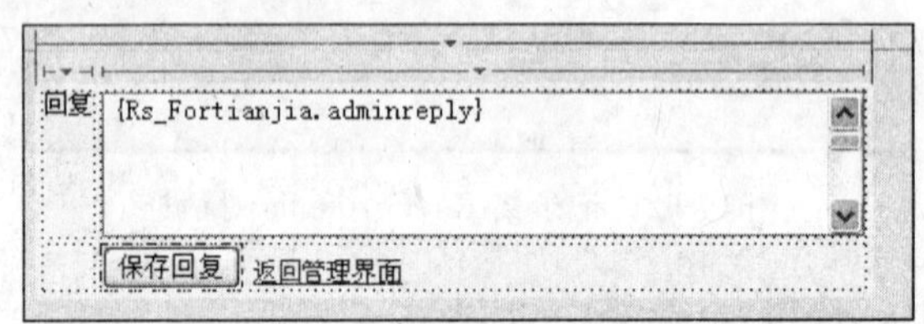

图 11-65　修改后的管理员回复更新表单

第 4 步：切换到“代码”视图，将数据更新语句"UPDATE liuyan SET adminreply＝? WHERE id＝?"更改为"UPDATE liuyan SET adminreply＝?,adminreplytime＝'" & now() & "' WHERE id＝?"，以保证系统能记录管理员回复留言的当前时间。

4. 限制对页的访问行为创建

第 1 步：单击“服务器行为”面板中的 按钮，选择“用户身份验证”→“限制对页的访问”选项，系统弹出“限制对页的访问”对话框，将对话框的“基于以下内容进行限制”选中“用户名和密码”单选按钮，在“如果访问被拒绝，则转到”文本框中输入 login.asp。

第 2 步：单击“确定”按钮，创建“限制对页的访问”服务器行为。

11.3.5　管理员修改回复页面

修改包括更改和删除回复。设计的要点是创建两个记录集、创建表单、创建更新记录行为和限制对页的访问。具体操作步骤如下。

1. 基本页面设计

第 1 步：新建留言管理页面 xiugai.asp，应用模板。执行“修改”→“模板”→“应用模板到页”命令，选择 Liuy.dwt.asp 模板单击“确定”按钮。

第 2 步：在可编辑可选区域 EditRegion4 中输入文字“回复修改”。

2. 创建记录集和绑定数据

第 1 步：单击“绑定”面板中的 按钮，在弹出的菜单中选择“记录集(查询)”选项，在弹出的"记录集"对话框,"名称"文本框中输入 Rs_queryxiugai,"连接"下拉列表中选择 Strconn,"表格"下拉列表中选择 Liuyan,"列"选中"选定的"单选按钮,只选择 adminreply 列,"筛选"下拉列表中分别选择 id、=、"URL 参数"和 id,单击"确定"按钮。

第 2 步：再次单击"绑定"面板中的[+]按钮,创建名为 Rs_savexiugai 的记录集。记录集"连接"下拉列表中选择 Strconn,"表格"选择 Liuyan,"列"选中"全部"单选按钮,"筛选"下拉列表中分别选择 id、=、"URL 参数"和 id,单击"确定"按钮。

第 3 步：将光标置于 EditRegion3 区域中,插入一个表单,表单上新建一个 2 行 2 列的 300px 表格,表格边框、填充和间距均设置为 1,"对齐"设置为"居中对齐";表格第 1 行的第 1 个单元格输入文本"回复内容",第 2 个单元格添加一个文本域,文本域命名为 nr,"类型"设置为"多行",文本域 nr 的"初始值"设置为<%=(Rs_queryxiugai. Fields. Item ("adminreply"). Value)%>,"行"设置为 10,"字符宽度"设置为 30;表格第 2 行两个单元格合并,并在合并的单元格内添加一个按钮,按钮"属性"面板的"值"更改为"保存回复","动作"选择"提交表单",在按钮的右边输入文本"返回管理界面",文本链接到留言管理界面 adminmainly. asp,调整单元格的对齐方式,如图 11-66 所示。

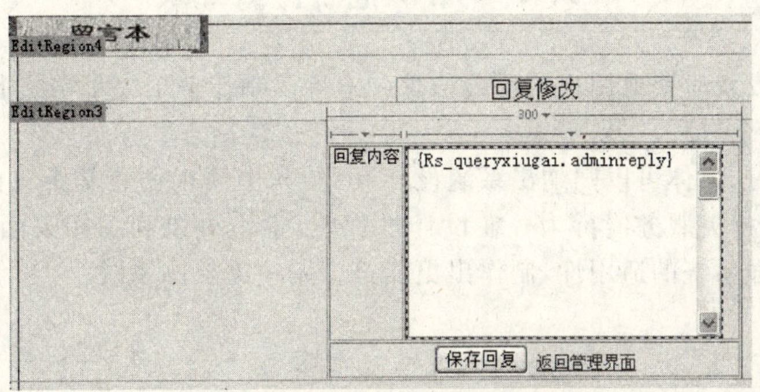

图 11-66　管理员回复修改界面

3. 更新记录行为创建

第 1 步：单击"绑定"面板中的[+]按钮,选择"更新记录"选项,系统弹出"更新记录"对话框。在"更新记录"对话框中设置"连接"为 Strconn,"要更新的表格"选择 liuyan,"选取记录自"选择 Rs_savexiugai,"唯一键列"选择 id,"在更新后,转到"输入或单击后面的"浏览"按钮选取 adminmainly. asp,"获取值自"选择 form1,"表单元素"选择"nr 更新列'adminreply'(文本)",如图 11-67 所示。

第 2 步：单击"确定"按钮,系统创建"更新记录"行为。

4. 限制对页的访问行为创建

第 1 步：单击"服务器行为"面板中的[+]按钮,选择"用户身份验证"→"限制对页的访问"选项,系统弹出"限制对页的访问"对话框,在弹出的对话框中将"基于以下内容进行限制"选中"用户名和密码"单选按钮,在"如果访问被拒绝,则转到"文本框中输入 login. asp。

第 2 步：单击"确定"按钮,创建"限制对页的访问"服务器行为。

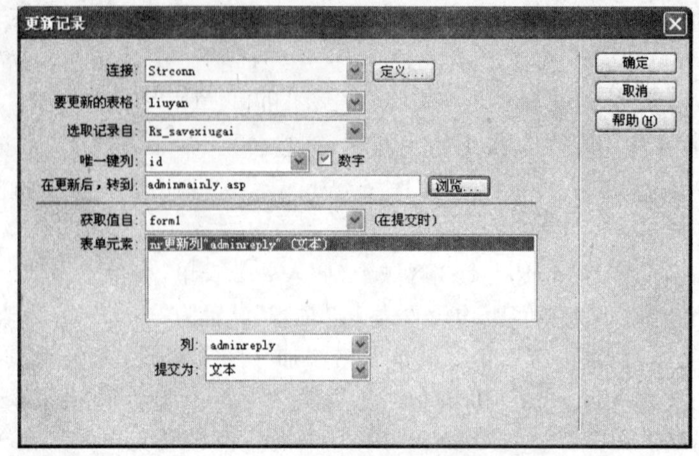

图 11-67 管理员回复修改"更新记录"对话框

11.4 知识总结与回顾

通过留言可以及时获取用户的反馈信息。本章以制作一个中小学图书馆留言板系统为主线，讲述制作的全过程。

通过本章学习，大体可以归纳出系统设计流程，利用模板创建基本页面，根据需要创建所需记录集，添加相关服务器行为。在设计过程中，学生可以利用相关函数或 if 语句等自行插入代码以增强系统的适用性，制作出更能符合用户需要的系统。

习 题

一、问答题

1. 留言板系统有什么功能？主要包括哪些页面和页面各自作用是什么？

2. 页面运行时出现乱码的原因是什么，如何解决？

3. 系统运行时出现内部服务器错误，错误类型说明不能用'..'表示父目录，它的原因是什么，如何解决？

4. 网站发布后，系统提示数据库没有写入的权限，原因是什么，如何解决？

5. ASP 动态页面中如果应用静态型模板.dwt，当模板更新时，应用静态型模板的页面能自动更新吗？

二、实操题

练习目标：模仿本章节的留言板系统，编写一个留言系统，要求留言者必须先登录后才能留言，管理者和留言者都是通过同一个登录界面登录，但限制对页的访问时必需基于用户名、密码和用户访问级别。

练习要点：

- 数据库表 Userinfo 至少要增加一个字段标识用户级别
- 所有用户登录共用一个 Login.asp 页面，添加登录用户服务器行为要选择基于用户名、密码和访问级别选项。

第12章

综合实训——博客网站的开发

博客，Web log(＝Blog)，又译为网络日志，是一种由个人(博主)管理、不定期更新新的文章(即博文)的网站。近年来，许多博主通过博客发表博文，使个性得到极大的张扬，加上发表的博文极具平民视角，博客逐渐成为各个网站不可缺少的服务项目。很多网页爱好者都想亲自动手设计建立自己的博客。

本综合实训根据博客常用的功能模块，将博客网站的建设拆分为9个子实训，每个子实训都重点讲解了开发博客网站中的一个或多个技术点。学习完本章内容后，学生就能动手设计和建立自己的博客了。

本章主要内容

- 掌握博客网站各模块的功能；
- 了解设计一个博客网站所需要用到的数据库；
- 利用各种内建服务器行为制作ASP动态页面效果；
- 通过编辑代码修改网页效果。

能力培养目标

通过本章学习，熟练掌握构建网页应用系统的一般流程，恰当选用内建服务器行为表达页面效果。

12.1 博客网站概述

随着博客(Blog)的快速发展，其表现形式越来越受到大家的欢迎，已成为当今网络不可缺少的一部分。博客最重要的应用有两个，一是新的人际交流方式；二是以个人为中心的传播出版。其中以具有鲜明个人特色的传播出版最为引人注目。以个人为中心的博客，以独特的视角、敏锐的观察力，逐渐冲击着传统媒体，尤其是新闻界多年来形成的传统观念和道德规范。

建立和设计自己的博客是许多网页爱好者的心愿，本章详细地介绍了如何设计和开发一个博客网站。学生可以根据本章内容结合实际创建属于自己的博客，在自己的博客里发表文章，为访问自己网站的用户提供浏览、评论等操作权限。另外，学生可在自己的空间对文章进行分类管理、网站链接管理和用户信息管理等，使自己的博客网站更具个性。

博客网站一般由前台和后台两部分页面构成。其中前台页面主要由博客首页、博文、图片、我的日志和用户注册 5 个主体页构成，后台页面则由用户管理、博文管理和系统管理页等主体页构成。博客的页面结构如图 12-1 所示。前后台所有页面都存放在素材目录“ch12”下的“ui”文件夹里。

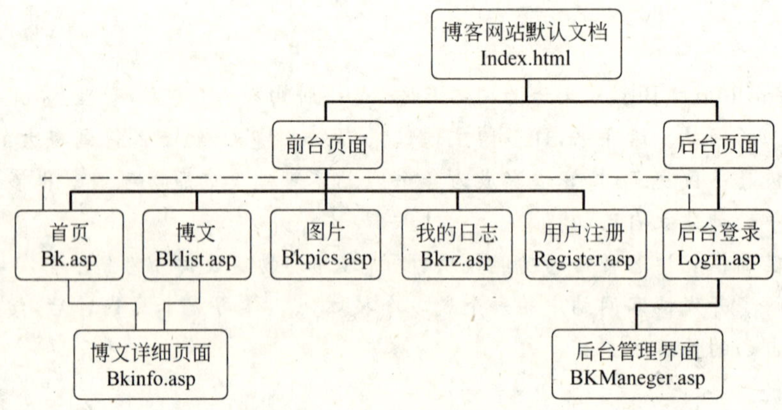

图 12-1　博客网站页面结构图

1. 前台页面设计

博客网站默认文档 Index. html，起页面跳转作用。当用户访问博客站点时，系统自动跳转到博客首页 Bk. asp。

博客首页 Bk. asp 页面，如图12-2所示。此页面左侧显示了博主个人信息、链接、标签

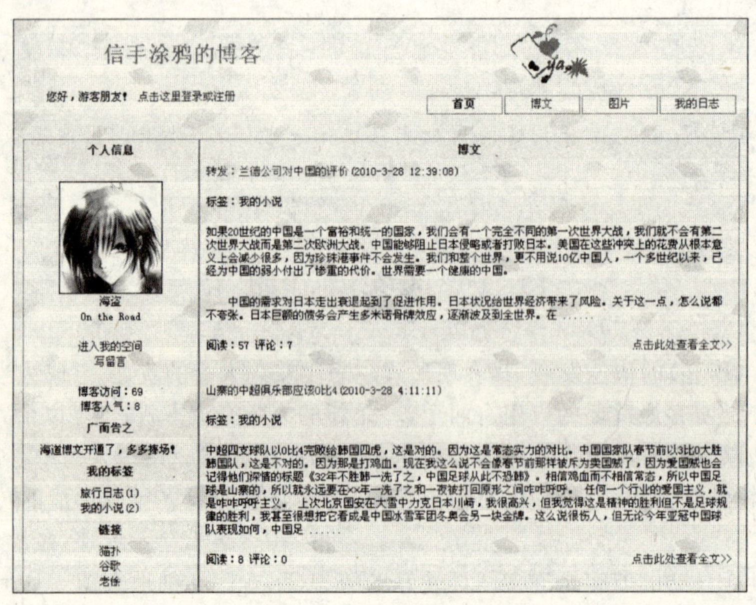

图 12-2　博客首页 Bk. asp

和进入博主后台管理的链接信息；右侧显示了最新文章的摘要信息。

博文页面 Bklist.asp，如图 12-3 所示。此页左侧显示了所有博文标签统计信息和博文搜索接口信息；右侧以分页的方式显示了所有博文标题信息。

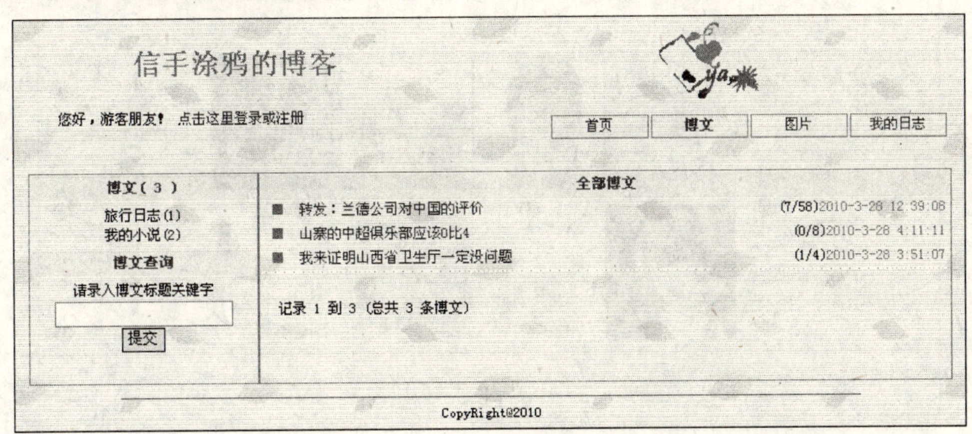

图 12-3　博文页面 Bklist.asp

博文详细页面 Bkinfo.asp，如图 12-4 所示。页面分上、中、下三部分构成。上面部分显示某条博文的正文、评论统计和阅读统计信息；中间部分显示所有该博文的评论；下面部分则是该博文的评论输入框。

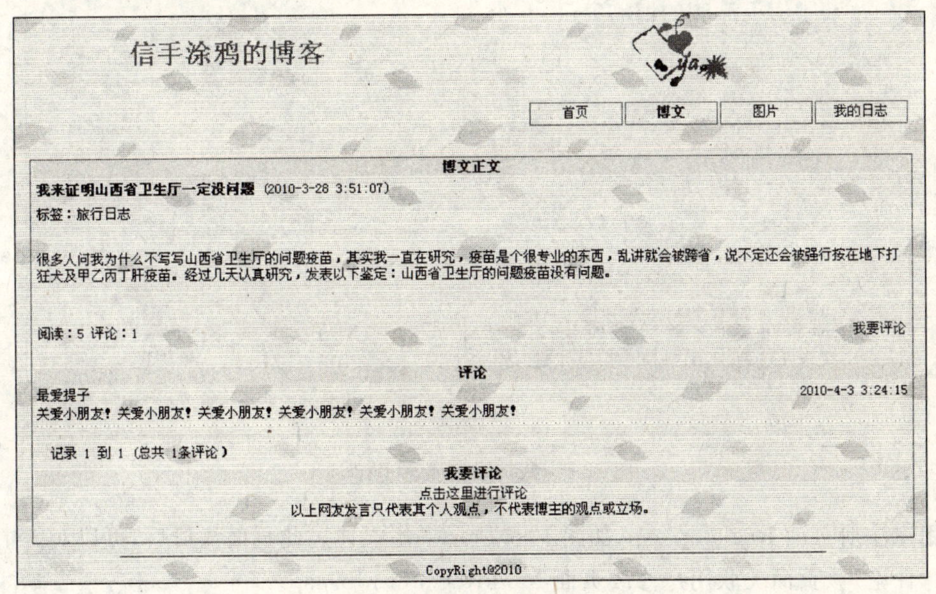

图 12-4　博文详细页面 Bkinfo.asp

图片页面 Bkpics.asp，如图 12-5 所示。主要用来显示博文上传的图片信息。由于图片上传及显示涉及相当多的代码编写操作和编程思想，所以只做了一个简单的静态页面链接，有兴趣的学生可以通过网络下载环境 ASP 无组件上传类或 CKEditor 上传组件完善本页面的功能。

图 12-5　图片页面 Bkpics. asp

我的日志页面 Bkrz. asp，如图 12-6 所示。按日期逆排序顺序显示博主所有博文更新情况，并提供了博文搜索信息。

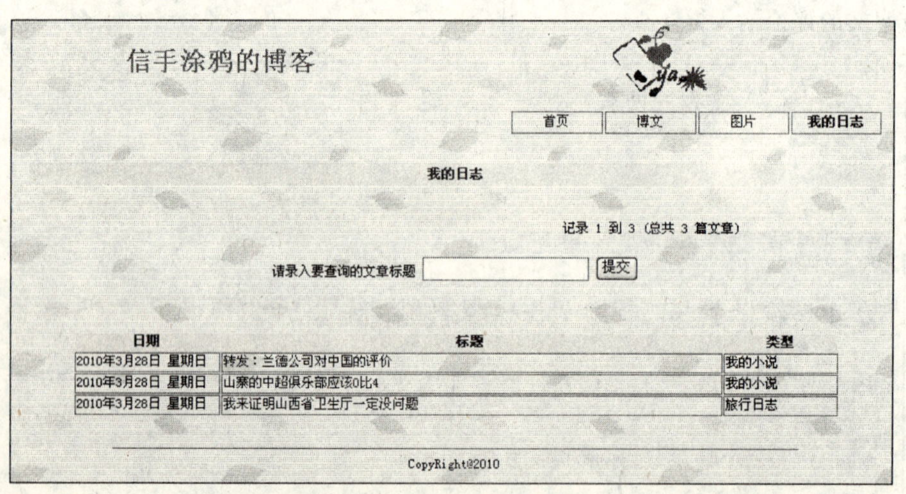

图 12-6　我的日志页面 Bkrz. asp

用户注册页面 Register. asp，如图 12-7 所示。用户通过此页面注册后，可以对博主的文章进行评论，该页面关联用户修改页面 ModiRegisterinfo. asp。

2. 后台页面设计

后台登录页面 Login. asp，如图 12-8 所示。在此页面中输入用户名和密码后，如果系统验证到是管理员，则显示进入博客后台管理页面 BKManeger. asp；如果是一般用户，则系统通过关联页面 LoginSuc. asp 跳转到前台博客首页 Bk. asp；系统验证不正确时，通过关联页面 LoginErr. asp 可跳转到用户注册页面 Register. asp 或博客首页 Bk. asp。

图 12-7　新用户注册页面 Register. asp

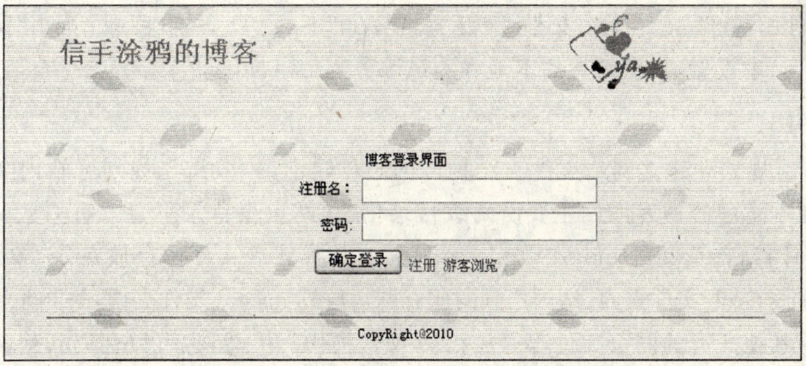

图 12-8　后台登录页面 Login. asp

后台管理页面 BKManeger. asp，如图 12-9 所示。在此页面中左侧显示了“博文管理”、“标签管理”、“链接管理”、“评论管理”、“留言管理”、“用户管理”和“我的公告”链接；右侧是一个子框架 iframe，左侧所有链接的详细内容都在这个子框架内显示。后台管理页面一般涉及管理对象的增加、修改和删除等操作，所用的知识点大同小异，所以本章只提供了博文管理链接操作，其他管理链接操作学生可模仿博文的增加 WriteBowen. asp、修改 ModiBowen. asp 和删除 DeleBowen. asp 3 个页面进行功能完善。

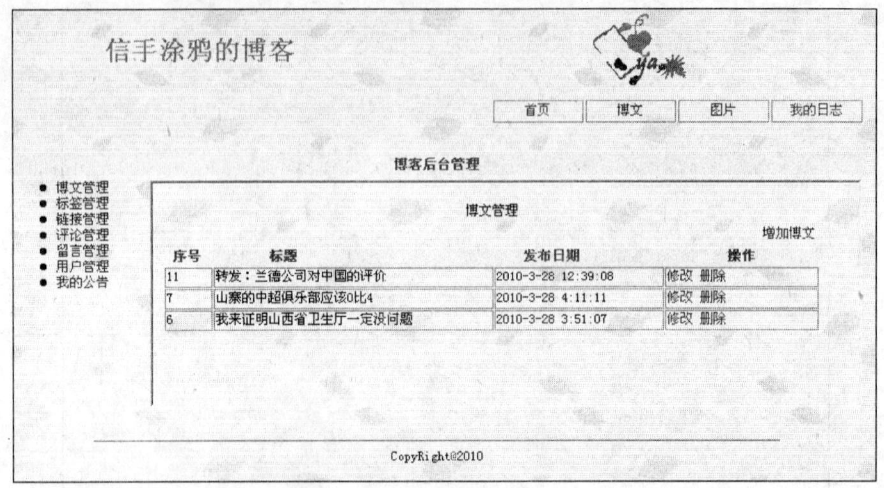

图 12-9 后台管理页面 BKManeger. asp

12.2 博客网站的建立

实训 12.1 如何建立博客网站

实训目的：

了解网站创建前一般准备工作；掌握 ASP 站点搭建环境。

实训内容：

规划网站文件夹结构；安装和设置 IIS 组件；建立虚拟目录；启用父路径；在 Dreamweaver 中设置 ASP 站点的本地和测试服务器信息。

实训步骤：

第 1 步：规划和建立网站文件夹结构。网站创建前，一般需先规划好站内文件夹及文件结构。如本章中的博客网站主要由两级目录构成，站点根目录下建立有 css、db、images、ui 文件夹和网站首页文件 index. html。本站所有的样式表文件都存放在 css 文件夹内，数据库文件存放在 db 文件夹内，站内用到的所有图片放到 images 文件夹内，除 index. html 网站首页文件外其他所有的网页文件都存放在 ui 文件夹中。当然，也可以建立其他文件夹或在现有的文件夹下建立下一级文件夹。总之，规划好站内文件夹结构，是建站前必要的准备工作。接下来，我们将着手安装和设置 IIS 组件，搭建 ASP 站点。

第 2 步：安装 IIS 组件。将 Windows XP 系统盘放入光驱中，单击"开始"→"控制面板"→"添加或删除程序"→"添加/删除 Windows 组件"图标，在弹出的"Windows 组件向导"对话框"组件"列表中选择"Internet 信息服务(IIS)"选项，按向导提示一步一步即可完成 IIS 组件的安装操作，如图 12-10 所示。

第 3 步：设置 IIS 组件。单击"控制面板"→"管理工具"→"Internet 信息服务"图标，在弹出的"Internet 信息服务"窗口左栏中依次单击"本地计算机"、"网站"和"默认网站"前的+图标，选择"默认网站"项目，执行菜单"操作"→"新建"→"虚拟目录"命令，系统弹出"虚

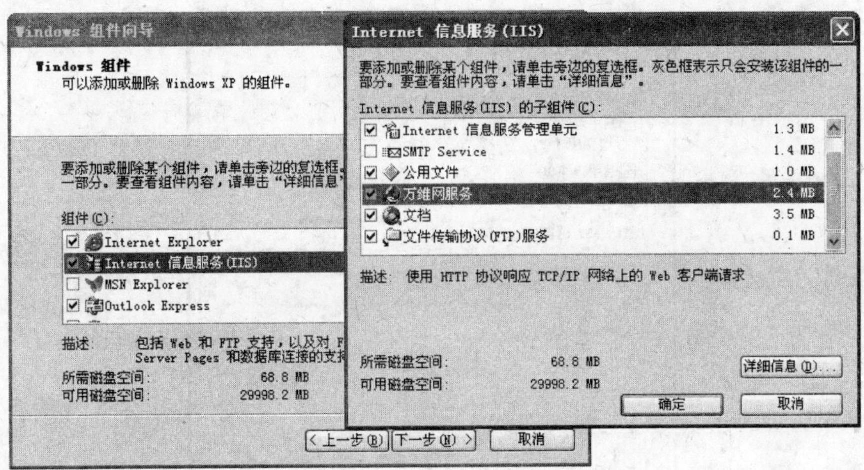

图 12-10　IIS 组件的安装

拟目录创建向导"对话框。在"虚拟目录创建向导"对话框中，将"别名"设置为 Blog，"目录"设置为 D:\ch12，"访问权限"选中"读取"和"运行脚本(如 ASP)"复选框，Blog 虚拟目录创建后如图 12-11 所示。

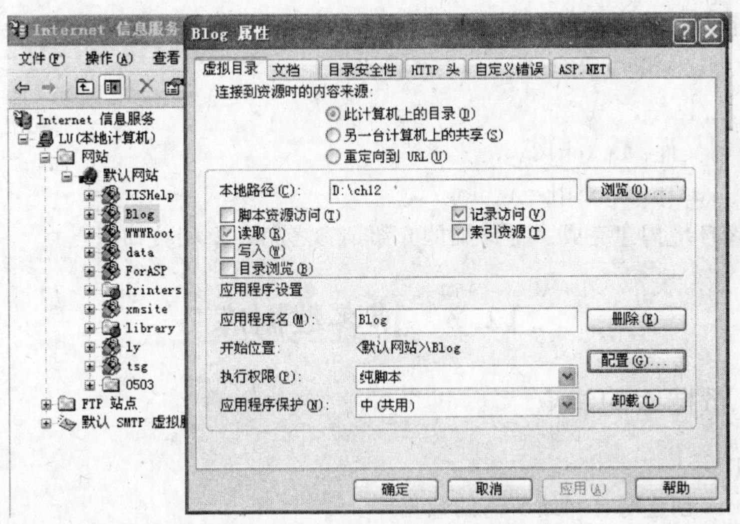

图 12-11　已创建好的虚拟目录 Blog

第 4 步：启用父路径。由于网站内动态网页访问其他目录下的数据库或其他网页文件时，经常使用".."语法的路径，所以在 IIS 设置中一定要启用父路径。方法是右击刚才建立好的 Blog 虚拟目录并选择"属性"选项，在弹出的"Blog 属性"对话框中单击 配置(G)... 按钮，在弹出的"应用程序配置"对话框中打开"选项"选项卡，选中"启用父路径"复选框，如图 12-12 所示。

第 5 步：建立 ASP 站点。打开 Dreamweaver CS3 软件，执行菜单"站点"→"新建站点"命令，在弹出的"新站点定义为"对话框中打开"高级"选项卡，在"高级"选项卡内，分别设置页内左栏的"本地信息"和"测试服务器"。

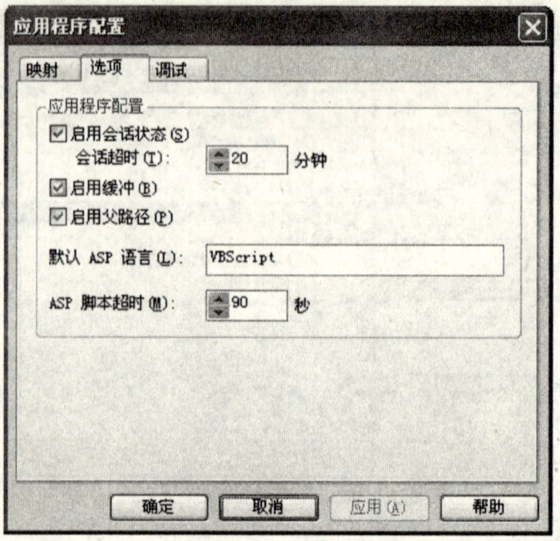

图 12-12　启用父路径

“本地信息”设置如下。

站点名称：我的博客。

本地根文件夹：D:\ch12\。

“测试服务器”设置如下。

服务器模型：ASP VBScript。

访问：本地/网络。

测试服务器文件：D:\ch12\。

URL 前缀：http://localhost/blog/。

至此，博客环境搭建完成。更详细的介绍请参考第 9 章相关知识点。

12.3　博客数据库

实训 12.2　数据库的建立

实训目的：

利用 Access 创建博客网站所需的数据库。

实训内容：

建立 BlogDB.mdb 数据库，建立博文信息表 tbl_bowen 等 6 个数据库表。

实训步骤：

第 1 步：新建 BlogDB.mdb 数据库。打开 Access 软件，新建一个空数据库，数据库名为 BlogDB.mdb，文件保存在 D:\ch12\db 下。

第 2 步：在博客数据库 BlogDB.mdb 中创建 6 个数据表，如图 12-13 所示，分别是博文信息表 tbl_bowen、链接表 tbl_link、留言表 tbl_msg、博文评论表 tbl_pl、人员表 tbl_ry 和博文标签表 tbl_type。其中的字段名称、数据类型和说明设置依次如表 12-1 至表 12-6 所示。

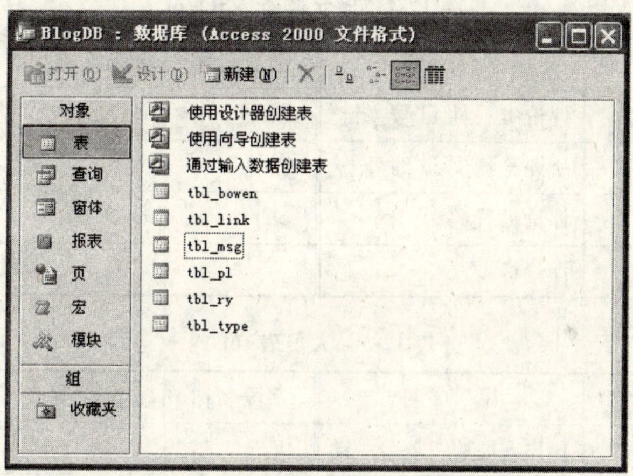

图 12-13　BlogDB. mdb 数据库

表 12-1　博文信息表 tbl_bowen

字段名称	数据库类型	说　明	字段名称	数据库类型	说　明
bowenid	自动编号	博文唯一性 id 号主键	Hit	数字	博文点击次数
Title	文本	博文标题	Plcount	数字	博文阅读次数
author	文本	博文作者	Lxid	数字	博文类型编号
Wznr	备注	博文内容	status	数字	博文状态 1=在用,0=隐藏
Rq	日期/时间	博文发布时间			

表 12-2　链接表 tbl_link

字段名称	数据库类型	说　明	字段名称	数据库类型	说　明
id	自动编号	链接唯一性 id 号主键	Isdisp	数字	是否显示该链接 1=显示,0=隐藏
Linkmc	文本	链接名称			
Linkurl	文本	链接 URL	Rq	日期/时间	链接创建时间
Linksm	文本	链接说明			

表 12-3　留言表 tbl_msg

字段名称	数据库类型	说　明	字段名称	数据库类型	说　明
msgid	自动编号	留言唯一性 id 号主键	Replynr	备注	留言回复内容
Msgitle	文本	留言标题	Replytime	日期/时间	留言回复时间
Msgauthorid	文本	留言人	isbulletin	数字	是管理员的公告信息吗?1=是,0=否,默认值为 0
msgnr	文本	留言内容			
Msgtime	日期/时间	留言时间			

表 12-4　博文评论表 tbl_pl

字段名称	数据库类型	说　明	字段名称	数据库类型	说　明
plid	自动编号	评论唯一性 id 号主键	Plnr	备注	评论内容
Bowenid	数字	所评论博文 id 编号	Pladdress	文本	评论人 ip 地址
Rydm	文本	评论人代码	plsj	日期/时间	评论时间
Pltitle	文本	评论标题			

表 12-5　人员表 tbl_ry

字段名称	数据库类型	说　明	字段名称	数据库类型	说　明
id	自动编号	用户人员唯一 id 号主键	Rysm	文本	用户人员说明
Rydm	文本	用户人员代码	Rylogintime	日期/时间	用户人员注册时间
Rync	文本	用户人员昵称	Isadmin	文本	用户级别 1＝管理员，0＝注册用户
Rypass	文本	用户人员密码			
Ryqq	文本	用户人员 QQ	Status	文本	状态 1＝在用,0＝停用
Ryemail	文本	用户人员的 E-mail	Tp	文本	图片
Ryurl	文本	用户人员的主页			

表 12-6　博文标签表 tbl_type

字段名称	数据库类型	说　明	字段名称	数据库类型	说　明
Lxid	自动编号	博文类型唯一性 id 号主键	Lxmc	文本	类型名称
			Lxsm	文本	类型说明

说明：人员表 tbl_ry 中的 Isadmin 可设置为 2 个值，将用户分为 2 个不同的级别，因为本博客网站中限制对页的访问服务器行为就是基于用户名、密码和访问级别进行的。

实训 12.3　数据库的连接

实训目的:

掌握自定义连接字符串连接到 Access 数据库。

实训内容:

书写自定义连接字符串连接到 Access 数据库。

实训步骤:

创建数据库链接的具体步骤如下。

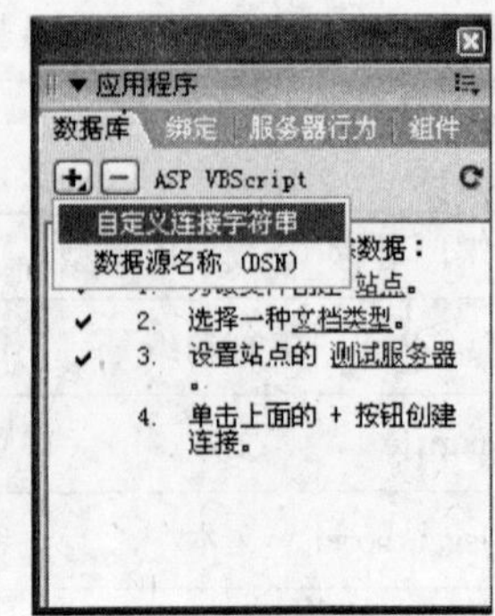

图 12-14　选择"自定义连接字符串"选项

第 1 步：打开要创建数据库连接的文档，执行菜单"窗口"→"数据库"命令，打开"数据库"面板，在面板中单击⊞按钮，在弹出的菜单中选择"自定义连接字符串"选项，如图 12-14 所示。

第 2 步：在“自定义连接字符串”对话框的“连接名称”文本框中输入 BlogConn，“连接字符串”文本框中输入以下代码，效果如图 12-15 所示。

```
"provider=Microsoft.jet.oledb.4.0;data source=" & server.mappath("../db/BlogDB.mdb")
```

第 3 步：单击“确定”按钮，即可成功链接，此时将“数据库”面板 BlogConn 项目展开，就可以看到数据库中的 6 个数据表及字段名称，如图 12-16 所示。

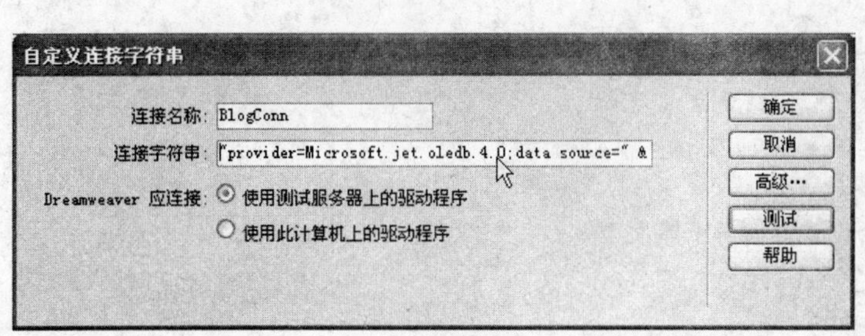

图 12-15 “自定义连接字符串”对话框设置

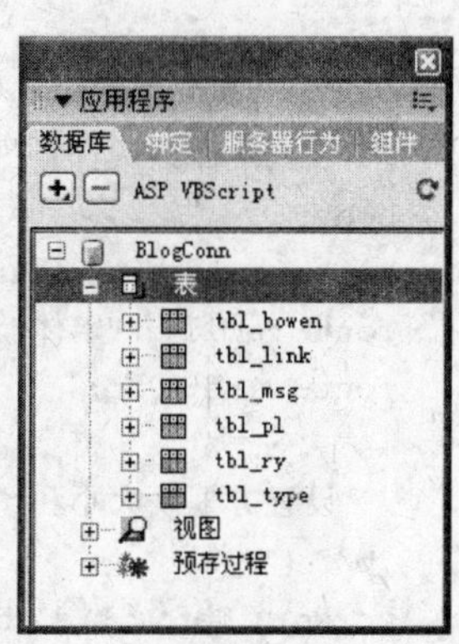

图 12-16 数据库链接成功

12.4 博客网页设计

实训 12.4 CSS 样式表文件和站点模板的构建

实训目的：

通过样式表统一页面外观掌握 ASP VBScript 模板的创建方法。

实训内容：

博客网站的 CSS 样式表文件 bkstylesheet.css 和模板文件 moban.dwt.asp 的创建。

实训步骤：

为获得界面一致效果和提高开发效率，博客网站中的所有页面都基于模板文档 moban.dwt.asp 构建，页面外观由 CSS 样式表文件 bkstylesheet.css 来表现。模板在应用样式表后最终效果如图 12-17 所示。

图 12-17 应用了样式表的模板效果图

1. CSS 样式表文件 bkstylesheet.css 的创建

执行菜单“文件”→“新建”命令，在弹出的“新建文档”对话框中，选择 CSS 页面类型，并单击右下角的“创建”按钮，在打开的文档中录入以下代码（建议通过 CSS 面板生成下面代码），然后以 bkstylesheet 为名保存该 CSS 样式表文件到站点根目录 CSS 文件夹下。bkstylesheet.css 文件主要定义页面的字体、背景和布局等效果。它的程序清单及简要说明如下。

```
@charset "utf-8";
/* CSS Document */
/* 设置页面默认背景图片,字体名称和字体大小 */
body {
background-image: url(../images/bgimg.jpg);
font-family: "宋体";
font-size: 9pt;
}
/* 设置方框线大小和颜色,设置方框内字体大小 */
.bor {
border: 1pt solid #5EABD0;
font-size: 9pt;
}
/* 定义了一种字体样式:9pt,加粗,宋体和字体的前后景色 */
.TitleFont9ptB {
font-family: "宋体";
font-size: 9pt;
font-weight: bold;
color: #5eabdo;
background-color: #CBE4F0;
}
/* 定义了一种字体样式:9pt,宋体和字体的前景色 */
.Font9pt {
font-family: "宋体";
font-size: 9pt;
color: #5EABD0;
}
/* 定义了一种字体样式:9pt,宋体和红色 */
.Font9ptred {
font-family: "宋体";
font-size: 9pt;
color: #FF0000;
}
/* 定义了一种字体样式:9pt,宋体和灰色 */
.Font9ptgray {
font-family: "宋体";
font-size: 9pt;
color: #999999;
}
```

```
/*定义了一种字体样式:9pt,宋体和字体前景色*/
.Font9ptBlue {
font-family: "宋体";
font-size: 9pt;
color: #07127C;
}
/*定义了一种字体样式:18pt,宋体和字体前景色,用在标题上*/
.TitleBlog {
font-family: "宋体";
font-size: 18pt;
color: #FF6600;
font-weight: bolder;
}
/*定义了一种字体样式:居中,加粗和字体前背景色*/
.subitemmenu {
text-align: center;
font-weight: bold;
color: #006699;
background-color: #EBF3FE;
}
/*定义了水平分隔线*/
.tdsplitline {
background-image: url(../images/SG_linedot.gif);
background-repeat: repeat-x;
}
/*定义了A标签样式:光标移到A标签时,字体加粗和显示下划线*/
a:link {
font-size: 9pt;
color: #5eabdo;
}
a:visited {
font-size: 9pt;
color: #5eabdo;
}
a:hover {
font-size: 10pt;
color: #5eabdo;
text-decoration: underline;
font-weight: bold;
}
a {text-decoration:none}
```

2. 创建站点模板文件 moban.dwt.asp

博客站点的页面主要是 ASP 类型,因此创建模板文件时要选择 ASP 类型的模板。由于本站点采用 VBScript 脚本语言开发,所以站点模板类型选择 ASP VBScript 模板。可按下面的步骤进行。

第 1 步：执行菜单“文件”→“新建文档”命令，在弹出的“新建文档”对话框中选择“空模板”选项，“模板类型”选择“ASP VBScript 模板”，如图 12-18 所示，单击“创建”按钮。

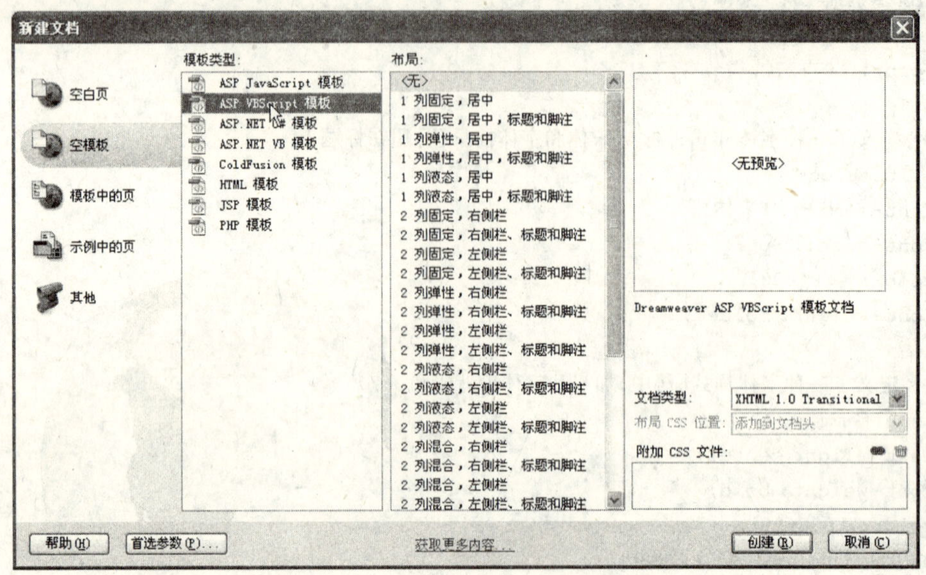

图 12-18　新建“ASP VBScript 模板”文档

第 2 步：保存模板文件 moban. dwt. asp。

第 3 步：将 CSS 样式表文件 bkstylesheet. css 附加到模板文件中来，设置模板文件中的“标题”为“我的博客”，“编码”为“简体中文(GB2312)”。

第 4 步：在模板文件中插入一个表格。在表格的“属性”面板中“行”设置为 3，“列”设置为 1，“宽”设置为“790”像素，“对齐”设置为“居中对齐”，“填充”设置为 2，“间距”、“边框”均设置为 0。

第 5 步：将表格第 1 行的单元格拆分为 2 列，第 2 列宽度设置为 55%。拆分后左边的单元格再插入 1 个 2 行 1 列，宽度为 100%，“填充”、“间距”和“边框”分别设置为 1、23、0 的表格；拆分后右边的单元格插入一个 2 行 1 列的表格。按照图 12-19 所示输入页面内容。设置“首页”、“博文”、“图片”和“我的日志”，分别链接到 Bk. asp、Bklist. asp、Bkpics. asp 和 Bkrz. asp，插入网站 logo 图片。选择“信手涂鸦”插入可编辑区域 EditRegion6；选择“首页”、“博文”、“图片”和“我的日志”，插入可编辑区域 EditRegion4；插入可编辑区域 EditRegion5。

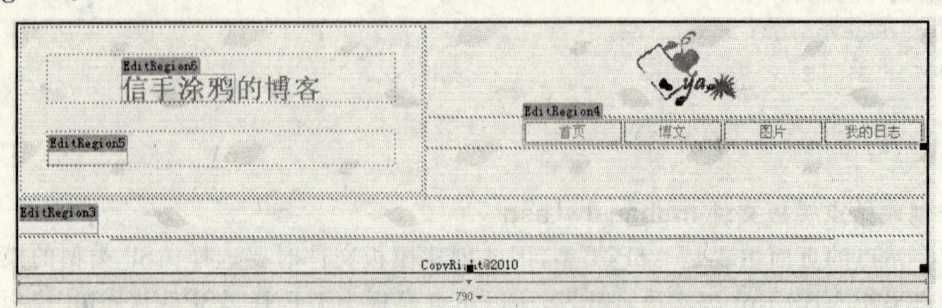

图 12-19　模板文件页面设计

第 6 步：在表格第 2 行内插入可编辑区域 EditRegion3。

第 7 步：在表格第 3 行内插入一条水平线并输入文本 CopyRight@2010。

说明：可编辑区域 EditRegion3 用于存放基于本模板文件创建的页面主体内容；可编辑区域 EditRegion4 用于链接文字加粗更改或所有链接文字隐藏操作；可编辑区域 EditRegion5 用于显示登录用户信息；可编辑区域 EditRegion6 用于个性化网页标题文字。

实训 12.5　博客登录与注册页面设计

实训目的：

了解和掌握用户注册及登录流程。

实训内容：

创建登录页面 Login. asp、用户注册页面 Register. asp、注册修改页面 ModiRegisterinfo. asp 和注册结果页面 RegisterSuc. asp、RegisterErr. asp。

实训步骤：

用户注册及登录一般流程如图 12-20 所示。

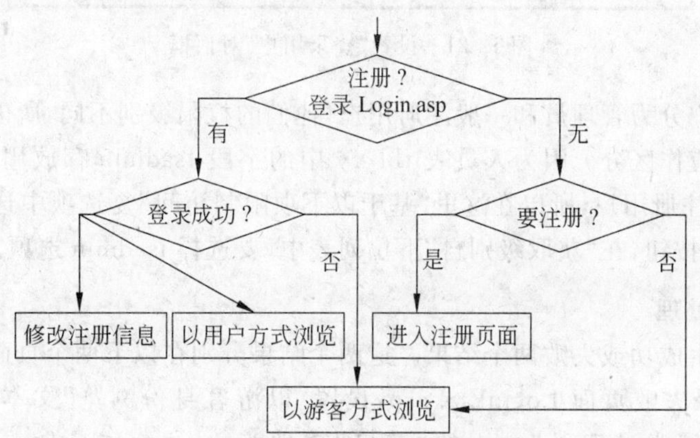

图 12-20　用户注册及登录流程图

根据流程图，接下来，本实训将首先创建博客登录页面。

1. 创建博客登录页面

访问者或网站管理员要在博客上发表评论，必须要通过用户验证，因此博客网站必须有一个登录机制，以对用户及权限进行考察，博客登录页面效果如图 12-8 所示。

登录页面主要由登录表单设置、添加登录用户服务器行为实现。操作步骤如下。

第 1 步：新建博客登录验证页面 Login. asp，应用模板文件 moban. dwt. asp，将可编辑区域 EditRegion4 内的菜单隐藏起来（设置菜单所在表格的属性 style＝" visibility: hidden"）。

第 2 步：插入表单。在可编辑区域 EditRegion3 内插入 1 个表单 form1，在表单 form1 内插入 1 个 4 行 2 列，宽度为 60％的表格。表格的“填充”、“间距”均设置为 2，“边框”设置为 0，“对齐”设置为“居中对齐”，“注册”文本的“链接”设置为 Register. asp，“游客浏览”文本的“链接”设置为 Bk. asp。“注册名”文本框命名为 rydm,“密码”文本框命名为 rypass。

第 3 步：添加一个“登录用户”的服务器行为。在“服务器行为”面板中单击[+]按钮,选择“用户身份验证”→“登录用户”选项,系统弹出“登录用户”对话框,按照图 12-21 所示设置对话框。

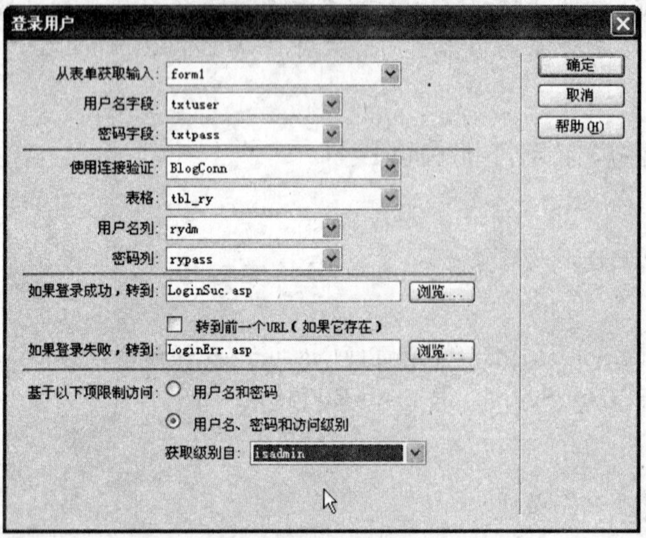

图 12-21　设置“登录用户”对话框

因为登录用户分为管理员和一般注册用户,他们的权限级别不同,所以登录成功后的用户访问页面限制应作区分。因为人员表 tbl_ry 中的字段 Isadmin 存放用户级别数据,1 为管理员,0 为一般注册用户,所以在这里“基于以下项限制访问”复选项中选中“用户名、密码和访问级别”单选按钮,在“获取级别自”下拉列表中,要选择 isadmin 选项。

2. 登录结果处理

登录最终产生成功或失败两个结果。这两个结果分别在以下两个页面中显示。

第 1 步：登录失败页面 LoginErr. asp,设置“以游客身份浏览”文本的“链接”属性为 Bk. asp,设置“继续尝试登录”文本的“链接”属性为 Login. asp。LoginErr. asp 页面如图 12-22 所示。

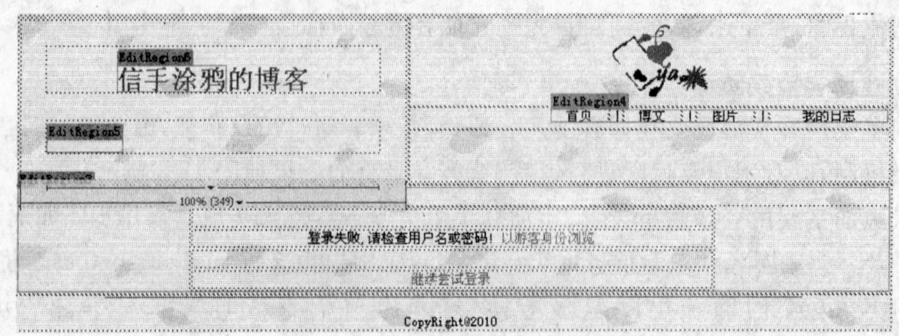

图 12-22　登录失败处理页面

第 2 步：登录成功页面 LoginSuc. asp,设置“点击这里马上浏览”文本的“链接”属性为 Bk. asp,设置“修改我的注册信息”文本的“链接”属性为 ModiRegisterinfo. asp。设置“进入我的博客管理界面”文本的“链接”属性为 Bkmaneger. asp。因为登录成功的如果是管理员，才能显示“进入我的博客管理界面”，所以，该链接前应加 If 语句进行处理，其处理代码如下，登录成功处理页面如图 12-23 所示。

```
/*说明：
阶段变量 Session("MM_UserAuthorization")：用户对页面的访问级别，登录成功后系统自动将
访问级别值 1 或 0 保存在该阶段变量中。
 */
<%If Session("MM_UserAuthorization")="1" Then %>
    <a href="BKManeger.asp">进入我的博客管理界面</a>
<%End If %>
```

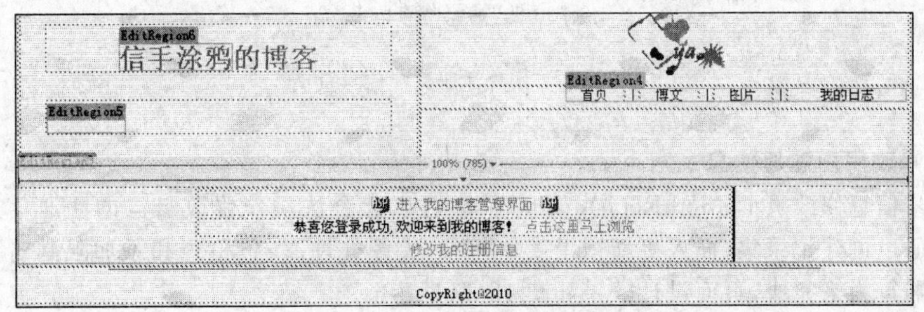

图 12-23　登录成功处理页面

3. 用户注册

在博客登录验证页面 Login. asp 和博文评论页面 writepl. asp 都有“注册”文本，它们都链接到新用户注册页面 Register. asp。页面预览效果如图 12-7 所示。

完成注册用到的技术要点：插入记录表单向导、注册信息合法性检查(即表单检查和密码再次确认检查)和添加一个检查新用户的服务行为等。学生可参考上一章 11. 2. 3“发布留言”操作步骤完成。注册成功后页面跳转到 RegisterSuc. asp 页面。

这里重点介绍用户注册时添加一个检查新用户的服务器行为。

用户注册信息的表单检查和验证两次密码是否相同等动作都在客户端完成，用户注册的信息通过客户端检验后就提交到服务器端，在服务器端还有一个检验用户是否存在的动作，如果不存在，则增加记录成功，否则跳转到记录增加不成功页面，操作步骤如下。

第 1 步：在“服务器行为”面板中单击[+]按钮，选择“用户身份验证”→“检查新用户名”选项，系统弹出“检查新用户名”对话框。

第 2 步：在“检查新用户名”对话框的“用户名字段”下拉列表中选择字段 rydm，将“如果存在，则转到”设置为 RegisterErr. asp，如图 12-24 所示。

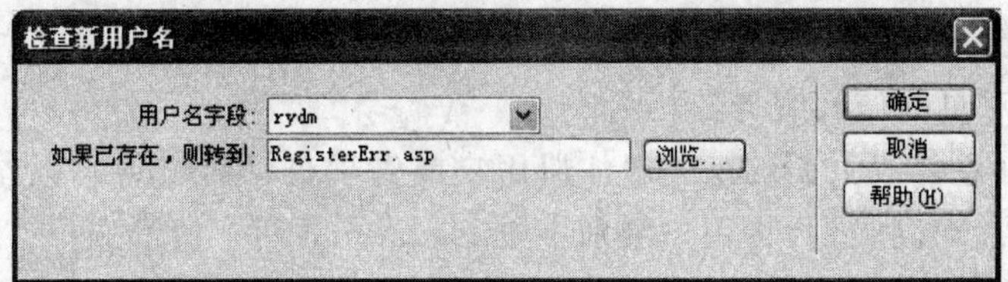

图 12-24　设置“检查新用户名”对话框

4. 用户注册结果处理

页面 RegisterSuc. asp 用来显示用户成功注册信息。将“点击这里浏览博文”文本链接到 Bk. asp，如图 12-25 所示。

图 12-25 用户成功注册信息页面

页面 RegisterErr. asp 用来显示用户注册失败信息。将“返回注册”文本链接到 Login. asp，“不注册浏览”文本链接到 Bk. asp，如图 12-26 所示。

图 12-26 用户注册失败信息页面

5. 修改用户注册信息

用户信息修改页面 ModiRegisterinfo. asp，可以让合法用户修改自己的注册信息。页面主要通过创建记录集、插入更新记录表单向导、头像处理、表单检查和添加限制对页的访问服务器行为来完成，页面设计效果如图 12-27 所示。

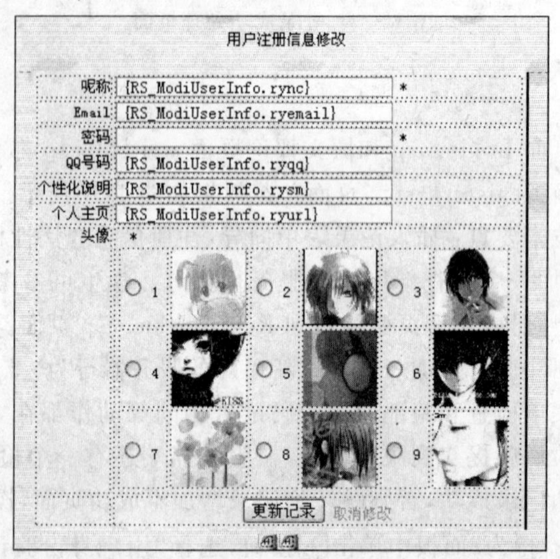

图 12-27 “用户注册信息修改”预览图

1）创建修改用户注册信息的记录集

先要对注册人员代码字段 rydm 进行筛选，筛选的条件值为阶段变量 MM_Username，创建对话框如图 12-28 所示。

2）添加限制对页的访问服务器行为

能进入用户信息修改页面的是一般注册用户或管理员，因此添加“限制对页的访问”服务器行为时，要定义访问级别，将用户级别字段 Isadmin 的两个值都选择。具体步骤如下。

第 1 步：单击“服务器服务”面板的[+]按钮，选择“用户身份验证”→“限制对页的访问”

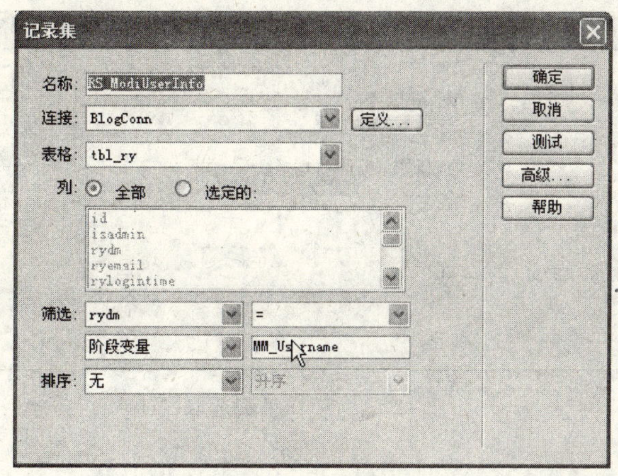

图 12-28 用户信息修改记录集

选项,系统弹出“限制对页的访问”对话框。将“限制对页的访问”对话框中的“基于以下内容进行限制”复选项中选中“用户名、密码和访问级别”单选按钮,然后单击对话框中的“定义”按钮,系统弹出“定义访问级别”对话框,如图 12-29 所示。

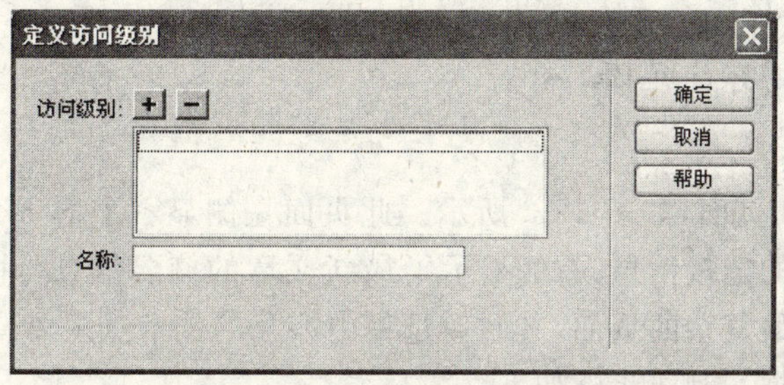

图 12-29 “定义访问级别”对话框

第 2 步:单击“访问级别”右边的 + 按钮两次,依次在“名称”文本框中输入 1、0,如图 12-30 所示,并单击“确定”按钮。

图 12-30 自定义访问级别参数

第 3 步:全选“限制对页的访问”对话框中的“选择级别”列表中的值,“如果访问被拒绝,则转到”文本框设置为 login.asp,如图 12-31 所示。

第 4 步:单击“确定”按钮并保存文档,用户信息修改页面设计完成。

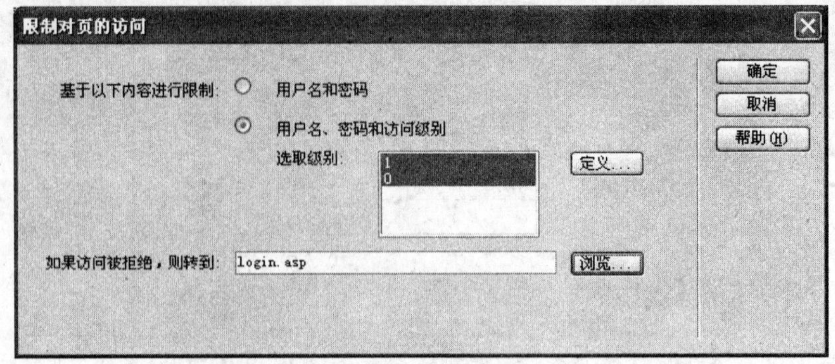

图 12-31　用户级别选取

实训 12.6　博客首页设计

实训目的:

了解和掌握博客首页的一般结构，熟练应用动态文本、显示区域、重复区域、记录集创建和转到详细信息页面等服务器行为构建复杂页面。

实训内容:

创建和合理布局博客首页 Bk. asp。

实训步骤:

博客首页 Bk. asp 页面，如图 12-2 所示。此页面左侧显示了博主个人信息、链接、标签和进入博主后台管理的链接信息;右侧显示了最新文章的摘要信息。博客首页是整个博客网站最重要同时也是最复杂的页面，其制作过程中涉及的技术点主要有页面布局、创建记录集和在页面中绑定数据。制作步骤如下。

1. 页面布局

第 1 步：新建博文显示页面 Bk. asp 应用模板文件 moban. dwt. asp。

第 2 步：在可编辑区域 EditRegion4 中将“首页”两字加粗，起页面导航作用。

第 3 步：在可编辑区域 EditRegion3 中插入 1 个 1 行 2 列、宽为 100%且名称为 main 的表格。表格的单元格拆分成两列，拆分出来的第 1 个单元格宽度设置为 25%，在“属性”面板中将刚才拆分出来的两个单元格的“垂直”设置为“顶端”。同时选择这两个单元格，设置它们的“类”为 bor。

第 4 步：在两个单元格内分别插入 1 个宽度为 100%的 2 行 1 列的表格。表格“间距”都设置为 1，“填充”设置为 3，左右两边表格应用 CSS 样式 subitemmenu，并依次输入文本“个人信息”和“博文”，如图 12-32 所示。

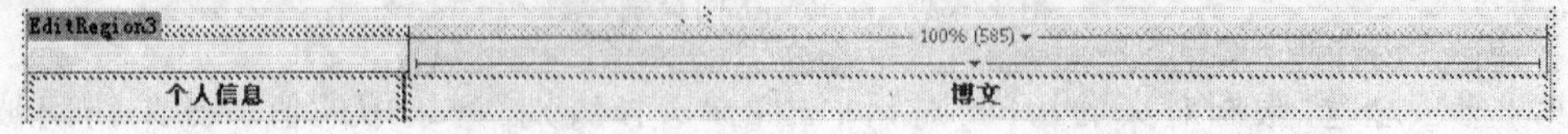

图 12-32　博文首页初步布局

第 5 步：修改左边表格的行数量，使其增加到 6 个信息栏项目，增加的信息栏文本有

“广而告之”、“我的标签”、“链接”、“最新博文”和“博文查询”，效果如图 12-33 所示。

2. 创建系列记录集

第 1 步：创建“个人信息”记录集 RS_AdminInfo。选择“窗口”→“绑定”选项，打开“应用程序”面板的“绑定”选项卡，然后单击 + 按钮，在弹出的菜单中选择“记录集(查询)”选项，打开“记录集”对话框。

第 2 步：在“记录集”对话框的“名称”文本框中输入 RS_AdminInfo，在“连接”下拉列表中选择 BlogConn 选项。单击“高级”按钮切换到记录集高级对话框，在 SQL 文本框中输入语句“SELECT top 1 * FROM tbl_ry WHERE isadmin='1'”(管理员的 isadmin 值为 1)，如图 12-34 所示。

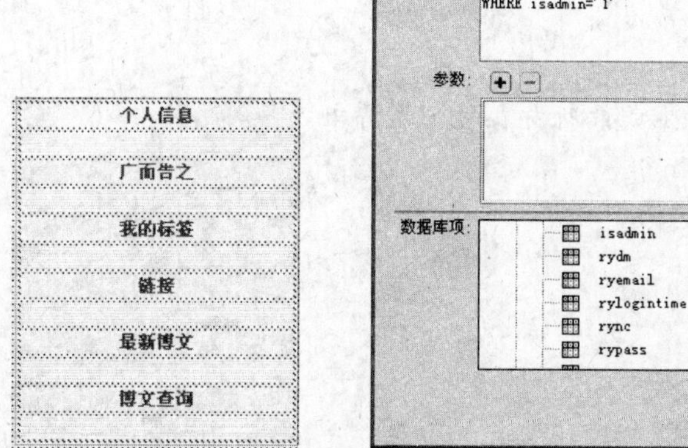

图 12-33　博文主要栏目　　　　图 12-34　个人信息记录集

第 3 步：单击“确定”按钮完成记录集 RS_AdminInfo 的创建操作。

第 4 步：按照“个人信息”记录集 RS_AdminInfo 的创建方法，继续创建以下 6 个记录集。

- “我的博文”记录集：RS_Mybowen。

  SQL 语句：

```
SELECT tbl_bowen.title, tbl_bowen.rq, tbl_type.lxmc, tbl_bowen.wznr, tbl_bowen.hit,
tbl_bowen.plcount, tbl_bowen.bowenid
FROM tbl_bowen INNER JOIN tbl_type ON tbl_bowen.lxid=tbl_type.lxid
where tbl_bowen.status=1
ORDER BY tbl_bowen.bowenid desc
```

  说明：tbl_bowen.status 博文状态字段，1 为显示，0 为隐藏。

- “我的链接”记录集：RS_MyLinks。

  SQL 语句：

```
SELECT top 10 *
FROM tbl_link
```

```
WHERE isdisp=1
ORDER BY id DESC
```

说明：就 id 号排序，最新的 10 个链接排在最前面。

■ “我的标签”记录集：RS_MyLabels。

SQL 语句：

```
SELECT lxmc, Count (tbl_bowen.lxid) AS js
FROM tbl_type INNER JOIN tbl_bowen ON tbl_type.lxid=tbl_bowen.lxid
GROUP BY tbl_type.lxmc
```

说明：就标签名称进行分组后进行 count 计数统计，以显示每种标签的名称及该标签的博文发表数。

■ “我的最新博文”记录集：RS_TheLatest。

SQL 语句：

```
SELECT top 8 bowenid,title,hit,plcount
FROM tbl_bowen
ORDER BY rq DESC
```

说明：通过日期字段 rq 降序处理，生成最新发表的 8 篇博文。

■ “我的公告”记录集：RS_MyBulletin。

SQL 语句：

```
SELECT top 1 msgnr
FROM tbl_msg
WHERE Isbulletin=1
ORDER BY msgid DESC
```

说明：查询管理员发表的最新的 1 条公告信息。

■ “我的统计”记录集：RS_MyTJ。

SQL 语句：

```
SELECT Sum(tbl_bowen.hit) AS 访问人数,Sum(tbl_bowen.plcount) AS 关注人气
FROM tbl_bowen
```

说明：对所有博文的访问人数和关注(有发表评论的)人数进行统计。

一系列的记录集创建后，在“应用程序”面板“绑定”选项卡中会有 7 个记录集，如图 12-35 所示。

图 12-35 博文显示页面全部记录集

3. 绑定数据

一系列的记录集创建好后，下面将按照需要输入有关文本并将各记录集中的字段绑定到页面的相应位置去，字段绑定后务必添加相应的显示区域服务器行为。

1) “个人信息”区域设置和数据绑定

第 1 步：在“个人信息”下方的空白单元格内插入一个表格。表格属性设置如下。“表格 id”设置为 t_grxx，“行”为

10,“列”为 1,“宽”为 100%,“间距”为 2。

第 2 步：在 t_grxx 表格的第 2 个单元格内插入一个图像占位符。设置 id 为 tx,“高”和“宽”均为 100,“替换”为“我的头像”。

第 3 步：在 t_grxx 表格的第 6、第 7、第 9、第 10 个单元格内分别输入文本“进入我的空间”、“写留言”、“博客访问”和“博客人气”。

第 4 步：将“进入我的空间”和“写留言”分别创建链接,“链接”属性分别为 Login.asp 和 Liuyan_add.asp。

第 5 步：将记录集 RS_AdminInfo 的 Tp、Rync 和 Rysm 字段分别插入到图像点位符 tx 的 src 属性和第 3、第 4 个单元格内。

第 6 步：将记录集 RS_Mytj 的“访问人数”和“关注人气”字段分别插入到第 9、第 10 个单元格的文本之后。

第 7 步：将第 2、第 3 和第 4 行添加一个“显示区域”的服务器行为“如果记录集不为空则显示区域”,记录集选取 RS_AdminInfo。

第 8 步：将第 9 和第 10 行添加一个“显示区域”的服务器行为“如果记录集不为空则显示区域”,记录集选取 RS_Mytj。

第 9 步：最后,可以简要设置一下绑定字段 Rync 和 Rysm 的字体颜色。

“个人信息”页面设置和字段绑定到相关位置后,网页及“服务器行为”面板将会出现如图 12-36 所示的效果。

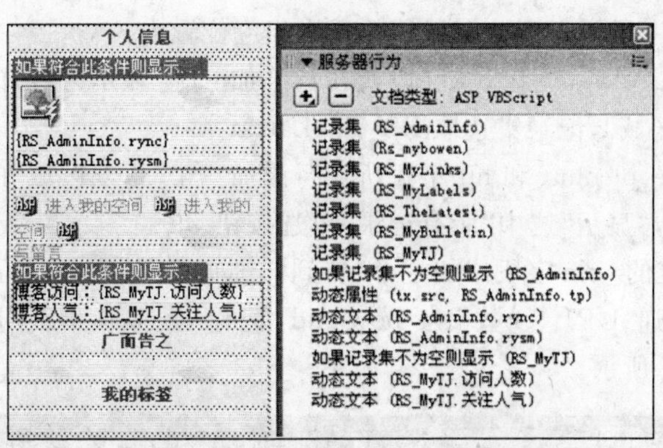

图 12-36　“个人信息”栏目字段绑定信息

参考“个人信息”区域设置和数据绑定的操作步骤,“广而告之”及其他区域下方的空白单元格在数据绑定前一般都应插入一个宽度为 100%的表格来布局,至于表格的行列数可根据需要自行设置,不再重复说明。

2)“广而告之”区域设置和数据绑定

第 1 步：将记录集 RS_MyBulletin 的 msgnr 字段分别到该区域的相应单元格内。

第 2 步：将 msgnr 字段所在行添加一个“显示区域”的服务器行为“如果记录集不为空则显示区域”,记录集选取 RS_ MyBulletin。

3)“我的标签”区域设置和数据绑定

第 1 步：将记录集 RS_ MyLabels 的 lxmc 和 js 字段分别到该区域相应行的同一个单元格内。

第 2 步：将 lxmc 和 js 字段所在行添加一个“显示区域”的服务器行为“如果记录集不为空则显示区域”，记录集选取 RS_ MyLabels。

第 3 步：将 lxmc 和 js 字段所在行添加一个“重复区域”的服务器行为，记录集选取 RS_ MyLabels，在“显示”复选项中选中“所有记录”单选按钮。

4）“链接”区域设置和数据绑定

第 1 步：将记录集 RS_MyLinks 的 linkmc 字段移到该区域的单元格内。

第 2 步：将 linkmc 字段所在行添加一个“显示区域”的服务器行为“如果记录集不为空则显示区域”，记录集选取 RS_ MyLinks。

第 3 步：将 linkmc 字段所在行添加一个“重复区域”的服务器行为，记录集选取 RS_ MyLinks，在“显示”复选项中选中“所有记录”单选按钮。

第 4 步：为绑定的 linkmc 字段创建链接。在代码视图下选择 linkmc 字段并为其插入 a 标签，并将“应用程序”→“绑定”面板中记录集 RS_MyLinks 的 linkurl 字段绑定到刚才添加的 a 标签的 href 属性里。参考代码如下。

```
<a href="<%=(RS_MyLinks.Fields.Item("linkurl").Value)%>">
    <%=(RS_MyLinks.Fields.Item("linkmc").Value)%>
</a>
```

5）“最新博文”区域设置和数据绑定

第 1 步：按照“博文标题（评论次数/阅读次数）”的格式将记录集 RS_ TheLatest 的 title、plcount 和 hit 字段插入到该区域的单元格相应位置内。

第 2 步：将 title、plcount 和 hit 字段所在行添加一个“显示区域”的服务器行为“如果记录集不为空则显示区域”，记录集选取 RS_TheLatest。

第 3 步：将 title、plcount 和 hit 字段所在行添加一个“重复区域”的服务器行为，记录集选取 RS_TheLatest，“显示”选中“所有记录”单选按钮。

第 4 步：为绑定的 title 字段添加一个“转到详细页面”的服务器行为设置“详细信息页”为 bkinfo. asp，“传递 URL 参数”为 bowenid，记录集选取 RS_ TheLatest，“列”选取 bowenid，如图 12-37 所示。

图 12-37 “转到详细页面”对话框

6）“博文查询”区域设置和数据绑定

第 1 步：在“博文查询”下方的空白单元格内插入一个表单 form1，在表单内输入文本

“请录入博文标题关键字”；添加一个文本字段，文本字段的 id 设置为 tj 和添加一个提交按钮。

第 2 步：在“属性”面板中将表单 form1 的“动作”设置为 bkquery.asp。

至此，左边区域的项目设置完成，设计效果如图 12-38 所示。

7）“博文”区域设置和数据绑定

第 1 步：在“博文”下方的空白单元格内插入一个表格。表格属性设置如下。“表格 id”设置为 t_bw，“行”为 10，“列”为 1，“宽”为 100%，“间距”为 2。

第 2 步：第 1 行的单元格内，按照“博文标题(时间)”格式将记录集 RS_Mybowen 的 title 和 rq 字段插入到该区域单元格的相应位置内。为绑定的 title 字段添加一个“转到详细页面”的服务器行为，“详细信息页”和“传递 URL 参数”设置如图 13-37 和图 13-38 所示。

第 3 步：第 3 行的单元格内，输入文本“标签”，并将记录集 RS_Mybowen 的 lxmc 字段插入到文本后面。

第 4 步：第 5 行的单元格内，将记录集 RS_Mybowen 的 wznr 字段插入进来并在字段后面输入省略号。博文在首页不显示全文，因此可以通过 mid 函数截取原文前面 300 个字符来显示。在“服务器行为”面板中双击“动态文本(Rs_mybowen.wznr)”，系统弹出“动态文本”对话框，在其中将“代码”修改为＜%＝mid((Rs_mybowen.Fields.Item("wznr").Value),1,300)%＞，如图 12-39 所示。

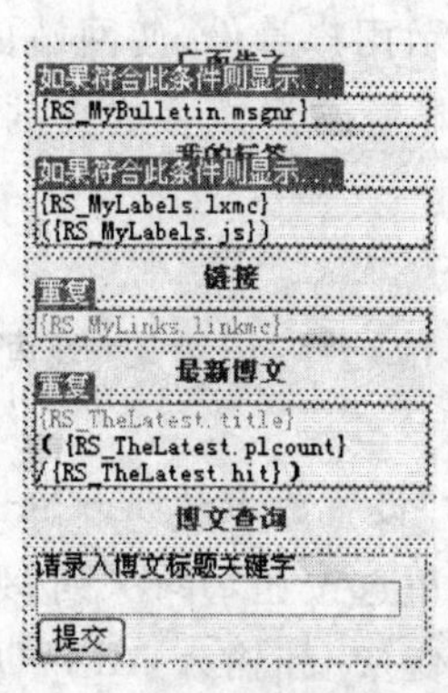

图 12-38　博文主要栏目绑定效果

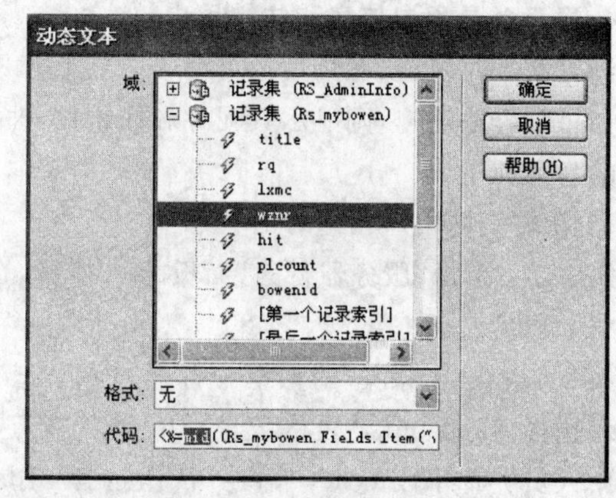

图 12-39　截取字段操作

第 5 步：将第 7 行的单元格拆分为 2 列，拆分出来左边的单元格输入文本“阅读：评论”，右边的单元格内输入文本“点击此处查看全文≫”。将记录集 RS_Mybowen 的 hit 和 plcount 字段插入到左边单元格的相应位置。选择文本“点击此处查看全文≫”为其添加一个“转到详细页面”的服务器行为，具体设置如图 12-37 所示。

第 6 步：将第 9 行的单元格样式设置为 tdsplitline。样式将产生一条点状分隔线，以分隔下一条博文信息。

第 7 步：将第 10 行的单元格拆分为 2 列，在拆分出来左边的单元格内插入“记录集导航条”，右边的单元格内插入“记录集导航状态”，两个单元格内的记录集都选择 RS_Mybowen。

第 8 步：选择第 1～9 行，添加一个“显示区域”的服务器行为“如果记录集不为空则显示区域”,记录集选取 RS_ mybowen。

第 9 步：选择第 1～9 行,添加一个“重复区域”的服务器行为,记录集选取 RS_ mybowen,“显示”输入 5 记录按钮。

第 10 步：选择第 10 行的左边的单元格,添加一个“显示区域”的服务器行为“如果记录集不为空则显示区域”,记录集选取 RS_ mybowen。

第 11 步：简要设置一下绑定字段 title 和 rq 的字体颜色后,右边博文显示区域的设置完成,设计效果如图 12-40 所示。

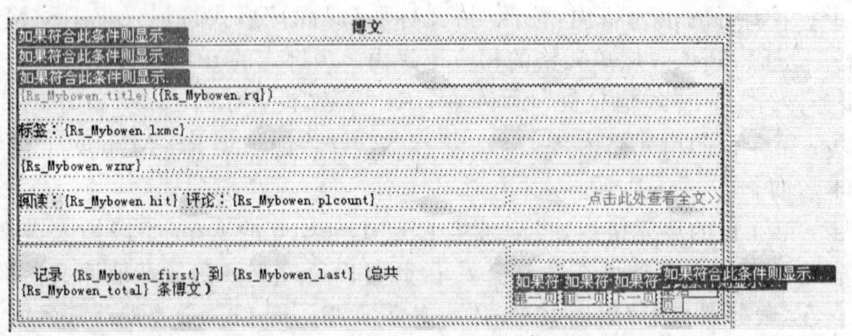

图 12-40　博文主体显示区域设置

4. 显示登录用户信息和注销用户

浏览博文时,可以在页面的可编辑区域 EditRegion5 中显示用户身份,使网站更具亲和力。如果是合法用户,则显示其昵称和注销用户的链接;否则显示欢迎游客之类的文本,其实现的步骤如下。

1) 新建查询用户昵称的记录集

第 1 步：单击“服务器行为”面板的[+]按钮,在弹出的菜单中选择“记录集(查询)”选项,打开“记录集”对话框。

第 2 步：在“记录集”对话框中打开“简单”选项卡,将“名称”设置为 RS_DispCurrentUser,“连接”选择 BlogConn,“表格”选择 tbl_ry,“列”选中“选定的”单选按钮,并在“列”列表框中只选中人员昵称字段 rync,“筛选”依次选择 rydm、=、“阶段变量”和输入 MM_Username(说明：成功登录的用户代码存放在 session 变量 MM_Username 中),如图 12-41 所示,单击“确定”按钮创建记录集。

2) 显示用户身份

第 1 步：将光标置于页面可编辑区域 EditRegion5 内,展开“绑定”面板下的 RS_DispCurrentUser 记录集,将字段 rync 插入到光标位置。

第 2 步：选择刚才插入的 rync 字段,在字段左右边输入以下文本。

```
您好!<%=(RS_DispCurrentUser.Fields.Item("Rync").Value)%>欢迎来到我的博客 点击退出
您好,游客朋友!点击这里登录或注册
```

第 3 步：选择“您好! <%=(RS_DispCurrentUser. Fields. Item("Rync"). Value)%>欢迎来到我的博客 点击退出”文本,添加一个“显示区域”→“如果记录集不为空则显示区域”的服务器行为,记录集选择 RS_DispCurrentUser。

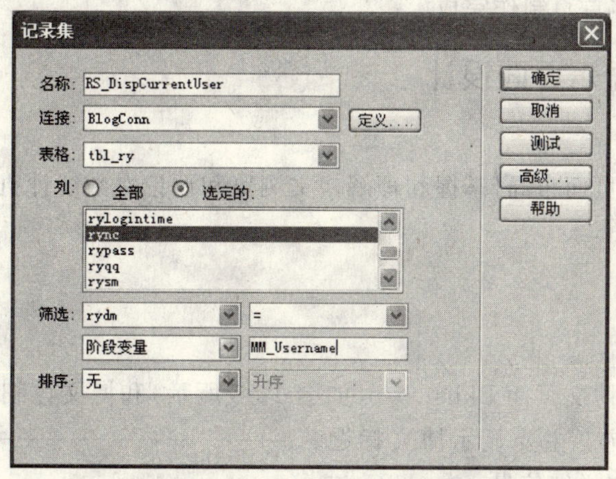

图 12-41　获取用户昵称记录集

第 4 步：选择“您好，游客朋友！点击这里登录或注册”文本，添加一个“显示区域”→“如果记录集为空则显示区域”的服务器行为，记录集选择 RS_DispCurrentUser。

第 5 步：选择“点击这里登录或注册”文本，将其链接到 Login. asp 页面。

3）注销用户

第 1 步：选择“点击退出！”文本，在“服务器行为”面板上单击按钮，选择“用户身份验证”→“注销用户”选项，打开“注销用户”对话框。

第 2 步：在“注销用户”对话框中，按照图 12-42 所示设置，单击“确定”按钮完成添加“注销用户”服务器行为。

图 12-42　“注销用户”对话框

“显示用户身份”和“注销用户”动作完成后预览效果及参考代码如图 12-43 所示。

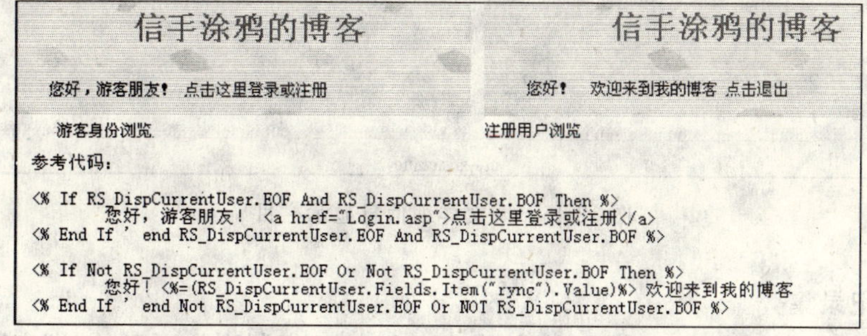

图 12-43　显示用户身份预览图和参考代码

至此，复杂的博客首页制作完成。

实训 12.7 博文显示页面设计

实训目的：

了解博文显示的页面布局，掌握和理解博文浏览和评论次数统计机制。

实训内容：

创建博文。

实训步骤：

博文显示主要由博文页面 Bklist.asp（如图 12-3 所示）和博文详细页面 Bkinfo.asp（如图 12-4 所示）构成，前者主要显示博文标题信息，后者则显示博文详细信息。

博文页面 Bklist.asp 主要用表格显示标题，制作较为简单，学生可以参考上两章的内容完成，这里不再详细介绍。博文详细页面 Bkinfo.asp 主要显示博文的全文、该博文的所有评论和评论该博文链接，页面涉及内容较复杂，在这里做较详细介绍。博文详细页面整体布局如图 12-44 所示。

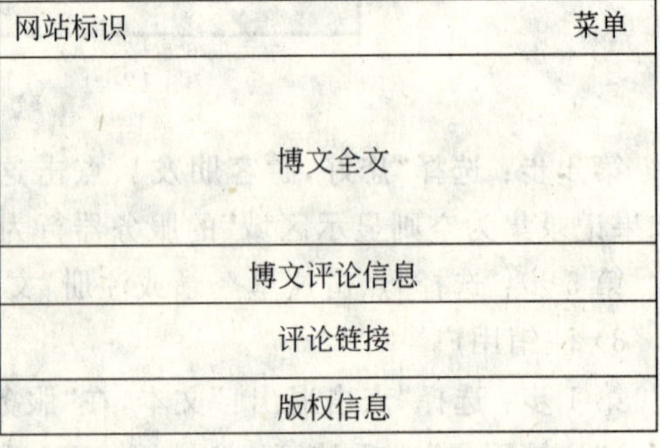

图 12-44 博文详细页面布局示意图

前两个显示项目内容设置与博文首页 Bk.asp 相似，技术上涉及点主要有页面布局、创建记录集、绑定数据和博文浏览次数统计等。以下是制作步骤。

1. 页面布局

第 1 步：新建博文详细信息显示页面 Bkinfo.asp，应用模板文件 moban.dwt.asp。

第 2 步：在可编辑区域 EditRegion4 中将“博文”两字加粗，起导航作用。

第 3 步：在可编辑区域 EditRegion3 中，将 main 表格的“垂直”属性设置为“顶端”。在该单元格内插入一个 6 行 1 列的表格、“间距”为 1、“宽度”为 100%，“表格 id”设置为 t_dispbowen，t_dispbowen 表格的“类”设置为 bor，表格的第 1、第 3 和第 5 行单元格的“样式”均设置为 subitemmenu 且分别输入文本“博文正文”、“评论”和“我要评论”，如图 12-45 所示。

图 12-45 博文详细信息显示栏目

2. 创建记录集

第 1 步：将 Bk.asp 页面中的记录集 RS_mybowen 复制到本页面的“绑定”面板中，修改该记录集的 SQL 语句，添加一个查询参数 MMColParm，“参数类型”选择 Numeric；“值”

文本框中输入 Request. querystring("bowenid")，该语句的意义是获取上一个页面传递过来的 URL 参数值；"默认值"设置为 1，如图 12-46 所示。

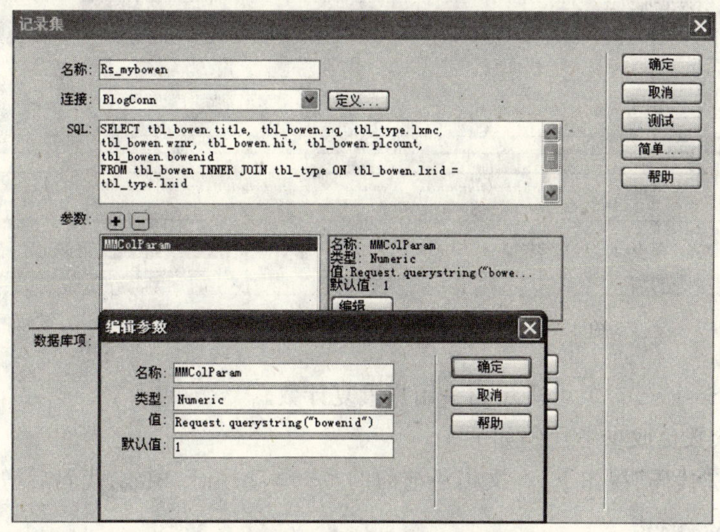

图 12-46　博文正文记录集创建

SQL 语句参考代码如下。

```
SELECT tbl_bowen.title,tbl_bowen.rq,tbl_type.lxmc,tbl_bowen.wznr,tbl_bowen.hit,
tbl_bowen.plcount,tbl_bowen.bowenid
FROM tbl_bowen INNER JOIN tbl_type ON tbl_bowen.lxid=tbl_type.lxid
WHERE tbl_bowen.status=1 and tbl_bowen.bowenid=MMColParam
ORDER BY tbl_bowen.bowenid desc
```

第 2 步：创建记录集 Rs_pl，该记录集也要添加一个查询参数，查询参数的命名和设置与上一步相同。

SQL 语句参考代码如下。

```
SELECT tbl_pl. Pltitle,tbl_ry. Rync,tbl_pl. plsj,tbl_pl. Plnr
FROM tbl_pl INNER JOIN tbl_ry ON tbl_pl. rydm=tbl_ry. rydm
WHERE tbl_pl.bowenid=MMColParam
ORDER BY plsj desc
```

3. 绑定数据

第 1 步：与博客首页 Bk. asp 的"博文"区域设置和数据绑定操作相似，在"博文正文"和"评论"各自区域的下一个单元格内插入新表格，表格行数及字段绑定位置如图 12-47 所示。

第 2 步：需要注意的是两个区域必须添加一个"如果记录集不为空则显示区域"的"显示区域"的服务器行为，"评论"区域内还要添加"重复区域"的服务器行为和"记录集导航状态"以及"记录集导航条"。

4. 博文浏览次数统计

博文浏览次数简单计数器实现原理：当前博文页面在一定时间内被同一用户浏览过一次或多次，系统只记录该博文被浏览 1 次，当博文被浏览 1 次时，博文浏览总数字段 hit 的

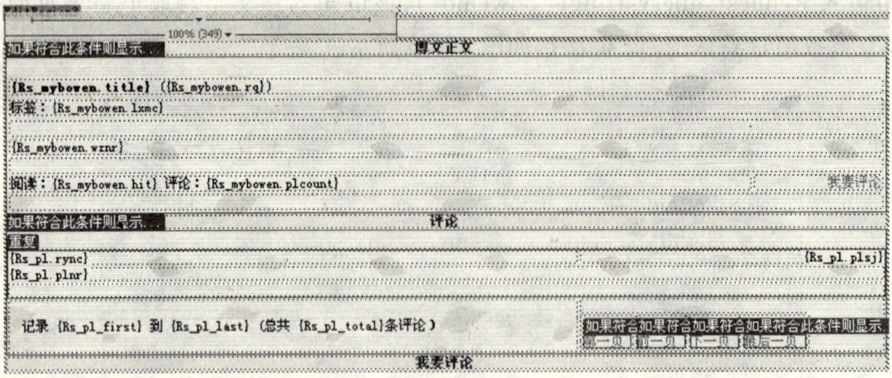

图 12-47　博文正文和评论栏目字段绑定效果图

值增加 1，利用 Session 对象可避免同一用户重复计数。

博文浏览次数更改参考代码如下。

第 1 步：在“代码”视图下，在文档最前面的<－＃include file...代码后增加以下代码。

```
<%
if session("browser")="" and Request.querystring("bowenid")<>"" then
    set rs_cmd=server.CreateObject("adodb.command")
    rs_cmd.activeconnection=MM_BlogConn_STRING
    rs_cmd.commandtext="UPDATE tbl_bowen SET hit=hit+1 where bowenid="& Request.
    querystring("bowenid") '博文被浏览总数自动加 1 次
    rs_cmd.prepared=true
    rs_cmd.execute
    rs_cmd.activeconnection=nothing
end if
session("browser")="newuser"
%>
```

第 2 步：在与本页面相关的上一页面中增加一行代码<％session("browser")=""％>，这样就可以避免一定时间内同一用户重复计数了。

5. 博文评论链接

在“我要评论”下方的单元格内输入文本“点击这里进行评论”，将文本链接到 Writepldirect.asp 页面，并且带有 URL 参数，代码参考如下。

```
Writepldirect.asp?bowenid=<%=Request.querystring("bowenid")%>
```

6. 博文评论

博文评论页面 Writepldirect.asp，为通过 Login.asp 登录验证的用户使用。其设计效果预览图如图 12-48 所示。

其实现步骤如下。

第 1 步：新建博文评论网页 Writepldirect.asp，设置页面属性中的“编码”为 gb2312 及字体和大小。

第 2 步：向页面添加一个 div 标签，标签内容用变量 tsxx 绑定，主要作用是显示用户操

图 12-48　博文评论页面预览图

作是否正确的提示信息。参考代码为<div id="tsinfo"><%=tsxx%></div>。

第 3 步：执行菜单"插入记录"→"数据对象"→"插入记录"→"插入记录向导表单"命令，系统弹出"插入记录"对话框。设置对话框中"连接"为 BlogConn，"插入到表格"选择 tbl_pl，"表单字段"列表中删除 plid 列，除 Plnr 例外，其他字段的"显示为"都选择"隐藏域"。pladdress 的"默认值"设置为<%=request. ServerVariables("REMOTE_ADDR")%>，用于获取评论用户的 IP 地址；bowenid 的"默认值"设置为<%=Request. querystring("bowenid")%>；plsj 的"默认值"设置为<%=now()%>；pltitle 的"默认值"设置为空；评论员代码 rydm 列的默认值设置为<%=Session("MM_Username")%>，因为通过 Login. asp 验证的用户名存放在 Session 变量 MM_Username 中，如图 12-49 所示。

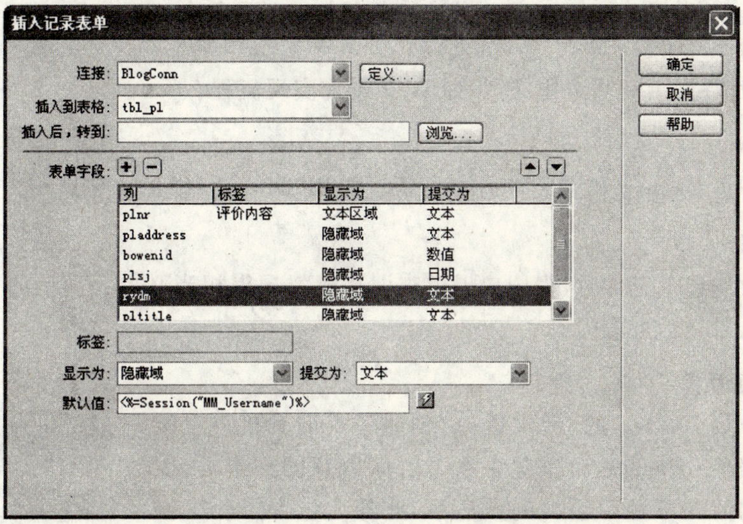

图 12-49　博文评论表单创建

第 4 步：单击"确定"按钮，系统自动创建好"插入记录"表单，如图 12-50 所示。

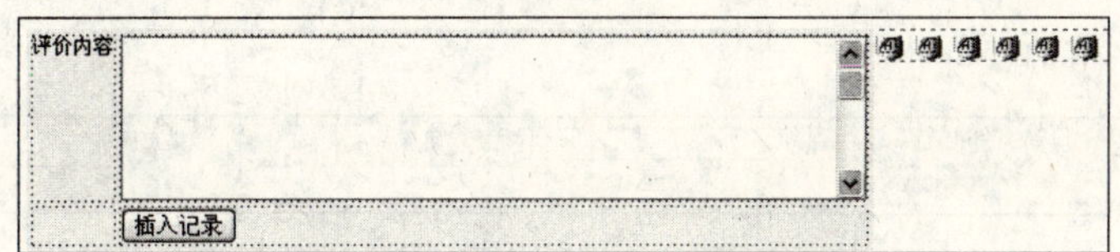

图 12-50　合法用户博文评论表单

第 5 步：更改按钮的文本为发"发评论"，然后在标签选择器上选择表单，选择"行为"面板中的“检查表单”选项，为刚才选择的表单添加一个“检查表单”的行为，设置 plnr 是“必需的”。

第 6 步：更改按钮“插入记录”为“发评论”，在按钮右边输入文本“返回”，并设置其链接到 Bkinfo. asp。

第 7 步：博文评论次数统计。用户评论了某条博文，该博文所在表 tbl_bowen 的评论次数字段 plcount 值要增加 1，其实现操作如下。在“代码”视图中找到“插入记录”执行 SQL 语句 MM_editCmd. Execute，在该句代码的后添加如下代码。

```
set rs_cmd=server.CreateObject("adodb.command")
rs_cmd.activeconnection=MM_BlogConn_STRING
Rs_cmd.commandtext="UPDATE tbl_bowen SET plcount=plcount+1 where bowenid="&
Request.querystring("bowenid")
rs_cmd.prepared=true
rs_cmd.execute
rs_cmd.activeconnection=nothing
tsxx="<script language='javascript'>alert('评论发布成功');</script> "
```

至此，博文评论页面处理结束。

实训 12.8 博文查询页面设计

实训目的：

了解 ASP 查询页面基本构成，掌握 ASP 查询实现流程。

实训内容：

设置查询页 Bk. asp 和完成查询结果显示页 BKQuery. asp 的创建。

实训步骤：

当博文数达到一定量时，为用户提供查询功能就显得相当必要。简单的查询一般由查询页和查询结果显示页面构成。

1. 查询页设置

在博文首页 Bk. asp 的“博文区域”创建了查询页接口。该接口是一个表单 form1，表单中包含一个名称为 tj 的文本框，供用户输入查询博文标题中包含的关键字，此外还包含了一个提交按钮，用于提交输入的查询字符，如图 12-51 所示。

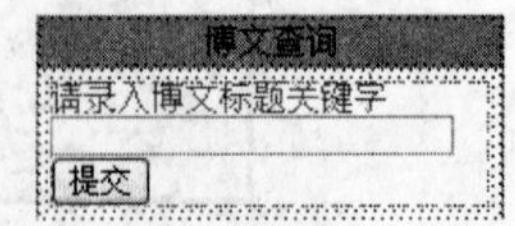

图 12-51 博文查询表单设计

打开博文首页 Bk. asp，选中如图 12-51 所示的表单 form1，在表单的“属性”面板中设置表单的“动作”为 bkquery. asp，“方法”为 GET，这样查询页就设置完毕，如图 12-52 所示。

图 12-52 查询表单动作设置

2. 查询结果显示页面

第 1 步：新建查询结果显示页面 bkquery. asp，应用模板文件 moban. dwt. asp。

第 2 步：选择"窗口"→"绑定"选项，打开"应用程序"面板中的"绑定"选项卡，然后单击 按钮，在弹出的菜单中选择"记录集(查询)"选项，打开"记录集"对话框。

第 3 步：在"记录集"对话框中切换到"简单"选项卡，将"名称"设置为 Rs_cxresult，"连接"选择 BlogConn，"表格"选择 tbl_bowen，"列"选中"选定的"单选按钮并在"列"列表中选中 bowenid、title 和 rq，"筛选"依次选择 title、"包含"、"URL 参数"和输入 tj(注意 tj 必须与查询界面输入查询条件的文本框名称一致)，"排序"选择 rq 和"降序"，如图 12-53 所示。

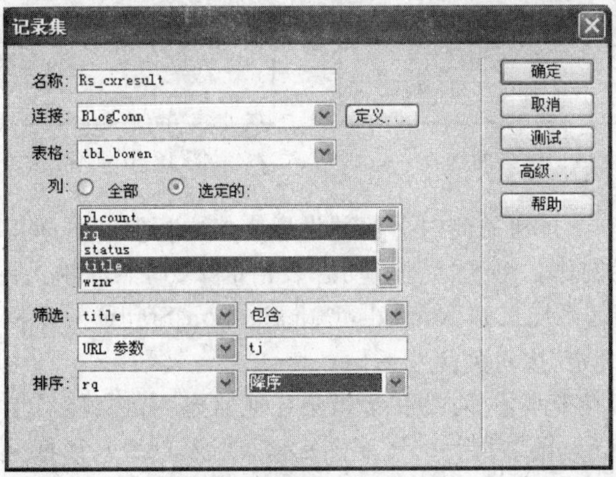

图 12-53　查询结果记录集创建

第 4 步：单击"确定"按钮，关闭"记录集"对话框。

第 5 步：将光标置于页面的可编辑区域 EditRegion3，执行菜单"插入记录"→"数据对象"→"动态数据"→"动态表格"命令，系统打开"动态表格"对话框，在对话框中设置"记录集"为 Rs_cxresult，"显示"选中"30 记录"单选按钮，如图 12-54 所示。

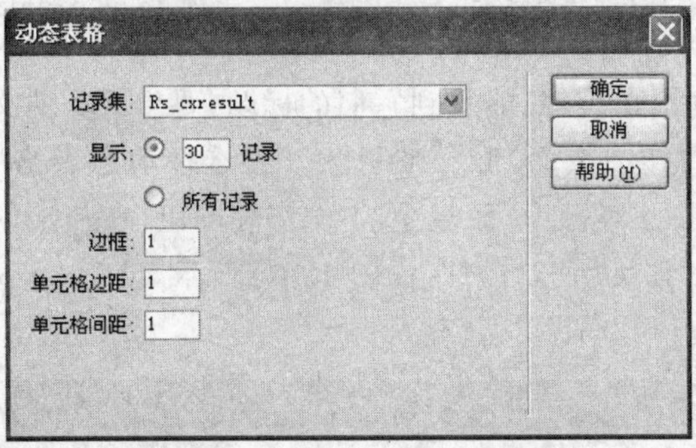

图 12-54　"动态表格"对话框

第 6 步：单击"确定"按钮，页面自动生成一个动态表格，如图 12-55 所示。

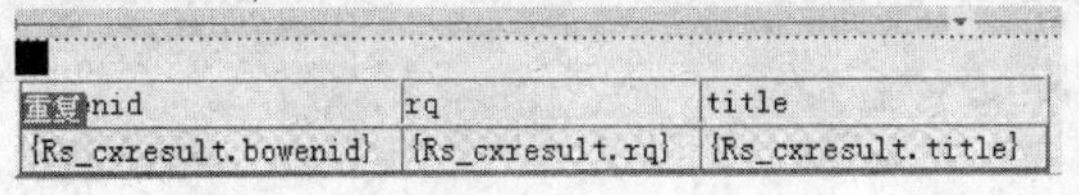

图 12-55　动态表格

第 7 步：在标签选择器中选择刚才系统自动生成的动态表格标签，然后单击"服务器行为”面板中的按钮，在弹出的菜单中选择“显示区域”→“如果记录集不为空则显示区域”选项，系统打开“如果记录集不为空则显示区域”对话框，如图 12-56 所示。

第 8 步：单击“确定”按钮，在表格下方输入文字“没有找到相关的记录!”，然后选中刚才输入的文字，在“服务器行为”面板中的单击按钮，在弹出的菜单中选择“显示区域”→“如果记录集为空则显示区域”选项，系统打开“如果记录集为空则显示区域”对话框，如图 12-57 所示。

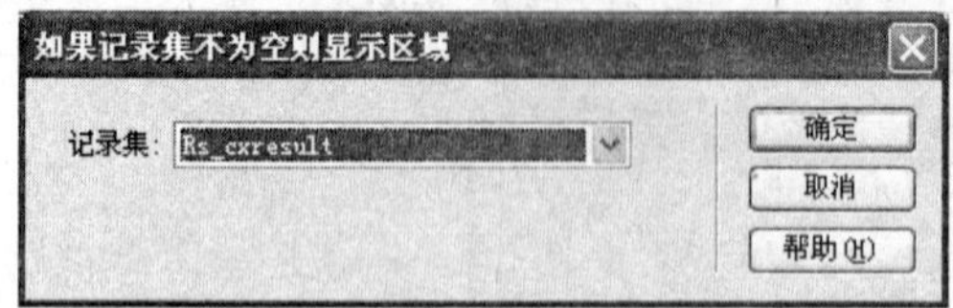

图 12-56　显示区域记录集的选择

图 12-57　不显示区域记录集的选择

第 9 步：单击“确定”按钮关闭对话框并设置表格内标题和页面其他属性值。

第 10 步：导航栏制作。将光标置于动态表格的下方，然后单击“数据”工具栏上的“记录集导航状态”按钮，系统打开 Recordset Navigation Status 对话框，如图 12-58 所示。

第 11 步：单击“确定”按钮关闭对话框。

第 12 步：将光标置于刚才插入的“记录集导航状态”右边，然后单击“数据”工具栏上的按钮，打开“记录集导航条”对话框，按照图 12-59 所示设置对话框，然后单击“确定”按钮。

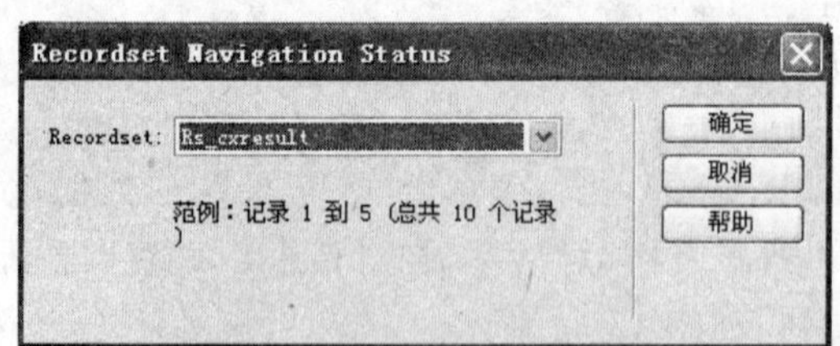

图 12-58　“记录集导航状态”对话框

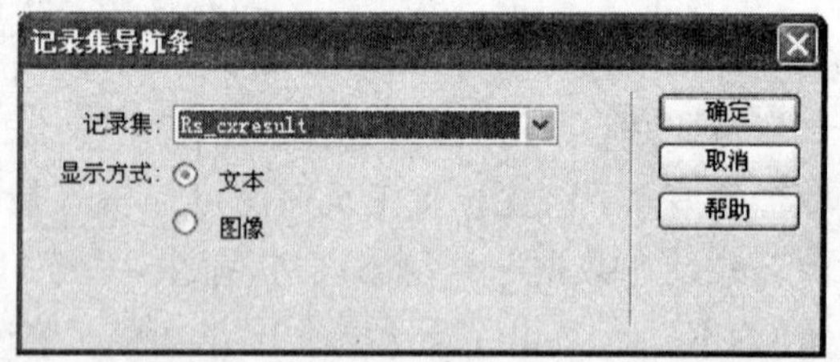

图 12-59　“记录集导航条”对话框

第 13 步：记录查询出来后，只能看到它们的标题，要想看到博文的详细信息，还需对标题或其他字段添加“转到详细页面”服务器行为。先选择动态表格中的标题动态文本 Rs_cxresult. title，然后在“服务器行为”面板中的单击按钮，在弹出的菜单中选择“转到详细页面”选项，打开“转到详细页面”对话框，如图 12-60 所示，设置对话框内的参数，注意“详细信息页”是 BKInfo. asp。

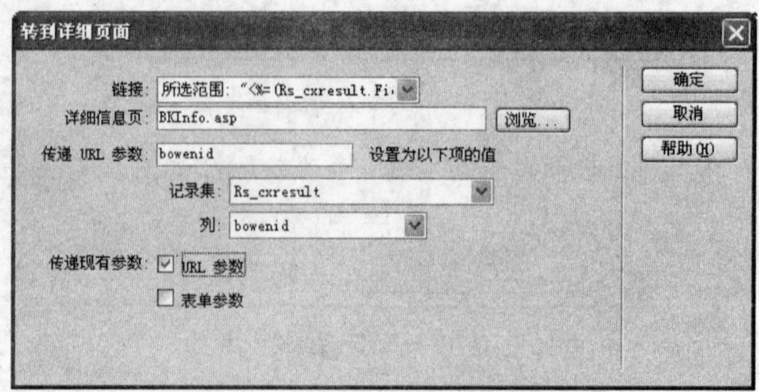

图 12-60　基于标题转到详细页面设置

第 14 步：单击“确定”按钮并保存文档，至此，博文查询页面制作完成。

其他页面，如图片、我的日志和后台管理页面 BKManeger.asp（如图 12-9 所示）等涉及数据的查询、增加、修改和删除等操作，可以参考本书后面三章相关知识完成。

12.5 博客网站的发布

实训 12.9 博客网站的发布

实训目的：

掌握 FTP 发布网站方法。

实现内容：

配置站点的远程信息，用 FTP 方式将博客网站发布到远程 Web 服务器指定的目录下。

实现步骤：

第 1 步：站点空间申请。

博客开发好后，要发布到互联网上，首先需要申请一个网络站点空间。因为博客使用 ASP 技术，数据库用了 Access，所以在申请空间时，要注意空间的一些技术参数，如一定要选择 Win2003 平台或更高；数据库支持 Access，支持 ASP 技术。本博客在 ldzz.cn 内申请了一个空间，该空间支持 ASP、Access 数据库且采用了 Win2003 平台，空间目录为 blog，提供 FTP 上传功能且有登录名和密码。

第 2 步：配置站点的远程信息。

双击“文件”面板“我的博客”选项，打开“我的博客 的站点定义为”中“高级”选项卡，选择“远程信息”，设置“访问”为 FTP，其他按照图 12-61 所示设置站点的其他远程信息。

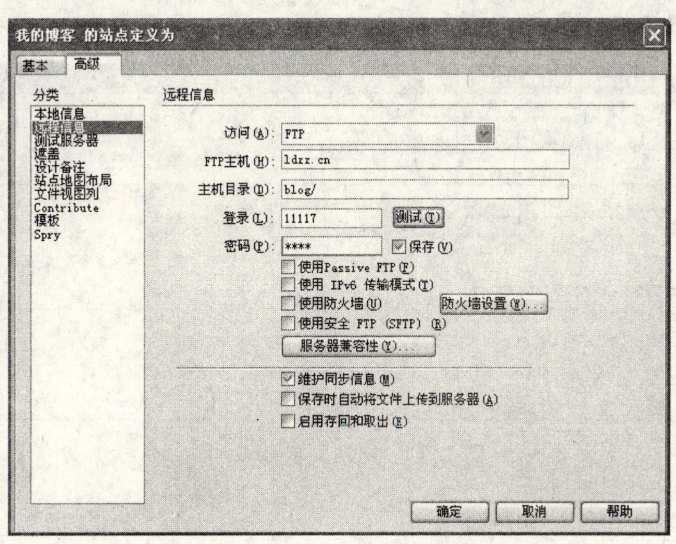

图 12-61 设置用 FTP 方式访问远程信息对话框

单击“测试”按钮，系统弹出“Adobe Dreamweaver CS3 已成功连接到您的 Web 服务器”对话框，说明站点已成功连接上远程 Web 服务器，单击“确定”按钮完成远程信息设置。

第 3 步：网站发布。

采用 FTP 方式发布网站，操作相当简便，在“文件”面板中选择“本地视图”，单击“上传文件”按钮，系统提示“您确定要上传整个站点吗?”的对话框，单击“确定”按钮，系统开始上传博客网站文件到远程服务器中，如图 12-62 所示。

文件上传完成后，在“文件”面板中选择“远程视图”，可以看到如图 12-63 所示的信息，很明显，本地开发的所有博客网站文件已上传到远程 Web 服务器的 blog 目录下。

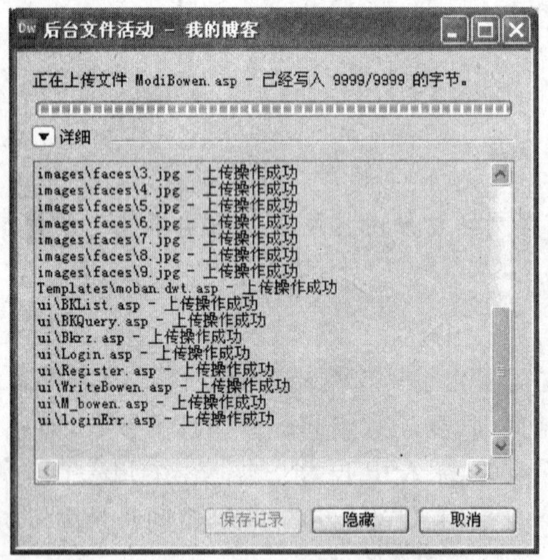

图 12-62　文件上传中

图 12-63　文件上传后的远程视图

第 4 步：测试。

在 IE 浏览器下输入测试网址 http://www.ldzz.cn/myblog，IE 顺利打开如图 12-64 所示的页面，说明网站发布成功。

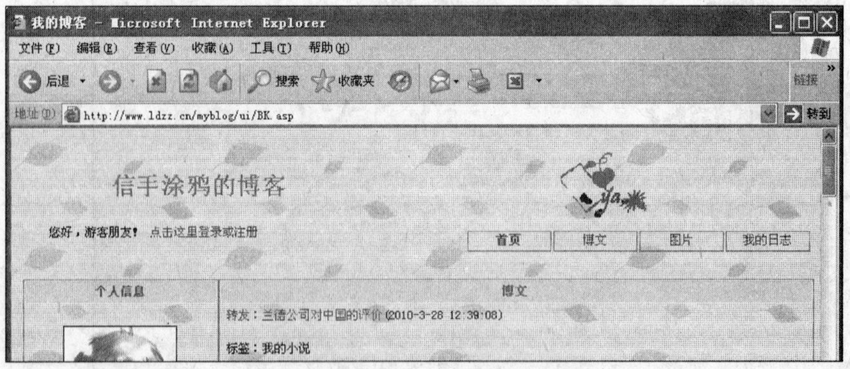

图 12-64　网站发布测试页面

12.6　知识总结与回顾

本章以建立一个博客网站为目标，较详细地介绍了开发一个动态网站的基本流程。全章将动态网站设计中常用的知识点拆分成 9 个实训块，每个实训块着重介绍一个与之密切相关的技术，如登录页面技术、页面查询技术、页面显示和动态页面模板设计技术等，最后还介绍了利用 FTP 方式发布网站的操作。根据实训介绍，相信学生能灵活应用各种技术，设计出更具个性风格、功能更加完善的博客网站来。

习　题

一、问答题

1. 博客网站主要包括哪些页面，各有什么功能？

2. 在本章节的博客网站中，如果使用 HTML 模板而不是使用“ASP VBScript 模板”，当模板文件更新时，应用了模板的页面有什么变化？原因是什么？

二、实操题

练习目标：博文评论时，同一页面实现显示博文正文、评论信息和进行博文评论。如图 12-65 所示。参考网页 bkinfook.asp 和 WritePl.asp 存放在素材目录“ch12”下的 ui 文件夹里。

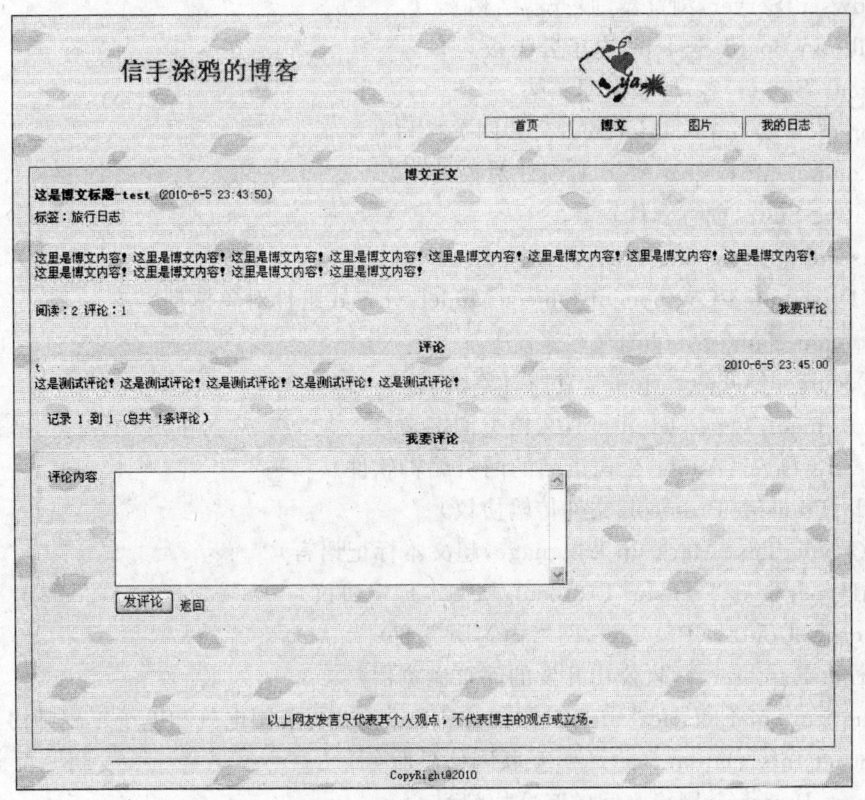

图 12-65　显示博文正文、评论信息和进行博文评论

练习要点：

- 使用 Iframe 框架承载评论功能。
- Iframe 框架中超链接到 WritePl.asp 页面。
- WritePl.asp 页面实现增加评论记录功能。
- bkinfook.asp 页面向 iframe 框架传递博文 ID 号和登录用户 URL 参数信息。

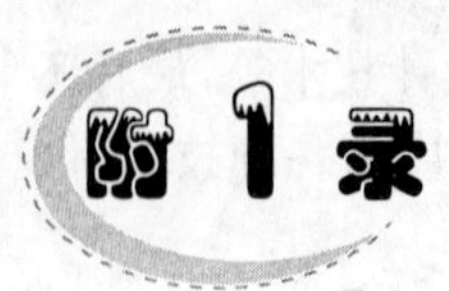

英文缩略词汇

AJAX(Asynchronous JavaScript and XML,异步 JavaScript 和 XML)
API(Application Programming Interface,应用程序编程接口)
ASCII(American Standard Code for Information Interchange,美国信息互换标准代码)
ASP(Active Server Pages,动态服务器页面)
B/S(Browser/Server,浏览器/服务器结构)
BBS(Bulletin Board System,电子公告板)
C/S(Client/Server,客户/服务器结构)
CGI(Common Gateway Interface,公共网关接口)
COM(Component Object Model,组件对象模型)
CS(Creative Suite,创意套件)
CSS(Cascading Style Sheets,层叠式样式表)
DCOM(Distributed Component Object Model,分布式组件对象模型)
DNS(Domain Name System,域名系统)
DOM(Document Object Model,文档对象模型)
DTD(Document Type Definition,文档类型定义)
DW(Dreamweaver,Adobe 公司出品的网页编辑软件)
FTP(File Transfer Protocol,文件传输协议)
HTML(HyperText Mark-up Language,超文本标记语言)
HTTP(HyperText Transfer Protocol,超文本传输协议)
ICP(Internet Content Provider,网络内容服务商)
IE(Internet Explorer,微软公司开发的网页浏览器)
IEEE(Institute of Electrical and Electronics Engineers,美国电气和电子工程师协会)
IIS(Internet Information Services,互联网信息服务)
IP(Internet Protocol,网络之间的互联协议)
ISO(International Organization for Standardization,国际标准化组织)
ISP(Internet Service Provider,互联网服务提供商)
JSP(Java Server Pages,Sun 公司倡导的一种动态网页技术标准)
LAN(Local Area Network,局域网)
OSI(Open System Interconnect,开放式系统互联)
PHP(Hypertext Preprocessor,超级文本预处理语言)

POP3(Post Office Protocol 3,邮局协议的第3个版本)
PS(Photoshop,Adobe公司出品的图像处理软件)
RSS(Really Simple Syndication,简易信息聚合)
SGML(Standard Generalized Markup Language,标准通用标记语言)
SMTP(Simple Mail Transfer Protocol,简单邮件传输协议)
SQL(Structured Query Language,结构化查询语言)
SVG(Scalable Vector Graphics,可缩放矢量图形)
TCP(Transmission Control Protocol,传输控制协议)
UDP(User Datagram Protocol,用户数据包协议)
URL(Uniform / Universal Resource Locator,统一资源定位符)
W3C(World Wide Web Consortium,W3C理事会或万维网联盟)
WAN(Wide Area Network,广域网)
WAP(Wireless Application Protocol,无线应用协议)
WML(Wireless Markup Language,无线标记语言)
WWW(World Wide Web,万维网,也称为3W)
XHTML(Extensible HyperText Markup Language,可扩展超文本置标语言)
XML(Extensible Markup Language,可扩展标记语言)

HTML 语言标记符号

页面构成：

<!DOCTYPE>	定义文档类型。
<!--…-->	定义注释。
<html>	定义 HTML 文档。
<head>	定义关于文档的信息。
<meta>	定义关于 HTML 文档的元信息，如关键字、字符集等。
<base>	定义页面中所有链接的默认地址或默认目标。
<link>	定义文档与外部资源的关系。常用于链接样式表。
<style>	定义文档的样式信息。
<title>	定义文档的标题。
<body>	定义文档的主体。

框架：

<frameset>	定义框架集。
<frame>	定义框架集的窗口或框架。
<iframe>	定义内联框架。
<noframes>	定义针对不支持框架用户的替代内容。

页元素：

<a>	定义锚，href 属性用于指定超链接目标的 URL。
<hr>	定义水平线。
<img>	定义图像。
<map>	定义图像映射(地图)。
<area>	定义图像映射内部的区域。嵌套在<map>标签中。
<object>	定义内嵌对象。常用于添加多媒体。
<param>	定义对象的参数。

格式设置和布局：

<div>	用来组合块级元素，通过样式来格式化。
<span>	用来组合行内元素，通过样式来格式化。
<font>	定义文字的字体、尺寸和颜色。不赞成使用。
<b>	定义粗体字。
<i>	定义斜体字。

<em>	定义强调文本,显示为粗体文本。
<strong>	定义加强文本,显示为斜体文本。
<p>	定义段落。
 	插入一个换行符。
<pre>	定义预格式文本。常用来表示计算机的源代码(保留空格和换行符)。
<blockquote>	定义长的引用。浏览器会插入换行和外边距。
<q>	定义短的引用。用于简短的行内引用。
<h1>-<h6>	定义标题。<h1>定义最大的标题,<h6>定义最小的标题。
<abbr>	定义缩写。
<acronym>	定义只取首字母的缩写。
<address>	定义文档作者或拥有者的联系信息。
<big>	定义大号文本。
<small>	定义小号文本。
<tt>	定义打印机文本。
<bdo>	定义文字方向。dir 属性值为 rtl 时,从右向左输出。
<sub>	定义下标文本。
<sup>	定义上标文本。常用于添加脚注、表示方程式中的指数值。
<ins>	定义被插入文本。显示为带下划线的文本。
<del>	定义被删除文本。与<ins>标签配合使用,来描述文档中的更新和修正。
<dfn>	定义定义项目。
<code>	定义计算机代码文本。
<samp>	定义计算机代码样本。
<kbd>	定义键盘文本。
<var>	定义文本的变量部分。与<pre>及<code>标签配合使用。
<cite>	定义参考文献的引用,如书籍或杂志的标题。

列表:

<dl>	定义列表。
<dd>	定义列表中项目的描述。
<dt>	定义列表中的项目。
<ol>	定义有序列表。
<ul>	定义无序列表。
<li>	定义列表的项目。

表单:

<form>	定义供用户输入的 HTML 表单。
<fieldset>	定义字段集。用边框将表单内容分组。
<legend>	定义 fieldset 元素的标题。
<label>	定义 input 元素的标注。
<input>	定义输入控件。
<input type="Text">	用于输入文本字段。
<input type="Password">	用于输入密码。

<input type="Radio"> 用于创建单选按钮。
<input type="Checkbox"> 用于创建复选框。
<input type="Image"> 用于创建图像域。
<input type="File"> 用于创建文件域。
<input type="Hidden"> 用于创建隐藏域。
<input type="Button"> 用于创建按钮。
<input type="Submit"> 用于创建提交按钮。
<input type="Reset"> 用于创建重置按钮。
<textarea> 定义文本区域。
<button> 定义按钮。
<select> 定义选择列表(下拉列表)。
<optgroup> 定义选择列表中相关选项的组合。
<option> 定义选择列表中的选项。

表格：

<table> 定义表格。
<caption> 定义表格标题。
<colgroup> 定义表格中供格式化的列组。
<col> 定义表格中一个或多个列的属性值。
<thead> 定义表格中的表头内容。
<tfoot> 定义表格中的表注内容(脚注)。
<tbody> 定义表格中的主体内容。
<tr> 定义表格中的行。
<th> 定义表格中的表头单元格。
<td> 定义表格中的单元格。

脚本：

<script> 定义客户端脚本。
<noscript> 定义针对不支持客户端脚本用户的替代内容。

窗口事件：(仅在 body 和 frameset 元素中有效)

onload 当文档被载入时执行脚本。
onunload 当文档被卸下时执行脚本。

表单元素事件：(仅在表单元素中有效)

Onchange 当元素改变时执行脚本。
onsubmit 当表单被提交时执行脚本。
onreset 当表单被重置时执行脚本。
onselect 当元素被选取时执行。
onblur 当元素失去焦点时执行。
onfocus 当元素获得焦点时执行。

图像事件：(用于 img 元素)

onabort 当图像加载中断时执行脚本。

键盘事件：

onkeydown	当键盘被按下时执行脚本。
onkeypress	当键盘被按下后又松开时执行脚本。
onkeyup	当键盘被松开时执行脚本。

鼠标事件：

onclick	当鼠标被单击时执行。
ondblclick	当鼠标被双击时执行。
onmousedown	当鼠标按钮被按下时执行。
onmousemove	当鼠标指针移动时执行。
onmouseout	当鼠标指针移出某元素时执行。
onmouseover	当鼠标指针悬停于某元素之上时执行。
onmouseup	当鼠标按钮被松开时执行。

特殊字符：

符号	命名实体	十进制编码	符号	命名实体	十进制编码
•	•	•	…	…	…
′	′	′	″	″	″
-	‾	‾	/	⁄	⁄
℘	℘	℘	ℑ	ℑ	ℑ
ℜ	ℜ	ℜ	TM	™	™
ℵ	ℵ	ℵ	←	←	←
↑	↑	↑	→	→	→
↓	↓	↓	↔	↔	↔
↵	↵	↵	⇐	⇐	⇐
⇑	⇑	⇑	⇒	⇒	⇒
⇓	⇓	⇓	⇔	⇔	⇔
◊	◊	◊	♠	♠	♠
♣	♣	♣	♥	♥	♥
♦	♦	♦			
¡	¡	¡	¢	¢	¢
£	£	£	¤	¤	¤
¥	¥	¥	¦	¦	¦
§	§	§	¨	¨	¨
©	©	©	a	ª	ª
«	«	«	¬	¬	¬
-			®	®	®
—	¯	¯	°	°	°
±	±	±	2	²	²
3	³	³	′	´	´
μ	µ	µ			

HTML 颜色名：

Aqua	青绿色	＃00FFFF
Black	黑色	＃000000
Blue	蓝色	＃0000FF
Fuchsia	粉红色	＃FF00FF
Gray	灰色	＃808080
Green	绿色	＃008000
Lime	鲜绿色	＃00FF00
Maroon	深红色	＃800000
Navy	深蓝色	＃000080
Olive	深黄色	＃808000
Purple	紫色	＃800080
Red	红色	＃FF0000
Silver	银白色	＃C0C0C0
Teal	青色	＃008080
White	白色	＃FFFFFF
Yellow	黄色	＃FFFF00

参 考 文 献

[1] 胖鸟工作室. e时代:中文版 Dreamweaver CS3＋ASP 网站建设完全解决方案. 北京:兵器工业出版社,北京希望电子出版社,2007

[2] 沈大林. 中文 Dreamweaver CS3 案例教程. 第 2 版. 北京:中国铁道出版社,2009

[3] 陆莹. 网页制作. 上海:华东师范大学出版社,2006

[4] 田翀羽. Dreamweaver8 中文版网页制作基础. 北京:人民邮电出版社,2008

[5] 全国计算机信息高新技术考试教材编写委员会. 网页制作技能培训教程. 北京:兵器工业出版社,北京希望电子出版社,2004